Das Buch
Nach dem allmählichen Verschwinden der Täter-Generation tritt unser Verhältnis zum Holocaust in ein neues Stadium. Das hat die sogenannte Goldhagen-Debatte gezeigt: Sie hat zwar einen Sturm in den Medien ausgelöst, aber letztlich keinerlei Erkenntnisfortschritt gebracht. In dieser Situation plädiert der Kulturwissenschaftler und Anglist Dietrich Schwanitz für einen Rückgriff auf die große Literatur, genauer: für eine Transponierung von Shylock – der Figur des jüdischen Wucherers in Shakespeares *Kaufmann von Venedig* – in die europäische Kultur der Gegenwart. Mit diesem dramaturgischen Kunstgriff versucht Schwanitz, »dem Kollaps der eigenen Zivilisation ins Auge zu sehen, ohne sich und andere zu demoralisieren, die dem Schrecken gegenübertreten wollen, ohne sich von ihm beherrschen zu lassen«. Das Shylock-»Syndrom« steht stellvertretend für die Geschichte einer europäischen Obsession.

Schwanitz wendet sich mit seiner Analyse explizit gegen Goldhagens These einer spezifisch antisemitischen Kultur der Deutschen. Er analysiert nicht isolierte Ursachen, nicht Führergestalten und Bösewichte, nicht Vorgeschichte, Weltkriegsdebakel und Vernichtungsbefehle, sondern er interpretiert Szenarien. »Und in der Tat, die Analogie zwischen dem Szenario in Shakespeares Komödie und der typischen antisemitischen Konstellation ermöglicht, so frivol es auf den ersten Blick scheinen mag, kluge Einsichten in die Dramaturgie einer negativen *idée fixe*, einer sich selbst nährenden Paranoia.« *(Süddeutsche Zeitung)*

Der Autor
Dietrich Schwanitz ist Professor für Englische Literatur an der Universität Hamburg. Sein Opus magnum ist die *Englische Kulturgeschichte*. Sein Erfolgsroman *Der Campus* ist soeben verfilmt worden.

Dietrich Schwanitz

Das Shylock-Syndrom

oder

Die Dramaturgie
der Barbarei

Roman

DIANA VERLAG
München Zürich

Diana Taschenbuch Nr. 62/0002

Copyright © Eichborn GmbH & Co.Verlag KG,
Frankfurt am Main, August 1997
Wilhelm Heyne Verlag GmbH & Co. KG, München
Printed in Germany 1998

Umschlaggestaltung: Hauptmann und Kampa
Werbeagentur, CH-Zug,
unter Verwendung des Gemäldes
»Nocturne à Venise« von William Degouve de Noncques, 1895
Satz: Schaber Satz- und Datentechnik, Wels
Druck und Bindung: Elsnerdruck, Berlin
Gedruckt auf chlor- und säurefreiem Papier

ISBN 3-453-15010-4

http://www.heyne.de

Inhalt

Vorwort 9

TEIL I
Die Geschichte einer europäischen Obsession

KAPITEL 1:
Das Shylock-Syndrom 12

KAPITEL 2:
Shylock aus Venedig und Ahasver aus Hamburg . 32
   Shylock 32
   Ahasver 45

KAPITEL 3:
Der Shylock-Mythos:
Das Geld und der Geist der Moderne 62

KAPITEL 4:
Ghetto und Exil: Die historische Lage der Juden
im Jahrhundert Shylocks und Shakespeares 84
   Luther und die Juden 86
   Die Marranen 92
   Das Ghetto in Venedig 96
   Die Juden in Hamburg 104
   Joseph Nasi, der Herzog von Naxos, und
   Marlowes Jude von Malta 111
   Die Affäre von Antonio und Lopez im
   London Shakespeares 120

KAPITEL 5:
Der *Kaufmann von Venedig* und der Vertrag
mit dem Pfund Fleisch 127
  Der Prozeß und das Recht 141
  Die Liebe und die Liebeswahl 147
  Geld und Zins: Der Wucher 158
  Die neue Gesellschaft 168
  Das Antisemitismusproblem 171

KAPITEL 6:
Die Wiederholung des *Kaufmann von Venedig*
im 19. Jahrhundert und der Kampf um die
Seele des Bürgers 178
  Graf Esterhazy, Dreyfus und die Spaltung
  von Frankreich 182
  Adel und Rasse: Das Außerordentliche und
  der restaurative Mythos der zwei Nationen 201
  Der erstaunliche Benjamin Disraeli und die
  Inversion des Kaufmann von Venedig 211

TEIL II
Der Kaufmann von Venedig in Deutschland –
eine dramatische Erzählung in fünf Akten

Prolog 228

AKT I:
Heinrich Heine und Shylock 231

AKT II:
Antonio, der Kaufmann von Venedig, wird ein
deutscher Nationalliberaler und heißt nun
Anton Wohlfahrt 252

AKT III:
Das Herz der Finsternis 277
  Szene 1: Das Szenario wird umgebaut:
            Marx und Disraeli 277
  Szene 2: Die kakanische Psychobühne:
            Freud und Hitler 284
  Szene 3: Die Reise ins Herz der Finsternis 293

AKT IV:
Der Prozeß 310

AKT V:
Die Bundesrepublik 329
Vorrede 329
  Szene 1: Die Heine-Universität Düsseldorf
            oder Die verfehlte Taufe 335
  Szene 2: Tribunale 344
  Szene 3: Kostümwechsel 353
  Szene 4: Die Bundeslade der Erinnerung 372
  Szene 5: Shakespeare und das
            Shylock-Syndrom 382

Quellennachweise 400
Kommentierte Bibliographie 404

Vorwort
An den Leser

Vor der deutschen Einigung im Jahre 1870/71 stand die Identifikation Deutschlands mit Hamlet, gedankenreich und tatenarm. Seit den Taten des 20. Jahrhunderts hat sich die Identifikation vertieft, auch wenn sich die Motivation dafür verschoben hat: Hamlet ist eine Figur, deren melancholischer Blick rückwärts gerichtet ist, an die Vergangenheit gebunden durch die Erinnerung an Morde und Opfer. Shakespeare reagiert mit dieser Gestalt auf die kulturelle Umorganisation der Erinnerung: Die Abschaffung des Fegefeuers durch die Reformation unterbindet die lebendige Kommunikation mit den Toten. Deshalb erscheinen sie, wie Hamlets Vater, als Geister. Wo eine symbolische Ordnung sich auflöst, wird sie nach einer Generation gespenstisch.

Das ist auch unsere Situation gegenüber dem Holocaust. Nach dem Verschwinden der Tätergeneration sind wir – wie Horatio – dazu gezwungen, ihn aus lebendiger Erinnerung in Tradition zu verwandeln und unseren Kindern davon zu erzählen. Aber wir wissen nicht, wie wir das tun sollen, ohne sie zu lähmen. Das Antlitz der Medusa ist so schrecklich, daß man es nicht ansehen kann, ohne zu erstarren. Alle Arbeit am Mythos, alle Beschäftigung mit diesem apokalyptischen Schrecken haben diese Lähmung nicht beseitigen können, sondern eher vertieft. Mit größerem Abstand wird das Rätsel größer. Für die Konfrontation mit diesem Kollaps der Zivilisation gibt es keinen Stil. Und es besteht die Gefahr, daß mit dem Generationenwechsel nach fünfzig Jahren der Diskurs über den Holocaust gespenstisch wird und die Fixierung auf die vergangenen Verbrechen wie im *Hamlet* die Gesellschaft vergiftet.

Dieses Buch richtet sich an alle diejenigen, die nach Wegen suchen, um die Verkrampfung zu lösen; die versuchen, dem Kollaps der eigenen Zivilisation ins Auge zu blicken, ohne sich und andere zu demoralisieren, die dem Schrecken gegenübertreten wollen, ohne sich von ihm beherrschen zu lassen.

Der Weg, den dieses Buch vorschlägt, führt über den Rückgriff auf die Formensprache großer Literatur. In ihr verbindet sich die Abgründigkeit der Erfahrung mit einem Perspektivenreichtum, der jede Erstarrung wieder löst. Im Mittelpunkt steht deshalb das Konzept des dramatischen Szenarios. In ihm sehen wir die Form, in der das antisemitische Phantasma in Erscheinung tritt und Gestalt gewinnt. Ein Szenario ist nicht durch äußere Ursachen zu erklären, sondern verschafft sich seine Stabilität selbst durch die Dramaturgie, mit der es die sozialen und semantischen Energien zu einer dynamischen Figur organisiert. Das erklärt eine Rätselhaftigkeit, der durch Rückführung auf äußere Gründe nicht beizukommen ist. Die Form des Szenarios ist autonom. Man muß sie deshalb in ihrer Struktur nachvollziehen. Das soll in diesem Buch geschehen. Es werden viele Geschichten erzählt, die sich in diesem Szenario zu einer Geschichte bündeln – der Geschichte einer europäischen Obsession. Wenn wir diese Geschichte gelesen haben, verspüren wir vielleicht etwas von der Wirkung der ästhetischen Entgiftung, die wir Katharsis nennen.

TEIL I

Die Geschichte einer europäischen Obsession

KAPITEL 1

Das Shylock-Syndrom

Im Alter von 14 Jahren erschoß Ed Kemper aus Burbank in Kalifornien seine Großeltern. Er wurde ins Atascadero-Hospital für geisteskranke Straftäter eingewiesen und mit 21 gegen den Rat der Gutachter entlassen. Er zog zu seiner Mutter nach Santa Cruz und erhielt einen Job bei der Highway Patrol. Am 7. Mai 1972 nahm er Mary Anne Pesce und Anita Luchessa in seinem Wagen mit, die beide am Fresno State College studierten. Er fuhr mit ihnen in eine einsame Gegend, erstach sie und brachte die Leichen ins Haus seiner Mutter, wo er sie fotografierte, sezierte und ausweidete. Er packte die Leichenteile in Plastiktüten, vergrub sie in den Bergen und warf die Köpfe in eine Schlucht. Am 14. September nahm er eine 15jährige Highschool-Schülerin mit, erstickte sie, mißbrauchte die Leiche und brachte sie zu sich nach Hause, wo er sie sezierte. Am nächsten Morgen mußte er zu einer Routine-Kontrolle zum staatlichen Psychiater, der ihn auf seinen Geisteszustand zu untersuchen hatte. Während dieses Besuchs lag der Kopf seines Opfers im Kofferraum. Der psychiatrische Gutachter bescheinigte ihm, daß er nicht mehr gefährlich sei. Am 9. Januar 1973 nahm er die Studentin Cindy Schall aus Santa Cruz mit, zwang sie in einer abgelegenen Gegend, in den Kofferraum zu steigen, erschoß sie, transportierte die Leiche nach Hause, verging sich an ihr, sezierte sie in der Badewanne, vergrub ihren Kopf im Hinterhof seines Hauses mit dem Blick auf das Fenster seiner Mutter und warf die übrigen Leichenteile ins Meer. Wenig später tötete er Rosalyn Thorper und Alice Liu, behandelte sie auf die gleiche Weise wie die vorherigen Opfer und warf ihre Leichenteile ins Meer. Am Ostersamstag 1973 erschlug Ed Kemper seine Mutter mit einem Hammer im Bett, enthauptete sie, vergewaltigte die kopflose Leiche, schnitt ihr den Kehlkopf heraus und warf ihn in den Müllschlucker. Dann rief er die Freundin seiner Mutter, Sally Hallett, an und lud sie zu einem Surprise Dinner ein. Als sie erschien, erschlug er sie, legte ihren Leichnam in sein Bett und schnitt ihm den Kopf ab. Er selbst legte sich in das Bett seiner Mutter zum Schlafen. Am Ostermorgen fuhr er mit seinem Auto ziellos herum und wartete darauf, daß seine grauenhafte Tat im Radio gemeldet würde. Als es nicht geschah, stellte er sich enttäuscht der Polizei (vgl. Douglas/Olshaker 1996, 123 ff.).

Ein normal empfindender Mensch steht fassungslos vor solchen Taten. Ihre sadistische Grausamkeit und ihre scheinbare Motivlosigkeit lösen ein Entsetzen aus, das über die Trauer angesichts des Todes so vieler junger Frauen hinausgeht. Wir erschrecken darüber, daß Menschen dazu fähig sind, andere Menschen so gnadenlos zu quälen. Wir finden die Morde schlichtweg unbegreiflich. Unser Entsetzen lähmt jeden Versuch, den Täter und seine Motive auch nur annähernd zu verstehen. Wir können uns in eine Person nicht einfühlen, für die solche Morde ein Bedürfnis darstellen. Und selbst wenn man sich an einen Anflug mörderischer Wut bei sich selbst erinnern kann, so liegen doch die sadistische Grausamkeit, die unglaubliche Gefühlskälte und die Abwesenheit jeglichen Mitleids mit den Opfern jenseits unserer Vorstellungskraft. Es geht eine metaphysische Erschütterung von dem Gedanken aus, daß diese Morde etwas sind, was zu unserem Bild vom Menschen als einem Gattungswesen dazugehört: Auch sie definieren, was Menschen sind. Zugleich sträubt sich jede Faser in uns dagegen, anzuerkennen, daß die Mörder zu uns gehören, daß sie so sind wie wir. Wir haben das Gefühl, sie haben sich aus unserer Gattung verabschiedet, sie haben den sozialen Kontrakt gekündigt, der jeder Zivilisation zugrunde liegt. Sie legen keinen Wert darauf, zu unserer Gattung zu gehören. Und häufig regt sich in uns der Impuls, ihnen die Solidarität der Zivilisation aufzukündigen und mit ihnen so zu verfahren, wie sie mit ihren Opfern verfahren sind: Wir würden gerne sehen, daß gegenüber solchen Monstern das Prinzip mit Gewalt durchgesetzt wird, welches das komplizierte Geflecht unserer Zivilisation organisiert: das Prinzip der Reziprozität; die Fähigkeit, sich an die Stelle des anderen zu versetzen; die Maxime, dem anderen nichts anzutun, was man selbst nicht erleiden möchte – wenn sie es nicht anders verstehen, sollen sie erleiden, was sie den Opfern angetan haben.

Weil die Killer dieses Prinzip in so eklatanter Weise verletzen, weil sie nicht die Spur einer Hemmung zeigen, untergraben sie unseren Glauben an die Stabilität der Kultur. Sie erschüttern unser zivilisatorisches Urvertrauen. Sie verunsichern uns an der Basis unseres Daseinsgefühls. Sie reißen ein Loch in die moralische Ordnung der Welt und entweihen das, was uns heilig und teuer ist.

Diese Entweihung, diese hemmungslose Profanierung wird durch etwas ins Bild gebracht, was unser Entsetzen über ihre Taten fortan begleitet: die Vorstellung von der Zerstückelung des menschlichen Körpers. Unser Leib ist unser geheiligstes Territorium. In ihm lokalisieren wir unser soziales und persönliches Selbst. Von ihm beziehen wir das Bild von Unversehrtheit, Integrität und Ganzheit, das in der Gestalt menschlicher Schönheit emphatischen Ausdruck findet. Diese Integrität des Körpers wird durch die Respektierung der Grenzen, die das persönliche Reservat markieren, sozial anerkannt. Damit wird bekräftigt, daß der Körper einer anderen Ordnung als der der Dinge angehört: Es ist die symbolische Ordnung der Kultur. Erst sie macht den Körper zur Heimstatt des personalen Selbst. Nur wenn seine Grenzen anerkannt werden, behandelt man seinen Besitzer als Person; und nur als Person ist er souverän. Jede Grenzverletzung ist deshalb ein Übergriff auf die Würde der Person. Das ist zugleich immer ein Angriff auf ihr Selbstwertgefühl. Dem Selbst wird nachgewiesen, daß es nicht in der Lage ist, seine Souveränität zu verteidigen. Es wird durch die drastische Vorführung seiner eigenen Hilflosigkeit erniedrigt. Ihm werden seine Würde, seine Ehre und damit seine Selbstachtung geraubt. Es wird in seinen eigenen Augen symbolisch vernichtet. Deshalb ist die bewußte Verletzung der körperlichen Territorialhoheit die radikalste Form der Profanierung.

Symbolische Grenzen werden durch Tabus geschützt. Nur mit Hilfe von Riten können wir sie unter Sonderbedingungen überschreiten. Und auch das ist nur Privilegierten erlaubt. Nur der Priester hat über den Altar Zugang zu Gott. Allein der Geliebte, der sich an ein bestimmtes Zeremoniell hält, erhält eine gesonderte Zugangsberechtigung zum Körper der Geliebten. Gerade weil der Körper in der Sexualität als

Ding behandelt wird und austauschbar ist, muß die symbolische Ordnung der Kultur sicherstellen, daß er in der Liebe als Person behandelt wird. Die Behandlung des Körpers steht also im Zentrum unserer kulturellen Ordnung. Sie garantiert, daß die Menschen sich als Personen behandeln; daß die Körper als »Identitätsausstattung« der Person respektiert werden; und daß niemand in seiner Würde, seiner Souveränität und seinem Selbstwertgefühl nachhaltig und willkürlich verletzt wird.

Wegen dieser engen Verflechtung von personaler Würde und symbolischer Ordnung der Kultur stellen die Taten von Serienmördern wie Ed Kemper ein Attentat auf das Vertrauen in unsere Kultur dar. Wir erschrecken darüber, daß die Gesellschaft im entscheidenden Moment nicht in der Lage war, die Opfer zu schützen. Die Tabuisierung der Körpergrenzen hat nicht ausgereicht. Es gab ein Individuum, an dem die Kultur versagt hat. An ihm wird die Zerbrechlichkeit der Zivilisation offenbar. Diese Fragilität hat gewissermaßen eine paradoxe Struktur. Die Kultur ist gerade deshalb ungeschützt, weil man im allgemeinen auf die Wirkung der Tabus vertrauen kann. Ihre Verletzung ist so unglaublich, daß man nicht auf sie vorbereitet ist. Und wenn sie dann doch geschieht, macht sie uns fassungslos. Sie vermittelt uns die Erfahrung, daß hinter dem luftigen Schleier der symbolischen Ordnung ein Abgrund gähnt, daß aber dieser Schleier das einzige ist, was uns schützt. Killer wie Ed Kemper reißen diesen Schleier beiseite. Sie scheinen deshalb aus einer anderen Welt zu kommen. Sie symbolisieren die Kälte, den Schrecken und die Gefühllosigkeit einer Welt jenseits des Gartens der Zivilisation.

Das eigentlich unerträgliche Paradox aber besteht darin, daß sie nicht aus einer anderen Welt kommen: Sie stammen aus unserer Mitte. Sie sind Teil der Zivilisation. Von diesem Paradox soll in diesem Buch die Rede sein. Dabei geht es um etwas, was noch viel unglaublicher ist als die Morde von Ed Kemper: Es geht um das Rätsel, daß Ed Kempers Obsession im Deutschland der Nazis zum staatlichen Programm erhoben werden konnte. Die Serienkiller waren an die Regierung gekommen. Die Feinde der kulturellen Ordnung waren zu ihren Repräsentanten geworden. Es geht also um den Holocaust.

Im bundesdeutschen Diskurs ist Auschwitz zum Symbol des Völkermords geworden. Darüber wird leicht vergessen, daß fast zwei Millionen Juden nicht in Vernichtungslagern, sondern direkt hinter der deutschen Front von den Mörderbanden der sogenannten »SS-Einsatzgruppen« in aller Öffentlichkeit und mit Unterstützung der deutschen Armee durch Massaker abgeschlachtet wurden. In der Urteilsbegründung gegen die SS-Einsatzgruppen schreibt der stellvertretende Chef-Ankläger von Nürnberg, Robert M. W. Kempner:

> »Kein menschlicher Verstand kann die Ungeheuerlichkeit von zwei Millionen Todesfällen erfassen, da das Leben, der höchste Ausdruck des Bewußtseins und Daseins sich nicht zur sachlichen oder selbst geistigen Abschätzung eignet... nur wenn man diese groteske Anzahl in Einheiten zerlegt, die man geistig erfassen kann, kann man die Ungeheuerlichkeit der Dinge verstehen, mit denen wir uns in diesem Prozeß befassen. Man muß sich nicht eine Million Menschen, sondern nur zehn vor Augen halten; Männer, Frauen und Kinder – vielleicht alle aus einer Familie –, die vor den Gewehren der Henkersknechte zusammenbrechen. Wenn man eine Million durch zehn dividiert, muß sich diese

Szene hunderttausendmal abspielen. Und wenn man sich dieses sich wiederholende Entsetzen im Geiste vor Augen stellt, beginnt man die Worte der Anklagebehörde zu verstehen: ›In großer Traurigkeit, doch voller Hoffnung treten wir heran an die Schilderung des vorsätzlichen Hinschlachtens von mehr als einer Million unschuldiger und wehrloser Männer, Frauen und Kinder.‹« (Kempner 1964, 18)

Das Entsetzen lähmt jeden, der auf diese Verbrechen blickt; und es muß jeden um den Verstand bringen, der sich klarmacht, daß diese Schandtaten unter Mithilfe und Duldung maßgeblicher Vertreter der deutschen Beamten, Juristen, Ärzte und Generäle begangen wurden. Auch der Vater des ehemaligen Bundespräsidenten, Ernst von Weizsäcker, gehörte zu diesen Vertretern: Er hat als Staatssekretär im Auswärtigen Amt Transporte von Juden aus Frankreich nach Auschwitz genehmigt und wurde in Nürnberg wegen Verbrechen gegen die Menschlichkeit verurteilt. Gab es etwas in unserer Kultur, was das möglich machte?

Es gibt unzählige Schriften über den Holocaust und den Antisemitismus. Aber so wie es unsere Vorstellungskraft überfordert, Ed Kemper und den von ihm angerichteten Schrecken zu verstehen, so hilflos fühlen wir uns bei dem Versuch, das apokalyptische Ausmaß der Massaker vor unser geistiges Auge zu rufen, das die Nazis angerichtet haben.

Der Bericht über Ed Kempers Greueltaten entstammt einem Buch des FBI-Agenten John Douglas. Darin schildert der Autor, wie er und seine Mitarbeiter die Fahndungstechnik nach Serienmördern entscheidend verbessert haben. Sie stellten nämlich fest, daß der typische Serienkiller in seinen Morden ein bestimmtes Szenario ausagierte, daß er seine Schandtaten einer bestimmten Dramaturgie unterwarf. Sie schlossen aus dieser Dramaturgie auf eine dominante Obsession, eine Zwangsvorstellung, von der der Killer völlig beherrscht wurde. Diese Zwangsidee hinterläßt ihre Spuren, sie ist der gemeinsame Grundtext dieser Morde, sozusagen ihr Leitmotiv. So wurde Ed Kemper von einem abgrundtiefen Haß gegen seine Mutter beherrscht. Sie hatte mit Eds Vater eine zerrüttete Ehe geführt und sich schließlich von ihm getrennt. Die Abneigung gegen ihn hatte sie auf ihren Sohn übertragen. Als Ed noch ein kleiner Junge war, sperrte sie ihn jede Nacht in einen fensterlosen Keller. Dort mußte er neben der Heizung schlafen. Während sie selbst und Eds Schwester in ihre Schlafzimmer gingen, kämpfte der kleine Junge gegen seine Angst vor der Dunkelheit. In dieser Zeit muß er ein Geschöpf der Finsternis geworden sein. Er begann damit, die Katzen seiner Nachbarschaft zu töten. Dann brachte er seine Großeltern um. Als er aus der Psychiatrie entlassen wurde, hatte seine Mutter eine Stellung als Sekretärin in der Universität von Santa Cruz gefunden und führte das Leben eines geachteten Mitglieds der College-Gemeinschaft. Von diesem Leben war ihr Sohn ebenso ausgeschlossen, wie er vorher aus der gemeinsamen Wohnung ausgeschlossen worden war. Zu diesem Leben gehörten die Studentinnen der Universität. Also begann Ed, Studentinnen zu ermorden. Dabei arbeitete er sich immer näher an seine Mutter heran, bis er Cindy Schalls Kopf mit dem Gesicht zu ihrem Fenster im Hinterhof vergrub. Schließlich ermordete er die Mutter selbst, wobei er ihren Kehlkopf herausschnitt, weil sie ihn immer nur beschimpft hatte.

Seine Morde waren symbolisch verschlüsselt. John Douglas gehörte zu den ersten, die sich daranmachten, den Schlüssel dazu zu finden und daraus das zu entwickeln, was man in der Folgezeit »das Täterprofil« nannte. Das hatte nicht nur Konsequenzen für die Fahndung, sondern auch für die Verhöre, die Überführung, die Therapie, die Prognose des weiteren Verhaltens und den ganzen Prozeß. Mit anderen Worten, die gesamte Beschreibung des Täters und des Tatzusammenhangs wurden revolutioniert.

Das alles weist gewisse Parallelen mit dem Problem auf, das Rätsel des Holocaust zu bewältigen. 1961 wurde einer der größten Serienkiller der Geschichte in Jerusalem vor Gericht gestellt: Adolf Eichmann. Hannah Arendt hat darüber für den *New Yorker* berichtet und aus dem Bericht später das Buch *Eichmann in Jerusalem* (Arendt 1963) gemacht. Beide wurden stark kritisiert. Sie hatte Eichmann als eine langweilige, fade Figur beschrieben, zwar besonders kalt und gefühllos, aber als Charakter nichtssagend und uninteressant; eine verklemmte Buchhalterseele, fantasielos und seelisch verödet. Nichts schien diesen Langweiler mit dem apokalyptischen Schrecken zu verbinden, mit dem er und seinesgleichen die Seele der Zivilisation verwüstet hatten. Für die Schilderung des Zusammenhangs zwischen dem Holocaust und den lachhaften Figuren, die ihn ausgelöst haben, schien es keinen gemeinsamen Stil zu geben. Nichts verband die Abgründigkeit der Leiden, die die Opfer erlebt hatten, mit der freundlichen Banalität der Hanswurste, die ihn angerichtet hatten.

Auch die Psychiater, die als Gutachter die Therapiefortschritte von Serienkillern beurteilen und aus Gesprächen mit ihnen ein Charakterbild anfertigen, ohne in der Regel ihre Taten zu kennen, schildern diese sehr häufig als ganz gewöhnliche, angepaßte Menschen. Viele Killer wirken freundlich, höflich und nichtssagend. Niemand, der sie von dieser Seite kennt, würde ihnen ihre Taten zutrauen.

1996 erschien auf deutsch die Doktorarbeit aus der Feder des amerikanischen Historikers Daniel Goldhagen mit dem Titel *Hitlers willige Vollstrecker*, die sowohl in den USA, aber noch mehr in Deutschland großes Aufsehen erregte (Goldhagen 1996). Ohne sich der Analogie bewußt zu sein, hatte Goldhagen eine ähnliche Änderung in der optischen Einstellung vollzogen wie John Douglas. Er wischte alle komplizierten Erklärungen, alle abwägenden Überlegungen und relativierenden Ansichten zum Holocaust beiseite und zwang seine Leser, die Täter allein von ihren Taten aus zu beurteilen. Er ließ nichts mehr gelten, was man sonst noch über sie sagen konnte, etwa ihre Freundlichkeit, ihre Tierliebe, die Leiden an der deutschen Niederlage im Ersten Weltkrieg, die Bedrückung durch die Weltwirtschaftskrise, die nationale Demütigung etc. Er glaubte nicht daran, daß die Killer wider Willen, unter Zwang, im Befehlsnotstand gemordet hatten. Er nahm an, daß sie es gerne getan hatten, freiwillig, und sich häufig danach gedrängt hatten. Für ihn standen sie unter dem Einfluß ihrer kulturellen Konditionierung, und die war nach Goldhagens Meinung durch und durch antisemitisch. Das trennte die Deutschen von den anderen Völkern Europas und Amerikas. So wie ein Serienkiller den Kontrakt der Zivilisation kündigt, so hatten sich die Deutschen unter die Herrschaft eines antisemitischen Phantasmas begeben und sich damit aus dem Universum der Zivilisation verabschiedet. Die Schwierigkeiten, den Holocaust zu erklären und für seine Beschreibung eine adäquate Sprache zu finden, führte Goldhagen auf eine falsche Prämisse zurück: Rätselhaft würde er nur, wenn man unterstellte, die Deutschen seien ein zivilisiertes Volk gewesen. Das aber sei eine falsche Annahme. Wenn man sie unvoreingenommen mit dem Blick eines Ethnologen betrachte, würde man sie nach ihren Taten beurteilen. Einem fernen Völkerstamm, den man im Urwald mit grausamen Riten beschäftigt findet, würde man auch nicht eine Kultur zuschreiben, die mit diesen Riten in Widerspruch stünde. Im selben Sinne sei auch die deutsche Kultur von einem ›eliminatorischen Antisemitismus‹ geprägt. Die eigentliche Begründungslast habe nicht derjenige, der diese Folgerungen ziehe, sondern der, der sie bestreite.

Mit diesem radikalen Perspektivenwechsel war Goldhagen einem unterirdischen Trend gefolgt, der zugleich seinen Erfolg miterklärt. Manchmal bezeichnet man diesen Trend mit dem Begriff des ›culturalist turn‹, der kulturalistischen Wende. Damit ist gemeint, daß die alten gesellschaftskritischen Begriffssysteme der Soziologie und des Neo-Marxismus durch die kulturwissenschaftlichen Beschreibungen abgelöst wurden. Das verlagerte die Aufmerksamkeit von einer Betonung realer Repression, Herrschaft und Ausbeutung zu einer Untersuchung symbolischer Konditionierung durch die Sprache, die Kultur und die kategorialen Systeme. Taufpaten dieser Bewegung sind die französischen Theoretiker Michel Foucault, der Erfinder der Diskurstheorie, und Jacques Derrida, der Begründer einer Denkschule, die das Verfahren der Dekonstruktion als eine Kombination aus Kritik und subtiler Lesestrategie auf ihre

Fahnen geschrieben hat. Mit ihnen hat Goldhagen nur gemeinsam, daß er darzustellen versucht, wie die Deutschen durch ihre Kultur antisemitisch konditioniert gewesen seien.

Fast alle Kritiker sind sich darin einig, daß dieser Versuch Goldhagens mißlungen ist. Bei allen Unterschieden ist die deutsche Kultur nicht von der europäischen Kultur zu trennen. Zugleich ist eine Kultur zu komplex, als daß sie so eindeutige Zuschreibungen erlaubt. Vielmehr sind Zuschreibungen selbst in einer Kultur immer wieder umkämpft und werden darüber problematisch. Im Selbstverständnis der Täter sind sie selbst ja nie die Auslöser der Katastrophe; statt dessen glauben sie, auf eine Gefahr zu reagieren. Das Charakteristische der Nazis war gerade, daß sie den Juden unterstellten, das anzustreben, was sie selbst im Begriff waren zu erobern: die Weltherrschaft. Für ihre eigene Optik handeln die Täter nicht, sondern reagieren nur. Gerade das macht sie zu Besessenen. Sie stehen unter Zwang, sie werden von den Umständen getrieben; ihre Gegner zwingen sie zu dem, was sie tun. Das begründet das Gefühl der subjektiven Unschuld, das die Beobachter sowohl bei den Nazis wie bei den Serientätern immer verblüffte.

Mit seinen pauschalen Erklärungen hat Goldhagen auch seine neue Optik diskreditiert. Das ist bedauerlich. Ich glaube, daß man wesentlich mehr gewinnt, wenn man seinen radikalen Perspektivenwechsel nicht mit einer Vorstellung von der Kultur, die notgedrungen undifferenziert bleiben muß, sondern mit dem Problem von John Douglas verbindet. Es geht um eine europäische Obsession, eine kulturelle Zwangsvorstellung, die immer im Kontext eines bestimmten Szenarios aufgetreten ist. Deshalb handelt dieses Buch von einer Geschichte, die sich in der europäischen Neuzeit in vielen Variationen wiederholt. Es geht dabei um ein Szenario, das sich verselbständigt und immer wieder Figuren findet, die ihre vorgesehenen Rollen spielen. Sie folgen dabei einem Skript, ohne es zu wissen. Sie gehorchen einer dramatischen Logik, die so zwingend zu sein scheint, daß das Szenario wie ein magnetisches Kraftfeld sich gegen äußere Einwirkungen abschließt. Das Drama wird in der Wirklichkeit gespielt, aber seine reinste Ausprägung hat es auf dem Theater gefunden: Es ist Shakespeares *Der Kaufmann von Venedig*. Deshalb möchte ich es mit dem Namen belegen, den Shakespeare seinem jüdischen Wucherer gegeben hat: das Shylock-Syndrom.

Das Konzept des Szenarios eröffnet die Erkenntnis vom Zusammenhang zwischen Dynamik, Dramaturgie und Stabilisierung der dramatischen Form durch die von ihr selbst freigesetzte Dynamik. Erst von da aus läßt sich erklären, wie sich das antisemitische Phantasma gegenüber allen gesellschaftlichen Änderungen als resistent erweist. Es zeigt damit auf sozialer Ebene ein ähnliches Muster, wie es der Psychoanalytiker Alfred Lorenzer für die Dramaturgie unbewußter Strukturen in Anspruch genommen hat. Er nennt sie ›Klischees‹. Das sind unbewußte Repräsentanzen, die gleichwohl mit Gefühlen besetzt werden. Aber sie sind ›desymbolisiert‹ worden, d. h., ihre Bestandteile können nicht mehr durch einzelne Symbole ausgedrückt werden, die man dann auch voneinander trennen und umorganisieren kann. Statt dessen sind sie durch die Desymbolisierung zu einem szenischen Zusammenhang verschmolzen, der affektiv stark besetzt ist. Als symbolisierte Repräsentanz steht etwa

›Mutter‹ nicht mehr für die Person, die man sich in allen möglichen Zusammenhängen vorstellen kann, sondern sie bedeutet lediglich ›Mutter, wie sie damals zur Tür hereinkam und mich vorwurfsvoll angeschaut hat‹. Die Repräsentanz von ›Mutter‹ ist von ihrem szenischen Kontext nicht mehr zu trennen, und so steht letztlich das Symbol ›Mutter‹ als unabhängiges Zeichen für andere Kontexte nicht mehr zur Verfügung. Deshalb setzen sich klischeebezogene Impulse »unabhängig vom Symbolgefüge hinter dem Rücken des Individuums durch ... Klischee-bezogene Abläufe sind strikt determiniert. Sie sind mit so strenger Folgerichtigkeit an den szenischen Auslösereiz gebunden, daß von Wiederholungszwang gesprochen werden kann.« (Lorenzer 1973, 98) In diesem Sinne sprechen wir von einem Syndrom.

Die dramatische Literatur bietet die stilisierte Zweitfassung realer Szenarien. Für die Darstellung eines Problems, das uns an die Grenzen der Beschreibung treibt, bietet sie einen unschätzbaren Vorteil: Sie verbindet die Ratio der Rede mit der Magie der Bilder. Sie beschwört den Schrecken, ohne sich von ihm überwältigen zu lassen. Und sie illustriert an ihrer eigenen Logik die zwingende Gewalt von Verlaufsprogrammen, die über die Köpfe der Beteiligten abrollen. Über sie lernt man wenig in der Geschichtsschreibung, zumal die Historiker Deutschlands mit ihrer Betonung der Strukturgeschichte über die Eigendynamik dramatischer Verlaufsfiguren kaum nachgedacht haben. Trotz aller Forschungen über den Holocaust geraten sie zunehmend in die Rolle der Psychiater, die die letzten seelischen Winkel eines Serienkillers ausleuchten und dabei seine Taten immer unerklärlicher erscheinen lassen.

Ich glaube, daß man den innersten Rätselkern der antisemitischen Obsession erst dann in den Blick bekommt, wenn man sie als feststehendes Szenario beschreibt. Denn erst mit dieser Optik erschließt sich die Dimension des symbolischen Denkens, in der der Zusammenhang von Dramaturgie und sozialer Energie fühlbar wird.

Wir werden sehen, daß das Shylock-Syndrom seit den Judenverfolgungen des 14., 15. und 16. Jahrhunderts weitgehend unverändert geblieben ist. Zu ihm gehören immer dieselben Vorstellungen, Bilder und Motive: Vorwürfe wegen Hostienschändung, Ritualmorden, Brunnenvergiftung, Kannibalismus und Gier nach Christenblut; Parasitentum in Verbindung mit der unterstellten sympathetischen Beziehung zwischen Juden und Geld, metaphorisch verkürzt auf den Vertrag mit dem Pfund Fleisch; das Fantasma vom Judenwucher als einer perversen Sexualität des Geldes, in der das Geld wie in der gleichgeschlechtlichen Liebe sich selbst begattet und doch fruchtbar ist; Zusammenhang zwischen dem Selbsthaß des Bürgertums und seiner kulturellen Orientierung am Sozialcharakter des Adels; millenarische Ängste angesichts eines Endkampfs zwischen den Mächten des Lichts und denen der Finsternis; Assoziation der Juden mit dem Teufel im Zusammenhang mit unvorstellbaren Verbrechen; Identifikation der Juden mit den jeweiligen Feinden im Kontext finsterer Verschwörungen; und das Auftreten asketischer Demagogen mit sozialen Anliegen. Diese Elemente verbinden sich im Shylock-Syndrom zu einem unauflöslichen Muster, das so konstant bleibt wie eine historische Einkapselung. Sämtliche Umwälzungen seit dem Spätmittelalter haben dieser Obsession bis zum Holocaust nichts anhaben können. Sie wirkt wie eine Energiekonserve, die immer wieder ihre unheimliche Macht entfaltet, eine vernunftresistente Zwangsvorstellung, die Idée fixe eines unauflösbaren Wahnsinns.

Wir werden ebenfalls sehen, wie nach einer Phase der Latenz im 18. Jahrhundert das Shylock-Syndrom in der Zeit der Französischen Revolution unverändert aus dem Schatten tritt, und wie während des 19. Jahrhunderts das Drama des Kaufmanns von Venedig in immer neuen Varianten abrollt. Dabei kann ihm auch der Übergang vom religiösen zum rassistisch motivierten Antisemitismus nichts anhaben: Es bleibt im innersten Rätselkern konstant.

Begibt man sich in den Bannkreis des Shylock-Syndroms, macht man zugleich Erfahrungen mit großer Literatur. Sie hilft einem, auf das deutsch-jüdische Trauma zu blicken, ohne vor Schrecken zu erstarren und den Blick abzuwenden. An einem Gegenstand, an dem die Diskurse scheitern, zeigt sich, daß unsere Literatur eine Optik bietet, die reicher und von größerer Tiefenschärfe sein kann als die der Wissenschaft. Das schreckliche Antlitz der Medusa läßt sich nicht ansehen, ohne zu lähmen. Große Kunst verhilft uns dazu, es trotzdem zu betrachten. Zwar sieht man dann vielleicht nur indirekt, aber man kann rückhaltlos hinsehen. Diese Erfahrung ist in die Darstellungsform des Buches eingegangen: Es nimmt Shakespeares Drama selbst zum Modell und schildert Konstellationen von Figuren, Konfigurationen von Schicksalen, kurzum, es schildert das Szenario einer Obsession. Am Ende, wenn die Darstellung Deutschland und die Gegenwart erreicht, vollzieht sie in der Folge von fünf historischen Szenarien die Fünf-Akt-Sequenz des *Kaufmann von Venedig* selbst nach, die in jenem vierten Akt gipfelt, in dem historischer und juristischer Prozeß zusammenfallen: Prozeß ist zugleich eine juristische und eine historische Kategorie. Die Weltgeschichte ist das Weltgericht.

Das Buch nimmt also am Ende selbst die Form des Szenarios an, das es beschreibt. Es reagiert damit auf einen Notstand, der wie ein Paradox wirkt, nämlich für die Behandlung des Holocaust einen Stil zu finden, der nicht seinen Gegenstand gleich dadurch verrät, daß er den Leser in die Depression zu treiben droht. Jedes Gespräch mit Schülern und Studenten bestätigt die gleiche Erfahrung: Die Klagen derjenigen, die behaupten, in Deutschland würde der Holocaust verdrängt, sind abwegig. Das Gegenteil ist der Fall. Zumal die Generation der 68er Lehrer hat ihre Schüler in einem Ausmaß mit dem Holocaust konfrontiert, daß sie unübersehbare Übersättigungssymptome hervorgerufen hat. Schon die Erwähnung angrenzender Themen kann bei den Geschädigten eine wilde Flucht auslösen. Diese Reaktion entspringt nicht der verdrängten Schuld – welcher auch? –, sondern der Allergie, die nur aus vielen Stunden aufgezwungener Depressivität entsteht. Das hat bei allem guten Willen dieser Lehrergeneration dem Gegenstand nicht gutgetan. Zugleich ist es den Lehrern nicht anzulasten; es geht um ein wirkliches Paradox: daß unsere Kultur auf ein Problem fixiert bleiben muß, das zugleich auch demoralisiert, den Optimismus und das Vertrauen in die Kraft der Kultur untergräbt und die Jugend deprimiert.

Demgegenüber kann der Ausgang von einer großen Dichtung wie Shakespeares Drama einen entgegengesetzten Impuls auslösen. So wie die Taten von Hitler und seinen dämonischen Hanswursten der Menschheit das Erbe einer schwarzen Melancholie hinterlassen haben und schon allein der Gedanke an sie das Gemüt verdüstert, hat Shakespeare uns ein Werk geschenkt, das das Lebensgefühl erhöht, den Optimismus stärkt und das Vertrauen in die Fähigkeiten der Menschheit heilt, über sich selbst hinauszuwachsen. Er ist das Urbild des kreativen Genies. Er ist das Gegenteil eines Killers: Er tötet nicht, sondern erweckt zum Leben, er schafft eine Welt. Seine Werke sind auf der Bühne lebendig wie die keines anderen Dramatikers. Er hat unsere eigenen Klassiker von Schiller bis Brecht überlebt. Er entzieht sich allen historistischen, postmodernen und dekonstruktivistischen Relativierungen und behauptet sich mühelos in einem Ozean von Entwertungen, der alles andere sonst überspült. Er ist ein kanonischer Dichter in der ganzen angelsächsischen Welt, er wird in den Schulen aller zivilisierten Völker gelehrt, seine Geschichten haben die Funktion von modernen Mythen angenommen, deren Personal jeder Gebildete kennt. In ihm verdichtet sich das Vertrauen in den Wert unserer Kultur. Er steht über allen Kämpfen und bietet eben darin Orientierung.

In diesem Sinne kommuniziert das Buch mit dem ersten Buch über Shylock. Es ist die Arbeit *Shylock, die Geschichte einer Figur* von Hermann Sinsheimer. Sie ist 1960 in München erschienen, aber vor dem Zweiten Weltkrieg geschrieben worden. Der Verfasser, der vor den Nazis nach England, in das Land Shakespeares, geflohen war, schreibt dazu in einem nachträglichen Vorwort: »Ich habe dieses Buch in den Jahren 1936 und 1937 geschrieben – in einer Welt, die es heute nicht mehr gibt: in der ehemaligen Hauptstadt des deutschen Reiches Berlin, in der Welt der Nazis, der Konzentrationslager und Pogrome, der Folterungen und Morde ... Es ist ein Buch für Laien, die einen der fürchterlichsten Auswüchse unserer Zeit, den Antisemitismus, in seinen frühen Stadien kennen- und verstehen lernen wollen.« Mein Buch schließt an diese Arbeit an. In vielem von dem, was ich berichte, bin ich Sinsheimers Arbeit zu Dank verpflichtet. Aber sein Buch ist vor dem Holocaust geschrieben. Es war Zeit, die Fortsetzung folgen zu lassen.

Shylock ist ein Jude aus dem Ghetto Venedigs. Das Ghetto wurde 1516, ein Jahr vor Luthers Thesenanschlag, eingerichtet und hat allen anderen Ghettos der Welt seinen Namen gegeben. Venedig ist eine traditionelle Kaufmannsrepublik so wie in Deutschland nur Hamburg. Der Beginn der jüdischen Gemeinde von Hamburg fällt in die gleiche Zeit wie Shakespeares Leben in London und Shylocks Leben im Ghetto von Venedig: in die letzten Jahrzehnte des 16. Jahrhunderts. Dabei macht man eine Entdeckung: Wenn Shylock aus Venedig die eine große Symbolfigur jüdischer Existenz in der Literatur ist, stammt die andere aus Hamburg – es ist Ahasver, der ewige Jude, der unter diesem Namen zum ersten Mal in einer Kirche von Hamburg gesichtet wird. Dabei ist es nicht verwunderlich, daß Ahasver zum ersten Mal in einer Hafenstadt auftaucht. Als Repräsentant des ewigen Exils steht er für ein konkretes historisches Schicksal der Juden im 16. Jahrhundert: Es ist das Schicksal der Marranen, der portugiesischen Juden-Christen und Zwangsgetauften. Sie sind es, die in Hamburg 1575 die erste jüdische Gemeinde gründen, deren Mitglieder sich allerdings je nach Bedarf als Christen tarnen. Repräsentiert Shylock aus Venedig die Existenz im Ghetto, symbolisiert Ahasver aus Hamburg das Exil und die Tarnung vor der Verfolgung. Shakespeare schreibt den *Kaufmann von Venedig* 1594 (oder wenig später); Ahasver und Shylock sind also Zeitgenossen. Exil und Ghetto gehören zusammen.

Kapitel 2

Shylock aus Venedig und Ahasver aus Hamburg

Shylock

Shylock, der Mann ohne Vornamen, teilt das Schicksal der großen Figuren Shakespeares wie Hamlet oder King Lear: So wie es etwa einen Hamlet aus Stepney Green gibt oder einen König Lear der Steppe, wird Shylock zum Inbegriff eines Schicksals. Doch gleich von Anfang an ist es kein Einzelschicksal. Shylock ist der, der er ist, weil er Jude ist. Er zeigt das Schicksal eines Volkes im Zustand des Außenseitertums. Darin bleibt Shylock eine Bezugsfigur für Identifikationen und Ablehnungen. Ludwig Börne, der noch als Löb Baruch im Frankfurter Ghetto geboren wurde, erkennt in Shylock aus Venedig den Bewohner des Ghettos, das allen anderen Ghettos den Namen gab. Heine nennt James Freiherr von Rothschild den ›Herrn von Shylock zu Paris‹. Lessing schreibt den *Nathan* als Gegenentwurf zu Shylock. Und im bürgerlichen Roman des 19. Jahrhunderts gibt es keine jüdische Kunstfigur, die nicht die Erinnerung an Shylock beschwört, sei dies Isaak von York in Scotts *Ivanhoe,* Fagin in Dickens' *Oliver Twist* oder Veitel Itzig aus Gustav Freytags *Soll und Haben.* Shylock hat sich dem europäischen Gedächtnis eingeprägt.

Zur Einprägsamkeit einer Figur trägt immer der Name bei. ›Shylock‹ fällt in dem italienischen Milieu von Bassanios und Antonios schon durch seinen

Namen als Fremder auf. Er klingt zugleich englisch (shy-lock) und hebräisch. Möglich wurde diese Verbindung durch die Tendenz englischer Puritaner, sich alttestamentarische Namen wie Amos, Gamaliel und Helkiah zu geben. Die hebräische Urform von ›Shylock‹ findet sich in der genealogischen Tafel ab Noah aus Genesis X und XI. Noah hatte drei Söhne, Sem, Ham und Japhet. In der prädarwinistischen Stammeslehre wurden auf sie die drei ›Rassen‹ der Semiten, der schwarzen Hamiten und der europäischen Japhetiten zurückgeführt. Sems dritter Sohn hieß Arphachsad, und dieser hatte einen Sohn namens Schalach oder Schelach. Dies ist die Urform von Shylock. Vielleicht hat bei Shakespeares Namengebung auch ein Anklang an die hebräische Münzeinheit des »Schekel« eine Rolle gespielt.

Zur Figur dieses Shylock gehört der Vertrag mit dem Pfund Fleisch: 3000 Dukaten leiht Shylock dem christlichen Kaufmann Antonio und läßt sich dafür einen Schuldschein ausstellen, auf dem ihm als Sicherheit ein Pfund Fleisch aus Antonios Körper zugesichert wird, das er sich bei Nichtbezahlung selbst herausschneiden darf. Dieser archaische Vertrag wirkt wie eine Kondensation antisemitischer Fantasien, und zwar alter wie moderner. Zunächst weckt er Erinnerungen an den Verrat des Judas an Christus, den er für dreißig Silberlinge verkaufte. Damit in Verbindung steht die Vorstellung der Hostienschändung, wie sie etwa in den Mysterienspielen des Mittelalters verbreitet wurde. Im *Mistère de la saincte hostie* zum Beispiel verführt ein jüdischer Wucherer eine christliche Schuldnerin und läßt sich ein Stück geweihter Hostie übergeben. Sofort versucht er, sie zu kreuzigen, zu verbrennen, zu kochen, zu schlagen und zu steinigen.

Sterneberch.

Wā den bosen ioden volget hyr eyn gheschicht
Dar to vā den sulue eyn merklik ghedycht

Die Durchstechung der Hostie durch die Juden zu Sternberg. 1492

Doch was er auch unternimmt, die Hostie blutet zwar, bleibt aber unzerstört. Frau und Kinder des Juden sind von diesem Wunder so überwältigt, daß sie ihn anzeigen und sich selbst taufen lassen.

Von der Hostienschändung war es nicht weit bis zum Vorwurf des Ritualmords. Auch dies wurde in Verbindung mit dem Wucher gebracht.

Während der heilige Bernhardin von Feltre in Trient gegen den Wucher der Juden predigte und sich in düsteren Andeutungen über das kommende Osterfest erging, kam es zu einem angeblichen Ritualmord an dem kleinen Simon von Trient, der später seliggesprochen wurde. Es wurde dies einer der notorischsten Ritualmordfälle, die immer wieder Anlaß zu Massakern an Juden werden. Bereits in Chaucers *Canterbury Tales* ist eine der Geschichten die Erzählung von einem Ritualmord, und in den Varianten der Stoffgeschichte für den *Kaufmann von Venedig* gibt es eine deutsche Version, die den Vertrag mit dem Pfund Fleisch mit einem Ritualmord kombiniert: Um 1599, also fast gleichzeitig mit Shakespeare, schreibt Jacob Rosefeldt die lateinische Komödie *Moschus* (Moses). In ihr kommen zwei Brüder, ein Kaufmann und ein Gelehrter, vor. Der Kaufmann schließt mit dem Juden Rabbi Moshe ben Rabbi Jehuda den Vertrag mit dem Pfund Fleisch. Als er die Schuld zurückzahlen will, läßt sich der Jude verleugnen. So verfällt das Pfand. Vor Gericht trifft er seinen Bruder, den Gelehrten. Dieser wird fälschlich des Mordes an einem Kind angeklagt. Als aber der Jude auftritt, erkennt der Bruder in ihm den wirklichen Mörder des Kindes und schildert, wie er Zeuge eines jüdischen Ritualmordes wurde.

Der Aberglaube, daß Juden christliche Kinder schlachteten, um mit ihrem Blut den ungesäuerten Teig des Brotes zum Gären zu bringen oder es gar zu trinken, mag mit den jüdischen Speisevorschriften zusammenhängen, die allerdings gerade den Genuß von Blut verhindern sollten. Es gab deshalb berufsmäßige jüdische Schlächter, die mit speziellen, dafür bestimmten Messern den Tieren einen rituellen Tod beibrachten. Nach dem psychischen Gesetz der Verkehrung ins Gegenteil konnte der populäre Aberglaube die religiöse Scheu vor dem Blut als jüdische Lüsternheit nach Blut auslegen. Von da aus war es nur ein Schritt, die jüdische Sucht nach Christenblut und Christenfleisch mit der jüdischen Sucht nach Geld zu parallelisieren. Im Bereich der biblischen Geschichten, die auf dem mittelalterlichen Theater dargestellt wurden, fand das wieder eine Bestätigung in der Episode des Kindermordes des Herodes. Von Herodes aus gab es einen weiteren Bezug zu der zentralen Figur spätmittelalterlicher und frühneuzeitlicher Fantasie: dem Teufel.

Die Karriere Satans nimmt einen bis dahin nicht geahnten Aufschwung mit der Ketzerei der Albigenser, Waldenser und Katharer, von denen sich der Name ›Ketzer‹ ableitet. Diese Sekten hatten sich vom Balkan und von Oberitalien aus vor allem am Ende des zwölften Jahrhunderts in Südfrankreich verbreitet. Ihre Theologie war manichäisch und dualistisch: Gott war nur der Herr des Geistes und des Himmels. Die sichtbare Welt der Materie hatte nicht Gott, sondern der Teufel erschaffen. Deshalb galt alles Stoffliche als böse. Das schloß auch die Hostie ein, das Fleisch und das Blut Jesu Christi in der Eucharistie. Deshalb sei die Aussage Christi »Dies ist mein Leib« nur im übertragenen Sinne gemeint. Als Papst Gregor IX. die Nachricht erhielt, daß sogar der Bischof Filippo Paternon von Florenz zu den Ketzern übergetreten war, ernannte er eine Inquisitionsbehörde, die unter Führung eines Dominikaners die Ketzer in Florenz aburteilen sollte. Von da an wurden die ›domini canes‹, die Hunde Gottes, zu den leidenschaftlichsten Ketzerverfolgern. Da nun die Katharer lehrten, daß der Teufel der Fürst der Welt sei, war das Verbrechen par excellence, das die Inquisitoren verfolgten, der Umgang mit dem Teufel. Eine ganze Theorie über des Teufels Eigenschaften, seine Verführungskünste, seine Verbrechen und seine Helfer und Helfershelfer wurde ausgearbeitet. So sorgte die Kirche selbst für die Verbreitung der Vorstellungen, die sie bekämpfte. Ihre amtliche Bestätigung erhielt die ganze Dämonologie um 1320 durch Papst Johannes XXII., der offensichtlich ein Paranoiker war. Unter seinem Nachfolger Benedikt XII. findet 1335 der erste Hexenprozeß statt. Von 1347 bis 1350 wütet in Europa die Pest, die fast die Hälfte der Bevölkerung hinwegrafft. In der von ihr ausgelösten Panik verbreiten sich apokalyptische Vorstellungen und paranoide Wahnideen. Wer war schuld an dieser Heimsuchung der Christenheit? Natürlich der Gegenspieler Gottes, Satan persönlich. Wer waren seine Handlanger, die die Brunnen vergifteten? Die Juden! In Savoyen tauchte das Gerücht auf, ein gewisser Jakob Pascal (der Name stellt die Verbindung zum österlichen Ritualmord her) sei aus Toledo gekommen und habe an die Juden aus Chambéry Beutel mit Gift verteilt. Der Herzog Amadeus von Savoyen läßt die Juden verhaften und foltert sie so lange, bis sie ein Geständnis ablegen. Von da ab verbreitet sich eine Blutspur von Judenmassakern durch die Schweiz ins Rheinland nach Deutschland. In Colmar, Speyer, Worms, Oppenheim, Frankfurt, Erfurt, Köln, Hannover, überall werden die Juden ermordet. In Straßburg werden an einem Tag zweitausend Juden auf dem jüdischen Friedhof verbrannt.

In der zweiten Hälfte des 14. und im 15. Jahrhundert wechseln Hexenverfolgungen und Judenverfolgungen miteinander ab. Die permanenten Hexenprozesse halten das Bild des Teufels lebendig, das von den Inquisitoren durch die Folterungen der ›Hexen‹ ermittelt wird und den vorhandenen Aberglauben bestätigt: Der Teufel hat Bockshörner, einen Bocksbart und Krallen. Er ist schwarz behaart, stinkt und ist von außerordentlicher Manneskraft. So wie die Heilige Jungfrau sich Gott zuwendet, so treibt die Hexe Unzucht mit dem Teufel. So wie der gute Christ einen Bund mit Gott schließt, macht der Zauberer einen Pakt mit dem Teufel.

In den zeitgenössischen Legenden, die das Bild des Juden ausmalen, werden Merkmale des Teufels und der Hexe kombiniert. Häufig sind die Juden gehörnt und tragen einen Schwanz und einen Bocksbart. Sie haben wie der Teufel einen pestartigen Geruch, den sogenannten ›foetor judaicus‹. Diese Auffassung hielt sich so lange, daß der NS-Anthropologe Hans F. K. Günther an einen erblichen ›odor judaicus‹ glaubte, den er mit Hilfe chemischer Untersuchungen erforschen wollte (Günther 1930, 260–268). Die Juden sind allmächtige Magier und Zauberer, und sie verfügen über unendliche Reichtümer. Sie sind Meister der okkulten Wissenschaft und Hüter furchteinflößender Geheimnisse. Zugleich sind sie aber auch schwach und elend wie Frauen und haben merkwürdige Leiden, die nur durch das Blut von Christen geheilt werden können. Und wie die Hexen und Teufel feiern sie nicht den Sonntag, sondern den Sabbat.

Dieses Bild wird weiter ausgemalt und verbreitet von inspirierten Predigern, die ihr beharrliches Interesse für den Teufel mit düsteren Prophezeiungen vom Weltende oder anderen Katastrophen verbanden und daraus die Konsequenz zogen, daß die Juden bekehrt werden müßten. Ein solcher Mann war der heilige Vinzenz Ferrier, ein Dominikaner, der an der Spitze von fanatisierten Geißelbrüdern in die Synagogen Spaniens einbrach und sie zu Kirchen umweihte. Zugleich sorgte er dafür, daß die Juden, die sich nicht bekehren wollten, isoliert wurden. Auf sein Betreiben hin wurden 1412 die ersten spanischen Ghettos, die sogenannten ›juderias‹, errichtet. Der heilige Johannes von Capestriano, dessen Wirkungsfeld in Frankreich und Deutschland lag, erreichte mit seinen feurigen Predigten gegen die Juden, daß in zahlreichen Städten die Aufenthaltsgenehmigungen für Juden aufgehoben wurden, und setzte in Schlesien eine Serie von Ritualmordprozessen in Gang. Ähnlich wirkten Savonarola in Florenz, Sankt Bernhardin von Siena und sein Schüler Sankt Bernhardin von Feltre, den wir schon erwähnt haben. Sie alle waren zur gleichen Zeit große Teufelsaustreiber, apokalyptische Prediger, fanatische Demagogen, Judenverfolger und – auch Reformer, die sich der Armen annahmen, soziale Mißstände anpran-

Das Schwein als jüdische Nährmutter
Satirischer Einblattdruck. Frankfurt. Anfang 18.Jahrhundert

gerten und soziale Verbesserungen einführten. Finden wir hier die Konturen eines Schemas, das sich im 20. Jahrhundert wiederholte?

In der Figurentradition auf dem Theater ist die Verbindung zwischen Shylock und dem Teufel der Mysterien- und Moralitätentradition gut belegt. In einer Parodie der traditionellen Psychomachie – des Kampfes zwischen Engel und Teufel um die menschliche Seele – überlegt Shylocks Diener Gobbo, ob er zu einem christlichen Herrn überlaufen soll, und nennt Shylock dabei wiederholt einen Teufel. Auch seine Tochter Jessica spricht von dem Haus ihres Vaters als einer Hölle.

Ein weiterer Bezug zu dem Pfund Fleisch bietet der jüdische Ritus der Beschneidung. Wenn Shylock mit gezücktem Messer auf Antonio zugeht, kommt darin die mit der Beschneidung evozierte Kastrationsangst zur Geltung. Daß diese Überlegung nicht ganz abwegig ist, zeigt wiederum eine der Varianten der Geschichte. Es handelt sich um eine Episode aus der Biographie von Papst Sixtus V., die zwischen 1585 und 1590 ausgerechnet in Venedig erschien. Hier hatte sich der römische Kaufmann Paolo Maria Secchi mit dem jüdischen Kaufmann Simson Ceneda darüber gestritten, ob Königin Elisabeths Admiral Francis Drake wirklich die spanische Kolonie Santo Domingo erobert hatte. Sie eiferten sich darüber so sehr, daß sie eine Wette eingingen: Paolo Secchi verbürgte sich mit tausend Scudi für die Wahrheit dieser Nachricht, und Simson Ceneda setzte ein Pfund seines Fleisches dagegen. Secchi behielt recht und verlangte die Erfüllung des Vertrages, wobei er Ceneda zu dessen Beruhigung versprach, das Pfund Fleisch »von keinem anderen als einem solchen Ort hinwegzunehmen, welchen die geziemende Bescheidenheit zu nennen verbietet, der Leser aber schon für sich mit leichter Mühe wird erraten können«. Da hier die Wette zu Lasten des Juden ausgeht, fallen die Vorstellungen der Kastration und der Beschneidung zusammen.

Natürlich liegt der suggestive Kern des Vertrages mit dem Pfund Fleisch in der Vorstellung von jüdischem Wucher. Shylock ist Jude, weil Wucherer, und Wucherer, weil Jude. Die Gedankenverbindung zwischen Wucher und Judentum war so eng, daß auch christliche Wucherer häufig mit dem Namen ›Jude‹ belegt wurden. Bei dem Bezug zum Geld handelt es sich um den schwierigsten Komplex jüdischer Existenzbedingungen, mit dem wir uns noch ausführlicher beschäftigen werden. Zugleich liegt aber hier auch die Suggestivität des archaischen Vertrages für die Moderne. Seine Faszination speist sich aus der Rätselhaftigkeit des Geldes. Wenn jemand sich Geld leiht und es nicht zurückzahlen kann, ist er mit seinem Körper dem Gläubiger verfallen – so steht es jedenfalls noch im römischen Zwölf-Tafel-Gesetz. Qui non habet in aere, luat in cute – wer kein Geld hat, büßt es im Fleisch. Dabei gab es ein System von Gebühren, das festlegte, welcher Schuldsumme ein Auge, ein Ohr, ein Bein etc. entsprach. Diese Bestimmungen kamen bereits im römischen Recht außer Gebrauch. Aber die damit verbundenen Rechtsvorstellungen haben noch sehr lange überlebt. Einerseits war die Schuldhaft bis ins 19. Jahrhundert üblich, andererseits kannte das elisabethanische Strafrecht Verstümmelungen wie Handabhacken für Diebstahlsvergehen und das Abschneiden der Zunge für Gotteslästerungen und dergleichen mehr. Das alttestamentarische ›Auge um Auge, Zahn um Zahn‹ gab dabei der archaischen Rechtsauffassung Shylocks eine zusätzliche, spezifisch jüdische Beglaubigung.

Diese archaischen Rechtsvorstellungen unterstellten der Schuldhaftung also eine Art von Kannibalismus, der wieder zur Quelle von melodramatischen Bildern des blutsaugenden und fleischfressenden Wucherers werden konnte. Gerade vor diesem Hintergrund ließ sich der angeblich jüdische Wucher mit den Vorurteilen von Ritualmord und von der Hostienschändung sowie den fantastischen Ideen über jüdische Speisevorschriften verbinden. Von hier aus lagen die Gedankenverbindungen zu fleischfressenden Tieren wie Hund und Wolf nahe, Tiere, mit denen Shylock im Stück ständig verglichen wird.

Das ist aber noch nicht alles. Hinzu kam das eigentliche Geheimnis des Geldes, das die ganze Neuzeit weiter beschäftigen wird und zunächst am Wucher beobachtet wird: nämlich, daß das Geld sich von selbst vermehrt. Entsprechend wird der Zins und der Zinseszins, der im Geldverleih erhoben wird, als unerlaubte Sexualität des Geldes verstanden. Shakespeare setzt Geld noch mit dem Metall gleich, und Metall ist an sich unfruchtbar. Shylock aber bezieht sich in seiner Rechtfertigung des Zinses auf Labans Herden, die sich vermehren, und Jakob darf einen Teil der Lämmer als Zinsen behalten: Fleisch = Geld. Diese Vorstellung ist aus der Sicht der Christen pervers: gerade weil sie unfruchtbares Geld wie lebendiges Fleisch behandelt. Von da aus war es wieder nicht weit zur Gedankenverbindung der Zauberei und der Schwarzkunst, die durch eine perverse Sexualität der Metalle Geld schöpfen konnte. Und diese Perversion hieß Wucher, der den Christen verboten und den Juden erlaubt war.

In der ursprünglichsten Version der Geschichte vom Fleischvertrag aus der berühmtesten Geschichtensammlung des Mittelalters, den *Gesta Romanorum*, ist der Wucherer noch kein Jude. Er findet erst Eingang in die Geschichte in zwei Werken: dem *Cursor Mundi*, einer englischen Verserzählung von 1290, und in der Geschichte von Gianetto, Ansaldo und den Damen von Belmont des Florentiner Novellisten Giovanni Fiorentino aus dessen Novellensammlung *Il Pecorone* (1378). Sie hat Shakespeare als Quelle benutzt. Entstehungsorte und Entstehungszeiten beider Geschichten haben eines gemeinsam: Judenverfolgungen. Einmal handelt es sich um die Vertreibung der Juden aus England, das andere Mal um die Judenpogrome in Florenz im Anschluß an die Pestepidemie.

Die Wirkungsgeschichte des *Kaufmann von Venedig* ist die Geschichte des Shylock-Bildes. Um 1700 wird er vom berühmten Clown Bogget noch ganz als komische Figur gespielt. C. Macklin spielt ihn in der ersten Neuinszenierung des Shakespeareschen Originaltextes (1741) als dämonischen Schurken. Um 1814 kommt die Wende: Edmund Kean spielt ihn so differenziert, daß er für ihn die Sympathie des Publikums gewinnt. Hazlitt, Heinrich Heine und andere stimmen begeistert zu: Das ist die Zeit der Emanzipation der Juden. Zur Zeit des wiedererwachenden Antisemitismus in Frankreich und Deutschland, zur Zeit der Dreyfus-Affäre um die Jahrhundertwende haben wir wieder den diabolischen Schurken von Bassermann; und 1943, zur Zeit des Holocaust, zeigt W. Krauß den abscheuerregenden, grotesken Stürmer-Juden, die Verkörperung einer kollektiven Wahnidee.

The wheel has come full circle – das Rad hat sich gedreht –: Shakespeare entwirft die Figur seines

Shylock, ohne daß es in England eine große jüdische Gemeinde gibt. 1290 waren, wie gesagt, die Juden aus England vertrieben worden. Sofern antisemitische Affekte im *Merchant of Venice* eine Rolle spielen, ist es – wie heute in Deutschland – ein Antisemitismus ohne Juden. Es ist die reinste Form des Antisemitismus.

So wie der Jude in England ein Fremder ist, ist er auch ein Fremder in der Literatur. Aber man lernt ihn zunehmend kennen – als Fremden in der Fremde. Mit Englands rapider Expansion als See- und Handelsmacht während des 16. Jahrhunderts lernte man in den europäischen Häfen und den Stapelplätzen des Mittelmeeres zuerst diejenigen kennen, mit denen man Handel trieb und Geschäfte machte – die Fremden unter den Fremden, die Juden. In der Regel waren das Sephardim, spanische und vor allem portugiesische Juden. Sie waren die letzten Opfer einer großen Vertreibung. Im Abstand von genau hundert Jahren waren die Juden aus den westeuropäischen Ländern vertrieben worden, sozusagen in einem säkularen Rhythmus von Fin-de-siècle-Stimmung: 1290 – wir haben es gehört – aus England, 1394 aus Frankreich und 1492 aus Spanien. Das Jahr der Vertreibung aus Spanien war auch das Jahr der Entdeckung Amerikas, der letzten Zuflucht vor dem Holocaust in diesem Jahrhundert. Die englische Feindschaft mit Spanien mag auch ein wenig die Einstellung zu den jüdischen Flüchtlingen eingefärbt haben. Ein portugiesischer Jude, Alvaro Mendez, war gar zu hohen Ehren am Hofe des türkischen Sultans gelangt, der ihn zum Herzog von Mytilene ernannte und auf diplomatische Missionen schickte, darunter auch an der Spitze einer Gesandtschaft an den Hof von Königin Elisabeth, um mit ihr über eine türkisch-englische Allianz gegen Spanien zu verhandeln. Das alte legendäre Judenbild traf also auf eine neue Wirklichkeit – die Marranen: die portugiesischen Juden in den Hafenstädten des Mittelmeers und der Atlantikküste. Und so plazierte Shakespeare – nach dem Vorbild eines verschollenen Vorgängers, Dekkers *Josef, The Jew of Venice* – seinen Shylock in die Kaufmannsrepublik Venedig, die mächtigste und berühmteste Hafenstadt der Christenheit, wo wiederum ein Kaufmann Shylocks Rivale war: der christliche Kaufmann von Venedig, Antonio. Auch diese Konfrontation ist modellbildend geworden. Im Zeitalter der Emanzipation wird sie in vielen Varianten neu durchgespielt. Bevor wir dazu kommen, wollen wir die zweite Schicksalsfigur jüdischer Existenzbedingungen betrachten. Sie entsteht ebenfalls zur Zeit Shakespeares. Auch sie taucht zum ersten Mal in einer Hafenstadt auf – in Hamburg. Es ist der ewige Jude ›Ahasver‹.

Ahasver

In einer Kirche von Hamburg wird Ahasver zum ersten Mal gesehen. Jedesmal, wenn er den Namen Jesu hört, stößt er einen Seufzer aus. Er sagt von sich, er sei der Schuhmacher, der Jesus auf seinem Gang nach Golgatha verwehrt hätte, vor seiner Werkstatt zu rasten.

Deshalb habe Jesus gesagt: »Ich will stehen und ruhen, du aber sollst gehen.« Seitdem sei er zur ewigen Wanderschaft und Ruhelosigkeit verdammt. Dies wird 1602 erzählt in der *Kurzen Beschreibung und Erzählung von einem Juden mit Namen Ahasver*. Anlaß der

Der wandernde ewige Jude
Holzschnitt von Gustave Doré

Beschreibung ist die angebliche Begegnung Ahasvers mit dem Schleswiger Bischof Johann von Eitzen in Hamburg im Jahre 1542.

Der typologische Gehalt der Ahasver-Figur ist deutlich genug: Der Fluch Christi lastet auf dem Juden, also ist er der ruhelos Wandernde, der Unerlöste und ewigvertriebene, der Repräsentant dessen, was im 20. Jahrhundert ein Massenschicksal wird: des Exils. Ahasver ist der prototypische Asylant. Er ist das Symbol der jüdischen Diaspora, der Zerstreutheit und ewigen Wanderschaft, der grundsätzlichen Heimatlosigkeit.

»Deshalb«, so bemerkt Hermann Sinsheimer, ist es »gewiß kein Zufall, daß Ahasver in Hamburg, der großen Hafenstadt, auftritt. Hamburg ist zu Beginn des 17. Jahrhunderts eine Zuflucht der sephardisch-marranischen Flüchtlinge geworden. Schon vorher aber mögen Schiffe genug im Hafen geankert haben, auf denen sie sich, einzeln oder in Gruppen, zeigten als Träger des ewig jüdischen Wanderschicksals. Auch hat ihr jüdisch-christlicher Habitus die Vorstellung von einer Zwischenfigur zwischen Judentum und Christentum nahegelegt, so daß der Zusammenhang zwischen Ahasver und dem Marranenschicksal wahrscheinlich wird.« (Sinsheimer 1960, 168).

Sinsheimer bezieht sich hier auf die Tatsache, daß die portugiesischen Juden, die Marranen, häufig zum Schein das Christentum annahmen und es Generationen lang nach außen pflegten, insgeheim aber am jüdischen Glauben festhielten und sich wieder zu ihm bekannten, wenn das möglich war. Daß Ahasver sein Unrecht gegenüber dem christlichen Erlöser bedauert und sich von seiner Wiederkunft die Erlösung erhofft, macht ihn schon halb zu einem Christen, zeigt aber auch umgekehrt eine christliche Ahnung von der jüdischen Tragödie.

Es ist wahr – schon vor der Hamburger Fassung der *Kurzen Beschreibung* berichten Kreuzfahrer und Erzählungen von Pilgern aus dem Heiligen Land von einer Figur, die bis zur Wiederkehr Christi nicht sterben konnte. Diese Geschichten werden verquickt mit Legenden von Johannes oder Malchus, dem Petrus das Ohr abschlug, oder Cartaphilus, dem Türsteher von Pilatus, der Jesus einen Stoß versetzt hatte. Aber erst in ›Ahasver‹ wird der ›ewige Jude‹ zum ›Wandering Jew‹, wie er auf englisch heißt, oder zum ›juif errant‹, der in dem französischen Volksbuch *Histoire admirable du juif errant* (1650) eine ausführliche Biographie erhält. Erst als Ahasver, dessen Name aus dem Buch Esther stammt, wird die Figur zum Repräsentanten des Exils.

In der Romantik wird Ahasver ein Stoff für die große Literatur. Darin dokumentiert sich, daß Ahasver eine durch und durch romantische Gestalt ist: Er lebt ewig und verkörpert darin die Geschichte als Erfahrung der Menschheit; zugleich ist er ein Untoter, ein Gespenst, und die Gegenwart des Vergangenen nimmt immer die Gestalt des Gespenstischen an. Deshalb interessiert sich die Romantik zugleich für das Leben der Vergangenheit und für Gespenster. Die selbstverständliche, ›naive‹ Tradition wird durch die bewußt rekonstruierte, ›sentimentalische‹ Geschichte ersetzt. Und mit der Entdeckung der Vergangenheit des Vergangenen entdeckt man die Nostalgie, die Ruinen und die Ästhetik des Schauerromans, in dem Figuren wie Ahasver ihr unheimliches Wesen treiben: Die Untoten der Vergangenheit werden dämonisiert.

In dieser Gestalt tritt Ahasver in G. Lewis' Schauerroman *The Monk* auf: In der Geschichte ›Raymond and Agnes or the Bleeding Nun‹ begegnet der Held einem düsteren Juden, der auf der Stirn ein flammendes Kreuzzeichen wie ein Kainsmal trägt und mit seinem funkelnden Blick seine Umgebung zum Schaudern bringt. Mit dem Leid der Jahrhunderte auf dem Rücken wird Ahasver zugleich eine Figur des Weltschmerzes und ein Repräsentant des jüdischen Schicksals. Wie ein Gespenst oder ein irrender Geist sehnt er sich nach Erlösung, Ruhe und Tod. In diesem Sinn präsentieren ihn Wordsworth in *The Song of The Wandering Jew*, Brentano in den *Blättern aus dem Tagebuch der Ahnfrau* und Lenau in seinen *Balladen vom ewigen Juden*.

Es zeugt von revolutionärem Trotz, wenn Shelley die Figur des Ahasver in einen Rebellen verwandelt, der auf die Erlösung verzichtet. Shelley ist geradezu besessen von Ahasver. Zum ersten Mal läßt er ihn in *The Wandering Jew or The Victim of The Eternal Avenger* auftreten. Dann nimmt in seinem Fragment *The Wandering Jew* von 1810 Ahasver die Gestalt eines Prometheus an. Er ist nicht mehr Zeuge für die Erlösung, sondern wird umgekehrt Ankläger eines tyrannischen Gottes. In seiner Rebellion gewinnt er die Züge von Miltons Satan. Auch in Shelleys *Queen Mab* repräsentiert Ahasver die Unabhängigkeit des menschlichen Geistes gegenüber einer grausamen Gottheit. Und ein letztes Mal läßt Shelley Ahasver in seinem lyrischen Drama *Hellas* auftreten, wo er sich dem Tyrannen Sultan Mahmout entgegenstellt.

Als ›Wandering Jew‹ zieht Ahasver durch die Dichtung Europas, durchquert die Romane von Bulwer-Lytton und George Croly, verschmilzt in Maturins *Melmoth the Wanderer* mit der Figur des Faust, geistert durch die Überlegungen Goethes, Heines und Börnes, trifft in Auerbachs Roman *Spinoza* auf den Philosophen, läßt sich in Julius Mosens Epos *Ashasver* von Jesus enttäuschen und wird dann beim großen Publikum endgültig populär durch den zehnbändigen Roman *Le juif errant* von Eugène Sue aus dem Jahre 1844.

Nimmt er dabei auch die verschiedensten symbolischen Bedeutungen an, bleibt er doch immer auf das jüdische Schicksal bezogen. Als unerlöstes Gespenst wird die Gestalt selbst zum Symbol einer unauflöslichen Fixierung, eines unerledigten Problems zwischen Judentum und Christentum. Mit der zunehmenden Säkularisierung, der jüdischen Emanzipation und der Assimilation eines Großteils der Juden im 19. Jahrhundert hätte man eigentlich erwarten sollen, daß Ahasver erlöst würde. Aber gerade die auffällige Verbreitung der Figur während dieser Zeit ist ein unterirdisches Warnsignal, daß das Gegenteil geschah. Wie in Christian Friedrich Schubarts *Lyrischer Rhapsodie* ringt Ahasver vergeblich mit dem Fluch der Unsterblichkeit: Ob er den Tyrannen herausfordert, den Tod in der Schlacht sucht oder sich in den Ätna stürzt – sein Leben ist so zäh wie die Zwangsvorstellung des antisemitischen Phantasma. Sein Gang durch die Weltgeschichte wird so zum Exempel für die Skepsis gegenüber dem Fortschritt. In dieser Form wird er zur Symbolfigur für die Tragik des jüdischen Schicksals bei Israel Zangwill: In seinem Roman *Children Of the Ghetto* von 1896, in dem es um die besondere Mission des Judentums geht, stellt Zangwill in der Familie Ansell eine typische Gruppe wandernder Juden dar, die als Hausierer von Stadt zu Stadt ziehen. Der Vater Moses Ansell ist ein gedrückter Mann mit rastlosem Wandertrieb, ein Schlemihl. Der dogmatische Charakter des Sündenfluchs ist völlig verschwunden, von Ahasver ist nur die Melancholie und die Sehnsucht nach Jerusalem geblieben. Im zweiten Teil, *The Grandchildren of the Ghetto*, läßt er Esther Ansell sagen: »I figure the jew as the eldest born of time, touching the creation and reaching forward into the future, the true blasé of the universe, the wandering Jew, who has been everywhere, seen everything, done everything, led everything, thought everything and – suffered everything.«

Das stimmt fast wörtlich mit dem überein, was der Vordenker der Ästhetizisten in England, Walter Pater, über die Mona Lisa sagt. Es zeigt damit die Affinität der Ahasver-Figur zur schwülen Ästhetik der Dekadenz im Fin-de-siècle, dem eigentlichen Treibhaus des faschistischen Antisemitismus.

Es ist symptomatisch, daß die Allgegenwart Ahasvers in der Literatur des 19. Jahrhunderts die assimilierten Juden zu beunruhigen begann. 1842 heißt es in den Archives israelites unter dem Titel *Les complices d'un adjectif* (gemeint ist das Wort ›jüdisch‹) über die literarische Figur des ewigen Juden:

> »Es gibt keinen Romanschriftsteller, keinen Anfänger im Schreiben von Novellen, keinen noch so armseligen Verfertiger von Feuilletons, der nicht in seinem Gepäck das fantastische Bild des Juden von ehedem, den Bericht über unsere vergangenen Mißgeschicke und die Darstellung von unseren naiven Legenden bereithielte. Man könnte sagen, daß seit unserem großen historischen Untergang auch der allergeringste Sudelschreiber über uns das Standrecht ausüben kann.
> Lieben Sie den Juden? Darauf hat man überall gesetzt.
> Von Shakespeare bis zu Scribe im Theater, von Ivanhoe bis zu Paul de Kock in den Romanen; seit es Schriftsteller gibt, die Feuilletons verfertigen, und ein Publikum, das darin einig ist, daraus täglich einen langweiligen Zeitungsartikel zu verschlingen; und schließlich überall in dieser Welt gedruckten Papiers – Hoppla! Man führt ihnen aus dem Stegreif einen Juden vor, wie wenn man Eier in die Pfanne schlagen würde ... möge Sie doch der Himmel vor der eigentümlichen Darstellungsweise dieser Herren bewahren!«

Auf die Frage nach den Gründen für die Ablehnung der Gestalt des Ahasver durch das Organ der assimilierten französischen Juden gibt Léon Poliakov folgende Antwort:

> »Judas ist in der Vorstellungswelt der Christen ein Verräter und ein ruchloser Mensch, der in der Gestalt der jüdischen Gemeinschaft seine verdiente Züchtigung erfährt, die ihm

in der Form des Ghettos, des gelben Flecks und der Verurteilung im rechtlichen und sozialen Bereich in allen ihren Spielarten zuteil wird. Dagegen weist der umherirrende Jude – wenn er sich wirklich als Jude verhalten hat – keine andere Schuld als seinen Unglauben auf. Diese Schuld beklagt er und trachtet sogar danach, Christ zu werden. Vielleicht ist diese Legende auf ihre Art ein Widerschein der den Marranen widerfahrenen Zerrissenheit. Das ungeheure Ausmaß seiner Züchtigung, das jedem Verständnis von Gerechtigkeit entgegengesetzt ist und noch weniger der aus dem Evangelium sich herleitenden Moral entspricht, hat sehr oft die Gemüter bestürzt. Man sieht, in welchem Punkt dieses neue Symbol sich mit der neuen Wirklichkeit verbindet. Es enthält ein Nein zu einem System von Ausnahmeregelungen, es sagt auch nein zu einer theologisch begründeten Züchtigung und hebt ebenso das Nein zu einem absichtlich begangenen Verbrechen hervor. Diese neue Wirklichkeit dagegen besteht in einer fortdauernden geheimnisvollen und unklaren Schuld der Juden, und diese wird so zu einem noch tragischeren Schicksal und einem nicht zu sühnenden Fluch, der, wie man wohl sagen könnte, nicht mehr mit dem zusammenhängt, was der Jude tut, sondern mit dem, was er ist, d. h. aber mit seinem Wesen und seiner Natur. Letztendlich scheint dieses neue Symbol auf seine Art und Weise den Übergang vom theologischen zum rassistischen Antisemitismus zu veranschaulichen.« (Poliakov VI, 1978 f., 152)

Aber jenseits dieser Erklärung, die sicher richtig ist, scheint noch etwas anderes im Spiel zu sein. Das 19. Jahrhundert war das Zeitalter der intellektuellen Umwälzungen, die mit dem Zusammenbruch des christlichen Glaubens verbunden waren. Unter dem Ansturm der Wissenschaft, im Gefolge der Evolutionstheorie und im Kielwasser der wissenschaftlichen Bibelkritik hatte der Glaube seine Selbstverständlichkeit verloren. Er war nun zu einer intellektuellen Option unter anderen geworden. In der Ent-

wicklung der Individuen war das mit schweren seelischen Krisen verbunden. Für ganze Generationen bedeutete es eine tiefgreifende Verlusterfahrung. Das gesamte Szenario des Christentums schien sich aufzulösen. Das mythologische Personal verschwand. Mit einer Ausnahme: Als einzige Personengruppe, von der das Evangelium berichtete, waren die Juden übriggeblieben. Also war doch etwas daran? Die Sache war unheimlich. Die Juden wirkten wie Zwitter, wie Doppelgänger ihrer selbst: einerseits lebende Menschen, andererseits Figuren aus einem fernen religiösen Schattenreich, an das man nicht mehr glaubte. Aber waren sie nicht ein Beweis, daß man doch daran glauben mußte? Sie waren wie Ahasver Untote, unheimlich und dämonisch, sowohl Symbole als auch Menschen aus Fleisch und Blut, gespenstisch und furchteinflößend. Ihre merkwürdigen Speisevorschriften, ihre geheimen Versammlungen, ihre intensiven Studien alter Schriften, alles das stattete sie mit einer metaphysischen Aura aus, die schauerlich war. Sie schienen wie Ahasver nicht nur der lebenden Gegenwart, sondern auch einer in die Tiefe der Zeiten reichenden Vergangenheit anzugehören. Deshalb verfügten sie über dämonische Kräfte; von ihnen ging eine unklare, aber alle menschlichen Maße übersteigende Gefahr aus. Sie waren mehr als bloße Menschen, sie waren Überlebende einer zusammengebrochenen Welt der Bedeutung; für die Nichtjuden ein Dementi der eigenen Modernität und Zeitgenossenschaft; eine unklare Mahnung und rumorende Erinnerung; kurzum, sie waren Gespenster, vor denen man sich fürchtete, weil sie die Kraft hatten, die Naturgesetze zu durchbrechen und über die Zeiten hinweg zu wirken.
Symbolisch hierfür steht der Erfolg eines der ersten

modernen Bestseller, des Pariser Bohème-Romans des Punch-Karikaturisten George du Maurier mit dem Titel *Trilby* von 1894. Die Titelheldin ist ein Modell im Pariser Künstlermilieu. Als leichtlebiges Mädchen mit dem sprichwörtlich goldenen Herzen wird sie von drei befreundeten britischen Gentleman-Malern verehrt, die in Paris ihre Lehrzeit absolvieren. Sie verlobt sich mit einem von ihnen, aber die Verlobung wird gelöst, als der prüde Brite erfährt, daß Trilby einer Klasse von Kunststudenten als Nacktmodell gedient hat. Nach Jahren treffen sich die drei Musketiere des Pinsels wieder, um bei einem Konzert die neue Weltsensation des Gesangs zu hören: La Svengala. Wie groß ist ihr Erstaunen, als sie feststellen, daß die berühmte Diva niemand anderes ist als Trilby. Denn sie wissen: Trilby ist völlig unmusikalisch, sie konnte keinen Ton vom andern unterscheiden, geschweige denn eine Melodie singen. Die Erklärung für diese unglaubliche Verwandlung kann nur bei ihrem Maestro, dem jüdischen Musiker Svengali liegen. Er hat eine unheimliche Macht über Trilby gewonnen, er verfügt über dämonische Kräfte und die Fähigkeit, die Menschen zu mesmerisieren. Er kann Trilbys Willen lenken, mit andern Worten, er hat durch seine satanischen Künste Trilbys Seele in seine Gewalt gebracht. Als er selbst plötzlich an einer Herzattacke stirbt, fällt auch Trilby in eine todesähnliche Trance. Sie belebt sich kurz wieder, als man ihr Svengalis Bild zeigt, aber dann singt sie noch einmal wie ein Engel und folgt dann ihrem Meister in den Tod. Seine Macht wirkt auch noch von jenseits des Grabes mit der Implikation, daß er auch als Toter nicht gestorben ist, so wie er als Lebender mehr als bloß sterblich wirkte. Die orphischen Qualitäten der Musik als Sprache jenseits der Sprache werden hier dämonisiert. Auf seinen Konzertreisen quer durch Europa ist Svengali wieder der ›Wandering Jew‹ in der Fassung des modernen Kosmopoliten, und die Spur seiner Wanderungen zeigt sich in seinem deutsch-jüdisch-ungarischen Akzent, mit dem er Französisch und Englisch spricht. Fast sieht es so aus, als ob in der väterlichen Beziehung zur Jessica-artigen Trilby der Schatten Shylocks mit Ahasver verschmolzen wird: Sie ist der Engel, dessen Seele vom Teufel versklavt wird.

Entscheidend dabei aber ist, daß Ahasver auch eine Erinnerung an das verratene Christentum darstellt. Mit der Säkularisation werden die Juden als Verräter Christi zu den Doppelgängern der christlichen Intellektuellen, die ihren Glauben verleugnen. Zugleich aber widerlegen sie den Eindruck von der bloß mythologischen Qualität der christlichen Überlieferung durch ihre bloße Existenz. Wie Basaltkerne, die die Abtragung erloschener Vulkane überlebt haben, ragen sie aus einer verschwundenen Welt in die Gegenwart und dementieren die Vergangenheit des Vergangenen. Sie überleben den Tod und irritieren die Gegenwart durch die Erinnerung an metaphysische Kraftfelder, deren zerstörerische Energien allen unheimlich sind. Ihnen unterstellt man durch den Kontakt zu diesen verschütteten Ressourcen übernatürliche Kräfte. Das ist die Erfahrung der Welt, die in der Décadence beschworen wird.

Sinsheimer stellt eine Beziehung Ahasvers zu dem Propheten Elia her. Der Prophet Maleachi (III/23) hatte im Namen Gottes verkündet: »Siehe, ich will Euch senden den Propheten Elia, ehe denn da komme der große und schreckliche Tag des Herrn.« Deshalb wird beim Auftreten Jesu immer wieder davon gesprochen, daß Elia vorher kommen müsse. Die Leviten fragen Johannes den Täufer: »Was denn? Bist Du Elias?« (Johannes I). Ebenso fragen in Matthäus XVII/10–12 die Jünger ihren Meister: »Was sagen denn die Schriftgelehrten, Elia müsse zuvor kommen?« Jesus antwortet und spricht zu ihnen: »Elia soll ja zuvor kommen und allen zu Recht bringen. Doch ich sage euch: Es ist Elia schon gekommen, und sie haben ihn nicht erkannt, sondern haben ihm getan, was sie wollten.« Und in Markus XVII/15 heißt es sogar: »Etliche aber sprachen: Er ist Elia.« Deshalb bietet Elia eine Präfiguration des Lebens Jesu. Er geht für hundert Tage in die Wüste, erweckt Tote und wird durch eine Himmelfahrt entrückt. Da man im Alten Testament nichts weiter von ihm erfährt, hat die Haggada seine Biographie ausgeschmückt und ins Abenteuerliche und Proteushafte erweitert. So tritt er in immer neuen Gestalten auf. Mal ist er ein römischer Staatsbeamter, mal ein einfacher Pilger, mal ein Araber und mal ein stolzer Reiter. Er kennt alle Geheimnisse beider Welten und wandert als ewiger Zeuge des Himmels durch die Zeiten. Die Bücher der jüdischen Mystik – die Kabbala – erheben ihn gar zu einem Engel. Für ihn wird bei der Beschneidung ein Stuhl bereitgestellt, und am Sederabend – am Vorabend des Pessach-Festes – ein Glas Wein. Bis zur Rückkehr nach Jerusalem windet er aus den Gebeten des verstreuten Volkes Kränze für Gott. Und dann wird er als Vorläufer des Messias erscheinen.

Über die Karmeliter wandert der Eliaskult auch ins Christentum ein. Karmel ist der Berg, auf dem Elia zum Volk geredet hat. Der Karmeliterorden wird um die Mitte des zwölften Jahrhunderts gegründet, und bald darauf finden wir die ersten Legenden vom ewigen Juden.

Der Zusammenhang zwischen Elia und Ahasver war dem Schriftsteller klar, der zwei europäische Mythen des Wanderns und der Heimatlosigkeit im größten epischen Werk des 20. Jahrhunderts miteinander verknüpfte: James Joyce, der in seinem *Ulysses* den griechischen Odysseus und den jüdischen Ahasver zum ungarisch-irischen Juden Leopold Bloom verschmolz, der ruhelos durch den ewigen Alltag der Hafenstadt Dublin zieht. Zitieren wir Blooms Begegnung mit dem nationalistischen ›Bürger‹, einem chauvinistischen Antisemiten, dem parodistischen Gegenbild zu Homers einäugigem Riesen Polyphem:

»Und Martin kommt herein und fragt, wo Bloom ist.
›Wo er ist?‹ sagt Lenehan. ›Betrügt Witwen und Waisen.‹
›Stimmt das nicht‹, sagt John Wyse, ›was ich dem Bürger über Bloom und die Sinn Fein erzählte?‹
›Stimmt schon‹, sagt Martin. ›Es wird wenigstens allegiert.‹
›Von wem sind diese Allegationen denn?‹ sagt Alf.
›Von mir‹, sagt Joe. ›Ich bin der Alligator.‹
›Und schließlich‹, sagt John Wyse, ›warum kann denn ein Jude sein Land nicht lieben wie jeder andere auch?‹
›Warum nicht?‹ sagt J.J. ›Wenn er genau weiß, welches Land es ist.‹
›Ist er Jude oder Heide oder Katholik oder Methodist, oder was zum Teufel ist er?‹ sagt Ned.
›Oder wer ist er? Nur ruhig, Crofton.‹
›Wir brauchen ihn nicht‹, sagt Crofter, der Orangist oder Presbyterianer.
›Wer ist Junius?‹ sagt J.J.
›Er ist ein abtrünniger Jude‹, sagt Martin, ›aus einer Stadt in Ungarn, und er war es, der alle Pläne nach dem ungarischen System entwarf. Wir wissen das im Schloß.‹
›Ist er nicht ein Vetter des Dentisten Bloom?‹ sagt Jack Power.

›Nein, nein‹, sagt Martin. ›Nur Namensvettern. Sein Name war Virag. Der Name des Vaters, der sich vergiftete. Er änderte ihn auf Antrag, der Vater nämlich.‹

›Das ist der neue Messias für Irland!‹ sagt der Bürger. ›Insel der Heiligen und Weisen.‹

›Nun, sie warten noch auf ihren Erlöser‹, sagt Martin. ›Was das anbetrifft, wir ja auch.‹

›Ja‹, sagt J.J., ›und bei jedem Knaben, der geboren wird, glauben sie, er könnte ihr Messias sein. Und jeder Jude ist in großer Aufregung, glaube ich, bis er weiß, ob er Vater oder Mutter geworden ist.‹

›Erwartet, daß jeder Augenblick sein nächster sein wird‹, sagt Lenehan.

›Ach du lieber Gott‹, sagt Ned, ›hättet Bloom nur sehen sollen, bevor sein Sohn, der starb, geboren wurde. Eines Tages traf ich ihn auf den südlichen Stadtmärkten, wo er eine Dose Neaves-Nahrung kaufte, und das war 6 Wochen ehe seine Frau niederkam.‹

›*En ventre sa mère*‹, sagt J.J.

›Nennen Sie das einen Mann?‹ sagt der Bürger. ›Ich möchte wohl wissen, ob er ihn je weggesteckt hat.‹

›Nun, zwei Kinder wurden auf jeden Fall geboren‹, sagt Jack Power.

›Und wen hat er im Verdacht?‹ sagt der Bürger. ›Manch wahres Wort, verdammt noch mal, wird im Scherz gesprochen. Ist einer von diesen Mischlingen. Lag wie Pisser mir erzählte einmal im Monat mit Kopfschmerzen im Hotel wie eine Frau wenn sie die Regel hat. Weißt Du was? Es wäre eine Tat Gottes einen solchen Burschen zu packen und ins Meer zu werfen verdammt noch mal. Notwehr, ganz gewiß. Und haut jetzt ab mit seinen fünf Pfund ohne wie ein Mann auch nur eine Pinte zu schmeißen. Ja, Pustekuchen! Juckt einm kein Auge von.‹

›Liebe deinen Nächsten‹, sagt Martin. ›Aber wo ist er? Wir können nicht warten.‹

›Ein Wolf in Schafskleidern‹, sagt der Bürger.

›Das ist er. Virag aus Ungarn. Ahasver nenne ich ihn. Von Gott verflucht.‹«

Inzwischen kommt Bloom vom Gericht zurück. Aber aufgrund eines falschen Gerüchts glaubt die ganze Gesellschaft – und auch der angetrunkene chauvinistische Bürger –, er habe sich in Wirklichkeit den Gewinn von einer Pferdewette abgeholt, weil er als einziger aufgrund von irgendeinem geheimnisvollen Insiderwissen auf einen Außenseiter gesetzt habe, der gewonnen hat. Nun erwarten sie alle, daß Bloom eine patriotische Runde Guinness spendiert. Als er das nicht tut, schreiben sie es seinem jüdischen Geiz zu. Den chauvinistischen Bürger aber packt eine antisemitische Wut, vor der die anderen Bloom in einer Kutsche in Sicherheit bringen. Und der Erzähler berichtet über den Bürger:

»Und, verdammt, er kam bis an die Tür und sie hielten ihn und er brüllt los:
›Israel, dreimal Hoch!‹
Na, so was, setz dich um Gottes willen auf deine vier Buchstaben und biete den anderen kein Schauspiel. Lieber Gott, jedes Mal ist doch so ein Affe dabei, der aus einem Furz einen Donnerschlag macht. Da kann man ja die Kränke bei kriegen. Und alle Lumpenkerle und Fosen der Nation stehen vor der Tür und Martin sagt dem Kutscher er soll losfahren, und der Bürger brüllt, und Alf und Joe wollen ihn beruhigen und er schimpft auf die Juden und die Eckensteher wollen eine Rede hören und Jack Power versucht ihn zu bewegen er soll sich in den Wagen setzen und seine verdammte Schnauze halten und ein Lump mit einem Pflaster auf dem Auge fängt an zu singen: ›*Wäre der Mann im Mond ein Jud', Jud', Jud'*‹, und so ein schmieriges Weib schreit laut:
›He, Sie da, Ihr Stall steht offen.‹
Und er sagt: ›Mendelssohn war Jude und Karl Marx und Mercadante und Spinoza. Und der Erlöser war Jude und sein Vater war auch einer. Euer Gott.‹
›Er hatte keinen Vater‹, sagt Martin. ›Nun ist's genug. Los.‹

›Wessen Gott?‹ sagt der Bürger.

›Nun, sein Onkel war Jude‹ sagt er. ›Euer Gott war Jude. Christus war Jude, genau so wie ich.‹ Verflucht, der Bürger sauste in die Butike zurück.

›Bei Jesus‹, sagt er, ›ich schlage dem verdammten Juden den Schädel ein, weil er den heiligen Namen mißbraucht. Bei Jesus. Kreuzigen tu ich ihn, ganz gewiß. Gib mal die Biskuitdose her.‹

›Halt! Halt!‹ sagt Joe (...)

Und er gab verdammt keine Ruhe bis er die Blechdose hatte und dann saust er los und der kleine Alf hängt sich an seinen Arm und er schreit wie eine gestochene Sau genau so gut wie so'n verdammtes Stück im Queen's Royal Theatre.

›Wo ist er? Ich schlag den Kerl tot.‹

Und Ned und J.J. können nicht mehr vor Lachen.

›Verfluchte Schweinerei‹, sagte ich. ›Es ist rein zum Krepieren.‹ Aber glücklicherweise kriegte der Kutscher den Klepper rum und dann los.

›Halt, Bürger‹, sagt Joe. ›Halt.‹

Aber er riß sich los, schwenkte rum und dann ab dafür. Gott sei Dank schien ihm die Sonne in die Augen sonst hätte er ihn totgeschmissen. Die Dose sauste fast bis auf den Mond. Der verfluchte Klepper wurde scheu und der alte Köter raste wie besessen hinter dem Wagen her und das ganze Pipel schrie und lachte und die alte Blechdose rasselte über die Straße (...)

›Hab ich ihn totgeschmissen‹, sagt er, ›oder was sonst?‹

Und dann schreit er dem verdammten Köter zu: ›Hinter ihm her. Garry. Hinter ihm her, mein Junge.‹

Und das letzte, was wir sahen, war der verdammte Wagen der um die Ecke fuhr und das alte Schafsgesicht darauf das gestikulierte und der verfluchte Köter hinterher so schnell er nur konnte mit den Ohren nach hinten um ihn in Stücke zu reißen. Hundert zu fünf! Verflucht noch mal dafür hat er verdammt genug ausgestanden das garantier ich.

Und sieh da, auf einmal war große Helligkeit um sie, und sie sahen, wie der Wagen, in dem Er stand, gen Himmel fuhr. Und sie sahen Ihn in dem Wagen, umgeben von dem Glanz der Helligkeit, und Er strahlte wie die Sonne, hell war Er wie der Mond und so schrecklich, daß sie vor Angst nicht wagten, zu Ihm aufzublicken. Und es klang eine Stimme aus dem Himmel und die rief *Elias! Elias!* Und Er antwortete mit einem lauten Schrei: *Abba! Adonai!* Und sie sahen Ihn, Ihn selbst, ben Bloom Elias, wie er inmitten von Wolken von Engeln über Donohoe in der Little Green Street in einem Winkel von fünfundvierzig Grad in die strahlende Helligkeit aufstieg, als würde Er mit der Schaufel hineingeworfen.« (Joyce 1956, 379 ff.)

Ahasver und Shylock – das sind bis ins 19. Jahrhundert die einzig bedeutenden literarischen Figuren des Juden in der Diaspora. Derselbe Fluch lastet auf beiden: Er hat Shylock ins Ghetto gezwungen und Ahasver ins ewige Exil getrieben.

Kapitel 3

Der Shylock-Mythos: Das Geld und der Geist der Moderne

1940 schrieb Raphael Straus, der ehemalige Redakteur der *Zeitschrift für Geschichte der Juden in Deutschland*, in Palästina ein Buch über die *Juden in Wirtschaft und Gesellschaft* (Straus 1964). In ihm findet sich ein Kapitel mit der Überschrift ›Der Shylock-Mythos‹. Mit diesem Begriff will Straus die bis heute landläufige Meinung kennzeichnen, es bestünde so etwas wie eine sympathetische Beziehung zwischen dem ›jüdischen Geist‹ und den Finanzgeschäften. Wie immer man sich deren Entstehung deutet – sofern man solche mentalitätsgeschichtlichen Neigungen über den Bezug zur Religion erklärt, ist die jüdische Religion nicht die einzige, der man Kapitalismusnähe nachgesagt hat. In seiner berühmten Arbeit *Die protestantische Ethik und der Geist des Kapitalismus* hat Max Weber den Gedanken entwickelt, daß der Kalvinismus die Askese und die methodische Lebensführung der Mönche (ora et labora) in die Alltagswelt verlagert und für alle puritanischen Protestanten verbindlich gemacht habe (Weber 1905). Die Kombination von Luxusverbot mit der heilsbringenden Wirkung methodischer Arbeit und rationaler Lebensführung habe dann die Eigenschaften, die sonst nur Heiligen und Religionsvirtuosen vorbehalten waren, überall verbreitet und ein Volk von Heiligen geschaffen, die dann aus Versehen den modernen Kapitalismus schufen: Da sich die Profite nicht in Luxus verbrauchen ließen, mußte man sie reinvestieren.

Nun läßt sich in der Tat mit einem gewissen Recht sagen, daß die kalvinistisch beeinflußten Länder in der Entwicklung des modernen Kapitalismus eine hervorragende Rolle gespielt haben: Holland, England, die Vereinigten Staaten von Amerika (sowie mit differenzierten Vorbehalten und Abstrichen die kalvinistischen Zentren in Deutschland und der Schweiz).

Gegen und mit Bezug auf Max Weber hat der deutsche Wirtschaftshistoriker Werner Sombart 1911 ein umfangreiches Buch mit dem Titel *Die Juden und das Wirtschaftsleben* geschrieben, das nun aus der Geschichte der Juden jene sympathetische Beziehung zwischen jüdischem Geist und dem Kapitalismus abzuleiten sucht, die Raphael Straus den ›Shylock-Mythos‹ nennt. Hinzugefügt werden muß, daß Sombart völlig unrassistisch argumentiert und den Begriff der ›Rasse‹ als wissenschaftlich ungeklärt zurückweist.

Der jüdische Geizhals
Englische Karikatur von Bobbins. 1773

In diesem Zusammenhang ist es interessant, daß Sinsheimer in seinem Buch über Shylock als Figur auf eine Affinität zwischen Puritanismus und Judaismus hinweist (Sinsheimer 1960, 119). Sie scheint in der Tat unübersehbar. Für die elisabethanischen Kalvinisten war die anglikanische Staatskirche viel zu papistisch. Sie lehnten ihre Bischofsverfassung, ihren Prunk und ihre Heiligenverehrung ab und beriefen sich allein auf die Bibel. Dabei wurde das Alte Testament als erste Offenbarung Gottes in den Vordergrund gerückt. Durch Predigten und Schriftheiligkeit verbreiteten die Puritaner im Volk eine intensive Kenntnis der alttestamentarischen Geschichte. Die Geschichte Israels wurde so zum Bezugspunkt für Orientierungen und Identifikationen. Man gab sich biblische Vornamen und erklärte die Engländer zu den Nachkommen der zehn verschollenen Stämme Israels. Jüdische Geschichtswerke von Josef Ben Gorion und Josephus Flavius wurden ins Englische übersetzt. Die elisabethanische Zeit trägt so den Kern in sich zu einer Spaltung in die weltliche Renaissancekultur der klassischen und der modernen italienischen Autoren, der Shakespeare und das englische Drama verpflichtet waren, und eine religiöse judaistisch-puritanische Kultur des Alten Testaments. Diese Teilung der Kultur sollte eine Generation nach Shakespeare zur puritanischen Revolution Cromwells führen. Als der Bürgerkrieg ausbrach, schienen den puritanischen Aufständischen die Kriege der Juden als Vorbild ihres Kriegs gegen Charles I. Viele Regimenter führten den Löwen von Juda im Banner und zogen unter Absingen von Psalmen in die Schlacht. Nach dem Sieg schlug Thomas Harrison, einer der engsten Berater Cromwells, vor, das mosaische Gesetz zum Bestandteil des englischen Rechts zu machen. Im Unterhaus wurde eine Vorlage eingebracht, den Tag des Herrn vom Sonntag auf den Sabbat zu verlegen. Und schließlich trat Cromwell mit Manasse ben Israel in Amsterdam in Verbindung, um über die Wiederzulassung der Juden in England zu verhandeln. Das puritanische Holland mit seiner fortschreitenden Religionsfreiheit war zur Zufluchtsstätte marranischer Juden geworden, die vor dem Hintergrund ihrer wirtschaftlichen Blüte ein reges kulturelles Leben mit Gelehrten, Rabbinern, Ärzten, Mathematikern und Philosophen wie Spinoza entfachten. Zu diesem Milieu gehörte Manasse ben Israel, der als Kabbalist und mystischer Idealist eine Art früher Zionist war: Er träumte vom Anbruch des Gottesreiches und der Rückkehr des Volkes Israel in seine Heimat. Da aber nach den prophetischen Büchern die Zerstreuung der Juden in alle Länder der Wiederkehr des Messias vorausging, mußte die Zulassung der Juden in England das Gottesreich näher bringen. Dieses Argument entwickelte er in seiner Schrift *Esperança Israel* und schickte eine lateinische Übersetzung mit einem Vorwort an das englische Parlament nach London. Nach dem ersten Seekrieg mit Holland lud Cromwell Manasse ben Israel zu Verhandlungen nach England ein. Manasse kam und ließ in der Presse eine ›Deklaration‹ erscheinen, die man nachträglich mit ›Widerlegung des ewigen Antisemiten‹ betiteln könnte. Er erklärte, weshalb die Juden durch religiöse Einschränkungen und Rechtlosigkeit gezwungen waren, ihre Tätigkeit auf den Handel zu beschränken. Er betonte, daß die Amsterdamer Juden vor allem von Handel und nicht von Geldgeschäften lebten, daß sie keinen Wucher trieben, sondern ihr Geld in Banken anlegten und sich mit fünf Prozent

Zinsen begnügten. Und schließlich wies er die Geschichte von Hostienschändungen und Ritualmorden, wonach Juden ihr ungesäuertes Brot mit dem Blut von Christenkindern zur Gärung brachten, ins Reich der Fantasie. Cromwell berief 1655 eine Konferenz ein, die die Frage der Wiederzulassung beraten sollte. Sie blieb zwar ergebnislos, aber seit dieser Zeit wurden Juden in England de facto wieder zugelassen.

Einer der ersten Erlasse der siegreichen Revolution war die Schließung der Theater, die die Triumphe Shakespeares und seiner Zunftkollegen gesehen hatten. Es versteht sich von selbst, daß den Puritanern die Theater eine Stätte moralischer Greuel und sündiger Lustbarkeit schienen, und daß sie die dort gezeigten Dramen für Beispiele des Lasters, der Lüsternheit und der Sünde hielten. Deshalb waren schon in der elisabethanischen Zeit die Theater jenseits der Stadtmauern Londons auf dem südlichen Themseufer angesiedelt worden, weil sie dort der Jurisdiktion des puritanischen Magistrats der City entzogen blieben. Es ist deshalb kein Wunder, daß Shakespeare ein Feind der Puritaner war. Das bezeugen viele Stellen in seinen Dramen, und das waren die meisten seiner Zunftgenossen und Dramatikerkollegen ebenfalls. Es ist zweifellos der Judaismus der Puritaner, der auch das Bild von Shylock einfärbt. Shylocks Widerwille gegenüber dem venezianischen Maskentreiben und Mummenschanz, seine Ablehnung der Festkultur und seine moralische Verdammung der adligen Verschwendungssucht machen ihn eher zu einem grämlichen Puritaner als zu einem Juden. Hier tritt er ganz in die traditionelle Rolle des sauertöpfischen Spielverderbers und alten Griesgrams, die die Komödientradition sowieso vorsah. Er spielt also die gleiche Rolle wie in *Twelfth Night (Was Ihr Wollt)* der sittenstrenge Malvolio, der die Vorratsschränke verschließen will, den Narren beschimpft und allen anderen ihre Festesfreude mißgönnt, womit er sich aus ihrer Gesellschaft ausschließt – und Malvolio ist ein Puritaner.

Im Bilde Shylocks – in dessen Namen das ›lock‹ noch an das Abschließen von Vorratskammern und Schatztruhen erinnert – mag also mehr der Judaismus der Puritaner getroffen sein als eine wirkliche jüdische Existenz. Vielleicht ist gerade deswegen die Gestalt Shylocks so gelungen: Es ist der Puritaner, dessen Typ Shakespeare in mannigfaltigen Varianten beobachten konnte, in jüdischer Verkleidung.

Bleibt das Problem des Wuchers und die These von der Affinität zwischen jüdischem Geist und dem Geist des Kapitalismus, wie sie Sombart in seinem Buch entfaltete. Dies ist die Motivkontinuität, die den Bruch zwischen religiös motiviertem Antisemitismus und modernem rassistischen Antisemitismus überbrückt. Daß Sombart diesen Bezug positiv wendet, gereicht ihm selbst zur Ehre, ist aber für die Symptomatik des Gedankens ohne Belang. Sein Argument ist dabei der Nachweis, daß, wo immer die Juden vertrieben worden seien, wirtschaftlicher Niedergang die Folge gewesen sei (Spanien, italienische und süddeutsche Städte), und, wo immer sie sich niedergelassen hätten, eine ökonomische Blüte gefolgt sei (vor allem Holland): »Kein moderner Kapitalismus, keine moderne Kultur ohne die Versprengung der Juden über die nördlichen Länder des Erdballs«, heißt seine These. »Wie die Sonne geht Israel auf über Europa: Wo es hinkommt, sprießt neues Leben empor; von wo es wegzieht, da modert alles, was bisher geblüht hat.« (Sombart 1922, 7 und 15) Es ist keine Frage, daß diese

These sich so nicht halten läßt. Die industrielle Revolution hat in England stattgefunden, und im Industrieunternehmertum sind Juden kaum vertreten gewesen. Von den vielen Widerlegungen Sombarts sei deshalb nur das Buch von Abraham Léon *Judenfrage und Kapitalismus* (Léon 1971) erwähnt. Léon hat das Buch im Alter von 24 bis 25 Jahren in Belgien unter deutscher Besatzung geschrieben. Er wurde mit 26 Jahren in Auschwitz ermordet.

Und wie war es wirklich mit der Rolle der Juden im Wirtschaftsleben? Es können hier natürlich nur Stichworte gegeben werden. Zuerst einmal ein Paradox zum ›Wunder‹ der Erhaltung des Judentums seit der Zerstörung des Tempels: Das Römische Reich überleben nur die jüdischen Handelsniederlassungen außerhalb Palästinas, weil allein in der Diaspora die Nation der Juden sich in eine Klasse verwandelt – nämlich die Klasse der Kaufleute. Ungefähr zur Zeit der Kreuzzüge erfolgt dann eine langsame Verdrängung der Juden aus dem Warenhandel (durch Konkurrenz) und ihre zunehmende Konzentration auf das Kreditgeschäft. Im 13. Jahrhundert wird das Zinsverbot von der Kirche neu verschärft und durch Thomas von Aquin zum Hauptsatz der christlichen Wirtschaftslehre erhoben. Das überläßt zunächst das Kreditgeschäft allein den Juden. Erst jetzt trennt sich eine christliche von einer jüdischen Wirtschaftsmoral. Dabei treten die Juden als ›Kammerknechte‹ der Fürsten in eine Sonderbeziehung zu den Regierungsgewalten, so daß sich in ihrer Wirtschaftstätigkeit fiskalischer Dienst für die Lehnsherren, Finanzierung von Staats- und Kriegswirtschaft und private Wirtschaftsbetätigung mischen. Mit der Emanzipation der Städte von der fürstlichen Gewalt in Deutschland ab 1250 kommt es zunächst zu einer relativ liberalen Politik gegenüber den Juden unter der Herrschaft des Kaufmannspatriziats, aber wo immer die Zünfte bei den städtischen Auseinandersetzungen siegen, werden die Juden aus den Warengeschäften völlig ausgeschlossen. Im 15. Jahrhundert wandelt sich auch das jüdische Kreditgeschäft durch eine Wendung vom weitgehend adligen zum stadtbürgerlichen Publikum. In den Pfänderverzeichnissen erscheinen nun nicht mehr die Einkünfte ganzer Städte, sondern die kleinen Wertsachen bürgerlicher Haushalte. Die Klientel wird zunehmend kleinbürgerlich. Das nährt das Ressentiment. Das Zinsverbot wird jetzt weniger von den großen Theologen verkündet als vom niedrigen Klerus, von dem wir die demagogischen Vertreter wie Bernhardin von Feltre u. a. schon kennengelernt haben. Es ist diese Zeit, die dem Shylock-Mythos vom jüdischen Wucher seine Nahrung gab. Dabei ist hervorzuheben: Die Kredite der Juden waren im Mittelalter – wenn der Adel und die Fürsten die Klientel waren – in der Regel Kriegskredite; soweit es sich um bürgerlich-bäuerliche Darlehen handelte, waren es eigentlich Sozialkredite (in Italien wurden hierfür auch tatsächlich Wohltätigkeitsfonds, sogenannte ›Monti di Pietà‹, eingerichtet). Das eigentliche kaufmännische Kreditgeschäft war Christen vorbehalten und blieb den Juden verschlossen. Damit wird der totale Abstieg eingeleitet. Was kann man mit kleinen Pfändern tun, die man als Sicherheit für die kleinen Kapitalien erwirbt? Man muß sie verkaufen. Die Juden wurden zu kleinen Geldverleihern und Trödlern. Es beginnt die Zeit der völligen Erniedrigung, die das Bild der Juden festlegt als Kaftan tragende, Münzen zählende Wucherer und Pfandleiher – das Bild Shylocks und Ahasvers. Es ist der Beginn des Ghettos.

Im 17. Jahrhundert gibt es eine neue jüdische Erscheinung, die mit der Entstehung der modernen Staatsapparate vor allen Dingen in den deutschen Fürstentümern zu tun hat: der jüdische Hoffaktor. Er wächst aus der Rolle eines Sekretärs in die eines Finanzministers, bleibt aber dabei eine Art Höriger. Er ist also weder freier Kaufmann noch Staatsbeamter, sondern wieder, wie im Mittelalter, ein ›Kammerknecht‹. Der Grund, warum diese Rolle so häufig von Juden gespielt wurde, lag in ihrer bedrückten Lage: Hier bot sich die Möglichkeit, sich über den üblichen ›Nothandel‹ zu erheben, Residenzrecht in der Hauptstadt zu erhalten und zu Vermögen und Ansehen zu gelangen. Und der Grund, daß sich niemand sonst in diese Rolle drängte, lag in dem hohen Risiko: Die Fürsten, deren Finanzbedarf die Hoffaktoren durch komplizierte Finanztransaktionen und Kredite befriedigten, zahlten nicht immer zurück. Waren die Verpflichtungen gar zu hoch, wie im Falle des legendären Wiener Hoffaktors Samuel Oppenheimer (1635 bis 1703), der die österreichischen Kriege gegen die Türken und Ludwig XIV. finanziert hatte, wirft man ihn gar ins Gefängnis. Noch gefährlicher ist es, wenn nach dem Tod des Fürsten die Opposition an die Macht gelangt: Dann werden in einer merkwürdigen Vorwegnahme des Prinzips ministerieller Verantwortlichkeit die Taten des Fürsten dem Hoffaktor angelastet – und es wird ihm der Prozeß gemacht. Jedenfalls erging es so dem württembergischen Hoffaktor Jud Süss, der 1732 hingerichtet wurde.

In der merkantilistischen Wirtschaftstheorie werden im großen und ganzen die Juden wieder für ›nützlich‹ erachtet. Die Fürsten laden sie zur Besiedlung von neu gegründeten Städten ein. So gehört das 1616 – im

Todesjahr Shakespeares – gegründete Glückstadt zu den ersten Städten, in denen Juden wieder Grundbesitz erwerben dürfen. Es ist das ein erstes Zeichen der Emanzipation: Grundbesitz signalisiert bürgerliche Freiheit. In der Denkschrift der Finanzverwaltung von 1673 wird, wie Raphael Straus sich ausdrückt, ›die pièce de résistance der wirtschaftlichen Judenfrage, der Judenwucher‹ ins Reich der Fabel verwiesen (Straus 1964, 104). Es ist selbstverständlich, daß Sombart die Beteiligung der Hoffaktoren an der Ausgestaltung der absolutistischen Finanzwirtschaft als Wasser über die Mühlen seiner These leitet.

Mit der Nobilitierung der großen jüdischen Staatsbankiers – christliche Bankiers finden die Staatskredite immer noch viel zu riskant – stehen wir am Vorabend der Emanzipation, die schließlich von der großen Französischen Revolution vor 200 Jahren den Juden beschert wurde.

Die große Revolution, in der der Klerus und der Adel ihre Privilegien verlieren und der König geköpft wird, wird zugleich zur Geburtsstunde einer neuen Zwangsvorstellung, mit der der Shylock-Mythos sehr schnell eine neue, tödliche Verbindung eingehen wird – der Verschwörungstheorie: Die Französische Revolution ist Ergebnis einer Verschwörung von Drahtziehern, die sich in den Geheimgesellschaften der Freimaurer und der Illuminaten zusammengeschlossen haben und schon seit langem auf einen totalen Umsturz der gottgewollten Sozialordnung hinarbeiten, um sie in das Chaos des Unglaubens, der Demokratie und des Liberalismus zu stürzen. Diese These, ab ca. 1790 in immer neuen Versionen verbreitet, wird von katholischen Klerikern erfunden, von konterrevolutionären Propagandisten und Journalen wie der *Wie-*

Kikeriki! Wien.

ner Zeitschrift und dem *Magazin für Kunst und Literatur* weiter verbreitet und schließlich vom Abbé Augustin Barruel in seinem Bestseller *Mémoires pour servir à l'histoire du jacobinisme* (Barruel 1797) systematisiert. Die apokalyptische Stimmung der Napoleonischen Kriege und die Restauration, die die Republikaner wirklich in die Konspiration des Untergrunds treibt, erhalten das Klima, in dem die Drahtzieher-Thesen weiter gedeihen und sich verbreiten können. In dieser Zeit kommt es auch zu der Dualität von ›Verschwörungs-Phantasma‹ und Geheimpolizei, die dann schließlich der russischen Geschichte vor und nach der Oktoberrevolution den paranoischen Zug verleihen wird.

Die Einbeziehung der Juden in die Verschwörungsthese verläuft über die Freimaurerei. Da die Freimaurer auf der Basis naturrechtlich-aufklärerischer Vorstellungen Vertreter aller Stände und Konfessionen in ihren Gesellschaften vereinten und damit die gesellschaftliche und rechtliche Emanzipation der Juden mit vorbereiteten, wurden die Juden als Nutznießer, dann als ›nützliche Werkzeuge‹ und schließlich gar als eigentliche Drahtzieher der Logen angesehen; und die waren ja bekanntlich die Anstifter der Revolution, die den Juden die Emanzipation gebracht hatte. Schon 1782 erscheint in den *Historisch-Politischen Blättern für das katholische Deutschland* ein anonymer Artikel mit der Überschrift ›Die alte Garde der grundsätzlichen Revolution‹ und stellt fest: »Die Spitze der Loge bildet Juda, die christlichen Logen sind blinde Puppen, welche von Juden in Bewegung gesetzt werden, ohne es größtenteils zu wissen.« (Zit. nach Poliakov 1978, 667)

Die Vision einer jacobinisch-jüdischen Verschwörung erhielt ein plötzliches Bezugsbild durch die Einberufung des jüdischen ›Großen Sanhedrin‹ durch Napoleon im Jahr 1806. Diese Versammlung von Würdenträgern, die ihren Namen von der traditionellen jüdischen Oberbehörde aus römischer Zeit ableitete, vermittelte den Eindruck, als ob es während all der Jahrhunderte eine geheime ›Regierung‹ der Juden gegeben habe. Die kirchliche Orthodoxie sah darin den Verdacht bestätigt, daß Napoleon der Antichrist war, dessen traditionelle Helfer nun aus dem Schatten traten, um die Christenheit zu versklaven – und schon haben wir die Wiedergeburt der mittelalterlichen Wahnidee im modernen Gewande. Sie verband sich in der Folgezeit mit der neuen Version des Shylock-Mythos: der Gleichsetzung der Juden mit dem durch

Liberalismus und Demokratie gekennzeichneten Geist des Geldes. Der von Juden ersehnte ›Messias heißt Mammon‹, verkündet ein anonymes Flugblatt mit dem Titel *Verjudung des christlichen Staates* von 1865, »und das Weltreich der Juden wird die Geldherrschaft sein. Das ist die Perspektive der Zivilisation von heute.«

Im Zuge der Ausarbeitung einer konterrevolutionären Gegenideologie vom christlichen Ständestaat werden die Juden zu Repräsentanten einer gefürchteten Modernisierung, dem Klerus und Adel, aber auch Bauern und Handwerker zum Opfer fallen. Die christlich-klerikale Propaganda konnte im Rückgriff auf ihre traditionelle Dämonologie den europäischen Bürgerkrieg in die Dimension eines apokalyptischen Kampfes zwischen dem christlichen Verteidiger einer moralisch verabsolutierten Sozialordnung und dem jüdischen Antichristen versetzen. So erklärte Roger Gougenot des Mousseaux 1869 in seiner Schrift *Le Juif, le judaisme et la judaisation des peuples chrétiens* die Kabbala zu einem pornographischen Satanskult und die Logen zu Instrumenten in den jüdischen Plänen zur Errichtung der Weltherrschaft. Die Freimaurerlogen wurden zuweilen völlig mit den Juden identifiziert: »En verité tout ce qui se trouve dans la franc-maçonnerie est foncièrement juif, exclusivement juif, passionément juif«, schreibt Erzbischof Léon Meurin in seiner Schrift *La franc-maçonnerie, synagogue de Satan* (Meurin 1893, 260).

In dem 1897 erschienenen Buch *Le péril judéo-maçonnique – le mal – le remède* (Die jüdisch-freimaurerische Gefahr – das Übel und das Gegenmittel) des Monsignore Anselme Tilloy wird dann der Shylock-Mythos zur eigentlichen Pointe: Die Juden hätten sich zu Herren des Geldes und der Spekulation aufgeschwungen und müßten durch restriktive Gesetze gegen die Hochfinanz und die Aktiengesellschaften eingeschränkt werden. Das findet vor dem Hintergrund der Dreyfus-Affäre breiten Widerhall.

In Deutschland verdichten sich die apokalyptischen Visionen zu den ›Ideen von 1914‹, in denen der Weltkrieg gerechtfertigt wird als ›Kampf der preußisch-deutsch-germanischen Weltanschauung‹ gegen ›den Götzendienst des Geldes‹, wie Wilhelm II. formuliert. Daß der Weltkrieg verloren geht, kann dann natürlich nur auf eine allgemein jüdisch-freimaurerische Verschwörung zurückgeführt werden. Derartiges Ideengut wird im Umkreis des alldeutschen Verbandes (gegründet 1890) und der völkischen Bewegung verbreitet und verbindet sich mit mittelständischen Polemiken gegen ›Großkapital‹ und ›Leihkapital, das die sittlichen und religiösen Grundlagen‹ gefährde, wie sich Theodor Fritsch, der Verfasser eines *Antisemiten-Catechismus* und Organisator einer Mittelstandsvereinigung, ausdrückt. Nach 1918 wurde die sogenannte ›Thule-Gesellschaft‹ in München zum Sammelbecken der Völkischen in Bayern. Sie war aus dem gegen-freimaurerischen ›Germanenorden‹ hervorgegangen und wählte als ihr Emblem das Hakenkreuz. Zu ihr stieß 1918 auch der Deutsch-Balte Alfred Rosenberg und kooperierte mit dem Hitler-Mentor Eckart, dem späteren Herausgeber des *Völkischen Beobachters,* und Ludwig Müller, dem Vorsitzenden eines ›Verbandes gegen die Überhebung des Judentums‹. Unter dem Pseudonym Gottfried zur Beek gab dieser Ludwig Müller 1919 die erste deutsche Ausgabe der *Protokolle der Weisen von Zion* heraus. Sie wurden zur wichtigsten Quelle für die moderne Vorstellung einer diabolischen jüdisch-freimaurerischen Weltverschwörung. Die Entstehung dieser ominösen Fälschung ist von Norman Cohen in kriminalistischer Feinarbeit in seinem Buch *The Warrant for Genocide. The myth of the Jewish world conspiracy and the protocols of the elders of Zion* (Cohen 1967) rekonstruiert worden. Danach wurden sie im Auftrage des Chefs der russischen Geheimpolizei, General Ratschkowskij, in Paris in den Jahren 1897–99 fabriziert, um Zar Nikolaus II. zu beeindrucken. Unmittelbarer Anlaß war der Zionistenkongreß in Basel von 1897. Publiziert wurden die Protokolle dann in Rußland, zunächst 1903 in der Petersburger Zeitung *Znamja* (Banner) und 1905 in Buchform. Der russische Mystiker Sergej Nilus, der Einfluß am Zarenhof besaß, besorgte dann eine Bearbeitung der Protokolle, die er unter dem Titel *Das Große im Kleinen und der Antichrist als nahe Möglichkeit. Schriften eines Rechtgläubigen* herausgab. In dieser Form wurde das Pamphlet dann in ganz Europa verbreitet. Es ist wahrscheinlich, daß es dem deutschen Herausgeber Müller durch seinen Thule-Gesinnungsfreund Rosenberg zugespielt wurde, der es aus Rußland mitgebracht hatte. Es erreichte sofort eine Auflage von 120000 Exemplaren.

Resonanz findet die Konspirationstheorie vor allem in dem vom ›Großkapital‹ bedrohten agrarischen und gewerblichen Mittelstand, im Klerus und im Adel. Denn in den *Protokollen* war auch davon die Rede, daß die antichristliche Weltverschwörung der Juden mit den Mitteln der Freimaurerloge und des Großkapitals auf den Sturz des erblichen Adels hinarbeitete. Es ist belegt, daß die *Protokolle* Hitlers Paranoia mit inspiriert haben. Er bekennt gegenüber seinem Gesprächspartner Hermann Rauschning: »Ich habe mit wahrer Erschütterung die *Protokolle der Weisen von Zion* gelesen. Die gefährliche Verborgenheit des Feindes, seine Allgegenwärtigkeit.« (Rauschning 1940, 224) Er habe sich ›bis ins Detail hinein‹ von den Protokollen in seinem Kampf anregen lassen. Und in *Mein Kampf* fügt er hinzu: »Wenn dieses Buch erst einmal Gemeingut eines Volkes geworden sein wird, darf die jüdische Gefahr auch schon als gebrochen gelten.« (Hitler 1937, 337) Die Stilisierung des Weltkriegs zum Kampf zwischen ›germanisch-christlicher Weltanschauung‹ und ›westlichem Kapitalismus‹ führte nach dem Kriegsende zu einer Verschärfung anti-westlicher Ressentiments, die die Niederlage mit der Vorstellung einer plutokratischen Verschwörung verknüpfte. Und dabei sorgte der Shylock-Mythos dann dafür, daß diese Verschwörung jüdisch-plutokratisch zu sein hatte. Nach dem Abschluß des Versailler Vertrages schreibt die katholische Wochenschrift *Allgemeine Rundschau:* »So wie einst die Christen im Circus Maximus des heidnischen Rom den Löwen vorgeworfen wurden, so sind wir ... den Finanzhyänen der freimaurerisch-jüdischen Weltplutokratie zum Fraß hingeworfen.« (Zit. nach Leck 1963, 79) In das Schreckbild einer westlich-demokratisch-gleichmacherischen Kulturzerstörung, das sowohl in klerikalen und konservativen wie auch in rechtsradikal-völkischen Kreisen Verbreitung findet, gehört auch die Figur des jüdischen Plutokraten aus dem Shylock-Mythos. Gerade die Undurchschaubarkeit der Finanzverhältnisse und die Konzentration des Kapitals in Banken und Konzernen verleihen der Verschwörungstheorie zusätzliche Plausibilität. Die Unsichtbarkeit der Kapitalisten hinter dem Kapital ruft geradezu nach einer mythischen Physiognomie, und das ist dann wieder der ewige Jude. Die national-konservative Identifikation Deutschlands mit der heroischen Sendung eines antidemokratischen Kampfes für eine christlich-germanische Ständeordnung im Ersten Weltkrieg läßt nach der Niederlage alle Elemente der bedrohlichen Modernität in der Wahnvorstellung einer jüdisch-plutokratischen Verschwörung zusammenschießen: Demokratie, Liberalismus, Bolschewismus und antichristlicher Atheismus. Der rechtsradikale Antisemitismus ist darin der direkte Erbe der klerikal-konservativen Gegnerschaft zur Französischen Revolution. Gerade die scheinbare Unaufhaltsamkeit der Modernisierung plausibilisiert die apokalyptischen Züge, die man der Auseinandersetzung unterstellt und die man durch den Weltkrieg bestätigt sieht. Der große kirchliche Anteil an der Verbreitung der Verschwörungstheorie sorgt für eine paranoische Kontinuität der Wahnvorstellungen, die ungebrochen bis ins 14. Jahrhundert zurückreicht. So schreibt Theodor Fritsch in seinem Nachwort zu den *Protokollen der Weisen von Zion:*

> »Man kann die Pest nicht bekämpfen, so lang man die Pestkranken im Lande frei umhergehen läßt ... ist es auch unabweisbare Tatsache, daß alle großen politischen Geschehnisse der letzten Jahrzehnte ein Werk der Juden sind ... auch das furchtbare Verbrechen des Weltkriegs ... müssen wir die wirklichen Machthaber als die Alleinschuldigen zur Verantwortung ziehen: der geschworene Feind der Menschheit – das verbrecherische internationale Judentum.« (Fritsch 1919, 77 ff.)

Pest und Satan als Feind der Menschheit, das sind die Grundlagen für die Verschwörungstheorie im 14. Jahrhundert! Kontinuierliches Element dieser Wahnidee ist der Shylock-Mythos – die angebliche sympathetische Beziehung zwischen dem jüdischen Geist und dem Geld. Hieran konnte man alle negativen Assoziationen, die gerade für eine konservativ-agrarische Mentalität mit dem Geld verknüpft sind, festmachen: das Blutsaugerische und Parasitenhafte des Wuchers, das Schröpfende und Ausblutende der Schulden, die perverse Sexualität des Geldes im Zins- und Kapitalverkehr, die Auflösung aller gewachsenen Bande durch das Geld, die ungreifbare und allgegenwärtige Tyrannis, das Rechenhafte und Kalkulatorische einer kalten Rationalität, das Liquide und sich überall Verbreitende einer ungreifbaren Macht, die Kombination von Unfaßbarkeit, Anonymität und Omnipräsenz, das scheinbar Sterile und Unschöpferische, die unklare und geisterhafte Zwitterexistenz zwischen totem Metall und lebendiger Liquidität und schließlich das Internationale, Grenzüberschreitende und Heimatlose – all diese Eigenschaften des Geldes werden im Shylock-Mythos auf die Juden übertragen: Wie das Geld hat der Jude keine Heimat, ist ein lebender Leichnam wie Ahasver, zugleich tot und von quecksilbriger Lebendigkeit, ein Auflöser aller menschlichen Bindungen, blutsaugerisch und parasitär, geil und doch steril, von unheimlicher Macht, aber getarnt und unsichtbar.

Gerade die zur Verschwörungstheorie gehörige Vorstellung von der Tarnung ermöglicht den Übergang vom religiösen zum rassistischen Antisemitismus. Das läßt sich an Hitlers Auslassungen in *Mein Kampf* deutlich ablesen, wo er schreibt, der Jude versuche »die Meinung zu erwecken, als handle es sich bei ihm um kein Volk, sondern um eine, wenn auch besondere Religionsgemeinschaft. Dies ist aber die erste große Lüge. Er muß, um sein Dasein als Völkerparasit führen zu können, zur Verleumdung seiner innersten Wesensart greifen. Je intelligenter der einzelne

Jude ist, um so mehr wird ihm diese Täuschung auch gelingen. Ja, es kann so weit kommen, daß große Teile des Wirtsvolkes endlich ernstlich glauben werden, der Jude sei wirklich ein Franzose oder Engländer, ein Deutscher oder Italiener, wenn auch von besonderer Konfession.« (Hitler 1937, 335) Die Assimilation ließ sich von da aus als besonders perfide Technik der Tarnung und Unterwanderung deuten. Die ersten Maßnahmen der nationalsozialistischen Rassenpolitik bestanden ja dann auch darin, die Assimilation durch äußere Distanzierungen und die Kennzeichnung durch den gelben Stern rückgängig zu machen. Ablesen läßt sich der Übergang vom religiösen zum rassistischen Antisemitismus im 19. Jahrhundert an der zunehmenden Gewohnheit, Christen jüdischer Herkunft wie Marx oder Heine auch weiterhin als Juden zu bezeichnen gemäß der Parole der zitierten *Historisch-politischen Blätter für das katholische Deutschland*: »Immer und überall bleibt der Jude ›Reinblutjude‹, er will und muß es bleiben, es ist sein Geschick« (zit. nach Poliakov VI, 1978 f., 688). Weil die Juden sich tarnen, können sie auch wieder jede Nationalität annehmen, und daran knüpft sich dann die Vorstellung von der Internationalität der Verschwörung, die der Internationalität des Geldes entspricht. In einer Zeit des erhitzten Nationalismus sind die Juden, die keine Nation haben, deshalb mit ihrer Nähe zum Geld die gegebenen Kandidaten für eine Weltregierung, die übernational ist. Entsprechend redet Rudolf Kommoss in seinem Buch *Juden unter Stalin* vom Völkerbund als dem ›erste(n) Verwirklichungsversuch jenes kapitalistisch-freimaurerisch-jüdischen Weltstaates‹ (Kommoss 1939, 212). Der Jude, schreibt Hitler, »schreckt vor gar nichts zurück und wird in seiner Gemeinheit so riesengroß, daß sich niemand zu wundern braucht, wenn in unserem Volke die Personifikation des Teufels als Sinnbild alles Bösen die leibhafte Gestalt des Juden annimmt.« (Hitler 1937, 355) Auch die Vorstellung von Verkehr zwischen Inkubus und Hexe ist hier nicht weit: »Der schwarzhaarige Judenjunge lauert stundenlang, satanische Freude im Gesicht, auf das ahnungslose Mädchen, das er mit seinem Blute schändet und damit seinem, des Mädchens, Volke raubt.« (Hitler 1937, 357)

Sieht man die Erscheinungsformen des Antisemitismus durch, wie sie in der sechsbändigen *Geschichte des Antisemitismus* von Léon Poliakov (Poliakov 1978 f.) dargestellt werden, so fallen fünf Punkte auf, die im Diskurs der Bundesrepublik kaum eine Rolle spielen.

1. Die deprimierende Kontinuität antisemitischer Motive, Bilder und Vorstellungen seit dem Spätmittelalter und der frühen Neuzeit.
2. Die manichäischen, dualistischen und apokalyptischen Dimensionen einer panikartigen Paranoia, die als ihr konstantes Bezugsbild den Satan als Fürst der Finsternis mit dem Juden identifiziert.
3. Die außerordentlich wichtige Rolle der klerikalen Propaganda seit der Französischen Revolution gegen die Mächte der Modernität wie Liberalismus und Kapitalismus und die Verbreitung einer jüdisch-freimaurerischen Verschwörungstheorie in Wiederbelebung einer mittelalterlichen Dämonologie.
4. Die Bestimmung der deutschen Sendung im Ersten Weltkrieg als Kampf der germanischen Weltanschauung gegen die seelenlose Zivilisation des Westens.

5. Und schließlich die Identifikation der Moderne mit dem Shylock-Mythos von der Affinität zwischen Juden und Geld.

Bezogen auf diese Kontinuität überrascht eine unübersehbare Ähnlichkeit zwischen den antisemitischen Demagogen des 15. Jahrhunderts vom Typus eines heiligen Bernhardin von Siena und Hitler: Privat asketisch, sozial auf der Ebene des niederen Klerus, beseelt von ihrem Sendungsbewußtsein und besessen von einer apokalyptischen Paranoia und dämonologischen Fantasie, werden sie nicht zuletzt wegen ihres sozialen Engagements für die Deklassierten zu außerordentlich populären Demagogen mit katastrophalen Folgen für die Juden. Denn beide operieren mit dem Shylock-Mythos – der Gleichsetzung von Judentum und Wucher.

Eine Verschwörungstheorie ist aufklärungsresistent. Ihre paradoxe Struktur schafft ihr ein automatisches Immunsystem: Wer ihr widerspricht, ist Teil der Verschwörung und bestätigt damit die Theorie. Jede Negation verwandelt sich damit in ein unterstützendes Argument. So sagt Hitler über die *Protokolle der Weisen von Zion:* »Sie sollen auf einer Fälschung beruhen, stöhnt immer wieder die *Frankfurter Zeitung* in die Welt hinaus: der beste Beweis dafür, daß sie echt sind.« Mit dieser Paradoxie stabilisiert sich die Paranoia selbst.

Das ist die Psychologie der großen Entlarver und endgültigen Demaskierer, der Aufspürer von Drahtziehern und Entdecker großer Konspirationen, der Aufrufer zum Endkampf um Untergang oder Erlösung. Es ist Teil der Paradoxie, daß diese Figuren eine derartige Gefährlichkeit gewinnen können, wie sie sie in ihrem projektiven Wahn ihren Sündenböcken andichten: aber eben nur, wenn sie Resonanz finden. In autoritären oder totalitären Regimen wird die Paradoxie auf Dauer gestellt und zur ›self-fulfilling prophecy‹: Die ständige Erwartung des Umsturzes führt zur Herrschaft der Geheimpolizei, die ihrerseits tatsächlich die Opposition vor die Wahl der Konspiration oder des Untergangs stellt. Und Regimes, die aus der Konspiration entstanden sind, können sich ihren eigenen Sturz nur durch Konspiration vorstellen. Die Paranoia ist also keineswegs eine Sache der Vergangenheit.

KAPITEL 4

Ghetto und Exil: Die historische Lage der Juden im Jahrhundert Shylocks und Shakespeares

In den Jahren um die Wende vom 15. zum 16. Jahrhundert liegen Sieg und Niederlage der katholischen Kirche nahe beieinander. Am 2. Januar 1492 ziehen Ferdinand und Isabella, die katholischen Könige ganz Spaniens, siegreich in Granada ein, der Hauptstadt des letzten maurischen Königs auf spanischem Boden. Es ist ein symbolischer Zeitpunkt, denn noch im gleichen Jahr entdeckt der Genuese Christoforo Colombo für die spanische Krone Amerika. Damit kann der spanische Kampf gegen Ketzer und Heiden bruchlos weitergehen: Die Reconquista wird exportiert. Sie wurde schon in Spanien selbst begleitet von Autos da Fé, Akten des Glaubens, bei denen man unter der Oberaufsicht des Großinquisitors Torquemada Ketzer und sogenannte ›Conversos‹ verbrannte. Diese Conversos waren zwangsgetaufte Juden, die man verdächtigte, heimlich Judaismus zu praktizieren. Nach den Albigenser-Kriegen erreicht die kriminelle Energie der Kirche einen weiteren Höhepunkt. Die Entdeckung Amerikas wird für die Entdeckten zur Katastrophe: Sie werden Opfer eines Völkermords durch direkte Verfolgung und Zwangsarbeit. Von ursprünglich fünfzehn Millionen Einwohnern Mexikos sind zur Zeit der Abfassung des *Kaufmann von Venedig* nur noch ungefähr drei Millionen übrig. Im Jahr der Eroberung Granadas und der Entdeckung Amerikas vertreiben die katholischen Könige auch die Juden aus Spanien.

Nur 25 Jahre später kommt die Niederlage der Kirche. Am 31. Oktober 1517 schlägt Martin Luther seine 95 Thesen an die Tür der Schloßkirche zu Wittenberg. In 14 Tagen verbreiten sie sich über ganz Deutschland und lösen eine ungeheure Unruhe aus. Rom leitet einen Ketzerprozeß ein, und Luther muß sich 1518 vor Kardinal Cajetan und 1519 vor dem päpstlichen Sonderbotschafter von Miltitz verantworten. 1520 erscheinen seine Hauptschriften *An den Adel deutscher Nation, Von der Freiheit eines Christenmenschen* und *Von der babylonischen Gefangenschaft der Kirche.* Sie werden 1520 in Löwen, Lüttich, Mainz und Köln verbrannt. Luther antwortet mit der öffentlichen Verbrennung der päpstlichen Bulle, die ihm den Bann androht, und des kanonischen Rechts. 1521 exkommuniziert ihn der Papst, und der Kaiser lädt ihn auf den Reichstag zu Worms, wo er sein ›Hier stehe ich, ich kann nicht anders‹ spricht. Es ist der Auftakt zur endgültigen Kirchenspaltung. Deutschland wird zum Land der Reformation und Spanien zum Land der Gegenreformation, und dies unter der gleichen Herrschaft jenes Karl V., über dessen Reich die Sonne nicht untergeht. Sein finsterer Sohn Philipp wird dann der Gegner von Shakespeares Königin Elisabeth.

Aus beiden Ländern, Deutschland und Spanien, beginnt eine Wanderung der Juden nach Osten. Die spanischen Juden emigrieren entlang den Küstenstädten des Mittelmeers in Richtung Türkei. Ihre Sprache, das Spaniolisch oder ›Ladino‹, nehmen sie mit. Aus

Deutschland, wo die Vertreibungen wegen der politischen Zersplitterung immer nur sporadisch und lokal erfolgen, wandern die Juden schon seit längerer Zeit in das gastliche Polen-Litauen aus, dessen Könige sie zur Entwicklung des Landes willkommen heißen. Ihre Sprache, das jüdisch-Deutsche oder das jiddische, nehmen sie mit. Es bilden sich also in dieser Zeit im Zuge des großen Exodus zwei neue jüdische Kulturen.

Im Kontext dieser großen Veränderungen sind drei Dinge für das Schicksal der Juden in Mittel- und Westeuropa signifikant:

1. Reformation und Gegenreformation,
2. die Einrichtung des Ghettos von Venedig 1516, ein Jahr vor Luthers Thesenanschlag, und
3. die Doppelexistenz der Marranen.

Luther und die Juden

Wie stand es nun mit Luthers Haltung zu den Juden? Im Jahre 1536 vertrieb der Kurfürst von Sachsen, genannt der Großmütige, alle Juden aus seinem Land. Darauf wandte sich Josel von Rosheim aus dem Elsaß (Joseph ben Gerson Lorchans) an Luther mit der Bitte um Fürsprache bei dem Kurfürsten. Bereits Kaiser Maximilian hatte Josel von Rosheim zum ›Vorsteher aller Juden‹ im Reich ernannt. In Wirklichkeit war er der Bittsteller aller Juden, der eine Mischtaktik aus theologischer Beeinflussung und Zahlung von Schmiergeldern entwickelte. Auf dem Reichstag zu Augsburg konnte er eine Ausweisung der Juden aus Böhmen und Ungarn verhindern. Luther aber lehnt

*Titelblatt von Martin Luthers
Schrift wider die Juden
Holzschnitt von Lukas Cranach –
Wittenberg 1543*

seinen Wunsch ab und weigert sich, ihn zu empfangen; und dies, obwohl Luther in seiner heroischen Zeit für die Juden eingetreten war. Hatte denn nicht mit seinem Auftreten das Ende der kirchlichen und weltlichen Zwangsherrschaft eingesetzt? Luther sah anfangs gerade in der Verfolgung der Juden durch die katholische Kirche den Grund dafür, daß sich die Juden nicht bekehren wollten:

»Diese christlichen Namenschristen«, so schrieb er, »bereiten durch diese ihre Tyrannei dem christlichen Namen und Volk einen schweren Verlust. Auch sind sie schuld an der jüdischen Ungläubigkeit. Durch solch ein Beispiel von Grausamkeit treiben sie diese gleichsam vom Christentum weg, obwohl sie diese doch mit aller Milde, Geduld, Bitte und Fürsorge anlocken müßten ... ihre Unvernunft ist jenen Toren und Kindern ähnlich, die den auf die Wände gemalten Juden die Augen ausstechen, als wollten sie dem leidenden Christus zu Hilfe kommen.« (Zit. nach Bienert 1982, 44)

In vielen weiteren Schriften wird deutlich, daß Luther sich von seinem eigenen Auftreten gegen die katholische Kirche eine Bekehrung der Juden erhoffte. Er warb um sie, und über die gemeinsame Feindschaft zur Kirche identifizierte er sich geradezu mit ihnen:

»Denn unsere Narren, die Päpste, Bischöfe, Sophisten und Mönche, die groben Eselsköpfe, haben also bisher mit den Juden verfahren, daß, wer ein guter Christ wäre gewesen, hätte wohl mögen ein Jude werden. Und wann ich ein Jude gewesen wäre und hätte solche Tölpel und Grobiane gesehen den Christenglauben regieren und leben, so wär' ich eher eine Sau geworden als ein Christ.« (Zit. nach Poliakov II, 1978 f., 124)

Was aber geschah? Luthers Güte und Milde wurden mißbraucht! Nicht nur lassen sich die Juden nicht taufen, sondern er muß aus Böhmen vernehmen, daß radikale Protestanten mit dem Judaismus sympathisieren; sie feiern den Sabbat und lassen sich beschneiden. Es ist die Radikalisierung des Protestantismus in Richtung Puritanismus. Zusammen mit der politischen Radikalisierung in den Bauernkriegen müssen diese Nachrichten tiefe Schuldgefühle in Luther ausgelöst haben. Er schlägt sich nun auf die Seite der weltlichen Fürsten und predigt den Gehorsam der Christen gegen die gottgewollte Ordnung der Welt. Die Welt wird nun manichäischer: Die Freiheit des Christen ist innerlich, aber äußerlich wird er ein gehorsamer Untertan. Luther sieht hier eine Parallele zu Christus selbst: Auch diesem ist es nicht gelungen, die Juden zu bekehren; die versteckten Juden aber identifiziert er immer mehr mit dem Antichrist: »Darum wisse du, lieber Christ, und zweifle nicht daran, daß du nächst dem Teufel keinen bittereren, giftigeren, heftigeren Feind habest als einen rechten Juden, der mit Ernst Jude sein will. Wer nun Lust hat, solche giftigen Schlangen und junge Teufel, das ist die ärgsten Feinde Christi, unseres Herrn, und unser aller zu herbergen, zu füttern und zu ehren und sich zu schinden, rauben, plündern, schänden, zu speien, zu fluchen und alles

Übels zu leiden begehrt, der lasse diese Juden treulich befohlen sein. Ist's nicht genug, so lasse er ihm auch ins Maul tun oder krieche ihm in den Hintern und bete dasselbe Heiligtum an, rühme sich danach, er sei barmherzig gewesen, habe den Teufel und seine jungen Teufel gestärkt, zu lästern unsern lieben Herrn und das teure Blut, damit wir Christen erkauft sind.« (Zit. nach Poliakov II, 1987, 120 f.) Man beachte die Shylocksche Parallele zwischen dem Erkaufen und dem Blut.

Luthers Identifikation mit Paulus, der vom Apostel der Juden zum Apostel der Heiden wird, nimmt ebenfalls zu. Die Parallele zwischen der anfänglichen Hoffnung und der späteren Enttäuschung ist erstaunlich. Bei Luther aber schlägt das vergebliche Liebeswerben in Haß um. Als 1542 eine jüdische Schrift gegen seine Schrift *Wider die Sabbather* erscheint, erwidert er mit *Von den Juden und iren Lügen*. Dieses Pamphlet gipfelt darin, die Landesherren zu einem Pogrom vom Kaliber der sogenannten ›Reichskristallnacht‹ aufzurufen:

»Erstlich, daß man ihre Synagoge oder Schule mit Feuer anstecke und, was nicht verbrennen will, mit Erde überhäufe und beschütte, daß kein Mensch einen Stein oder Schlacke davon sehe ewiglich. Und solches soll man tun unserem Herrn und der Christenheit zu Ehren, damit Gott sehe, daß wir Christen sind und solches öffentliches Lügen, Fluchen und Lästern seines Sohnes und seiner Christen wissentlich nicht geduldet noch gebilligt haben ...

Zum anderen, daß man ihre Häuser desgleichen zerbreche und zerstöre. Denn sie treiben eben dasselbige drinnen, das sie in ihren Schulen treiben. Dafür mag man sie etwa unter ein Dach oder Stall tun wie die Zigeuner, auf daß sie wissen, sie seien nicht Herren in unserem Lande, wie sie rühmen, sondern im Elend und gefangen, wie sie ohne Unterlaß vor Gott über uns zetern, schreien und klagen.

Zum dritten daß man ihnen nehme alle ihre Betbüchlein und Talmudisten darin solche Abgötterei, Lügen, Fluch und Lästerung gelehrt wird.

Zum vierten, daß man ihren Rabbinern bei Leib und Leben verbiete, hinfort zu lehren ...

Zum fünften, daß man den Juden das Geleit und Straße ganz und gar aufhebe, denn sie haben nichts auf dem Lande zu schaffen, weil sie nicht Herren noch Amtsleute noch Händler oder desgleichen sind. Sie sollen daheim bleiben.

Zum sechsten, daß man ihnen den Wucher verbiete und nehme ihnen alle Barschaft und Kleinod und lege es zur Verwahrung beiseite. Und dies ist die Ursache: Alles, was sie haben, haben sie uns gestohlen und geraubt durch ihren Wucher, weil sie sonst keine andere Nahrung haben ...

Zum siebten, daß man den jungen starken Juden und Jüdinnen in die Hand gebe Flegel, Axt, Karst, Spaten, Rocken, Spindel und lasse sie ihr Brot verdienen im Schweiß der Nasen wie Adams Kindern, Gen. III (19), auferlegt ist. Denn es taugt nicht, daß sie uns verfluchte Gojim wollten im Schweiß unseres Angesichts arbeiten lassen, und sie, die heiligen Leute, wollten es hinter dem Ofen mit faulen Tagen, Festen und Pomp verzehren.« (Bienert 1982, 149 f.)

Bezeichnend sind auch die Bemerkungen in Luthers Tischreden zum jüdischen Wucher: Wir werden noch sehen, daß sich daran eine ganze Gesellschaftskonzeption knüpft. Denn der Wucher (im Sinne des Zinsnehmens) ist nach Deuteronomium 23, Vers 19/20, nur gegenüber Brüdern verboten, gegenüber Fremden ist er erlaubt. Da die Juden die Christen als Fremde erachten, dürfen sie Zins nehmen. Da die Christen einander als Brüder ansehen, ist es ihnen verboten. Das Zinsproblem hängt an der Frage, ob man zu einer Gemeinschaft von Brüdern gehört oder zu einer Gesellschaft von Fremden. Die für die deutsche ideologische Entwicklung so wichtige Unterscheidung von Ferdinand Tönnies zwischen Gemeinschaft und Gesellschaft deutet sich hier schon an.

Die Intensivierung der Brüderlichkeitsvorstellung durch Luther – alle sind wir Brüder in Christo – führt also zu dem Paradox, daß sich der Druck auf die Fremden erhöht. Der Antisemitismus Luthers unterliegt der Dialektik des Prinzips »Und willst du nicht mein Bruder sein, so schlag' ich dir den Schädel ein«. Daß die Rückkehr zur Blutsbrüderhorde durch die Faschisten eine Reaktionsbildung gegen eine moderne Gesellschaft von Fremden war, deren Belastungen man nicht aushalten konnte, zeigt die Kontinuität dieser Dialektik. Dabei mußten dann die Juden ausgestoßen werden, denn sie repräsentierten immer die Fremden und die Modernität. Luthers Abwehr gegen die politische und judaistische Radikalisierung der Reformation läßt ihn genau auf der Linie der Differenz zwischen Brüdern und Fremden stehenbleiben, an der sich das Zinsproblem entscheidet. Denn Calvin wird die Gesellschaft nicht mehr als Gemeinschaft von Brüdern, sondern als Gesellschaft von Fremden auffassen, die Erwählte und Verdammte gleichermaßen umfaßt. Entsprechend erlaubt er den Zins, denn, wie es im Deuteronomium heißt. »Von den Fremden magst du Zins nehmen, aber nicht von deinem Bruder.«

Wir werden dieses Problem im Zusammenhang mit der Besprechung des *Kaufmann von Venedig* wiederaufnehmen, denn Shakespeare organisiert sein Drama genau über diese Frage. Der *Kaufmann von Venedig* ist ein Stück über den Kontrast zwischen (archaischer) Gemeinschaft und (moderner) Gesellschaft. Luthers späterer Judenhaß resultiert aus seiner ambivalenten Haltung gegenüber diesem Gegensatz: Er wollte die Gemeinschaft erweitern, aber es sollte weiterhin eine Gemeinschaft von Brüdern sein, und nicht eine Gesellschaft von Fremden. Das Konzept der Toleranz, das den Fremden als Fremden akzeptiert, ist noch weit. Dagegen wird die Brüderlichkeit mörderisch, wenn sie abgelehnt wird.

Die Marranen

Als die katholischen Könige Ferdinand und Isabella am 31. März 1492 das Edikt unterzeichneten, das die Ausweisung aller Juden aus Spanien befahl, ließen sie ihnen vier Monate Zeit, ihre Habseligkeiten zu verkaufen. Jedoch verboten sie ihnen, Geld und Edelmetalle zu exportieren. Fast auf den Tag nach Ablauf dieser Frist, am 2. August, stach Columbus in See. Bis zum ersten August aber verließen schätzungsweise 150000 Juden Spanien. Der Exodus wurde mit dem Auszug aus Ägypten verglichen. Bartholomeo Seneraga beschreibt, wie Schiffe mit Flüchtlingen in Genua Halt machten. Die Schilderung kommt uns bekannt vor:

> »Dies war ein trauriges Schauspiel zum Ansehen. Die meisten waren durch Hunger und Durst erschöpft ... man hätte sagen können, es handele sich um Gespenster; da sie bleich und abgemagert waren und aufgerissene Augen hatten, hätte man sie für Tote halten können, wenn sie nicht von Zeit zu Zeit eine Bewegung gemacht hätten. Eine große Zahl dieser Leute starb auf dem Hafendamm an einer Stelle, die man für sie nicht weit vom Marktplatz freigehalten hatte ...« (Poliakov IV, 1978 f., 59)

Die meisten der vertriebenen Juden aber gingen nach Portugal. König Johann II. hatte sie eingeladen, wenn sie acht Cruzados bezahlten und das Land nach acht Monaten wieder verließen. Als die Frist verstrichen war, begann er, sie als Sklaven zu verkaufen, aber Manuel I., sein Nachfolger, befreite sie wieder. Doch da wurde der Plan einer Heirat des Königs mit einer Infantin von Spanien gefaßt; daran knüpften die katholischen Könige allerdings die Bedingung einer völligen Christianisierung Portugals. Eine völlige Vertreibung kam aus wirtschaftlichen Gründen nicht in Frage, also blieb nur noch die Zwangstaufe.

Nun folgte eine religiöse Groteske. An den Haaren wurden die Juden zur Taufe geschleppt, und das Sakrament wurde en gros gespendet. Das Ganze war in den Augen gläubiger Christen eine lästerliche Farce. Um die Diskreditierung des Sakraments etwas abzumildern, gelangte man zu einem historisch einmaligen Kompromiß: Den getauften Juden wurde in Portugal gestattet, ihr Leben als Juden weiterzuführen. Dieser merkwürdige Zustand dauerte über eine Generation an. Der Schatzkammer des Königs tat das sehr gut, weil er jederzeit die Juden mit der Anklage erpressen konnte, sie seien keine Christen. Die Marranen aber, wie sie nun genannt wurden, entwickelten während dieser Zeit eine eigenartige Psychologie der Entfremdung und der Verstellung. Sie gewöhnten sich an ihre Doppelnatur von christlicher Maske und jüdischer Tradition. Sie sprachen eine eigene spanische Mundart und wurden bald zur Kaufmannskaste Portugals. Man nannte sie cristaos novos (Neuchristen), homens de negocio (Geschäftsleute) oder homens de naçao (Menschen eines Volkes). Sie entwickelten eine eigenartige Mischtheologie und tarnten sich durch strikteste Observanz der katholischen Riten. Die doppelte Übertretung des Gesetzes

Mose und der christlichen Vorschriften verursachte komplizierte Schuldgefühle. Im Ritual betonte man Schnittmengen zwischen christlichen und jüdischen Bräuchen, wie etwa das Fasten der Esther am Purimfest. Die jüdische Königin Esther wurde überhaupt eine Kultfigur, da sie ihrem Gemahl ihre Herkunft verheimlichte und diese erst in der Stunde der Gefahr offenbarte. Die religiösen Praktiken wurden auf die Familie beschränkt und die Kinder erst dann initiiert, wenn sie Schweigen gelernt hatten. Während dieser Zeit waren es fast alleine die Marranen, die das weitverzweigte portugiesische Handelsnetz aufbauten. Wann immer der König oder die Kirche mit der Einführung der Inquisition drohten, zahlten sie. Schließlich wurde sie 1536 doch eingeführt, ging aber im Unterschied zu Spanien relativ maßvoll vor. Aber sie begann eine umfassende Spionagetätigkeit von geheimpolizeilichen Ausmaßen. Durch die Angaben ihrer Opfer und Zeugen versuchte sie, das weltweite verborgene Verbindungsnetz der Marranen zu überwachen. Vierzigtausend Prozesse wurden in den folgenden zweihundert Jahren geführt. Ein permanenter geheimer Krieg zwang viele Marranen zur Auswanderung. Die in Portugal zurückgebliebenen Reste führten allmählich im Lauf der Jahrhunderte ein gespenstisches Schattendasein. Während sie selbst glaubten, die einzigen Juden der Welt zu sein, wurden sie nach der Aufhebung der Inquisition 1821 vom Rest der Welt vergessen. Erst im 20. Jahrhundert wurden sie wiederentdeckt. Sie hatten sich bezeichnenderweise in zwei Gruppen geteilt: Die einen hielten sich selbst für Christen, wurden jedoch von der christlichen Bevölkerung für Juden gehalten; die anderen betrachteten sich als Juden.

Die marranische Diaspora aber schuf ein Netzwerk ganz neuer Zentren. Dieses folgt den Linien der Handelsströme und der Verlockung, wieder offen das Judentum zu praktizieren. So gingen die meisten Marranen in die Türkei, nach Konstantinopel und Saloniki. Zugleich wurden die Hafenstädte Stützpunkte der Marranen: Antwerpen, Ancona, Bordeaux, Amsterdam und – Venedig, Hamburg und London. Auch hier behielten die Marranen ihre kastilische oder portugiesische Sprache; ihre Korrespondenz führten sie auf Ladino in hebräischer Schrift. Darüber fühlten viele Marranen eine sentimentale Verbundenheit mit Spanien und Portugal. Auch wenn sie zum offenen Judentum zurückkonvertierten, hielten sich die Marranen von den Aschkenasim weiter gesondert. Ihr spanischer Stolz hielt auf Abstand zu den ›Hochdeutschen‹. In Hamburg waren die deutschen Juden nur Diener der Marranen. Sie wirkten bereits vor der Emanzipation wie assimilierte Juden und betrachteten ihr Judentum mit schlechtem Gewissen. Eben deswegen gab es immer eine gewisse Verachtung für die Naivität der strenggläubigen Juden. Ihr Wesen war widersprüchlich und zerrissen. Sie lebten in einer Spannung, die sich ebenso zum Messianismus wie zum Atheismus steigern konnte.

Die größte marranische Gemeinde außerhalb der Türkei wurde Amsterdam, das holländische Jerusalem. Und sie brachte den größten Repräsentanten marranischen Geistes hervor, Baruch Spinoza. Er machte in der Verkleidung der Ethik und des *Tractatus theologico-politicus* der Christenheit die jüdische Tradition zugänglich, ohne sie als jüdisch zu kennzeichnen. Und die Zerrissenheit der marranischen Existenz findet bei Spinoza die Form jenes jüdischen Selbsthasses, für die Theodor Lessing in seinem Buch von 1930 die Lebensgeschichten von Otto Weininger, Arthur Trebitsch und Maximilian Harden zitiert.

Das Ghetto in Venedig

Shylock ist der bekannteste Jude Venedigs, auch wenn er nie gelebt hat. Das bemerkt der Historiker der venezianischen Juden, Riccardo Calimani, in seinem Buch *Die Kaufleute von Venedig* am Beginn eines Prologs, dem er den Titel ›Shylock‹ gibt. Für ihn ist diese berühmte Figur ›Shylock, eine imaginäre, aber nicht unwahrscheinliche Gestalt aus Fleisch und Blut‹ (Calimani 1988, 9).

Aus Venedig stammt aber auch ein noch markanteres Symbol jüdischer Existenz: das Ghetto. Am 29. März 1516, fast genau hundert Jahre vor Shakespeares Tod, erläßt der venezianische Rat folgendes Dekret:

> »Die Juden müssen alle gemeinsam in dem Komplex von Häusern wohnen, die sich im Ghetto bei San Girolamo befinden; und damit sie nicht die ganze Nacht umhergehen, sollen an jener Seite des Ghetto Vecchio, wo es eine kleine Brücke gibt, und gleichermaßen an der anderen Seite der Brücke zwei Tore errichtet werden, das heißt je eines für die beiden genannten Orte. Jedes Tor muß morgens beim Klang der Marangona-Glocke geöffnet und abends um 24 Uhr durch vier christliche Wachen zugesperrt werden, die dafür von ihren Juden angestellt und bezahlt werden zu dem Preis, der Unserem Kollegium angemessen erscheint ...«

Der Name ›Ghetto‹ wurde von da an zum Inbegriff der völligen Isolation der Juden von ihrer christlichen Umgebung. Er besiegelt den Niedergang der jüdischen Gemeinde seit der großen Pestepidemie und die Beschränkung jüdischer Betätigungen auf Geldverleih und Trödelverkauf. Hinter der Errichtung des venezianischen Ghettos sehen wir wieder einmal als treibende Kraft das Wirken der Minoritenprediger, die eine der größten Existenzkrisen Venedigs als Strafe Gottes hinstellten. Bei dieser Existenzkrise handelt es sich um den Krieg einer gigantischen europäischen Koalition gegen Venedig, die aus Kaiser Maximilian, Ludwig XII. von Frankreich, Ferdinand von Spanien und Papst Julius II. bestand; diese in der sogenannten ›Liga von Cambrai‹ vereinigten Mächte hatten vor, das venezianische Imperium unter sich aufzuteilen: Spanien sollte die Adriahäfen erhalten, Frankreich Bergamo, Brescia, Cremona und das Tal der Etsch, der Papst die Romagna und der Kaiser Padua, Vicenza, Treviso, Verona und Friaul. Zwar wurde daraus nichts, weil die Verbündeten ständig die Seiten wechselten und so Venedig retteten, aber am Ende des Kriegs um 1516 waren viele venezianischen Besitzungen verwüstet, und die Stadt selbst war finanziell ruiniert. Während die Schlachten das schöne Oberitalien in Trümmer legten, flohen viele Juden der Terra Ferma nach Venedig, wo sie wegen ihrer Finanzmittel auch willkommen geheißen wurden. Das aber nahmen wiederum die Minoritenprediger zum Anlaß, Venedigs Unglück als Folge der Sünde darzustellen, die in der Erlaubnis bestand, die Juden in der Serenissima zu dulden. Zu allem Überfluß grassierte wieder einmal die Pest. Der Prediger Fra Zulian Maria di Arezzo wetterte gegen die Juden, das Ergebnis: das Ghetto. Mit ihm hoffte man, der Sühne Ausdruck zu verleihen und der Bitte um Ablaß der Sünde eine greifbare Gestalt zu geben.

Das alles geschah im Anschluß an die Zeit der größten Prachtentfaltung in der Geschichte Venedigs. Die einzigartige Stadtkulisse bildet den Schauplatz für eine Festkultur, deren Wirkung Venedigs Ruhm in ganz Europa verbreitete. Die feierliche Einsetzung eines Dogen, der Besuch ausländischer Gesandtschaften, der Festtag der Frauen – der Garanghelo –, der Geburtstag des heiligen Markus oder eines anderen Heiligen und vor allem das größte Fest des Jahres – die Sposalazio del Mare, Venedigs zeremonielle Hochzeit mit dem Meer: All das war Gelegenheit für Regatten mit Tausenden von Gondeln und wimpelgeschmückten Booten auf den Kanälen und dem Meer vor der Piazza San Marco. Es war die große Zeit Tizians, der Venedig nur kurz während des Krieges gegen die Liga von Cambrai verließ und dann wieder zurückkehrte, um sein Genie der Darstellung weiblicher Schönheit zu widmen und der Malerei den Weg von der Madonna zur Venus zu weisen. 1516, im Jahre der Errichtung des Ghettos, malt er für Herzog Alfonso von Ferrara eines seiner großartigsten Bilder mit dem Titel ›Der Zinsgroschen‹, auf dem Christus im Gespräch mit einem Pharisäer zu sehen ist.

Das Verhältnis zwischen Venedig und Juden wurde ab 1382 durch einen regelrechten Vertrag, der Condotta, mit beschränkter Laufzeit geregelt, der immer wieder verlängert und neu ausgehandelt werden mußte. Er enthielt die Aufenthaltsgenehmigung, die Banklizenzen, die Bedingungen des Geldverleihs, die Anzahl der Banken – die mit den Farben Rot, Grün und Schwarz gekennzeichnet waren – und die zugehörigen Stadtbezirke, die Familien- und Vermögensverhältnisse der Bankiers, die Zinssätze für Groß- und Kleinkredite, die Bedingungen für Pfanddarlehen, die Buchführung für die Pfänder und die Darlehen gegen Schuldscheine.

Anders als in den nördlichen Regionen Europas war in Italien die heftige Agitation der Minoritenmönche gegen die Juden von der Gründung von Armenkassen, den sogenannten ›Monti di Pietà‹, begleitet. Das aus Spenden und Ablaßzahlungen gesammelte Kapital wurde den Armen der Städte zinslos überlassen. Es ist kein Wunder, daß angesichts dieses Kontrasts das allgemein als Wucher bezeichnete Kreditgeschäft der Juden immer wieder angegriffen wurde. Den wüstesten Demagogen und gleichzeitig erfolgreichsten Gründer von Armenkassen haben wir schon kennengelernt: Bernhardino de Feltre. Unmittelbar vor Anfang des 16. Jahrhunderts gründete er über zwanzig Armenkassen, die meisten von ihnen auf dem Territorium Venedigs. Die venezianische Politik versuchte in der Regel, die Juden zu schützen und die Wirkung der Minoriten einzudämmen, bis schließlich der Rat der Zehn den Mitgliedern des Senats bei Todesstrafe verbot, sich mit der Einrichtung von Monti di Pietà zu befassen. Nach langem Feilschen um die Verlängerung der Condotta wurde schließlich 1537 der ständige Aufenthalt der Juden in Venedig rechtlich anerkannt. Diese rechtliche Fassung des Vertrages mag mit dazu beigetragen haben, den Ruf des Ghettos in Europa, und zwar durchaus in positivem Sinne, als einer abgesicherten Existenzform zu verbreiten.

Die größte Gruppe der Bewohner des neu gegründeten Ghettos gehörte zur Natione Todesca – sie bestand also aus deutschen Juden. Eine der Theorien hinsichtlich des Namens ›Ghetto‹ hat damit zu tun: Das Areal des Judenviertels war das Gelände einer alten Gießerei, venezianisch ›getto‹. Möglicherweise haben die deutschen Juden das dann ›Ghetto‹ ausgesprochen. Die zweite Gruppe bestand aus Wanderhändlern der Natione Levantina, also aus in die Türkei vertriebenen spanischen Juden. Ihr Zuzug führte zur Erweiterung des Ghettos, so daß die deutschen Geldverleiher schließlich im ghetto novo und die levantinischen Händler im ghetto vecchio wohnten.

Im Jahr 1555, dem Jahr des Augsburger Religionsfriedens, verfinsterte sich die Lage der Juden auch in Venedig. Dies hatte mit der Politik gegenüber den Marranen zu tun, den portugiesischen Juden, die zwangsgetauft worden waren. Ihre Neigung zu Camouflage und ihr Schwanken zwischen Christentum und Judentum gab zu Mißtrauen Anlaß. Venedig hatte sie bereits 1550 ausgewiesen. Mit Paul IV. gelangte dann 1555 ein antijüdischer Fanatiker auf den Papstthron, der in seiner Bulle ›Cum Nimis Absurdum‹ den Glaubensirrtum der Juden betonte und verlangte, sie müßten bis zur Einsicht ihres Irrtums in Knechtschaft gehalten werden. Die Bulle markierte die Wende in der Haltung der Kirche zu den Juden: Man wollte jetzt keine freiwilligen Bekehrungen mehr, sondern nur noch die erzwungenen. Die ›freiwillige‹ Bekehrung war seit der Bekehrung der Marranen, die sich außerhalb Portugals wieder zum Judentum bekehrten, diskreditiert. Von da aus gesehen erscheint die Zwangstaufe Shylocks in einem etwas anderen Licht.

Wir befinden uns im Zeitalter der beginnenden Gegenreformation. 1547 wird in Venedig die Inquisition eingeführt, die allerdings durch eine staatliche Aufsicht äußerst gemäßigt wurde. Von ihren Prozessen gegen Häretiker wie Lutheraner und Wiedertäufer beschäftigten sich ungefähr fünf Prozent mit Marranen.

Häufig haben sie damit zu tun, daß die Angeklagten nicht das äußerliche Abzeichen der Juden, den gelben Hut, getragen haben. Juden aus dem Ghetto werden kaum belangt.

1553 und 1568 wird auf der Piazza San Marco eine Menge jüdischer Bücher verbrannt. Aufgrund der unermüdlichen Wirkung des Aldo Manuzio hatte Venedig eine Vormachtstellung im italienischen Buchdruck erobert. Beflügelt vom humanistischen Geist, verlegte sich Manuzio auf den Druck und die Herausgabe der griechischen Klassiker, die er mit Hilfe der in Venedig lebenden griechischen Gelehrten edierte und in wunderbarer Ausführung der Nachwelt erhielt. Für den Druck der lateinischen Autoren wählte er eine zierliche Schrifttype, die im Englischen noch heute mit dem Begriff ›Italics‹ belegt wird und die wir ›kursiv‹ nennen. Er starb 1515, ein Jahr vor Errichtung des jüdischen Ghettos, und machte die Serenissima zur Stadt der Bücher. Daraufhin wurde Venedig auch ein Zentrum der hebräischen Buchproduktion. Sie fängt zeitgleich mit der Gründung des Ghettos an. Ab 1516 druckt der Verleger Daniel Bomberg die große Rabbinische Bibel mit der aramäischen Übersetzung und den mittelalterlichen Kommentaren. Es folgen der Babylonische Talmud und der Palästinensische Talmud sowie der Klassiker der jüdischen Kultur, *Massoret ha-Massoret* von Elia Levita. Bombergs Arbeit wird fortgesetzt von Marco Antonio Guistiniani. Ein erbitterter Streit zwischen Guistiniani und der Druckerei Bragadin über die Drucklegung der Mischne Tora von Maimonides heizte dann das gegenreformatorische Klima weiter an; 1553 gab Julius III. eine Bulle heraus, in der er die Obrigkeit zur Verbrennung der hebräischen Bücher, insbesondere des Talmuds, verpflichtete. Venedig vollstreckte die Bulle, ohne zu zögern. Nach einer kurzen Erholung in den 60er Jahren kam es 1568 erneut zur Bücherverbrennung und in den 70er Jahren zu Druckverboten jüdischer Bücher.

1571 hätte der bedeutende Seesieg bei Lepanto, den die verbündeten spanischen und venezianischen Flotten über die Türken erfochten, beinah zur Ausweisung aller venezianischen Juden geführt. Denn ein unversöhnlicher Feind Venedigs auf türkischer Seite war Joseph Nasi, der jüdische Herzog von Naxos, der einen privaten Rachefeldzug gegen Venedig führte und der Serenissima die Insel Zypern abnahm. Seine abenteuerliche Geschichte müssen wir gesondert erzählen, weil er das Vorbild für Marlowes Drama *The Jew of Malta* wurde. Und dies war wiederum nicht ohne Einfluß auf Shakespeares *Kaufmann von Venedig*. Der Beschluß zur Ausweisung wurde aber im letzten Moment revidiert, und statt dessen wurden die Juden gezwungen, die Monti di Pietà, die Armenpfandhäuser, selbst zu betreiben. Es blieb in Europa eine einmalige Einrichtung, daß in Venedig die Monti di Pietà von Juden betrieben wurden.

In den späten 80er Jahren änderte sich die Politik Venedigs gegenüber den Juden erneut. Die Konkurrenz von Ancona und Ragusa sowie der nordeuropäischen Kaufleute zwang zu einer Reorganisation des Levantehandels, und um ihn stärker an sich zu ziehen, gewährte man dem ›ponentinischen Juden‹ umfangreiche Handels- und Aufenthaltsprivilegien. Zur Kolonie der Natione Todesca und der Natione Levantina kam nun die Natione Ponentina – meist Marranen – hinzu. Der Architekt dieser neuen jüdisch-venezianischen Allianz, der Marrane Daniele Rodriga, baute den Hafen von Split aus und leitete die Handelsströme mit der Türkei an Ancona und Ragusa vorbei wieder über Venedig. 1598 wurde eine neue, sehr günstige Condotta abgeschlossen, und sie währte über die Zeit hinaus, in der der *Kaufmann von Venedig* geschrieben wurde.

Der englische Reisende Thomas Coryat, der 1608 Venedig besuchte, spricht in *Coryat's Crudities* von 1611 von 5000 bis 6000 Bewohnern, die das Ghetto bevölkern. Wenn man diese Zahl auf die geringe Grundfläche des Ghettos bezieht – das Ghetto Novo besteht eigentlich nur aus einem umbauten Platz von 6000 qm – muß eine drangvolle Enge im Ghetto geherrscht haben. Die geschätzten Zahlen für die Bevölkerung schwanken je nach Bezugszeit zwischen tausend und fünftausend Personen. In seinen inneren Angelegenheiten war das Ghetto unter der Aufsicht der venezianischen Beamten weitgehend autonom. Im Inneren herrschte eine bunte ethnische und sprachliche Vielfalt. Die Aschkenasim oder deutschen Juden sprachen jiddisch. Da Shylock Geldverleiher war, hat er zu ihnen gehört und auch jiddisch gesprochen. Die Sephardim von der iberischen Halbinsel sprachen Ladino, das noch Elias Canetti in diesem Jahrhundert in Bulgarien als Muttersprache gelernt hat. Als lingua franca diente wahrscheinlich Venezianisch oder Hebräisch. Dazu wird man türkische, portugiesische, levantinische und griechische Mundarten gesprochen haben.

Und im ältesten Teil des Ghettos, dem Ghetto Novo der Aschkenasim, befanden sich die nach Farben gekennzeichneten Leihbanken – die rote, grüne und schwarze Bank der jüdischen Gemeinde. Hier wird auch Shylock gewohnt haben. Am Tage konnten vor seinem Hause die venezianischen Maskenzüge auftauchen, es gab sogar eine Art von jüdischem Karneval am Purimfest, des Nachts aber mußten alle Nichtjuden aus dem Ghetto verschwinden, die vor den Banken und Gebrauchtwarenläden Schlange gestanden hatten, die Tore wurden geschlossen, und eine Barke mit Wächtern drehte ihre Runden durch die Kanäle um das Ghetto – Symbol der babylonischen Gefangenschaft der Juden.

Die Juden in Hamburg

Das erste Auftauchen Ahasvers in der Hafenstadt Hamburg fällt in dieselbe Zeit wie Shylocks Wirken im Ghetto Venedigs. 1542 soll er zum ersten Mal gesichtet worden sein, und 1602 wird es beschrieben. Ahasver und Shylock sind Zeitgenossen. Das ist historisch sinnvoll, denn in die Lebenszeit Shakespeares fällt auch die Entstehung einer jüdischen Gemeinde in Hamburg. Dabei gibt es Ähnlichkeiten mit Venedig. Sie hängen mit einer gewissen Verwandtschaft in der Lage der beiden Hafenstädte, aber auch mit Parallelen in den damaligen Existenzbedingungen jüdischer Gemeinden zusammen.

Was Venedig anbetrifft, so besaßen die Juden während der ganzen Zeit vor Errichtung des Ghettos keine dauernde Aufenthaltsgenehmigung in der Lagunenstadt selbst. Immer, wenn sie in Venedig nicht bleiben konnten, gingen sie auf das gegenüberliegende Festland nach Mestre. Für die Hamburger Juden gab es von Anbeginn an ein ähnliches Wechselspiel zwischen Hamburg und Altona. Altona gehörte zum Territorium der Grafen von Holstein-Schaumburg. 1584 stellte Graf Adolf den ersten Schutzbrief nebst Aufenthaltserlaubnis für vier jüdische Familien in Altona aus:

»Von Gottes gnaden Wir Adolf Grafe zu Holstein, Schaumburg und Sternenbergh, ...

Bezeugen mit diesem unserm brief, das wir Michaell, Abraham, seinen bruder, und Abraham und Philip, Juden, gegonnet und nachgegeben haben, tun das in macht dieses brieves, das sie mügen von unsern undertonen unser dorfer Ottensen oder Altona notturftige behausung daselbst heuren, sich aldar mit ihren weib und kindern seczen und ehrliche unverbotten hantierung und narung treiben.

Darfur soll ein jeder obgemelter Juden fur sich und sein gesinde sechs taler jerlichs unserm Drosten zum Pinnenberge zustellen, ferner solch geld an unser gewonliches hoffleger zu unsern handen zu überreichen.

Sie sollen auch unsere undertonen mit verbotten wucher oder andern unzimlichen hantierung nicht beschweren und sich gegen fremde, so nicht unser undertonen sein, also verhalten, das uns davon kein unzimliche klage furkomme ...

Wann ihnen den pfande vorseczet werden, sollen sie dieselben jar und tag, nach der zeit an zu rechnen, so der haubtsummen, drauf sie geton, beczalung fur gestimmet, bei sich unumbgeschlagen und unverderbet behalten. Wen aber jar unde tagk vorbei, sols damit gehalten werden, wie es recht iß; wie wirs dann auch der gestolen guetter halber bei des heiligen reichs constitutionen und ordnungen wenden lassen ...

Drauf wir nun die obgemelten Juden mit ihren weib, kindern und gesind hiemit nemen in unser sonderlich verspruch und gleit und wollen sie, wen sie sich gleitlich verhalten, fur aller unrechter gewalt in unser Grafschaft Holstein schuczen, schirmen und handhaben. Da sie aber wieder diese articul und begnadung oder sonsten ungeburlich handelten, wollen wir an diese unser verschreibung nicht verbunden sein und uns die straf hiemit außdrucklich vorbehalten haben.

Des zu urkund haben wir diesen brief mit eigen handen unterschrieben und mit unserem secret befestigt.

Geben auf unserm hauß Buckeburg am abend Michaelis Archangeli, nach Christi unsers Hern und Seligmachers geburt im tausendfünfhundertundvierundachtzigsten jare.

Locus   sigilli   Adolf Graff zu
                                  H. Schaumburgkh«

Man sieht, auch diese Juden sind Pfandleiher. Als Altona nach dem Tod des letzten Grafen dänisch wird, bestätigt und erweitert Christian IV. das ›Generalprivileg für die Juden von Altona‹ und nimmt sie »auch darauf in unseren königlichen Spezialschutz und Schirmb, auch sicher Geleyt sambt Weib und Kind, Gesindte und was Ihnen mehr zugehörig«. Anders als in Hamburg selbst lebten also die Juden in Altona gesichert, gingen aber nach Hamburg um des Geschäftes willen oder flohen dorthin, wenn der Landesfürst sie, wie im Dreißigjährigen Krieg, nicht mehr zu schützen vermochte.

Eine weitere Eigentümlichkeit, die wir von Venedig her kennen, ist der Unterschied zwischen der ›hochdeutschen‹ Gemeinde der Aschkenasim und der sephardischen Gemeinde der ›Portugiesen‹. Die Portugiesen sind Marranen. Sie gehen nicht nach Altona, sondern nach Hamburg. Hier beginnt ihre Geschichte um 1575. Ahasver, wie wir gesehen haben, ist Marrane. Weil die Marranen als Christen auftreten und weitreichende Geschäftsverbindungen mitbringen, sind sie dem Senat willkommen. Dann aber beginnt das Spiel wie in Venedig: Es wird bekannt, daß sie jüdische Bräuche praktizieren. Die Geistlichkeit und die Vertreter der Bürgerschaft beginnen für ihre Ausweisung zu agitieren; der Senat, der eher das Kaufmannspatriziat vertritt, ist gegen die Ausweisung. 1612 schließlich kommt es nach langen Verhandlungen zu einem Vertrag, der den ›Portugiesen‹ gegen Zahlung einer Abgabe das Aufenthaltsrecht erteilt, ohne allerdings das Recht auf freie Religionsausübung zuzugestehen. Dafür müssen die portugiesischen Juden nach Altona. Jedenfalls kaufen sie in Altona einen Friedhof, um ihre Toten dort nach jüdischem Ritus zu begraben. Die vertraglich gesicherte Aufenthaltsgenehmigung führt nicht dazu, daß Bürgerschaft und Geistliche ihre Agitation für eine Ausweisung der Juden aufgeben. Doch sie haben keinen Erfolg. Im Gegenteil, die ›portugiesische Gemeinde‹ gedeiht trotz der hohen finanziellen Lasten, die die Stadt ihnen als Gegenleistung für das Niederlassungsrecht auferlegt. Vierzig portugiesische Juden beteiligen sich 1619 an der Gründung der Hamburger Bank. Sie bringen den Handel mit Zucker, Kaffee, Tabak und Gewürzen nach Hamburg und begründen so die traditionsreichen Hamburger Handelsbeziehungen mit den spanischen und portugiesischen Kolonien. Etliche von ihnen werden aufgrund ihrer auswärtigen Verbindungen ›Hamburger Residenten‹ – so etwas wie Konsuln – oder Hofbankiers und Lieferanten auswärtiger Fürsten. Als Königin Christine von Schweden 1654 Hamburg besucht, wohnt sie bei ihrem Hamburger Hofbankier Diego del Texeira.

Bis zur Emanzipation im 19. Jahrhundert blieben die ›portugiesischen‹ und ›hochdeutschen‹ Gemeinden der Sephardim und Aschkenasim in Hamburg und Altona getrennt und wurden auch rechtlich verschieden behandelt. Dabei teilten sich die Aschkenasim in drei Gruppen: die Juden von Altona, die von Wandsbek und die aschkenasischen Diener der Portugiesen, die Criados da Naçao. Sie schlossen sich schließlich zum Verband der sogenannten ›drei Gemeinden‹ zusammen. Auch darin glichen die Verhältnisse denen in Venedig, daß die Aschkenasim anders als die portugiesischen Überseehändler vor allem mit Kleinhandel und Pfandleihe beschäftigt waren. Sofern aber die deutschen Juden der Hamburger Gemeinde doch Fernhandel trieben, war es nicht Überseehandel, sondern binnendeutscher Fernhandel mit Gold, Perlen, Juwelen, Tabak und Textilien.

Über das Milieu dieser jüdischen Fernhändler aus Hamburg besitzen wir ein einzigartiges Dokument. Es sind die jiddisch geschriebenen Memoiren einer Hamburger Kauffrau aus der zweiten Generation Hamburger Juden, die sogenannten *Denkwürdigkeiten der Glückel von Hameln*. In einem Vorwort zur Neuauflage von 1987 stellt Hans Lamm einen Bezug zwischen Glückel von Hameln und Anne Frank her:

> »Diese zwei verschiedenen Frauengestalten beginnen und beenden drei Jahrhunderte deutsch-jüdischen Zusammenlebens und literarischer Aktivität deutsch schreibender Juden ... Beide Bücher, das Tagebuch des 1929 in Frankfurt/M. geborenen Mädchens, das nicht mehr Deutsch schrieb, sondern Holländisch, die Sprache des Landes, das der jüdischen Familie Frank Asyl und Versteck gewährte, und die noch nicht hochdeutsch geschriebenen Erinnerungen der Glückel ... waren beide nicht für ein Lesepublikum gedacht: das Tagebuch der Anne Frank wohl für niemanden als sich selbst und die Erinnerungen der Kaufmannsfrau nur für Kinder und Kindeskinder.« (Feilchenfeld 1987)

Entsprechend sind die Erinnerungen der Glückel von Hameln eine große Familiensaga. Sie selbst wird 1646 in Hamburg geboren, heiratet den Kaufmann Chajm aus Hameln und lebt mit ihm in glücklicher Ehe fast dreißig Jahre in Hamburg. Da sie mindestens zwölf Kinder hat, bezieht sich ein Großteil ihrer Mitteilungen auf deren Schicksale und Ehen. Dabei erhält man ein Bild von der Verzweigtheit ihrer Sippe. Sie reist zu Hochzeiten und Familienfesten nach Berlin, Cleve, Hameln, Hildesheim, Hannover und Amsterdam. Ihr Mann ist zugleich noch zu allen Messen von Frankfurt bis Prag unterwegs. Bei der glanzvollen Hochzeit ihrer ältesten Tochter Zipora mit dem Sohn des reichen Elia von Cleve ist sogar der spätere König Friedrich I. von Preußen unter den Hochzeitsgästen.

»Nach der Trauung«, schreibt sie, »führte man alle Vornehmen in Elia Cleves großes Prunkgemach, das mit goldenem Leder ausgeschlagen war. Darin stand ein großer Tisch, auf dem die feinsten Leckerbissen waren. So hat man die Vornehmen nach ihrer Würde traktiert. Mein Sohn Mordechai war damals ein Kind von fünf Jahren; es gab kein schöneres Kind in der Welt, und wir hatten ihn sehr schön und sauber gekleidet. Alle die Vornehmen haben ihn schier aufgefressen, und besonders der Prinz hat ihn stets bei der Hand gehalten«. Doch man erfährt auch viel über die Lage der Juden in Hamburg: »Als ich noch keine drei Jahre alt war, wurden alle Juden von Hamburg ausgetrieben und mußten nach Altona ziehen, das dem König von Dänemark gehört, von dem die Juden den guten Schutzbrief haben«. (Es handelt sich um die Vertreibung von 1649, ein Jahr nach Beendigung des Dreißigjährigen Kriegs. D. S.) »Dieses Altona ist kaum eine Viertelstunde von Hamburg entfernt. In Altona waren damals schon ungefähr 25 jüdische Haushaltungen; dort hatten wir auch unsere Synagoge und unseren Friedhof. So haben wir eine Zeit lang in Altona gewohnt ...« Aber es ging auch in die umgekehrte Richtung: »Als ich ungefähr zehn Jahre alt war, hat der Schwede mit dem König von Dänemark – Gott erhöhe seinen Ruhm –

Krieg geführt ... mit einem Mal, an einem Sabbath, ertönt das Wehgeschrei: Der Schwede kommt! Es war noch früh am Morgen, alle lagen noch im Bett, da sind wir alle aus dem Bett gesprungen und nackt und bloß nach der Stadt, auf Hamburg, gelaufen und haben uns teils bei Portugiesen, teils bei Bürgern behelfen müssen. So haben wir uns kurze Zeit so (gleich ohne Erlaubnis) dort aufgehalten bis endlich mein seliger Vater es erreicht (das heißt, das Wohnrecht erlangt) hat, er ist der erste (deutsche) Jude gewesen, der sich wieder in Hamburg niedergelassen hat.«

Dann schildert sie, daß sie keine Synagoge in Hamburg hatten und sich deshalb heimlich zum Gottesdienst versammelten; wie der tolerante Senat darüber hinweggesehen hat, aber die Geistlichen und die antisemitische Bürgerschaft sie wieder vertrieben haben:

»Wie schüchterne Schafe mußten wir dann nach Altona ins Bethaus gehen. Das hat eine Zeit lang gedauert; dann sind wir wieder ins Schülchen (die heimische Synagoge. D. S.) gekrochen. Also haben wir zu Zeiten Ruhe gehabt, zu Zeiten sind wir wieder verjagt worden – so geschieht es bis auf diesen Tag, und ich fürchte, daß solches immer dauern wird, solange wir in Hamburg sind und solange die Bürgerei (das heißt Bürgerschaft, D. S.) in Hamburg regiert.« (Feilchenfeld passim.)

Wir wissen, daß sie recht behalten hat. Anne Frank legt dafür in ihrem Tagebuch Zeugnis ab. Der Schatten der von Hamburg ausgehenden Symbolfigur des Ahasver fiel ein letztes Mal auf Hamburg, als der Regisseur des nationalsozialistischen Hetzfilms ›Jud Süß‹, Veit Harlan, von der Hamburger Justiz freigesprochen wurde.

Joseph Nasi, der Herzog von Naxos, und Marlowes ›Jude von Malta‹

Zu den Vorbildern von Shakespeares Shylock gehört ohne Zweifel Marlowes *Jude von Malta* aus dem Jahre 1590: Als eine türkische Flotte vor Malta erscheint, um den rückständigen Tribut einzutreiben, stellt der christliche Gouverneur die Juden vor die Wahl, sich zu bekehren oder die Hälfte ihres Vermögens zu opfern. Nur der reiche Barrabas, dessen Außenstände und Bankdepots von Sevilla bis Moskau reichen, weigert sich zu zahlen. Daraufhin wird sein Vermögen konfisziert und sein Haus in ein Kloster verwandelt. Um einen Teil des Vermögens zu sichern, wird seine Tochter Abigail zum Schein eine Nonne und rettet so die im Haus vergrabenen Schätze.

Barrabas' Jubelschrei »Oh girl! Oh gold! Oh beauty! Oh my bliss!« (II,1,57) findet sein Echo in Shylocks Jammerruf. »My daughter! Oh my ducats! Oh my daughter! My ducats and my daughter!« Wie Shylocks Jessica wird auch Abigail von einem Christen geliebt, aber er hat einen Rivalen im Sohn des Gouverneurs. Um sich am Gouverneur zu rächen, hetzt Barrabas beide Rivalen aufeinander, und sie bringen sich gegenseitig um. Als Abigail nun wirklich Nonne wird und die Sünden ihres Vaters ihrem Beichtvater bekennt, vergiftet Barrabas das ganze Kloster einschließlich seiner Tochter. Abigails Beichtvater erdrosselt er unter Mithilfe seines Dieners Ithamore eigenhändig und beschuldigt dann den Bruder Giaccomo des Mordes. Von seinem Diener verraten, kommt er ins Gefängnis, wird, von einem Schlaftrunk betäubt, für tot gehalten und über die Mauer geworfen. Wieder zu sich gekommen, wechselt er ins Lager der Türken, die unter der Führung Selims die Stadt bisher vergeblich belagern. Er führt sie in die Stadt und wird dafür zum Dank zum Gouverneur von Malta ernannt. In dieser Eigenschaft plant er nun mit dem ehemaligen christlichen Gouverneur ein Komplott, wonach das türkische Heer in die Luft gesprengt werden und Selim mit seinem Gefolge in einen Abgrund mit glühender Flüssigkeit stürzen soll. Dem christlichen Gouverneur genügt die Vernichtung des türkischen Heeres. Den Anschlag gegen Selim persönlich verrät er, so daß Barrabas nun selbst wie bei einer Höllenfahrt in den glühenden Abgrund stürzt. Die Christen behalten Selim als Geisel und sichern so die Freiheit der Insel gegen die Türken.

Das Stück ist eine vorweggenommene Kontrafaktur zu Lessings *Nathan der Weise*. Auch bei Marlowe geht es um eine Konfrontation der drei Weltreligionen Islam, Christentum und Judentum. Wie in Lessings Stück gibt es die christlichen Ritter, die islamische Schutzmacht und den Juden. Die Konsequenz aus der Konfrontation ist aber nicht Toleranz, sondern Atheismus. Im Ergebnis führt das zum völlig amoralischen Machiavellismus, wie die Elisabethaner ihn unter dem Eindruck der Pariser Bartholomäusnacht verstanden. Den Prolog zum *Juden von Malta* spricht denn auch der Geist Machiavellis persönlich, der nach einem Zwischenaufenthalt in Paris die englische Bühne besucht. Barrabas ist eine Inkarnation des machiavellistischen skrupellosen Atheismus.

Hans Mayer hat in seinem Buch *Außenseiter* deshalb die Ansicht vertreten, der *Jude von Malta* demonstriere »keine Tragödie der jüdischen Existenz, sondern den Immoralismus eines Menschen der italienischen und englischen Renaissance jenseits der Religionen und

Moralen. Ein Cesare Borgia im Kaftan .... Die Charakterzüge des Juden von Malta sind kaum jüdisch zu nennen.« (Mayer 1976, 319/322) Das ist ein Irrtum, denn hinter dem *Juden von Malta* steht die Inspiration durch eine konkrete historische Figur, die zwischen 1550 und 1579 in ganz Europa Aufsehen erregte und im Sinne einer Kombination von grenzenlosem Reichtum und machiavellistischer Gerissenheit bei gleichzeitiger religiöser Wandlungsfähigkeit zu einer europäischen Legende wurde: Gemeint ist Joseph Nasi, Herzog von Naxos. Daß Hans Mayer hier danebengreift, liegt auf der gleichen Linie wie die Verkennung der Ahasver-Figur: Auch sie hält er für eine ›durchaus unjüdische Gestalt‹ (Mayer 1976, 313). Aber der Jude von Malta, Ahasver und Joseph von Nasi haben eins gemeinsam: Sie sind Marranen. In der faszinierenden Geschichte des Joseph Nasi zeigt sich denn auch ein exemplarisches Schicksal der Marranen. Auch sie führt nach Venedig, an den Punkt, wo islamische Welt und christliche Welt sich berühren und im jüdischen Ghetto auf den Repräsentanten ihres religiösen Ursprungs stoßen.

Joseph Nasi war Mitglied einer der reichsten Familien, die von Spanien nach Portugal ausgewandert waren und deren Mitglieder dort Scheinchristen wurden. Sein portugiesischer Name war Joao Miguez. Sein Vater war Leibarzt des Königs von Portugal. Wichtiger für ihn wird aber die Familie seiner Mutter, der Clan der Mendez. Durch ihre Beherrschung des internationalen Gewürzmarktes schufen seine beiden Onkel Diego und Francisco Mendez ein verzweigtes internationales Finanzimperium. Francisco lebte in Lissabon, Diego in Antwerpen, wo sich das Gewürzimperium der Mendez mit dem Metallimperium der

Fugger kreuzte und so Antwerpen zum ersten Finanzplatz der Welt machte. Als Francisco in Lissabon starb, siedelte seine Witwe Beatrice de Luna (alias Gracia Mendez) zusammen mit Joao nach Antwerpen über und leitete mit ihrem Schwager Diego zusammen das Finanzimperium. Diego war überdies mit Beatrices Schwester Brianda verheiratet (alias Reina). Bei ihrer Übersiedlung hatten sie mehrere Monate in London Station gemacht. In Antwerpen trat dann auch Joao bald in die Geschäftsleitung ein und erwarb sich schnell den Ruf diplomatischer Geschicklichkeit und die Gunst von Königin Maria, der Statthalterin der Niederlande. Ihr Bruder Karl V. erhob ihn in den Adelsstand. Doch die Nähe des katholischen Kaisers und der Inquisition waren zu ungemütlich. Stets drohte der Verdacht der Häresie, und tatsächlich machte nach Diegos Tod Kaiser Karl den Versuch, sich unter dem Vorwand, Diego habe heimlich dem Judaismus gefrönt, sein Vermögen anzueignen. Die beiden verwitweten Schwestern Beatrice und Brianda hatten – um die Verwirrung zu steigern – je eine Tochter, die nach der jeweiligen Schwester Brianda und Beatrice hießen. Als der Günstling Karls V., Don Francisco d'Aragon, es gar auf Brianda, die Tochter Beatrices, abgesehen hatte, wurde es der Familie zu gefährlich, und die beiden Schwestern siedelten nach Venedig um, während Joao die Nachhut deckte und sein geschäftliches Genie dadurch unter Beweis stellte, daß er ganz unauffällig die Geschäfte in Flandern reduzierte und sie nach Lyon und Regensburg verlagerte.

1544 waren die Schwestern Beatrice und Brianda in Venedig eingetroffen, und der Rat der Stadt hatte sie wegen ihres großen Vermögens willkommen geheißen. Nun aber brach ein Krach zwischen den verwitweten Schwestern aus, der sich zu einer veritablen Staatsaffäre Venedigs ausweitete. Brianda konnte die Bevormundung durch Beatrice nicht mehr ertragen und verlangte die Hälfte des Vermögens. Darauf plante Beatrice die Verlegung der Firma nach Konstantinopel, was Venedig wegen des Verlustes an Kapital gar nicht recht war. Brianda denunzierte Beatrice, beide flohen zwischendurch ins tolerante Ferrara, kehrten nach Venedig zurück und wurden schließlich unter Hausarrest gestellt, damit sie nicht mit ihrem Vermögen verschwanden. Aber Venedig hatte die Rechnung ohne Joao gemacht. Diesem war es gelungen, durch die Vermittlung von Moses Hamon, dem jüdischen Leibarzt des Sultans, mit Suleiman II. Verbindung aufzunehmen. Dieser intervenierte daraufhin bei der Serenissima, und Venedig mußte die beiden Mendez-Schwestern wieder freilassen. Das zeigt, wie sehr Joaos Einfluß gewachsen war. Auch seine Geschäfte hatten sich weiter ausgedehnt. Nun griff er selbst in die große Politik ein. Er lieh Franz II. von Frankreich, dem Gegner Karls V., 150000 Golddukaten; er machte sich zum Repräsentanten von vielen Juden und Marranen und richtete in ihrem Namen ein Gesuch an die Signoria Venedigs, ihnen eine Insel im Mittelmeer zu Siedlungszwecken zu überlassen. Venedig lehnte ab. Das sollte es bereuen. Im Streit zwischen den Schwestern aber kam es endlich zu einem Vergleich, an dem die ganze Regierung Venedigs mitgearbeitet hatte. Er sah vor, daß Beatrice einen Teil ihres Vermögens Briandas Tochter Beatrice, also ihrer gleichnamigen Nichte, überschrieb. Danach durfte sie ungehindert nach Konstantinopel übersiedeln.

Hier nun beschloß Joao, wieder in die Affäre einzugreifen. Kurzerhand entführte er die reich gewordene Beatrice in einer Januarnacht mit ihrem Einverständnis aus Venedig und heiratete sie. Er tat also genau das, was im *Kaufmann von Venedig* Lorenzo mit Jessica tut. Die Entführung war eine Sensation. Die Verwirrung der Namen von Beatrices und Briandas, Nichten und Tanten erhöhte noch die Fantastik der Affäre. Der Rat von Venedig war erbittert. Er forderte Joao auf, der sich übrigens jetzt Giovanni Miches nannte, sich vor Gericht zu verantworten. Als dieser sich weigerte, wurde er in absentia verurteilt, zwischen den beiden Säulen des Markusplatzes aufgehängt zu werden, sollte man ihn fassen.

Unterdessen hatte sich Donna Beatrice mit großem Pomp in Konstantinopel etabliert. Sie erklärte sich offen als Jüdin, nannte sich jetzt wieder ›Gracia Nasi‹ und entfaltete eine umfassende Tätigkeit der Fürsorge und Wohltätigkeit in dieser größten jüdischen Gemeinde Europas, die man auf vierzigtausend Seelen schätzte. Man nannte sie die neue Esther. Dann traf Joao ein, der sich nun Joseph Nasi nannte. Eskortiert von zwanzig livrierten Dienern und fünfhundert Marranen, hielt er triumphalen Einzug in der Stadt. Er bezog ein prachtvolles Palais mit dem Blick auf den Bosporus und begann eine glanzvolle Hofhaltung. Ein Angestellter der Fugger berichtete, an der Mittagstafel hätten regelmäßig achtzig Personen gespeist. Beide – Beatrice und Joao oder Gracia und Joseph Nasi – besoldeten Rabbiner und Gelehrte und unterstützten Forscher und finanzierten das kulturelle Leben der Juden.

Zugleich mischt Joao sich in die türkische Politik ein mit dem glücklichsten Ergebnis. Bei den Rivalitäten zwischen Prinz Selim und seinen Brüdern um die

Thronfolge unterstützt er Selim – und gewinnt. Selim wird offizieller Thronfolger. Nun wird er von Suleiman zum Mitglied des Thronrates und Berater des Kronprinzen ernannt. Der Sultan findet seine intimen Kenntnisse der europäischen Politik äußerst hilfreich. Die europäischen Kabinette beginnen um seine Gunst zu buhlen. Er wird als der ›große Jude‹, die graue Eminenz der Hohen Pforte, bezeichnet. Man vergleicht ihn mit Joseph am Hofe des Pharaos.

Auf Drängen von Prinz Selim gibt ihm der Sultan die palästinensische Stadt Tiberias und die umliegenden Dörfer zu Lehen, um die verfolgten Juden aus aller Welt dort anzusiedeln. Es ist ein erstes zionistisches Projekt. Joseph erläßt Aufrufe, und seine Schiffe bringen jüdische Siedler nach Tiberias. Doch das ganze Unternehmen versandet, weil er sich anderen Projekten widmet.

Als der Papst in Ancona jüdische Flüchtlinge als Ketzer verbrennt, organisiert er einen Boykott von Ancona. Als Franz II. seine Schulden nicht bezahlen will, weil Joseph Nasi ein Häretiker sei, beschlagnahmt er mit der Erlaubnis Suleimans die französischen Schiffe in türkischen Häfen. Der Vertrag, mit dem schließlich die Feindseligkeiten zwischen Frankreich und der Hohen Pforte beigelegt werden, wird zum Zeichen des Affronts auf Hebräisch abgefaßt. Schließlich folgt Kronprinz Selim seinem Vater auf den Thron und wird Sultan. Nun wird Joseph Nasis Einfluß allmächtig. Selim macht seinen Freund zum Herzog von Naxos und der Zykladen, womit das Monopol des Weinhandels und der Weinsteuer der Levante verbunden ist. Jetzt ist für Joseph die Stunde der Rache an Venedig gekommen, das ihn verurteilt hatte, zwischen den Säulen des Markusplatzes aufgehängt zu werden: Er entwickelt den Plan, das venezianische Zypern zu erobern. Selim gibt seine Zustimmung zu dem Unternehmen; kurz vor dem Angriff fliegt das Arsenal in Venedig in die Luft. Die Nervosität in der Stadt nimmt zu. Man fängt an, die Juden der Spionage zu verdächtigen. Im Mai 1570 stirbt der Doge Pietro Loredan, und Alvise Mocenigo wird sein Nachfolger. Im Juli landen die Türken auf Zypern. Nikosia fällt, und der Kopf des Kommandanten Nicolo Bandolo wird an den Kommandanten von Farnagusta geschickt. Auch diese Stadt wird nach langer Belagerung genommen, und der Kommandant Marc Antonio Bragadin wird gefoltert und bei lebendigem Leibe gehäutet. Zypern wird türkisch.

Der Widerhall in Europa ist groß. Als Reaktion formiert sich die heilige Liga, die zur Schlacht von Lepanto führt. Überall verbreiten die Autoren und Pamphletisten das Bild Joseph Nasis als eines Ausbunds machiavellistischer Teufelei. Die Republik entdeckt in ihm ihren Erbfeind. Von nun an wird jede Greueltat und antichristliche Maßnahme der Türken mit ihm in Verbindung gebracht. Tatsächlich ist er der bestinformierte Mann in Europa. Seine Handelsschiffe sind überall zu finden, wo Marranen Handel treiben, also auch in England und Holland. Als Spion für die englische Regierung und als Teilnehmer an den Feldzügen von Flandern sind Marlowe diese Geschichten zu Ohren gekommen. Auch in Antwerpen hatte Joseph Nasi ja bereits einen Ruf als schlauer Geschäftsmann erworben. Übrigens unterstützte er den Aufstand der Niederlande mit beträchtlichen Summen. Zugleich unterhielt er eine geheime Korrespondenz mit Philipp von Spanien. Es besteht kein Zweifel, daß dieser Marrane bei der Konzeption von Barrabas, dem ›Juden von Malta‹, Pate gestanden hat. Er wirkt wie eine Verschmelzung beider Feindbilder der Christen: Die Türken bedrohten die Christen militärisch, die Juden bedrohten sie mit ihrem Unglauben. Die Sprengung des Arsenals von Venedig wurde Joseph Nasi zugeschrieben. Auch Barrabas ist eine Art von Ingenieur, der mit Minen arbeitet. Das Stück spielt im Jahr von Selims Thronbesteigung 1565. Und in diesem Jahr wird Malta tatsächlich von den Türken belagert. Selim, der Sohn des Sultans, tritt persönlich in Marlowes Stück auf. Barrabas ist ein Marrane, wie sich ihn das christliche Europa vorstellt: ohne Religion, weder Christ noch Jude oder beides je nach Bedarf. Es ist keine Frage, daß Marlowe von der Figur fasziniert war, kam er doch selbst in den Geruch des Atheismus, und in seinem Zirkel um Sir Walter Raleigh, beziehungsreich ›the school of night‹ genannt, disputierte man über gefährliche Gedanken.

Wenn Hans Mayer Ahasver und Marlowes *Juden von Malta* nicht die Qualifikation zuerkennen will, als Repräsentanten jüdischer Existenz zu gelten, so hat er die aschkenasischen, die deutschen Ghetto-Juden im Sinn. Wir haben aber sowohl in Hamburg als auch in Venedig gesehen: Es gab immer zwei Gemeinden und zwei Typen, die Aschkenasim, die Shylock repräsentierte, und die sephardischen Marranen, die Ahasver und der ›Jude von Malta‹ repräsentierten. Und Marlowes Vorbild war Joseph Nasi. So tauchen fast zur gleichen Zeit in der elisabethanischen Dramatik die beiden dominanten jüdischen Typen der Zeit auf. Barrabas, der Marrane, und Shylock, der Aschkenasi, der große Handelsherr und Finanzmagnat und der Geldverleiher des Ghettos. Glückel von Hameln hätte beide wiedererkannt, wenn auch nicht in dieser christlichen Beleuchtung.

Die Affäre von Antonio und Lopez im London Shakespeares

Die Affäre spielt sich in England in den Jahren bis 1594 ab und hat möglicherweise die Abfassung von Shakespeares *Kaufmann von Venedig* ausgelöst. Die Protagonisten sind der jüdische Leibarzt Elisabeths, Rodrigo Lopez, der portugiesische Thronprätendent Don Antonio und einer der Großen des Landes, zu dessen Umkreis auch Shakespeare gehört, der Earl of Essex. Zugleich führt die Affäre in das Land zurück, aus dem die Marranen stammen, nämlich Portugal.

In Portugal gibt es heute noch eine Art Kyffhäuser-Mythos des legendären Königs Dom Sebastiao aus dem 16. Jahrhundert. Und diesen Ruhm verdankt Sebastiao einer katastrophalen Niederlage: Er veranstaltete 1578 einen irregeleiteten Kreuzzug nach Nordafrika, und ehe sich seine Pferde von der Seekrankheit erholt hatten, wurde sein Heer bei Al-Kasr Al-Kabir vollständig vernichtet. Fast der ganze Adel Portugals wurde niedergemetzelt, der Rest auf dem Sklavenmarkt in Fez verkauft. Viele aus Portugal geflohene Juden konnten nun ihre ehemaligen Herren kaufen. Seitdem glauben die Portugiesen, Sebastiao werde an einem nebligen Morgen wieder erscheinen und als ein portugiesischer Messias sein Volk erlösen. Portugals größter Dichter des 20. Jahrhunderts, Fernando Pessoa, hat jedenfalls noch den sebastianischen Messianismus verbreitet. Damals aber, nach der Schlacht von Al-Kasr Al-Kabir, hatte man dringendere Sorgen: Der Thron war verwaist. Nachdem Sebastiaos Onkel, der Großinquisitor von Portugal, keinen Nachfolger gefunden hatte, erschien Don Antonio. Er war ein Enkel des drittletzten Königs und hatte wohl die besten Ansprüche, wenn nicht die Legitimität seiner Geburt etwas zweifelhaft gewesen wäre. Diese Zweifel waren aber gegenstandslos, weil das Volk von Portugal ihn als seinen König anerkannte und ihm zujubelte. Aber auch Philipp II. von Spanien machte Ansprüche geltend, und er hatte die größeren Heere. Alba marschierte in Portugal ein, und Don Antonio floh in das Land, wo alle Feinde Philipps Zuflucht fanden – nach England. Nach einigen Zwischenstationen in Frankreich traf er 1588 – im Jahr der Armada – in London ein. Elisabeth wollte ihn im Spiel gegen Philipp in Reserve halten. Entsprechend behandelte sie ihn als rechtmäßigen Souverän im Exil. Sie ließ ihn mit königlichen Ehren empfangen, und ihr Hof huldigte ihm als ›König Antonio‹. Als eine Art Monarch im Exil wurde er bald eine populäre Erscheinung in London, an der sich zugleich spanische Tyrannis und Elisabeths Großmut zeigen ließ. Diesem Don Antonio wurde von Elisabeth ihr jüdischer Leibarzt Rodrigo Lopez, der auch der Leibarzt von Essex war, als Dolmetscher und Berater zugeordnet. Lopez war Marrane. Er sprach mehrere Sprachen – natürlich auch Portugiesisch – und hatte die besten Verbindungen zum Kontinent und zu anderen Emigrantenkreisen der iberischen Halbinsel. Ein Bruder von ihm, Luis Lopez, war übrigens der Londoner Agent von Joseph Nasi. Rodrigo Lopez war deshalb auch eine gute Nachrichtenquelle und unterhielt in der Folgezeit eine umfangreiche Korrespondenz mit spanischen, portugiesischen und niederländischen Zirkeln. Das geschah durchaus mit Wissen der Königin und ihrer Berater. Essex und seiner Clique muß die Beförderung seines Leibarztes ebenfalls recht gewesen sein. Das stärkte auch seinen Einfluß auf ›König Antonio‹, und den wollte er für eine militärische Konfrontation mit Spanien nutzen, die sehr im Gegensatz zur vorsichtigen Politik Elisabeths und ihrer klugen Berater, der Cecils, stand. Denn Essex war es vor allem um ritterliche Taten und die Demonstration persönlicher Tapferkeit zu tun, nicht um gewiefte ›Politik‹. Polonius ist vielleicht das Porträt eines Politikers vom Schlage der Cecils aus der Sicht der Essex-Clique. Jedenfalls redete Lopez der Königin zu, eine Expedition nach Lissabon zu schicken, um Antonio wieder auf den Thron zu bringen. Elisabeth stimmte zu, verbot aber Essex die Teilnahme. Er fuhr doch mit – und das Unternehmen schlug fehl: Der vorausgesagte Aufstand der Portugiesen blieb aus.

Von nun an verstrickten sich die Emigrantenzirkel um Don Antonio in immer undurchsichtiger werdende Machenschaften. Es gab Kontakte zum spanischen Hof in Brüssel. Ein gewisser Emanuel Timico alias Francisco de Thorres stellte sich der spanischen Spionage zur Verfügung. Dann war da Manuel de Andrada, ein intimer Freund von Lopez, der öfter nach Spanien und in die Niederlande reiste und den Ruf genoß, in der Kunst des Giftmischens besonders bewandert zu sein. Lopez' Vermittler in seiner Korrespondenz mit dem Hof war ein gewisser Esteban Ferreira da Gama alias Domingo Ferrandis, der als Vertrauensmann Philipps galt. Dieser jedenfalls bot Lopez für die Vergiftung Elisabeths 18000 Pfund an. Da Lopez das Geld im voraus verlangte, schickte Philipp ihm erst einmal einen kostbaren, edelsteingeschmückten Ring. Lopez bot ihn Elisabeth an mit Andeutungen über seine Herkunft und das Komplott gegen sie.

Inzwischen gab Don Antonio seine Hoffnungen auf

eine Wiedergewinnung des Throns verloren. Er machte dafür Lopez verantwortlich. Essex aber spielte weiter die Karte des Thronprätendenten. Um besser unterrichtet zu sein als die Cecils, ließ er die Gebrüder Bacon – einer von ihnen der berühmte Francis – einen eigenen Nachrichtendienst aufziehen. Lopez erzählte der Königin davon, und damit hatte er sich dann auch die Gunst von Essex verscherzt. Freunde aus der Essex-Clique inszenierten eine Kampagne gegen Lopez, wobei sie ihn als Juden diffamierten. Eines der Dinge, mit denen sie ihn lächerlich machten, war seine Besessenheit, seine beiden Töchter unbedingt gut zu verheiraten. Eine Anspielung darauf findet sich in der ersten Szene *des Kaufmann von Venedig*:

»Thanks, i' faith, for silence is only commendable
In a neat's tongue dried, and a maid not vendible.«

›A maid not vendible‹ ist nicht, wie Schlegel übersetzt, eine jungfräuliche Seele, sondern ein Mädchen, das man nicht an den Mann bringen kann.

Dann wurde es für Lopez gefährlich. Essex fing verdächtige Briefe von Esteban Ferreira und Emanuel Timico ab. Sie wurden verhaftet und beschuldigten unter der Folter Rodrigo Lopez. Essex sah sich einer Verschwörung auf der Spur. Elisabeth erlaubte ihm, bei Lopez eine Hausdurchsuchung vorzunehmen. Das Ergebnis war eine Blamage für Essex: Er fand nichts. Die Königin freute sich immer, wenn er sich blamierte, und er war wütend, und nun forderte Essex die peinlichen Verhöre. Durch die Geständnisse der beiden kam heraus, daß Lopez tatsächlich einen Teil seiner Korrespondenz den Beratern der Königin vorenthalten hatte. Nun wurde auch Elisabeth mißtrauisch. Lopez wurde verhaftet und in den Tower geworfen. Hier brach er zusammen und gestand aus Angst vor der Folter, daß er geplant hätte, die Königin zu vergiften.

Ende Februar 1594 wurde ihm in der Guild Hall der Prozeß gemacht. Den Vorsitz führte Essex. Die Anklage wegen Hochverrats wurde vom berühmten Kronanwalt, Sir Edward Coke, geführt. Er ging in der Verhandlung eigens darauf ein, daß Lopez Jude war, und nannte ihn »a perjured and murdering villain and jewish« doctor, worse than Judas himself«. Aus Angst vor der Folter wiederholte Lopez sein Geständnis. Ein Kollegium von 15 Richtern verurteilte ihn zum Tode durch den Strang.

An entsprechender Stelle heißt es im *Kaufmann von Venedig* (IV, 1, 141 f.):

»... Thy currish spirit
Govern'd a wolf who, hang'd for human slaughter,
Even from the gallows did his fell soul fleet,
And, whilst thou layest in thy unhallowed dam.
Infus'd itself in thee; for thy desires
Are wolfish, bloody, starvd, and ravenous.«

Dieser Hinweis auf den Wolf, der gehängt wurde und dessen Seele sich dann direkt in Shylock ergossen habe, spielt mit der Bedeutung des Namens ›Lopez‹ (latein. lupus) = Wolf. Und Lopez wurde verurteilt und gehängt.

Essex spielte sich als Retter der Königin auf. Seine politischen Mißerfolge und seine notorischen Kräche mit der Königin trieben ihn zu einem immer ehrgeizigeren Spiel um die Macht. Die Bemühungen, seine Fähigkeiten als Politiker und Soldat zu beweisen, wurden entsprechend desperater. Er bedurfte der Reklame. Deshalb sorgte er dafür, daß seine Rolle in der spanisch-jüdischen Verschwörung in Erinnerung blieb. Vom Prozeß selbst erschienen nicht weniger als fünf amtliche Berichte – darunter die von Bacon und Coke. Angesichts der kulinarischen Namen der beiden (Coke = Koch, Bacon = Speck) erscheint Shylocks Vertrag mit dem Pfund Fleisch in einem leicht grotesken Licht. Den Zeitgenossen jedenfalls waren diese Assoziationen bewußt, denn von Kronanwalt Coke wurde erzählt, er habe, als er nach der Brautnacht seine Hand auf den schwangeren Leib seiner Frau, der Witwe Sir William Hattons, legte, erstaunt gesagt: »Wie, Fleisch im Topf?« Und diese habe geantwortet: »Gewiß, sonst hätte ich nicht einen Koch (coke) geheiratet.« Dabei war die für uns verlorene Pointe, daß sie Bacon (Speck) vorher abgewiesen hatte (Aubrey 1957, 131). Beide waren Protegés von Essex, und die tragische Ironie der Geschichte wollte es, daß sie dazu ausersehen waren, später auch ihn dem Scharfrichter auszuliefern. Einstweilen aber pflegte Essex seinen Ruhm als Retter des Vaterlandes. Denn wenn auch die Königin selbst ihre Zweifel hatte, ob Lopez wirklich schuldig war, die öffentliche Meinung hielt ihn für schuldig. Es erschienen zahlreiche Karikaturen, Pamphlete und Balladen über die Affäre. Wie im *Juden von Malta* vermischten sich in Lopez die Feindbilder des Spaniers und des Juden. Auch Marlowes Stück wurde wieder auf den Spielplan gesetzt, weil auch Barrabas ein spanischer Jude war. Und Shakespeare schrieb seinen *Kaufmann von Venedig* und nannte ihn so wie den portugiesischen Thronprätendenten – Antonio. In den Vorlagen kommt dieser Name nicht vor. Wegen einer Anspielung auf ein späteres Ereignis datieren einige Fachleute die Entstehungszeit des Stückes auf 1596. Dem steht eine Tagebucheintragung des Theatermanagers Philip Henslowe entgegen, der die Aufführung einer ›Venesyon comodey‹ für den 24. August 1594 festhält. Wenn das nicht die Zeit für die Uraufführung von Shakespeares *The Merchant of Venice* war, so hätte sie es doch sein sollen, denn dies war die Zeit, in der die Lopez-Affäre noch frisch war und das Publikum nach einer dramatischen Darstellung eines Prozesses lechzte, in der ein verräterischer Jude vorkam.

Kapitel 5

Der *Kaufmann von Venedig* und der Vertrag mit dem Pfund Fleisch

Erinnern wir uns daran, daß Shylock nicht die Titelfigur des Stückes ist: Der Kaufmann von Venedig ist Antonio, der melancholische Freund des aristokratischen, aber mittellosen Charmeurs Bassanio, der auszieht, um die sagenhaft reiche und schöne Portia zu erobern. Das sind die repräsentativen Säulen der christlichen Gesellschaft, der Shylock gegenübersteht. Um überhaupt um Portia werben zu können, muß sich Bassanio standesgemäß ausstatten. Das Geld hierfür muß sein Freund Antonio ihm leihen. Er hat ihn schon viel geliehen, aber das ist leider weg. Drum will Bassanio mit der Werbung um Portia auch ein neues Vermögen erwerben. Für Shakespeare ist das nicht ehrenrührig: Portia ist das goldene Vlies, schön und reich und tugendsam. In der Renaissance fließt all das noch in einem Liebesideal zusammen, bei dem man auch aus der Ferne, lediglich erregt durch die Reputation, lieben kann. Allerdings ist Bassanio bei Portia nicht unbekannt. Beide hatten bei früherer Gelegenheit schon ein Auge aufeinander geworfen. Nun will Bassanio also mit einer letzten Anleihe bei Antonio den verschossenen Pfeilen aller bisherigen verpraßten Gelder einen letzten Pfeil hinterherschießen und alles wiedergewinnen. Mit dem Beispiel von verlorenen und wiedergefundenen Pfeilen jedenfalls versucht er, Antonio die Sache schmackhaft zu machen, aber seine Pfeile sind Liebespfeile. Für Antonio ist die Sache

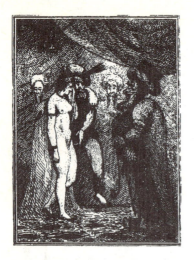
Ein jüdischer Händler mit Christenfleisch
Englische Karikatur. 18. Jahrhundert

schmerzlich: Auch er liebt Bassanio. Die Renaissance kennt das kulturell entwickelte Konzept emphatischer Freundschaft. Und Shakespeare behandelt immer wieder die Konkurrenz zwischen Freundschaft und Liebe. Auch hier geraten sie in Konflikt. Denn die Freundespflicht gebietet es Antonio, seinem Freund das Geld zu leihen, das diesen zu einer Brautwerbung instand setzt und ihn damit einer Frau ausliefert. Antonio ist deshalb zu Beginn des Stückes traurig. »In sooth«, sagt er, »I know not why I am so sad.« Er weiß es nicht, aber er ahnt es: Er wird seinen Freund verlieren und damit sein Leben. Es droht das Gesetz, das die Welt regiert: die heterogeschlechtliche Liebe. So bringt sich Antonio mit seinem Freundesdienst um den Freund.

Aber um Bassanio Geld zu leihen, muß er sich selbst etwas leihen. Denn er ist Kaufmann und hat all sein Geld in Waren und Schiffen investiert, und die segeln auf allen Meeren der Welt. Bis sie wieder in den Hafen Venedigs einlaufen, wird er seinen Kredit bemühen; und dazu braucht er Shylock, den Juden. Natürlich kennt er ihn. So wie er und Bassanio alte Freunde sind, sind Shylock und er alte Feinde. Antonio verachtet Shylock, weil er für geliehenes Geld Zinsen nimmt. Freunde nehmen voneinander keinen Zins. Da Shylock aber Zins nimmt, behandelt er alle Menschen als Feinde. Denn so befiehlt es das Gebot: Von den Fremden magst du Zins nehmen, aber nicht von den Brüdern. Nun – gegen seine Gewohnheit ist Shylock trotz allem zu einem zinslosen Darlehen an Antonio bereit und verlangt nur, sozusagen aus formalrechtlichen Gründen und zum Spaß, als Sicherheit ein Pfund von Antonios hellem Fleisch. So wird der Vertrag geschlossen, und Bassanio kann, mit Antonios geliehenem Geld ausgestattet, nach Belmont aufbrechen, zur Brautwerbung um die sagenhaft schöne Portia.

In Belmont ist auch Portia so traurig wie Antonio in Venedig, aber aus dem umgekehrten Grund: So wie Antonio nicht verhindern kann, daß sein Freund sich eine Frau wählt, so kann Portia sich nicht selbst einen Mann wählen. Sie muß gewählt werden, und zwar nach einem komplizierten Verfahren, das ihr verstorbener Vater in seinem Testament festgelegt hat: Die Freier müssen aus einem goldenen, silbernen und bleiernen Kästchen das herausfinden, das Portias Bild enthält. Sie können sich dabei durch die symbolischen Aufschriften auf den Kästchen leiten lassen. Auf dem goldenen steht: »Wer mich wählt, erhält, was viele begehren«, auf dem silbernen: »Wer mich wählt, erhält, was er verdient« und auf dem bleiernen schließlich: »Wer mich wählt, muß alles riskieren, was er besitzt.« Riskant ist auch die Wahl selbst. Wer falsch wählt, darf von da an um keine Frau mehr freien. Shakespeare hat mit der Einführung dieses Wahlverfahrens, die er aus den *Gesta Romanorum* übernimmt, die Vorlage geändert, wo die erfolgreiche Brautwerbung noch von einer Beischlafprobe abhängig gemacht wird. Die Kästchenwahl ist zwar ein altes Märchenmotiv, aber man sieht ihr an, daß es um den Wahlmodus in der Liebe geht. Was Liebe ist, entscheidet sich an den Kriterien, mit denen man den Liebespartner wählt: »If you love me«, sagt Portia zu Bassanio, »you will find me out.« Die Liebe lenkt die Augen, und wer richtig sieht, der liebt. Und wer liebt, der sieht nur eine, die er wählt. Und er kann nur die einzige wählen, die er sieht. Die Liebe steht unter einem Gesetz, dem Gesetz der Exklusivität. Anfangs, so hatten wir gesagt, will sich Portia dem Gesetz nicht beugen: Ihr wildes Blut rebelliert dagegen. Aber dann erkennt sie seine höhere Weisheit. Dieses Gesetz zeigt eine schattenhafte Parallele zum Gesetz Shylocks, des Juden: Portia steht unter der Herrschaft eines ›alten Testaments‹. Es ist der letzte Wille eines alten Töchtervaters. Auch Shylock hat eine Tochter, die unter des Vaters Herrschaft steht: Jessica, so begehrt von Lorenzo, dem Christen, wie Portia von Bassanio. Lorenzo entflieht mit Jessica und ihren Dukaten. Auch er ist ein Jason, der das goldene Vlies erobert. Figurentypologisch sind die Väter immer die alten Drachen, die mit ihrer Tochter zugleich die Jungfrau und den Schatz bewachen: »My ducats and my daughter!« Und natürlich müssen die jungen Männer gewinnen.

Shylock ist in Venedig ein Fremder. Er will nicht mit den Christen essen, er nimmt nicht an ihrem Karneval und an ihren Festen teil, er schließt sich selber aus, und sein Haus mit all seinen Schätzen schließt er ab. Er haßt die Großzügigkeit der Verschwendung, die Geselligkeit der Zechgelage, das Vabanquespiel und die Jugend, die Liebe und die Lebensfreude. Er ist ein shy-lock, ein Abschließer.

Hier hat Shakespeare Shylock mit der ganzen Griesgrämigkeit des Puritaners ausgestattet, und der Judaismus der Puritaner gibt ihm darin recht. Sein engster Verwandter ist Malvolio aus *Twelfth Night*.

Aber darüber hinaus ist Shylock in der Hafenstadt ein Fremder. Es gibt noch andere Fremde, und das sind die fremden Freier, die alle bei Portia aufkreuzen. Portias Hofdame Nerissa schildert eine ganze Galerie von ihnen, einer grotesker als der andere. Und dann sehen wir auch noch zwei auf der Bühne, die vor Bassanio die Kästchenprobe ablegen: Der eine ist Morocco, ein Mohammedaner also, von gravitätischer Würde, zeremoniell und pompös, aber von schlichtem Verstand. Der andere ist Arragon, also ein Spanier, für Engländer ein Katholik, stolz und voller Eigenliebe. Natürlich wählen sie die falschen Kästchen aus Gold und Silber. Sie wissen nicht, was wahre Liebe ist. Sie wählen in direktem Begehren, distanzlos und nur auf Vereinnahmung und Besitz aus, mit dem Blick auf das, was auch andere wollen, und unter Pochen auf das eigene Verdienst. Sie mißachten das Prinzip der Liebe, daß nur der, der sich selbst aufgibt, richtig liebt; und natürlich wählt Bassanio das richtige Kästchen aus Blei, weil er zwischen äußerem Schein und Wesen zu unterscheiden vermag und das Motto richtig deutet: »Wer mich wählt, riskiert alles, was er hat.« In einem wahren Liebestaumel entdecken Bassanio und Portia nicht nur einander, sondern sie entdecken auch zugleich, was Liebe ist. Sie entdecken sich als Liebende und verstehen damit, daß sie sich als Liebende lieben; jeder liebt den anderen als den, der ihn liebt. Die Liebe wird begriffen als Wechselseitigkeit. Deshalb entzündet sie sich plötzlich, und ihr Medium ist die Augensprache: Er sieht, daß sie ihn sieht und dabei nur sieht, daß er sie sieht. Bassanio hat sein goldenes Vlies, der Bann des alten väterlichen Testaments ist gebrochen, dem Buchstaben des Gesetzes ist Genüge geschehen, und die Jungfrau ist erlöst und verwandelt. Das Reich der Sterilität ist zu Ende, und die Fruchtbarkeit der Liebe kann nun ihre Herrschaft antreten. Doch dies ist nur in Belmont so. In Venedig ist es umgekehrt. Dort siegen das Reich der Finsternis und ihr satanischer Fürst Shylock.

Shylock ist um so bösartiger geworden, als seine Tochter Jessica mit Lorenzo geflohen ist und dabei eine Menge Geld mitgenommen hat. Nun sinnt Shylock auf Rache. Und Antonio ist ganz in seine Gewalt geraten. Im selben Moment, in dem Bassanio seine Geliebte gewinnt, ist Antonios Schicksal besiegelt: Er verliert seinen Geliebten und sein Pfund Fleisch. Keines seiner Schiffe ist zurückgekehrt, er kann die 3000 Dukaten zum vereinbarten Zeitpunkt nicht zurückzahlen, und nun besteht Shylock auf der Erfüllung des Vertrages mit dem Pfund Fleisch. Kein Zweifel: Er will Antonio ans Leben. In Belmont bricht Bassanio sofort auf, um seinem Freund zu Hilfe zu eilen. Aber auch Portia plant eine Initiative, denn sie hat gute Verbindungen zur Universität von Padua, der angesehensten Rechtsschule Europas, die auf dem Territorium der Republik Venedig liegt.

In Venedig kommt es zu dem berühmten Prozeß. Shylock hat die Waage zum Abwiegen des Pfundes Fleisch mitgebracht und wetzt sein Messer. Der Doge appelliert noch einmal an seine Gnade – vergebens. Er insistiert auf der wörtlichen Erfüllung des Vertrages. Wenn Venedig nicht den Ruf der Rechtssicherheit verlieren will, auf dem seine Attraktivität als Handelsplatz beruht, muß Shylock Genüge getan werden. Antonio macht sich bereit zu sterben. Doch der Doge zögert und möchte noch vorher den gelehrten Bellario aus Padua hören. Der aber läßt sich durch den gelehrten Balthazar vertreten. Der Zuschauer jedoch sieht, der gelehrte Balthazar ist die verkleidete Portia. Vor Gericht wird sie nun zum großen Gegner Shylocks: Hat Antonio durch seine Freundeshingabe dafür gesorgt, daß Bassanio sie vom testamentarischen Bann ihres Vaters erlösen konnte, sorgt sie nun umgekehrt in ihrer Maske als Balthazar dafür, daß Antonio von Shylock erlöst wird. Dazu muß sie allerdings ihre neu gewonnene Rolle als Frau verleugnen und sich als Mann verkleiden. Das Pfund Fleisch, das Antonio an Shylock zu verlieren droht, scheint in Portias phallischer Ausstattung als Mann wieder aufzutauchen, wenn sie sagt: »They shall think we are accomplished with what we lack.« So ausgerüstet tritt sie Shylock entgegen und hält ihre berühmte Rede über die Gnade. Es ist, als ob das Neue Testament der Liebe und der Gnade dem Alten Testament des Gesetzes und der Rache entgegentritt, der neue Bund dem alten und der Geist des Gesetzes seiner Buchstäblichkeit. Aber das Ganze erfolgt als dramatische Inversion.

Zunächst gibt Portia Shylock in allem recht. Er darf sich ein Pfund Fleisch herausschneiden. Shylock preist die verkleidete Portia als neuen Daniel und macht sich zum Schneiden bereit. Antonio verabschiedet sich von Bassanio und bittet ihn, seiner Frau von ihm zu erzählen:

»Tell her the process of Antonio's end,
Say how I loved you, speak me fair in death;
And when the tale is told, bid her be judge
Whether Bassanio had not once a love.«
(IV, 1, 269–272)

Hier wird das Motiv der Konkurrenz zwischen Freundschaft und Liebe just in dem Moment wiederaufgenommen, in dem die Geliebte den Freund rettet. Es sieht zwar so aus, als ob die Liebe bereits über die Freundschaft gesiegt hätte, aber im Augenblick der größten Bedrohung Antonios feiert die Freundschaft ihren höchsten Triumph, indem sie sich zu einem christusartigen Opfer steigert. Von da aus wird der Opfertod Christi für die Menschheit verstehbar als höchste Form der Freundschaft. Der Widersacher dieses christusähnlichen Antonio ist natürlich der Teufel in der Gestalt des Juden Shylock. Hier kommt Shylock der Figur des Teufels, mit dem er von den Christen ständig verglichen wird, am nächsten. Und daß durch das Opfer die Freundschaft doch wieder über die Liebe zu siegen droht, wird durch Bassanio bestätigt, wenn er sagt:

> »Antonio, I am married to a wife
> Which is as dear to me as life itself.
> But life itself, my wife, and all the world
> Are not with me esteemed above thy life.
> I would loose all, ay, sacrifice them all
> Here to this devil, to deliver you.«
> (IV, 1, 278–285)

Aber die Lösung dieses Problems ist dem letzten Akt vorbehalten. Einstweilen geht es um den Prozeß, und hier hat Portia Shylock in allem recht gegeben. Alle Appelle an seine Gnade sind abgeprallt, und er besteht auf der wörtlichen Erfüllung des Vertrages. Ärztliche Mittel, um die Wunden zu versorgen und das Blut zu stillen, sind im Vertrag nicht erwähnt, also will Shylock von ihnen nichts wissen. Nun macht sich Antonio endgültig zum Tode bereit, und Shylock wetzt das Messer. Da wird er von Portia gestoppt:

Wenn Shylock so sehr auf der wörtlichen Erfüllung des Vertrages besteht, darf er zwar genau ein Pfund Fleisch herausschneiden, aber dabei keinen Tropfen Blut vergießen. Denn das ist im Vertrag nicht vorgesehen. Nach einer Sekunde der Verblüffung verstehen alle: Das ist die Wende. Shylock ist mit seinen eigenen Waffen geschlagen worden. Das Recht wird reflexiv und wird auf sich selbst angewandt. Auch Shylock bemerkt: Er hat verloren. Jetzt besteht er nicht mehr auf der Erfüllung des Vertrages, er will nur noch die geschuldete Summe, die man ihm vorher doppelt und dreifach angeboten hatte, und die er damals abgelehnt hatte. Aber nun ist es zu spät. Das Gesetz kehrt sich gegen ihn, und die Gesellschaft Venedigs rächt sich: Weil er einem Christen nach dem Leben getrachtet hat, muß er die Hälfte seines Vermögens an Antonio abtreten und die andere Hälfte und alles, was er noch erwirtschaften wird, bei seinem Tod seinem Schwiegersohn Lorenzo hinterlassen. Das Leben wird ihm geschenkt, vorausgesetzt, er läßt sich taufen. Shylock wird durch Zwang in die christliche Gesellschaft integriert. Für die Christen bedeutet das die Rettung von Shylocks Seele. Der Prozeß ist zu Ende.

Der letzte Akt konjugiert das Verhältnis von Freundschaft und Liebe in Form eines Spiels durch. Das Spiel hatte damit begonnen, daß Portia Bassanio einen Ring als Unterpfand ihrer Liebe gegeben hatte, den sie ihn so sorgfältig wie seine Liebe selbst zu hüten bat. Just diesen Ring aber bittet sie sich in der Verkleidung als Lohn für die Rettung Antonios aus. Bassanio zögert, aber als Antonio ihn auch bittet, um seinetwillen dem Juristen den Ring zu geben, trennt sich Bassanio von ihm. Zurückgekehrt nach Belmont und zurückverwandelt in ihr weibliches Selbst, verlangt nun Portia wieder als Eheweib den Ring zu sehen und beschuldigt Bassanio – als dieser ihn nicht vorweisen kann –, er habe ihn einer Frau gegeben und sei ihr untreu geworden. Bassanio schwört Stein und Bein, er habe ihn einem Mann gegeben, doch schließlich widerlegt ihn Portia, indem sie selbst den Ring hervorholt. Sie gibt ihn Antonio und bittet diesen, ihn Bassanio weiterzugeben und dafür zu sorgen, daß er diesmal besser auf ihn achtgibt. Das ist hintersinnig, denn Antonio war ja vorher der Anlaß, daß Bassanio der Liebe untreu wurde. Nun gibt er den Ring sozusagen zurück und wird so zum Garanten der eigenen Niederlage. Der Ring zirkuliert wie das Pfund Fleisch. Daß er das weibliche Geschlecht symbolisiert, wird durch die begleitenden Scherze völlig klargemacht. Erst als Antonio sich seines weiblichen Anteils entledigt, ist Portias geschlechtliche Identität als Bassanios Frau völlig gesichert. Das Stück etabliert zum Schluß auch die geschlechtliche Identität aller Beteiligten. Dabei muß die Freundschaft gegenüber der Liebe dann doch den kürzeren ziehen. Für Antonio ist es vielleicht ein Trost, daß zum Schluß seine Schiffe doch noch heil in den Hafen eingelaufen sind.

Man sieht an dieser Nacherzählung, daß das Stück ein kunstvoller Tanz zwischen vier Figuren ist: Portia, Shylock, Antonio und Bassanio. Sie tauschen in einem Reigen wechselseitiger Rettung und Bedrohung ständig die Plätze. Sogar Shylock nimmt temporär den Platz eines Retters ein, weil er schließlich die Quelle des Geldes ist, mit dem Bassanio sich zur Erlösung von Portia ausrüstet. Unter ihnen zirkulieren die Träger von hoher symbolischer Bedeutung: das Geld, das Pfund Fleisch und der Ring.

Nach den Gesetzen von Shakespeares dramatischer

Architektur gibt es Doubletten und Parallelen. Natürlich sind die Paare nochmals vervielfacht, aber es gibt auch eine höchst signifikante Entsprechung – wir haben sie angedeutet – zwischen dem verstorbenen Vater von Portia und Shylock. In der Figurentypologie ist Shylock einfach der typische alte Vater, der seine Tochter dem naturnotwendigen Liebhaber vorenthält. Aber die eigentliche Bruchlinie in der Gesellschaft des Stückes ist die Differenz zwischen Venezianern und Fremden. Auch hier wird Shylock gedoppelt durch die fremden Freier. Dies ist jüdisches Schicksal: Der Jude wird mit dem jeweiligen Feind und Fremden identifiziert.

Aus dem Tanz der wechselnden Positionen entspannt sich eine Geschichte, in der sich drei Stränge verflechten. *The Merchant of Venice ist* eine Liebesgeschichte, die Geschichte eines Kreditgeschäfts und ein Prozeß. Dieser Bezug macht die Modernität des Stückes aus. Es thematisiert die drei der wichtigsten Codes, über die sich die moderne Gesellschaft organisieren wird und die die Renaissance erstmals als ausdifferenzierte Sphären zu Gesicht bekommt: das Geld, das Recht (so wie die dazugehörige Politik) und die Liebe. ›Codes‹ haben wir sie mit Niklas Luhmann genannt, weil sie Kommunikationen bündeln und organisieren, wie ein Laserstrahl das Licht bündelt.

Das geschieht durch binäre Oppositionen: Recht ist nicht das Gegenteil von häßlich oder unwahr, sondern von Unrecht. Durch Zusammenziehen von Negationsmöglichkeiten wird Recht von Liebe, Liebe von Geld, Geld von Wissenschaft etc. differenziert. Die Faszination, die diese Spezialisierungen auf die Zeitgenossen Shakespeares ausübten, hat mit ihrer Distanzierung gegenüber der Moral und dem entsprechenden Zuwachs an Freiheit zu tun. Wer sich passioniert einem dieser Codes überantwortet, wächst ins Titanische. Man sieht das deutlich an Marlowes Helden: Der Politiker Tamburlaine, der Wissenschaftler Dr. Faustus, der Geldscheffler Barrabas folgen ausschließlich einem Gesetz und wachsen mit ihrer Besessenheit. Die Differenzierung der modernen Gesellschaft kündigt sich in solchen Figuren an. Hier, in Shakespeares *Kaufmann von Venedig*, werden diese modernen Codes hingegen parallelisiert und so aufeinander projiziert, daß der eine durch das Medium des anderen artikuliert und gebrochen wird.

Und schließlich werden sie alle vor dem Hintergrund eines theologischen Resonanzraums, der durch die Differenz zwischen Juden und Christen, Altem und Neuem Testament markiert wird, einer Positiv-negativ-Differenzierung unterworfen, die sich aus dem Bezug auf Venezianer und Fremde ergibt. Versucht man, das unter Einbeziehung der materialen Träger der Codes in ein Schema zu bringen, ergibt sich ein Feld aufschlußreicher Zuordnungen:

Code	Venezianer/positiv	Fremde/negativ	Trägermedien
Geld	Kredit, Freigebigkeit/ Handel	Geiz/Wucher	Metall, Münzen (Kästchen, Ring)
Recht	Gnade, Reflexivität und Selbsteinschränkung des Rechts	Rache, Wörtlichkeit der Rechtsdurchsetzung	Buchstaben, Worte (bond of flesh)
Liebe	Hingabe/Wagnis, Opfer	Besitzanspruch, Wertkalkül	Fleisch, Sexualität (Pfund Fleisch)
Theologie	Gnadentheologie, Neues Testament	Herrschaft des Gesetzes, Altes Testament	Die Bibel

Will man die Positiv-negativ-Wertung des Stücks verstehen, muß man sich klarmachen, daß die Codes sich nur als soziale Kommunikation bewähren. Sie verbinden immer mehrere Menschen und können deshalb nicht direkt und nur von einem Menschen ohne den Umweg über Kommunikation angezapft werden. Das führt zu einem Selbstbefriedigungsverbot. Die Wissenschaft hält nichts von Intuition, das Recht verbietet einsame, verbissene Rechtsdurchsetzung und Querulantentum, die Wirtschaft diskreditiert den Geiz, der Geld nur hortet, ohne es in die Zirkulation zurückzuführen, und natürlich tabuisiert die Liebe die Selbstbefriedigung und manchmal auch die Homosexualität als Liebe zwischen Gleichen. Zwischen den Codes bestehen Konvertabilitätsverbote: Das Recht darf nicht durch Geld bestochen, die Liebe nicht durch Recht verordnet und das Geld nicht durch Liebe erworben werden. Aber zugleich laufen die Codes am menschlichen Körper zusammen, den sie ihrer Spezialisierung unterwerfen. Entsprechend steht jedem Code nur ein physischer Mechanismus zur Verfügung: der Wissenschaft die Wahrnehmung, dem Recht die physische Gewalt, dem Geld der Konsum und der Liebe die Sexualität. Das legt metaphorische Resonanzen nahe. Mit ihrer Ausdifferenzierung werden Medien selbstreflexiv: Man forscht über Wissenschaft, normiert Normierungsverfahren im Recht, kontrolliert Kontrolleure in der Politik, finanziert Geld in der Wirtschaft und liebt die Liebe. Die Reflexionsprozesse, in denen die Codes auf sich selbst angewandt werden, erhöhen ihre Leistungsfähigkeit durch Zweistufigkeit.

Erst vor dem Hintergrund eines solchen Verständnisses läßt sich ermessen, warum Shakespeares Komödie durchweg für die erweiterte Kommunikation, für das Risiko, für den Handel, für das Wagnis, für die Selbstaufgabe und für die Zirkulation plädiert. Umgekehrt wird der Geiz Shylocks, der unproduktiv und gierig sich ohne Reziprozität am anderen mästet, mit der inzestuösen Neigung der Juden assoziiert, nur untereinander zu heiraten, und darüber in die Nähe des Selbstbefriedigungstabus gerückt. In derselben Weise wird der alttestamentarische Gesetzesfetischismus dazu ausgemünzt, Shylocks Insistenz auf der wörtlichen Erfüllung des Vertrages als Verletzung des rechtsspezifischen Verbots des Querulantentums hinzustellen, wobei die eigensinnige und unsoziale Rechtsdurchsetzung zur reflexiven Anwendung des Codes auf sich selbst führt. Daran sieht man: Es geht um den Gegensatz zwischen Modernität und Archaik in der Entwicklung der Gesellschaft und ihrer Codes. Diese Frage ist mit Blick auf die Rolle Shylocks und des Shylock-Mythos deshalb von ausschlaggebender Bedeutung, weil die Juden selbst gerade die Paradoxie aus Archaik und Modernität repräsentiert haben: archaisch darin, daß sie im Zeitalter der Universalreligionen und der sich bildenden Nationalstaaten an einer Stammesreligion festhielten und so die Paradoxie einer Kongruenz von Volk und Religion schufen; modern darin, daß ihre Unterdrückung sie für jede Emanzipationsbewegung und Revolution optieren ließ; darin, daß ihre Beschränkung auf den Handel und den Finanzsektor sie mit dem erfolgreichsten und mächtigsten Motor der Modernisierung und der gesellschaftlichen Differenzierung verband, dem Wirtschaftssystem; und schließlich noch modern darin, daß ihr Status als archaisches Überbleibsel eines Stammes, der zwischen

Volk, Klasse und Religionsgemeinschaft changierte, sie zur Heimatlosigkeit, Mobilität und zum Internationalismus zwang.

Auch hier zeigt sich eine Doppelung, die sich zur doppelten Last und zum doppelten Vorwurf auswachsen konnte: Die Juden repräsentierten dann sowohl eine Archaik als auch eine Moderne, die man beide ablehnte. Mit dem Blick auf dieses Problem wollen wir die im *Kaufmann von Venedig* parallelisierten Codes noch einmal genau durchgehen.

Der Prozeß und das Recht

Schon früh finden sich Juristen, die zum Teil aus Liebhaberei und zum Teil aus Gründen der Anschaulichkeit auf Shylocks Prozeß eingegangen sind. Bezeichnend ist, daß sie sich von vornherein in ihrem Urteil nicht einig sind. So kennzeichnet einer der bedeutendsten Rechtsgelehrten des 19. Jahrhunderts, Rudolph von Ihering, Portias Wendung des Vertrages gegen Shylock als einen üblen Advokatentrick ohne juristische Grundlage, da eben das Herausschneiden des Fleisches ebenso das Vergießen des Blutes voraussetzte, wie etwa die Berechtigung, des Nachbars Birnen zu ernten, voraussetzt, daß man seinen Garten betreten darf. Entsprechend empfindet Ihering in der Niederlage Shylocks das ganze Pathos des ungerechten jüdischen Schicksals (Ihering 1872). Ihm widerspricht Joseph Kohler, der in seinem umfangreichen Werk *Shakespeare vor dem Forum der Jurisprudenz* eine detaillierte, meist Pro-Shakespearesche Erläuterung des Prozesses bietet (Kohler 1919).

Nun hat in historischer Perspektive der Appell an

das Recht zunächst einmal ein modernes Moment. Gerade für eine diskriminierte Minderheit verspricht das rechtliche Prinzip der Äquivalenz, der Billigkeit und der grundsätzlichen Absehung von der Person der Beteiligten Schutz vor der Ungerechtigkeit und der Verfolgung. Entsprechend hört sich ja Shylocks große Rede über die gleiche Natur von Juden und Christen (»If you prick us, do we not bleed? If you poison us, do we not die?«, III, 1, 52) wie eine Begründung der Menschenrechte durch das Naturrecht an.

Im Ernst-Lubitsch-Film *Sein oder Nichtsein* wird diese Rede zu einem großen Appell an Adolf Hitler, der das Theater besucht. Wenn man aber genau hinsieht, läuft die Rede auf eine ähnliche Kehrtwendung hinaus wie später der Prozeß: Shylock versucht, mit der Ähnlichkeit zwischen Juden und Christen etwas Archaisches zu begründen, nämlich sein Recht auf Rache. Aus der historischen Erfahrung wissen wir aber, daß Rache zwar eine Äquivalenz zwischen zwei Taten herstellt und deswegen nicht rechtlos ist, daß sie aber nicht zum Rechtsfrieden führt. Das Recht entwickelt sich gerade dadurch, daß die Zeitdifferenz zwischen Tat und Vergeltung zur sozialen Einflußnahme, zur Befriedung, zu Palaver und Schlichtung eingesetzt werden kann. Mit der weiteren Ausdifferenzierung der Gesellschaft kommt es dann zu Rechtsproblemen zwischen Angehörigen verschiedener Rechtsgemeinschaften, und das macht das Recht mehrstufig und abstrakt. Die Unabhängigkeit politischer Herrschaft garantiert dann die Autonomie des Rechts und sichert die Unabhängigkeit von den streitenden Parteien. In dieser Funktion tritt bei Shakespeare der Doge von Venedig auf. Das Recht wird kodifiziert und von Tatbestandsfragen unterschieden. Erst dann kann Recht als anwendbar begriffen werden. Die Invarianz der Rechtsordnung wird durch die Begründung in einer rechtlich-moralisch vorgestellten Weltordnung abgesichert. Die Entwicklungsfähigkeit des Rechts wird dann durch die Differenzierung zwischen Naturrecht und positiver Gesetzgebung sichergestellt. Dazu bedarf es der Abstraktion von Prinzipien, an denen sich jedes einzelne Recht zu orientieren hat. Das Recht wurde damit zweistufig. Das eigentliche Ziel des Rechts war es, trotz eines Urteilsspruchs gegen eine Partei die Wiederanknüpfung der Sozialbeziehungen sicherzustellen. Bezogen auf die Prinzipien des Rechts wird das Prozeßverfahren als Beweisführung und Argumentation entfaltet. Damit setzt man die eigene Rechtsposition der Beurteilung der am Prozeß Beteiligten aus. Das macht es unmöglich, die eigene Rechtsposition so darzustellen, als ob man sie auf Leben und Tod durchhalten wolle. Genau das aber tut Shylock. In seiner Argumentation beruft er sich auf seine eigene Anmaßung und zeigt sich als sozialunfähig und als einzelgängerisch, wenn er sich auf seinen ›humour‹ zurückzieht.

Shylock: »... You'll ask me why I rather choose to have
A weight of carrion flesh than to receive
Three thousand ducats. I'll not answer that!
But say it is my humour – is it answer'd?...
So can I give no reason, nor I will not,
More than a lodg'd hate and a certain loathing
I bear Antonio, that I follow thus
A losing suit against him. Are you answered?«
Bassanio: »This is no answer, thou unfeeling man,
To excuse the current of thy cruelty.«
(IV, 1, 40 ff.)

Er läßt alle Appelle an sich abprallen. Das Argument, sein Vertrag mit dem Pfund Fleisch sei sittenwidrig und mit den Werten und Normen des Zusammenlebens nicht kompatibel, wischt er beiseite. Der Hinweis, daß es eine gemeinsame soziale Ordnung über allem Streit gibt, trifft bei ihm auf taube Ohren. Ihm ist es sozusagen gleichgültig, ob er auch noch künftig als Rechtsgenosse akzeptiert werden kann. Shylock unterscheidet nicht zwischen einer generellen Norm und der eigenen Rechtsbehauptung. Er verletzt das zentrale Prinzip aller Rechtsordnung, das der Reziprozität.

Portia, so sieht es aus, schlägt Shylock im Prozeß mit einem Juristentrick. Das Prinzip, das Shylock angewendet wissen möchte – nämlich die wörtliche Geltung des Rechts –, kehrt sie gegen ihn selbst. Das klingt wie eine Parodie talmudistischer Verfahren. Die Insistenz auf der wörtlichen Ausführung der Schuldverschreibung verbietet nämlich Shylock, einen Tropfen Blut zu vergießen. Diese Kehrtwendung ist nicht ohne Vorbilder. Sie geht auf die mittelalterliche Tradition des sogenannten ›Processus Belial‹ zurück. Es ist eine mittelalterliche Theodizee. Dabei klagt Satan den Erlöser vor Gottes Thron an und wird von den Tugenden als Töchtern Gottes auf der Basis seiner eigenen Kriterien verdammt. Über diesen Bezug wird die stellvertretende Buße Christi für die Sünden der Menschheit mit dem Freundschaftsmotiv zwischen Bassanio und Antonio verbunden. So werden also hinter der Komödie die Konturen eines Szenarios sichtbar, in dem Antonio die Stelle Christi einnimmt, Bassanio die der sündigen Menschheit, Shylock die des Teufels und Portia die einer der Töchter Gottes, nämlich der Gnade, die sie in ihrer großen Rede vor Gericht anruft.

Shylock ist also der Vertreter einer archaischen Rechtsauffassung und Portia die Vertreterin des fortgeschrittenen Juristenrechts, in dem das Recht durch das Recht eingeschränkt wird. Aber gleichzeitig wird es durch ein Szenario unterfüttert, aus dem sich die christlichen Vorurteile gegen die Juden speisen. Es ist die Kreuzigung Christi und der Processus Belial. Shylock hat hier die Position des Teufels persönlich, und das ist tiefstes antisemitisches Vorurteil. Zugleich ist es folkloristische Tradition, den Teufel durch die Bindung an den Wortlaut der von ihm vorgeschlagenen Verträge zu prellen. In der christlichen Komödie bis hin zum Faust werden die Teufel übers Ohr gehauen. Auch Shylock ist ein armer Teufel. Ihm wird nachgewiesen, daß er, gemessen an der von ihm zum Maßstab erhobenen Wörtlichkeit in der Anwendung des Gesetzes, selbst ins Unrecht gerät, wenn er beim Herausschneiden seines Pfundes Fleisches nur einen Tropfen Blut vergießt. Er hat sich in der eigenen Falle gefangen.

Vor diesem Hintergrund werden die Religionen selbst gegeneinander in Stellung gebracht: Das Judentum ist eine Religion des Rechts, und das Christentum ist eine Religion der Liebe. Im Judentum hat Gott mit dem Volk Israel einen Vertrag geschlossen. Danach will er es als sein auserwähltes Volk behandeln, solange es sich seinem Gesetz unterwirft. Wer sich an das Gesetz Gottes hält, braucht nicht erlöst zu werden: Er ist ein Gerechter. Im Christentum ist das unmöglich. Der Mensch ist von seiner Natur her sündig und bedarf der Gnade. Die Erbsünde macht die Menschheit zu einer Gemeinschaft der Sünder, von denen sich niemand über den anderen erheben kann: Wer ohne Sünde ist, der werfe den ersten Stein ... Gerade aber das tun die Juden. Indem sie sich für gerecht halten, schließen sie sich aus der Gemeinschaft aus.

Weil das Christentum eine Erlösungsreligion ist, führt es das wieder in die Kultur ein, was der Vertrag des Volkes Israel mit Gott unnötig gemacht hatte: das Opfer. Es entspricht nicht der Gerechtigkeit, sondern der Liebe. Einer Liebe, wie sie die Freundschaft von Antonio zu Bassanio kennzeichnet. Fast alle Religionen kennen das Ritual des Opfers. Im Christentum steht es im Mittelpunkt des Kultus. Christus hat sich aus Liebe zur Menschheit geopfert und sie damit von der Sünde erlöst. Er ist das Lamm Gottes, oder besser: der Sündenbock. Der geopferte Bock hieß auf Griechisch ›tragos‹, und von diesem Sündenbock leiten wir den Begriff der Tragödie ab. Die Tragödie vollzieht als Dichtung nach, wie eine Gemeinschaft ein einzelnes hochrangiges Individuum isoliert, ihre Schuld- und Haßgefühle auf es projiziert, es tötet und mit ihm ihren Haß begräbt. Im christlichen Mythos wurde, was dem tragischen Helden zugefügt wird, von Christus aus Liebe freiwillig getan. Aber in einem einzigen Punkt wurde das Geschehen nach dem Modell der Tragödie interpretiert: Die Juden hatten Gottes Sohn ermordet. Doch damit nicht genug: Sie akzeptierten diese Schuld nicht, schlossen sich aus der Gemeinschaft der Sünder aus und stilisierten sich als die einzig Gerechten, die auf die Erlösung und die Liebe schnöde verzichteten. Ausgerechnet sie, die mit dem Mord an Christus, Gottes Sohn, die größte Schuld auf sich geladen hatten, wiesen die Erlösung hochmütig zurück und pochten auf den Buchstaben des Gesetzes. Das kündete von einer seelischen Stärke, die sie unheimlich machte. Damit hielten sie einen nagenden Zweifel an den psychologischen Prämissen der christlichen Kultur wach. Er konnte nur dadurch kompensiert werden, daß man die vermeintlich Gerechten zu den größten Verbrechern erklärte. Sie, die aufgrund ihrer eigenen Gerechtigkeit auf den Ritus des Opfers verzichteten, wurden ironischerweise selbst zu den bevorzugten Sündenböcken einer Opferreligion. So hielt der zentrale Mythos von der Opferung Christi die Neigung dazu wach, die Juden zu opfern. Das wird in der Konstellation des *Kaufmann von Venedig* nachvollzogen. Unter der Drohung Shylocks opfert sich Antonio für Bassanio. Das macht Shylock zum Schuldigen an diesem Opfer, und damit wird er, der das Prinzip der Opferung, die Liebe, um des Rechts willen ablehnt, zum Sündenbock der Christen.

Die Liebe und die Liebeswahl

Weil jeder Mensch die Liebe unter seinen eigenen kulturellen Bedingungen als höchstpersönliche Evidenz erlebt, ist die Vorstellung, daß sich die Voraussetzungen der Liebe ändern, besonders schwer nachzuvollziehen. Trotzdem ist es so, daß die Liebe erst kulturell erfunden und als Spezial-Code für Intimität aus anderen Sozialzusammenhängen ausdifferenziert werden muß. Noch in den Hochkulturen wird Liebe als eine öffentliche religiöse und politische Tugend im Sinne der philia, der amicitia, erlebt. Im Stadium der unabgeschlossenen Abgrenzung gegenüber Politik, Religion und Ökonomie schließt sie Gerechtigkeit, Gottesliebe und Nutzfreundschaft mit ein. Die Ausdifferenzierung der Liebe als leidenschaftliche Beziehung zwischen den Geschlechtern begleitet dann die zunehmende Individualisierung des Menschen bei zunehmender gesellschaftlicher Differenzierung. Sie erfolgt zuerst in den feudalen Oberschichten, wo sich die im Anfang nicht auf die Ehe bezogene Liebe entwickelt. Ihr Leitbegriff ist die Passion, ein Konzept, mit dem wildeste Liebesraserei und hektische Aktivität als unverantwortlich entschuldigt und als Leiden getarnt werden. Erst die Neubegründung der Liebe im Bürgertum bringt die Umstellung auf das Gefühl, das allerdings ebenfalls die Vorstellung des Überwältigtseins enthält, aber zugleich wesentlich positiver gefaßt und stärker als generell sozialfreundlicher Seelenzustand verstanden werden kann. Von da an wird die Liebe auf die Ehe bezogen. In jedem Fall aber läuft die Entwicklung des Liebescodes auf die Ausdifferenzierung einer Sondersphäre für Intimität hinaus. Seine Leistung besteht darin, die völlige Selbstaufgabe und die totale Orientierung am anderen auch dann sicherzustellen, wenn der andere sich völlig idiosynkratisch und rätselhaft benimmt. Deshalb hat es die Liebe gleich von Anfang an mit dem Paradox zu tun, etwas regeln zu müssen, was nur über Freiheit und Ungeregeltheit getestet werden kann. So kommt es z. B. zu dem bewährten Verfahren, daß Frauen die Konstanz der Männer auf die Probe stellen, indem sie sich launisch und wankelmütig gebärden: Nur, wenn er dann immer noch bei der Stange bleibt, ist er vertrauenswürdig. Ähnliches gilt für den Test seiner Sublimationsfähigkeit: Die Angebetete gibt sich spröde und unnahbar und setzt den Liebhaber einem Wechselbad von Ermutigung und Zurückweisung aus, um herauszufinden, ob er sich trotzdem noch an ihrer Individualität orientiert. Liebe ist deshalb an ihrem Beginn auch nicht Vertrautheit, sondern setzt gerade auf Fremdheit, um zu testen, ob die Liebe sie überwinden kann. Dies ist der Differenzpunkt zur Freundschaft. Zur Zeit Shakespeares herrschte nun ein kulturelles Klima, in dem der Vorstellung der Ähnlichkeit und der weltdurchdringenden Analogien für die Erlebnisorganisation ein hoher Evidenzgehalt zukam. Entsprechend hoch war das kulturelle Ansehen der Freundschaft, in der sich zwei Abbilder desselben Wesens trafen. Die Fremdheit, mit der die Geschlechter einander erlebten, wurde vor diesem Hintergrund intensiviert. Dabei reagierten beide Konzepte – Freundschaft und Liebe – aufeinander. In der Liebe wurden androgyne Typen interessant, Knaben und Mädchen, deren Geschlecht noch changierte. Umgekehrt wurden Freunde, deren Attraktivität man preisen wollte, mit Frauen verglichen, und es wurde bedauert, daß sie es nicht waren. Vor diesem Hintergrund ist die Hosenrolle im Shakespeareschen Drama – also das in einen Mann verkleidete Mädchen, das von einem Knaben gespielt wird – nicht nur eine dramatische Konvention.

Werden aber, wie im *Kaufmann von Venedig*, Freundschaft und Liebe miteinander in Konkurrenz gebracht, geht es um die Opposition zwischen Ähnlichkeit und Fremdheit. Und die höheren Chancen der Liebe in dieser Konkurrenz haben wahrscheinlich damit zu tun, daß bei der paradoxalen Struktur der Liebe die Fremdheit der Geschlechter die stärkere Herausforderung an die Bewährbarkeit der Intimität darstellt. Auf diesem Wege liegen die Entwicklungschancen zur Individualisierung der Intimität. Fremdheit ist sozusagen eine Vorform der Individualität, und beide fordern totale Hingabe an den anderen.

Nur eine willkommen geheißene Vorschrift der völligen Selbsthingabe an das andere Geschlecht und an den anderen in seiner Andersartigkeit erbringt die Leistung, daß sich ein Mensch auf die idiosynkratische private und individualisierte Psychologie des anderen einzustellen vermag. Deshalb verleiht paradoxerweise gerade die in die Liebe eingebaute Fremdheit ihr langfristig einen Vorteil über die Freundschaft. Das bindet die Liebe an die Sexualität und ermöglicht à la longue, daß die heterogeschlechtliche Intimität eine Sozialform, nämlich die Ehe, begründet. Von da ab teilt sich die Welt in eine öffentliche und in eine private, und die Utopie der privaten Welt ist die intime Liebe des exklusiven Paares, von der alle anderen ausgeschlossen sind. Auch in ihrer Exklusivität ist die Liebe strenger als die Freundschaft, bei der man ja zur Not wie in Schillers ›Bürgschaft‹ in den Bund einen Dritten aufnehmen kann.

Einer der wichtigsten Übergänge in der Entwicklung der Liebe ist die Umstellung des Codes von der Idealisierung der Geliebten zur Orientierung an der Form der Liebeswahl. Von der ritterlichen Liebe der Troubadours und der Minnesänger bis in die Neoritterlichkeit der Renaissance gibt es nur die idealen Eigenschaften der Geliebten. Sie konvergieren in den Perfektionsgipfeln aller Bereiche. Die Geliebte ist dann schön, reich und tugendsam wie Portia. Das ist die Liebesauffassung einer ständischen Gesellschaft mit der Repräsentanz des Ganzen in der Spitze. Wird dieses Modell unplausibel, füllt die Orientierung an den Eigenschaften der Geliebten sich leicht mit ausschließlich erotischen Konnotationen. Das ist zwar realistisch, untergräbt aber die Exklusivität. Sexualität allein kann keine Liebe begründen, dazu ist sie zu anarchistisch und zu unwählerisch. In dieser Situation geht es gerade darum, die direkte sexuelle Gier und Vereinnahmung zu distanzieren. Dies geschieht langfristig durch die Art, wie die Liebeswahl selbst zum Kriterium für die Liebe erhoben wird: Sie orientiert sich an der totalen Freiheit des anderen. Gerade da spielen die Launenhaftigkeit, die Koketterie, die Ambivalenz und die Kapriziösität im Verhalten der Frauen ihre Rolle. Letztlich kommt nur der zum Zuge, der auch wiedergeliebt wird. Man liebt dann den anderen als Liebenden. Damit entsteht Liebe als reine Wechselseitigkeit. Sie startet dann zufällig, ungeplant und plötzlich, wenn sich die Wechselseitigkeit an sich selbst entzündet. Das geschieht – wie wir gesehen haben – durch die Augensprache, in der die Aktivität des Sehens und die Passivität des Beeindrucktwerdens zusammengezogen wird. Liebe eröffnet damit eine Steigerungsform, die in der Wechselseitigkeit zu einem Taumel eskaliert. Sie ist dann eine Hochform paradoxer Kommunikation.

Für all das wird nun im *Kaufmann von Venedig* die Kästchenwahl eingesetzt. Sie ersetzt die Beischlafprobe der Vorlage, in der sich der Mann als Mann erweisen muß. Auch darum geht es noch in der Kästchenwahl: Durch sie wird Portia zur Frau erlöst. Am Ende steht dann das triumphale Paar, bei dem Portia und Bassanio sich als Mann und Frau erkennen und anerkennen. Beide entdecken in der Anerkennung ihrer geschlechtlichen Identität erst die Liebe. Der Taumel, in den sie verfallen, ist die Folge dieser Entdeckung. Aber sie gelingt nur, wenn man sich dem neuen Code unterwirft, und dieser Code verlangt die völlige Selbstaufgabe und das Eingehen eines hohen

Risikos. Das Wagnis für beide besteht darin, sich in ihrer Fremdheit und Andersartigkeit zu entdecken und sich trotzdem aufeinander einzulassen: »Who chooseth me, must give and hazard all he has.« Das macht erst die Differenzierung der Kästchen verständlich; Gold bedeutet: Ich wähle dich, weil du gut bist und ich dich so will, wie alle dich wollen; Silber bedeutet: Ich wähle dich, weil du gut bist und ich dich mehr als andere verdiene; Blei bedeutet: Ich wähle dich, weil du ein Wagnis bist, fremd aussiehst und gespalten bist in Außen und Innen, häßlich und schön, bedrohlich und vielversprechend, Wahrheit und Schein, kurz, weil du so geschieden bist, wie sich die Welt an dir scheidet. Abstrakt ausgedrückt: Ich wähle nicht ein Objekt, einen Gegenstand, eine Sicherheit, eine klare Beziehung, sondern ich wähle die Differenz, die Kontingenz und die Unsicherheit. Ich wähle den Risiko-Code. Diese sich dann als richtig erweisende Wahl muß aber differenziert werden von der falschen. Das heißt, innerhalb des Codes zu wählen, bedeutet ein Risiko, denn der Code ist der Code des Risikos; aber außerhalb des Codes zu wählen ist seit der Entstehung des Codes selbst das noch größere Risiko, denn da verliert man immer. Wer lieben will, muß sich an die Vorschriften der Hingabe halten, sonst darf er sich nicht beteiligen. Auf Verdienste pochen oder aus drei Gründen lieben ist, wie die nachfolgende Liebesliteratur zeigt, nicht mehr erlaubt. Die Liebe muß grundlos sein, damit sie ihr eigener Grund werden kann.

Die Kästchenwahl ist also zugleich eine Kondensation der Liebesparadoxie, die erst seit der vollen Ausdifferenzierung des Codes deutlich wird: Sie ist – und wird auch so benannt (I, 2, 28) – eine Lotterie und beruht auf dem Zufall. Aber man gewinnt oder verliert mit Notwendigkeit. Es ist nicht sicher, daß man liebt, aber wenn man liebt, liebt man notwendig nur diese Geliebte und keine andere: »If you do love me, you will find me out.« (III, 2, 41) Dies wird durch die Kästchenprobe besser ausgedrückt als durch die Beischlafprobe, die in der Vorlage von Fiorentino noch benutzt wird. Doch beide Motive stehen in Kontakt zueinander. In der Beischlafprobe ist es die Geliebte selbst, die gefährlich ist. Sie verwickelt in ›double binds‹, indem sie vom Liebhaber Potenz fordert, ihn aber durch Betäubungsmittel selbst impotent macht, um statt dessen sein Vermögen zu kassieren. Sie substituiert das Stück Fleisch durch Geld. Daß hier das Stück Fleisch die Bedeutung des Phallus als ›specificum differentiae‹ der Geschlechter annimmt, wird durch die Variationen der Geschichte gestützt. »What a matter were it then, if I should cut off his privy member supposing that the same would altogether weigh a just pound« heißt es in einer der Varianten (*Arden Shakespeare* 1981, 170). Wenn aber der Liebhaber die Probe besteht, erwirbt er das Vermögen und sie das Fleisch. Dann verwandelt sie sich vor Gericht in den Mann, der Antonio sich anschickt, nicht mehr zu sein.

Das Pfund Fleisch zirkuliert im Tanz der Liebe wie das Geld bei dem Kreditgeschäft. Das zeigt, daß durch die Geschichte selbst die geschlechtliche Identität aller Beteiligten erst ermittelt werden muß. Dafür sorgt dann auch der Code, der die Liebe etabliert und die Freundschaft zurückweist. Bis zum endgültigen Triumph im paradoxen Schluß des Stückes aber ist die geschlechtliche Identität aller vier Hauptbeteiligten immer wieder bedroht: Bassanio liebt sowohl eine

Frau als auch einen Mann, Antonio droht die Kastration, Portia verkleidet sich in einen Mann, und zum Phantasma der Juden gehört sowieso die Paradoxie von erstaunlicher Manneskraft und weiblicher Schwäche. In der Symbolik von Shakespeares Stück sind es vor allem das Pfund Fleisch, das ihm entgeht, und die Flucht von Jessica (»my own flesh and blood«), die in die Nähe der Kastrationsfantasie gerückt werden. Am deutlichsten aber zeigt sich die Bedrohung der geschlechtlichen Identität in dem, was die Freier bei der Kästchenwahl aufs Spiel setzen: Sie dürfen nach erfolgloser Wahl nie mehr um eine Frau werben. Darin werden sie in ihrer geschlechtlichen Identität vernichtet. Die Exklusivität der Wahl kehrt sich in einer Art archaischen Logik auch nach außen. Nach innen gilt sie sowieso: Wer einmal gewählt hat, kann das nicht noch einmal tun. Die Liebe kennt keine zweite Chance. Und wenn sie sie doch bietet, war es vorher keine Liebe, wie die Liebesliteratur schon ab *Romeo und Julia* vorführt.

Doch auch Portia selbst hindert das Gesetz an der direkten Realisierung ihrer geschlechtlichen Identität, wie sie in ihrem elegischen Räsonnement über alte Gesetze und junge Begierden bei ihrem ersten Auftritt in I, 2 feststellt:

> »My little body is aweary of this great world ...
> ... so is the will of a living daughter curb'd by the
> Will of a dead father.«

Doch am Ende der Szene, nachdem Nerissa ihr klargemacht hat, welche unangenehmen Liebhaber durch das Gesetz bereits abgeschreckt wurden, unterwirft sie sich mit Freuden dem Testament ihres Vaters als einem neuen Code:

> »If I livd to be as old as Sibylla,
> I will die as chaste as Diana
> Unless I be obtained by the manner of my father's will.«
> (I, 2, 95–97)

Es kommt nun nicht mehr darauf an, *daß* sie einen Mann bekommt, sondern wie sie ihn bekommt. Die geschlechtliche Identität des Mannes erfüllt sich im neuen Diskurs nicht mehr allein durch das Stück Fleisch wie im alten, sondern durch eine kulturelle Definition der Liebe, die durch den Code der Hingabe an das andere Geschlecht spezifiziert wird.

Das macht allerdings das Stück Fleisch nicht überflüssig. Es ist der physische Anknüpfungspunkt für den Liebescode. Dieser wird nun darüber mit der Relation Antonio/Shylock vermittelt. Und nun zeigt sich, daß die neu gewonnene geschlechtliche Identität als Identität neu aufs Spiel gesetzt wird. Damit teilt sich das Stück in zwei Sequenzen: Die erste mit der Besiegelung von Antonios und Bassanios Freundschaft im Abschluß des Vertrages zwischen Shylock und Antonio und der erfolgreichen Kästchenwahl führt zur erfolgreichen Differenzierung der Geschlechter. Diese ist genau in der Mitte des Dramas, in der Mitte des dritten Aktes, mit Bassanios und Portias Liebestaumel abgeschlossen. Aber diese Differenzierung fordert ein Opfer: nämlich Antonio. Er ist nun durch die Ausdifferenzierung des Liebescodes aus der weiteren Liebesbrüderschaft der traditionellen Gesellschaft und durch die Spezialisierung der Liebe auf die Heterosexualität aus dem Liebesverband ausgeschlossen. Die Paradoxie des Stückes ist auch die der wirklichen Entwicklung der Liebe: Die intime Liebe zwischen Mann und Frau hat ihren Ursprung in einem weiteren gesellschaftsumfassenden Liebeskomplex, so wie Portia ihre Rettung Antonio verdankt. Als Folge dieser Entwicklung löst sich das alte Liebeskonzept auf, und der Freund wird in die soziale Kälte entlassen, wo er mit den Fremden einer komplexen und weiter gewordenen Welt konfrontiert wird.

Das führt nun zur zweiten Phase, in der die neu gewonnene Geschlechtsidentität bewußt aufs Spiel gesetzt und gerettet wird: Antonio droht durch Shylock die Kastration. Diese Drohung kann man unter dem Gesetz des Liebescodes auch so deuten: Wenn Antonio an dem Spiel der Liebe weiter teilnehmen und Bassanio wirklich lieben will, muß er zur Frau werden. Oder aber auch: Wenn er Bassanio nicht mehr lieben kann, muß er sterben; er möchte nicht mehr erleben, Bassanio glücklich verheiratet zu sehen. Das verleiht dem zitierten Abschied von Bassanio in der Gerichtsszene eine eigene Resonanz:

> *Antonio:* »... Give me your hand, Bassanio; fare you well.
> Grieve not that I am fall'n to this for you,
> For herein Fortune shows herself more kind
> Than is her custom. It is still her use
> To let the wretched man outlive his wealth,
> To view with hollow eye and wrinkled brow
> An age of poverty; from which ling'ring penance
> Of such misery doth she cut me off.
> Commend me to your honourable wife;
> Tell her the process of Antonios end;
> Say how I lov'd you; speak me fair in death;
> And, when the tale is told, bid her be judge
> Whether Bassanio had not once a love.
> Repent but you that you shall lose your friend,
> And he repents not that he pays your debt;
> For if the Jew do cut but deep enough,
> I'll pay it instantly with all my heart.«
> (IV, 1, 261–277)

Wir haben vorher gesagt: Antonio führt Bassanio vor, was er verliert, und fordert seine Nachfolgerin Portia rhetorisch auf, darüber zu urteilen, ob sie ihn wohl ebenso gut – nämlich bis zum Tode – zu lieben imstande sei. Sozialgeschichtlich aber erinnert das an die Kosten, die die Ausdifferenzierung des Liebescodes nach sich gezogen hat: den Verlust der sozialen Freundschaft durch die Konzentration auf einen kleinen Bereich der Intimität, die Schrumpfung des Bereichs der Vertrautheit und die Überantwortung aller anderen, vor allem der Freunde, an die Fremden. Von da aus erhält die Dialektik der Fremdheit und damit die Komponente des Judentums eine neue Dimension. Steht der Jude für das Fremde, verteilt der Liebescode die Differenz zwischen Nähe und Fremde neu. Durch die Schaffung eines intimen Nahbereichs *wird der ganze Rest der Gesellschaft zu Fremden*, aber – und das ist ebenfalls entscheidend – weil das so ist, wird er auch aufnahmefähiger für die Fremden; mit anderen Worten: Die Gesellschaft wird komplexer, und um diese Komplexität aufzufangen, wird für Bedürfnisse der Vertrautheit ein Subsystem, die Kleinfamilie, entwickelt, die wiederum dem größeren Bereich Brüderlichkeit entzieht.

Damit sind wir an den Punkt gelangt, wo das Liebeskonzept an die Frage nach der Gesellschaftsstruktur anschließt. Und dies führt dann zurück zum Verhältnis der Liebe zu den Codes des Rechts und des Geldes. Daß die Regelung der Liebe die Form des Vertrages annehmen kann, die dann auch die Frage der Mitgift regelt, haben wir gesagt. Daß das Stück in der Bewertung der anderen Codes die Liebesaspekte – Gnade im Recht und Freigebigkeit beim Geld – höher bewertet, haben wir gesehen. Und daß das umgekehrt

Besitz und Rechtsdurchsetzung in der Liebe ausschließt, versteht sich dann von selbst. Darüber hinaus aber konvergieren alle Codes in dem semantischen Kern des Stückes, dem Vertrag mit dem Pfund Fleisch. Und das führt uns in das Zentrum des Shylock-Syndroms: in das Problem des Zinses.

Geld und Zins: Der Wucher

Die Literaturkritik hat in der Regel keinen Platz für eine Geld- und Wirtschaftstheorie, die der Rede wert wäre; oder sie ist marxistisch. Deshalb finden sich in der bürgerlichen Kritik von Shylocks Position manchmal Wertungen, die in aller Naivität Liebermann von Sonnenbergs Differenz zwischen dem ›raffenden Kapital der Juden‹ und dem ›schaffenden Kapital‹ der Venezianer übernehmen. Und was die Metaphorik des Stückes anbelangt, ist an dieser Opposition ja auch etwas dran. Was dann aber nicht mehr in den Blick kommt, ist, daß es dann eine sich durchhaltende Kontinuität zwischen Shakespeares Stück und der antisemitischen Wirtschaftstheorie der Wende vom 19. zum 20. Jahrhundert zu erklären gibt.

Sehr viel differenzierter wird natürlich das Problem des Geldes in der marxistischen Kritik analysiert. Wir wollen mit einer gewissen Ausführlichkeit das Beispiel eines Kritikers referieren, der mit der Analyse von Shakespeares *Kaufmann von Venedig* die Illustration und Begründung einer ehrgeizigen Literaturtheorie verbindet: Es ist der Anglist Christian Enzensberger mit seinem Buch *Literatur und Interesse* (Enzensberger 1977), in dessen zweitem Band sich eine ausführliche Interpretation befindet. Wir nehmen dieses Beispiel, weil Enzensbergers Interpretation einerseits zu den interessantesten gehört, die es gibt, und andererseits symptomatisch ist für die linke Optik gegenüber dem Problem des Antisemitismus.

Enzensberger versteht seine Deutung als Beispiel einer materialistischen ›Reduktion von Literatur‹ auf seinen gesellschaftlichen Entstehungs- und Bedingungszusammenhang, aus dem er die Thematik und Formbeschaffenheit des Werks erklären will. Literatur behebt nach seinem Verständnis in ihrer Struktur das durch gesellschaftliche Widersprüche bewirkte reale Sinndefizit in der Lebenspraxis. Sie kann das, weil in der ästhetischen Anordnung der Zeichen dasselbe Wechselverhältnis herrscht wie zwischen dem einzelnen und der Gesellschaft in der eingelösten gesellschaftlichen Utopie. Diese Utopie wird seit dem Beginn des Kapitalismus durch zwei gesellschaftliche Grundstörungen verhindert: 1. durch die Trennung des herrschenden Bewußtseins vom funktionalen Verhältnis zur materiellen Produktion und 2. durch die Mystifizierung des Bewußtseins im Warentausch, der das Individuum ›vom gesellschaftlichen Sinn abschneidet‹. Die Funktion der Literatur ist es, diese Grundstörung durch fiktive Beispiele sinn-konsistenter Lebenspraxis zu kompensieren.

Für *The Merchant of Venice* geht Enzensberger von einem historischen Szenario aus, das durch folgende Züge charakterisiert ist: 1. den Aufstieg einer ›gentry bourgeoisie‹ in Form der ›new gentry‹ einerseits und der neuen Manufaktur-, Handels- und Finanzkapitalisten andererseits, wobei die wirtschaftliche Führung dem Außen- und Seehandel zukommt; 2. die dadurch bewirkte Verelendung eines neu entstehenden Proletariats; 3. die seit der Jahrhundertwende einsetzende feudal-aristokratische Reaktion, die den Seehandel behindert.

Hieraus kann er dann das gesellschaftliche Sinndefizit für die neue Klasse ableiten: Die von ihr selbst bewirkte Proletarisierung, die Behinderung durch Krone und Aristokratie und schließlich die reaktionäre Behinderung durch provinzielle, rückständige und lokale Wirtschaftsbeziehungen, die durch den Wucher symbolisiert werden – all diese Elemente stehen der Realisierung eines mit dem gesellschaftlichen Interesse übereinstimmenden Sinnziels der neuen Klasse entgegen. Deshalb werden sie in dem Stück bis auf das letzte ausgeblendet. Nur der Wucher wird aufgegriffen, weil sich ihm gegenüber die ›gentry bourgeoisie‹ am besten als Trägerin des gesellschaftlichen Gesamtinteresses empfinden kann, ohne zugleich auf die von ihr selbst bewirkten Probleme verwiesen zu werden. Deshalb ist das Stück um den einen Gegensatz zwischen dem archaischen, verzehrenden, gierigen und mörderischen Wucher einerseits und dem Reichtum schaffenden, die Gleichheit der Tauschenden befördernden, die Enge überwindenden Seehandel andererseits zentriert. Das läßt die ökonomischen und sozialen Hauptwidersprüche zurücktreten, rückt das Interesse der ›gentry bourgeoisie‹ optisch in die Nähe des gesellschaftlichen Gesamtinteresses und zeigt doch ein Minimum an gesellschaftlicher Mängelbezogenheit und Not, um glaubwürdig zu sein.

Von hier aus deutet Enzensberger die Beziehung zwischen Antonio und Bassanio auf der Basis des sich differenzierenden Wertverständnisses: Antonio ist die Verkörperung des abstrakten Tauschwertes, der deswegen zu den Gebrauchswerten kein sinnliches Verhältnis mehr hat. Das erklärt seine Melancholie. Ihm wird der gebrauchswertorientierte Bassanio gegenübergestellt, der von dem geliehenen Geld sofort ein Gastmahl finanziert. Um dieser Fähigkeit zum Genuß willen wird er von Antonio geliebt. Beide aber vereint die Bereitschaft zum Risiko. Bassanios Fahrt nach Belmont ist eine Handelsfahrt, und die Kästchenprobe prüft, ob er ein risikobereiter Handelsmann ist.

Die Deutung Shylocks als des Gegenspielers unternimmt Enzensberger mit dem üblichen Rekurs auf die Tiermetaphern, die Mechanik seiner Reaktionen, die unedle Physiologie und die mörderische Gier. Die Interpretation der Gerichtsszene aber geht wieder weit über das übliche hinaus: Enzensberger geht davon aus, daß Shakespeare die Gleichheit vor dem Gesetz und die Geltung der Verträge, auf die die Seehandels-Gesellschaft angewiesen ist, noch zum Seehandel selbst in Widerspruch bringt, indem er ihn zur Utopie verklärt – einer Utopie, die selbst die Verträge, das Privatrecht und damit die Balgerei um den Besitz nicht mehr braucht, da die utopische Gesellschaft sich auf den durch den Handel eingebrachten Überfluß und die subjektive Anerkennungswilligkeit des einzelnen verlassen könne. Im Inneren dieser Utopie herrschen vertragslose Liebe, wechselseitige Anerkennung und Gleichheit; nur gegen die versteckten äußeren Feinde wie Shylock muß noch der Zwang der alten Mittel gebraucht werden, damit sein Kapital endlich zur freien Zirkulation gelangt.

Damit ist für Enzensberger das Problem der jüdischen Existenz Shylocks deutlich untergeordnet. Shylock ist in erster Linie ein Gegner der Handelsutopie und deshalb vornehmlich Wucherer. Erst dann wird dazu die historische Bebilderung gesucht: Judentum, Altes Testament, Archaik, Rache.

»Wenn dies aber lauter adäquate Wucherzuschreibungen sind, ist die *Rassimusfrage des Stücks* gelöst; es kommt hinzu, daß Shylocks Welt nirgends fortgeführt ist ins eigentlich Religiöse, noch in die eigentlich jüdische des Talmuds – also in die zwei Bereiche, an denen sich das ethnische Vorurteil hauptsächlich festgemacht hat. Die Ausstattung von Shylock ist strikt funktional: Er ist nicht Wucherer, weil Jude, sondern Jude, weil und insofern er damit den Wucherer beschreibt.« (Enzensberger 1977, 30)

Diese Deutung des Stückes als Seehandelsutopie, die das Sinndefizit der ›new gentry‹ kompensiere, beansprucht, sich über die Einbeziehung sonst vernachlässigter Details zu beglaubigen. Enzensberger meint hier vor allem den letzten Akt mit dem Tausch der Ringe. Ihn deutet er als eine Komödie der Verträge im Sinne einer gelungenen Utopie, deren Glück nun betont werden müsse, weil im Prozeß gegen Shylock die Seehandelsutopie zu sehr ihre häßliche Seite hervorgekehrt habe. All dies wird ingeniös und überzeugend entwickelt, aber in der gesamten Deutung bleibt eine rätselhafte Lücke, sozusagen ein blinder Fleck. Was Enzensberger überhaupt nicht interpretiert, ja kaum erwähnt, ist der Vertrag mit dem Pfund Fleisch. Er bleibt aus der gesamten Interpretation ausgespart, und daran zeigt sich die Interpretation Enzensbergers als symptomatisch für eine marxistische Perspektive. Sie setzt den Geldcode dominant und führt alle anderen auf ihn zurück. Damit verschwindet die Paradoxie ebenso wie der Antisemitismus. Es kann ihn nicht geben, weil er unvernünftig ist. Shylock ist nur Jude, weil damit der Wucherer bebildert ist. In Wirklichkeit geht es nicht um den Juden, sondern um den Wucherer. In der ganzen aufwendigen Interpretation von Enzensberger wird kein einziges Mal der Bezug zum

Shylock-Mythos hergestellt. Hier muß man Enzenbergers eigenes Sinndefizit kompensieren durch eine Lektüre von Hans Mayers *Außenseiter*. Danach ist Shylock Wucherer, weil und insofern damit der Jude als Außenseiter gekennzeichnet wird. Entsprechend invers ist bei Mayer auch die Deutung Antonios: Ist dieser bei Enzensberger als Inkarnation des siegreichen Tauschhandels der Gegenpol Shylocks, ist er für Mayer als homosexueller Außenseiter seinem Gegner Shylock fast wesensverwandt. Denn Antonio bleibt in einer von der heterosexuellen Liebe beherrschten Utopie als androgyner, männerliebender Melancholiker ein Außenseiter. Mit Verweis auf Dantes 11. Gesang der Hölle erinnert Mayer an die traditionelle Verbindung zwischen Wucher und Sodomie, die bei Shakespeare von Shylock und Antonio repräsentiert seien. Die Kontamination von Geld und Sexualität in der Vorstellung vom Wucher als einer Perversion des Geldes kann Enzensberger nun in der Tat nicht mehr beobachten, weil er als Marxist alle Codes auf den des Geldes zurückführt und zum Verschwinden bringt. Damit passiert ihm paradoxerweise ausgerechnet das, was auch im Vertrag mit dem Pfund Fleisch geschieht: Wie bei Midas verwandelt sich in der marxistischen Interpretation alles Fleisch in Geld. Gerade deshalb kann Enzensberger den Vertrag mit dem ›bond of flesh‹ nicht mehr thematisieren.

Weder Enzensberger noch Mayer, noch die moderne Kritik zum *Kaufmann von Venedig* überhaupt beziehen aber die Arbeit ein, die das Entscheidende zum gesamten Problem gesagt hat: *The Idea of Usury. From Tribal Brotherhood to Universal Otherhood* von Benjamin Nelson (Nelson 1969). Mit Nelsons Analyse gewinnt man erst die Perspektive, von der aus man die Verbindung von Fleisch und Geld als Beziehung zwischen Wucher und Sexualität vor dem Hintergrund des Konflikts zwischen Freundschaft und Liebe verständlich machen und mit der Ambivalenz des Zinsverbots in Verbindung bringen kann.

Nelsons Thema ist der Zusammenhang zwischen Gesellschaftskonzept und Zinsproblem. Er bezieht dabei die Opposition zwischen der Gemeinschaft der Stammesbrüderschaft und der modernen Gesellschaft auf die Ambivalenz des Zinsproblems. Seine Analyse dieses Zusammenhangs setzt ein mit einer Exegese von Deuteronomium 23, 19/20: »Du sollst von deinem Bruder nicht Zins nehmen, weder mit Geld noch mit Speise, noch mit allem, womit man wuchern kann. Von dem Fremden magst du Zins nehmen, aber nicht von deinem Bruder, auf daß dich der Herr dein Gott segne mit allem, was du einnimmst in dem Lande, dahin du kommst, es einzunehmen.«

Das Echo findet sich verschärft in Antonios Antwort auf Shylocks Vorhaltung gegen die schlechte Behandlung, die er von Antonio empfangen hat.

Antonio: »If thou wilt lend this money, lend it not
As to thy friends – for when did friendship take
A breed for barren metal of his friends? –
But lend it rather to thine enemy,
Who, if he break, thou mayst with better face
exact the penalty.«
(I, 3, 127–132)

Die Deuteronomium-Stelle ist ein Gebot für eine archaische Clanbrüderschaft, die als wichtigste Differenz die zwischen Brüdern und Fremden kennt. Diese Grenzziehung mußte in einer differenzierter werdenden Gesellschaft unter Druck geraten, die ihre Grenzen nach außen verschob. Ideologisch konnte es dabei zu paradoxen Kehrtwendungen kommen, je nachdem, ob man am Zinsverbot gegenüber Brüdern oder an der *Zinserlaubnis* gegenüber Fremden ansetzte. Wie Nelson zeigt, wird die Reformation ideologisch von einer Universalisierung der traditionellen Brüderlichkeitsvorstellung begleitet, und das hat zur Folge, daß die Verpflichtung aller Christen auf den Gedanken der Brüderlichkeit den Druck auf diejenigen wie die Juden verschärft, die noch unbefangen mit der Differenz Bruder/Fremde bei der Frage des Wuchers operieren. Das ist die Position Luthers und der ihm so ähnlichen Minoritenmönche bei der Propaganda für die Monti di Pietà. Und das ist auch die Position des *Kaufmanns von Venedig*. Diese Haltung schlägt erst um, als man in einer um die Fremden ausgeweiteten Gesellschaft akzeptiert, daß alle Gesellschaftsmitglieder füreinander Fremde werden: Dann kann man an die Erlaubnis des Zinsnehmens gegenüber Fremden anknüpfen und den Zins gestatten. Diese Folgerung hat Calvin gezogen. *Der Kaufmann von Venedig* macht hiervor Halt und definiert die Gesellschaft sozusagen über ein emphatisiertes Konzept universaler Brüdergemeinschaft im Sinne der Nutzfreundschaft als einer Form der Liebe; hier behält Antonio gegen Shylock recht; und die Verdammung des Wuchers richtet sich gegen seinen archaischen, nicht gegen seinen fortschrittlichen Aspekt.

Außerdem muß hervorgehoben werden, daß diese Parteinahme der Komödie für Antonio sich nur auf den Geldcode beschränkt; mit Bezug auf den Liebescode verfährt das Stück genau umgekehrt, und diese Inversion wird nun semantisch über die Konfrontation von Fleisch und Geld (= Metall) ausgedrückt.

Ausgangspunkt ist natürlich der Vertrag mit dem Pfund Fleisch, in dem auf unerlaubte Weise die Grenze zwischen totem Metall und lebendigem Fleisch überschritten wird. Von da aus wird die Ablehnung des Wuchers begründet: In den Augen Antonios und der Christen ist der Zins deswegen pervers, weil er das Geld (obwohl es unfruchtbar = barren ist) dazu bringt, sich wie lebendige Wesen zu vermehren. Umgekehrt rechtfertigt Shylock, wie wir gesehen haben, den Zins mit der alttestamentarischen Geschichte von Jakobs Züchtungstrick, worauf Antonio fragt: »... is your gold and silver ewes and rams?« und Shylock antwortet: »I cannot tell. I make it breed as fast.« (I, 3, 88/89)

Dies ist eine Art sexueller Perversion des Geldes. Darin wird der Wucher mit der Homosexualität gleichgesetzt: Obwohl es steril ist, begattet das Geld im Wucher sich selbst. Sexualität wird deshalb wie in der katholischen Soziallehre über ihre Fruchtbarkeit legitimiert. Im Stück selbst wetten die Liebespaare, welches von ihnen das erste Kind bekommt (statt Zinseszins Kindeskinder). In dieser Parallelisierung unterliegt der Wucher einem Tabu, das mit anderen Tabus, mit dem Inzest, der Sodomie, dem Kannibalismus und der eigensinnigen Rechtsdurchsetzung des Querulantentums und dem Rachegeist des Alten Testaments auf einer Linie liegt. Wenn man sie alle in den Blick nimmt, sieht man, wie über ihre Parallelisierung die Vorwürfe gegen die Juden assoziativ massiert werden und sich zu einer Abneigung verdichten konnten, die aus immer anderen, aber verwandten Quellen gespeist werden konnte. Ob als Volk, als Klasse der Geldverleiher oder als Religion – immer liegen sie zu sehr in der Nähe irgendeines Selbstbefriedigungstabus und entziehen sich der in den Codes gebotenen Kommunikabilität: Gegen die Universalisierung des Christentums insistieren sie auf dem Status der Auserwähltheit, heiraten nur untereinander und führen das Geld weder in die Handelsströme noch in den Konsum freier geselliger Konvivialität, von der sie sich durch ihre Speisevorschriften selber ausschließen. Deshalb grassiert auch hier in der Form der Ritualmordfantasien der Vorwurf, sie würden das Selbstbefriedigungstabu des Essens und Trinkens verletzen: Das heißt, sie betrieben fleischfressenden und blutsaufenden Kannibalismus, der stets mit dem Wucher assoziiert bleibt. Gerade deswegen wird im *Kaufmann von Venedig* die venezianische Gesellschaft um Bassanio durch ihre Soziabilität beim gemeinsamen Gastmahl gekennzeichnet, bei dem man anderes als Menschenfleisch ißt, nämlich Schweinefleisch, und von denen sich Shylock bewußt ausschließt (»I will buy with you, sell with you, talk with you ... but I will not eat with you, drink with you ...« I, 3, 28–30) Die Pointe des Stückes ist die Entgegensetzung von Liebes- und Geldcode mit Bezug auf die Opposition steril/fruchtbar: Liebe muß fruchtbar sein und deshalb heterosexuell, Geld ist steril und darf deshalb keinen Zins bringen. In dieser semantischen Opposition ergänzen sich also Zinsverbot und heterosexuelle Liebe. Damit wird der Konflikt zwischen Liebe und Freundschaft zugunsten der Liebe entschieden. Das ist ein Reflex der Ausdifferenzierung der heterogeschlechtlichen Liebe aus den weiteren Sozialbeziehungen, der politischen und ökonomischen Freundschaft (philia, amicitia) zwischen Männern. Erst über diese Codierung läßt sich die Liebe sexualisieren und die Sexualität als Liebe nobilitieren. Doch eben die Bindung an die Sexualität läßt nun die Liebe zwischen Gleichartigen als zu eng und deswegen als steril erscheinen. Durch die Spezialisierung der Liebe auf die Heterosexualität wird Antonio also aus dem Liebesverband ausgeschlossen und in den Bereich entlassen, in dem alle füreinander Fremde sind. Er und Shylock treffen sich an der gleichen sozialen Stelle: Shylock wird durch seine Taufe sozial integriert, Antonio durch den Ausschluß aus dem Liebesverband vom Zentrum nach außen geschoben. Die Geschichte zeichnet das nach: Antonio wird just in dem Moment vom Tode bedroht, als Bassanio Portia gewinnt, und danach geht es noch einmal um die Konkurrenz zwischen Portia und Antonio, als Bassanio für die Rettung seines Freundes den Ring als Liebespfand preisgibt. Daß es Portia ist, die ihn empfängt, zeigt, daß sie schon gesiegt hat.

So zeichnet das Stück die Umrisse der soziokulturellen Verschiebung auf dem Weg zu einer modernen Gesellschaft nach: Preisgabe der Freundschaft unter Gleichartigen als Prinzip sozialer Organisation zugunsten zweier sich ergänzender Formationen – der universalen Gesellschaft, in der alle füreinander Fremde sind, und des heterogeschlechtlichen Paars, bei dem die Hingabe an die Fremdheit des anderen zum Prinzip der Exklusivität wird, wobei Universalität der Gesellschaft und Exklusivität des Paars sich wechselseitig kompensieren.

Die neue Gesellschaft

Auf dem Weg zur modernen Gesellschaft werden also diejenigen bedroht, die sich wie Shylock dem Inklusionsanspruch der Gesellschaft verschließen (das ist die archaische Seite des Wuchers mit der Trennung zwischen Brüdern und Fremden) oder die, wie Antonio, die Gesellschaft zu eng definieren (als Utopie der Freundschaft) und dadurch andere zu Außenseitern machen wollen. Die Bewertung des Wuchers zeigt, daß die Komödie auf halbem Wege stehenbleibt. Sie optiert noch für die Generalisierung der Brüderlichkeit, indem sie nicht an die Zinserlaubnis gegenüber Fremden, sondern an das Zinsverbot gegenüber Brüdern anknüpft. Aber diese Halbherzigkeit bezieht sich nur auf das Geld. In der Liebe optiert das Stück gegen die Generalisierung der Freundschaft und für die Spaltung der Gesellschaft in die Intimität des Paares und die Gesellschaft der Fremden. Das bedeutet zugleich die Ausstoßung Antonios aus dem Liebesverband und die Zwangsintegration Shylocks; die Assimilation des Fremden und die Nobilitierung der Sexualität.

Entsprechend definiert die Komödie die Unfruchtbarkeit des Geldes mit denselben semantischen Mitteln wie die Sterilität der Gleichgeschlechtlichkeit, um von beiden die Fruchtbarkeit der Sexualität abzusetzen. Hier wird tatsächlich schon durchgespielt, was Hans Mayer erst für das 19. Jahrhundert entdeckt: die enge Verbindung zwischen dem Außenseitertum von Homosexuellen und Juden, die sich womöglich noch gegenseitig beschimpfen wie Platen und Heine. *Im Kaufmann von Venedig* wird dieser Bezug verdichtet in der Vorstellung von der Perversion des sterilen Geldes und der Sterilität der sexuellen Perversion. Zwischen den beiden Außenseitern Shylock (im Geldcode) und Antonio (in der Liebe) etabliert sich das triumphale Paar. Von ihm aus werden gleichermaßen die Vermehrung des Geldes im Wucher und die Unfruchtbarkeit der Liebe in der Freundschaft zurückgewiesen. Diese inverse Spezifikation des Geldes und des Liebescodes wird dann noch einmal auf den Rechtscode abgebildet, indem die reflexive Selbsteingrenzung des Rechts im Prozeß mit der Komödie um den Ehevertrag im Spiel der Ringe vermittelt wird: In der Gerichtsverhandlung setzt Portia die neu gewonnene Geschlechtsidentität wieder aufs Spiel, verwandelt sich in einen Mann und wird so der Freund des Freundes. In dieser Rolle kompensiert sie den Sieg der heterogeschlechtlichen Liebe und die Auslieferung des Freundes an die Fremdheit durch Anrufung eines fortgeschrittenen Rechtscodes, dessen Prinzip die Sozialfähigkeit in einer erweiterten Gesellschaft ist. Dabei wird die Differenz zwischen Fremden und Freunden – wie sie gleichermaßen dem Wucher und der Männerfreundschaft zugrunde liegt – gegen die Differenz zwischen dem einen exklusiven heterogeschlechtlichen Paar und allen anderen ausgetauscht. Shylock wird über die Reflexivität des Rechts ebenso zur neuen Sozialfähigkeit gezwungen wie Antonio in die soziale Kälte einer generalisierten innergesellschaftlichen Fremdheit gedrängt. Der Bereich der Gesellschaft wird so um ehemalige Freunde und ehemalige Fremde gleichermaßen erweitert und dann durch die selbstreflexive Anwendung des Rechts pazifiziert.

Invers dazu wird im Spiel der Ringe im letzten Akt der Vorrang des Ehevertrags vor der Freundschaft symbolisch bekräftigt: Indem Antonio zum Schluß diese Ehe erneut garantiert, erkennt er seine eigene Verstoßung aus dem Liebesverband an, der schon der Grund für seine Traurigkeit am Anfang des

Stückes war. Indem die Komödie die Fremden integriert und die Freunde aus dem Liebesverband ausstößt, nähert sie beide einander an und erweitert die Gesellschaft zu einer Gesellschaft von Fremden. Daß das Stück die Versöhnung zwischen Shylock und Antonio nicht mehr zeigt, ist realistisch. Sie ist ja auch real nicht gelungen, d. h., die Gesellschaft ist nicht gelungen. Der Faschismus hat gezeigt, wie schwer die Fremdheit der Moderne zu ertragen ist. Deshalb hat er versucht, hinter den Stand des *Kaufmann von Venedig* zurückzugehen.

Das Antisemitismusproblem

Wir haben gesehen: Das Stück bleibt widersprüchlich. Einerseits optiert es für die Differenzierung in eine Gesellschaft der Fremden und die Nahwelt der Intimität; andererseits generalisiert es die Brüderlichkeitsvorstellung zum allgemeinen Zinsverbot und wird darin antisemitisch. Dabei bündelt es die antisemitischen Assoziationen durch eine metaphorische Parallelisierung aller Selbstbefriedigungstabus, über deren Bruch das Judentum dann definiert wird. Daß dabei das Szenario des Processus Belial, des Konflikts zwischen Christus und dem Teufel und der Kreuzigung, mit zitiert wird, erhöht die traditionell christliche antisemitische Aura. Von da aus gesehen wird das Stück zur Folie für den Antisemitismus des deutschen Faschismus. Die Rassenideologie des Nationalsozialismus rief dazu auf, die Evolution ›from tribal brotherhood to universal otherhood‹ wieder rückgängig zu machen und zur archaischen Blutsbrüderhorde zurückzukehren. Das Ziel war dabei, die universale Entfremdung durch die Erhitzung des emotionalen Klimas im Innenraum einer sich zusammenschließenden Gemeinschaft zu kompensieren. Das Programm war die Rückkehr von der Gesellschaft zur Gemeinschaft. Mit Bezug auf diese Differenz war im imaginären Szenario des deutschen Faschismus die Rolle der Juden durch den Gegensatz zwischen Orthodoxie und Assimilation eigentümlich gespalten: Die orthodoxen Juden repräsentierten genau die archaische Gemeinschaft von Brüdern, zu der man selbst zurückwollte und mit deren Auserwähltheit man deshalb konkurrierte; die assimilierten Juden aber repräsentierten mit ihrer Neigung zur kulturellen Tradition der Aufklärung und des Modernismus und durch ihre traditionelle Assoziation mit der Geldwirtschaft als dem eigentlich repräsentativen Code der Moderne die Seite der Gesellschaft mit all ihren Konnotationen in Richtung Urbanität, Entwurzelung und Zersetzung gemeinschaftlicher Bindungen. Hinsichtlich der Dissoziation zwischen Gemeinschaft und Gesellschaft besetzten die Juden in diesem Szenario sozusagen beide Plätze, und eben dies gab Anlaß zu Verschwörungstheorien mit dem gegen die Juden gerichteten Verdacht, sich in der widerspruchsvollen Bejahung von Gemeinschaft und Gesellschaft unfaire Vorteile zu verschaffen gegenüber jenen, die gegen ihren Willen im Prozeß der Modernisierung aus der Gemeinschaft in die Gesellschaft gedrängt wurden. Dem sozialen Ressentiment erschien es so, als ob sich die Juden als einzige den Belastungen der Modernisierung entziehen könnten, weil sie im Bereich der Gesellschaft (als der Sphäre der Entfremdung und Entwurzelung) auf den Bereich der Gemeinschaft (als der Sphäre jüdischer

Solidarität) zurückgreifen konnten. Zusammen mit der Undurchschaubarkeit der Geldwirtschaft bot das den Anschluß zum Assoziationsfeld des Parasitentums: Der dem Juden in dessen Szenario unterstellte Vorteil ›to make the best of both worlds‹, also Gemeinschaft und Gesellschaft, konnte nur so lange genutzt werden, wie alle anderen sich dieser Möglichkeit nicht bedienen konnten. Deshalb wurde den Juden vorgeworfen, sie ›zersetzten‹ nach der Art von Parasiten die Gemeinschaft der ›Wirtsvölker‹, um von deren innerer Entfremdung auf dem Weg zur modernen kapitalistischen Gesellschaft durch das eigene Monopol auf Gemeinschaft zu profitieren. Die Differenz von Orthodoxie und Assimilation konnte deshalb im Sinne einer Konspiration eben der jüdischen Weltverschwörung gedeutet werden, die mit den entsprechenden Assoziationsfeldern aus dem Umkreis des orthodoxen Ghetto-Milieus und des assimilierten Börsianers und ›Asphaltliteraten‹ zugleich bebildert wurde. Von hier aus war dann der regressiven Fantasien kein Ende mehr, die sich fast alle aus der metaphorischen Parallele zwischen Gesellschaft und Körper speisten: In Betonung des inneren Zusammenschlusses wurde der gesellschaftliche ›Organismus‹ zum ›Volkskörper‹, der sich der tödlichen Bedrohung durch Krankheitskeime und Parasiten ausgesetzt sah und durch radikale Kuren geheilt werden mußte. Assoziationsfelder der Sexualität und der Krankheit und der damit verbundenen Aufforderung zur Hygiene, zur Sauberkeit und zur Reinerhaltung des Erbgutes waren hier anschließbar, die, mit den populären Klischees rassistischer Körperbilder zusammengeschlossen, von der Demagogie zu dem bekannten, explosiven Gemisch vermengt werden konnten, mit dem man dann die hemmungslose Aggressivität legitimierte. Die Körperanalogie verschärfte dann in der Fantasie die Paradoxie zwischen Innen und Außen: Die Juden waren sowohl innen wie außen, also die Vertreter des jeweiligen Feindes im Inneren: Verräter, Spione und Fünfte Kolonnen.

In dieser auf ihre Sonderstellung zwischen Gemeinschaft und Gesellschaft bezogenen Einzigartigkeit mußten die Juden als (mit dem gelben Stern) gekennzeichnete Fremde typisiert werden, die die Gesellschaft auf dem Rückweg zur Blutsbrüderschaft wieder ausstoßen mußte: Im Gegensatz zu diesen Fremden erst konnte die neue Blutsbrüderhorde das Bild ihres eigenen engen Zusammenschlusses gewinnen und auf diese Weise jedem seiner Mitglieder das Gefühl geben, zu einer Gemeinschaft zu gehören, zu der eben die Fremden nicht gehörten. Der deutsche Faschismus propagierte die ideologische Regression zur archaischen Brüderhorde und vollzog damit die Bewegung des *Merchant of Venice* in umgekehrter Richtung. Dabei ist zu differenzieren: Richtete sich der religiöse Antisemitismus im *Kaufmann von Venedig* gegen die Weigerung zur Assimilation, bezog sich der atavistische Rassismus der Nazis auf die Differenzierung von Orthodoxie und Assimilation und war darin ein irrationaler ›double bind‹ ohne Alternativen. Er artikulierte sich deshalb als Rassismus, dem es nicht mehr um soziales Verhalten, sondern um die nicht änderbare Natur ging. Sie ließ sich nur noch ausrotten. Es war dies eine irrationale Reaktionsbildung gegen die zunehmende Komplexität der Gesellschaft, in der alle füreinander Fremde wurden. Der Faschismus wollte alle wieder zu Brüdern machen, indem er eine Minderheit von Fremden ausstieß und vernichtete. In den Juden vernichtete man zugleich die Fremdheit an sich selbst und die Konkurrenten um das Privileg der Brüderlichkeit: Die privilegierte Rasse ersetzte das auserwählte Volk.

Der Kaufmann von Venedig ist ein geniales Drama, weil er ein tiefes Rätsel der europäischen Zivilisation – das antisemitische Phantasma mit dem Problem der Modernisierung verbindet. Es entwickelt dabei an sich selbst all die Differenzierungen zwischen Archaik und Moderne, Brüdern und Fremden, Liebe und Freundschaft, Geld, Recht und Liebe, Gemeinschaft und Gesellschaft, die für ein Verständnis dieses säkularen Prozesses ausschlaggebend sind. Zugleich präsentiert es in dem ominösen Vertrag mit dem Pfund Fleisch den verborgenen gesellschaftlichen Punkt, an dem all die genannten Differenzierungen zusammenlaufen und durch Selbstbefriedigungstabus und Paradoxierungen zum Abschluß gebracht werden müssen. Der Vertrag mit dem Pfund Fleisch enthält eine Massierung solcher Tabus und ihrer Konnotationen. Die wichtigste Parallele haben wir herausgestellt: die Konfrontation von totem Metall und lebendigem Fleisch als Ausgangspunkt für die Verurteilung des Wuchers als perverser Sexualität des Geldes und der Homosexualität als steriler Liebe gegenüber der Verherrlichung der fruchtbaren Sexualität des heterogeschlechtlichen Paares. Das Ensemble all dieser Selbstbefriedigungstabus – Sodomie, Inzest, Wucher, Geiz, Kannibalismus, Selbstabschließung, Ungastlichkeit, Querulantentum – ist zu einem einzigen antisemitischen Motivkomplex zusammengewachsen. Wie ein unauflösbarer Einschluß hat dieses

Phantasma selbst die Emanzipation überlebt und sich weiter verfestigt.

Den Grund für die Zähigkeit dieses Phantasmas sehen wir in der persistenten Querstellung zu den kulturell dominanten Differenzierungen. Sie laufen auf Paradoxien hinaus. Versteht man als Paradoxon den Zusammenbruch einer Differenz, so ist die jüdische Existenz im kulturellen Raster paradox: weder Christ noch Heide, weder gläubig noch ungläubig, weder Bruder noch Fremder, weder zum eigenen noch zu einem fremden Volk gehörig, weder Religion noch Volk, weder innen noch außen und immer sowohl als auch: sowohl archaisch als auch modern, sowohl Kapitalist als auch Sozialist, sowohl Zionist als auch Internationalist, sowohl assimiliert als auch orthodox etc.

Dies gilt auch für das Drei-Klassen-Schema des 19. Jahrhunderts: Adel – Bürger – Proletarier. Mit dem Adel verbindet die Juden die Idee von der privilegierten Rasse, mit dem Proletarier die Vorstellung von Diskriminierung, Verelendung und Gedrücktheit. Aber von ihrer sozialen Funktion und sozialen Stellung her waren die Juden Bürger. Und das ist der Bereich, in dem sie mit dem Geld, dem Kapitalismus und der Finanzwirtschaft assoziiert werden. Die Vermutung liegt deshalb nahe, daß der Antisemitismus der Bürger mit den Juden das eigene verdrängte Selbstbild verfolgt. Dies wäre für das 19. Jahrhundert da zu zeigen, wo die Bürger sich in Kompensation für die versäumte Eroberung der Macht gesellschaftlich und kulturell am Adel orientieren und von dieser Position aus ihr eigenes negatives Selbstbild auf die Juden projizieren. So werden die Juden in diesem Szenario zu den Schuldigen an allen Malaisen der

Moderne. Auch dieses Szenario ist im *Kaufmann von Venedig* präfiguriert: Antonio, der bürgerliche Kaufmann, steht zwischen seinem Freund, dem adligen Bassanio, und seinem Feind, dem Juden Shylock. Diese Dreiecksgeschichte wird sich in vielen Varianten und Konfigurationen im 19. Jahrhundert wiederholen.

Kapitel 6:

Die Wiederholung des *Kaufmann von Venedig* im 19. Jahrhundert und der Kampf um die Seele des Bürgers

Bassanio und Antonio, das ist das Freundespaar, dem sich Shylock gegenüber sieht. Antonio ist der bürgerliche Kaufmann, der in Lord Bassanio, wie er ihn stets anredet, auch die adlige Lebensform liebt. Denn die Rolle des Edelmanns in ihrer zivilisierten Form ist menschlich ungemein anziehend. Man merkt es an ihrer romantischen und erotischen Ausstrahlung. In ihr sind alle Tugenden des Rittertums erhalten. Ein wahrer Edelmann ist großzügig, unbekümmert um das eigene Wohl, ritterlich gegenüber den Frauen, mutig und opferbereit in ihrem Dienst und gewinnend in seinen Manieren; sein Temperament ist allem Kleinlichen abgeneigt. Hierzu gehört vor allem auch die Nonchalance gegenüber dem Geld: Man gibt es großzügig aus und leiht es sich ebenso großzügig. Man macht Schulden und verspielt ein Vermögen; oder man verpraßt es zusammen mit seinen Freunden. Denn eines versteht man: zu genießen. Dies gilt um so mehr, als das Leben kurz sein kann, denn der Beruf des Edelmanns ist das Waffenhandwerk: Schon morgen kann es ihn das Leben kosten, wenn Fürst und Vaterland zum Kriege rufen. Und selbst in Friedenszeiten muß er um seiner Ehre willen stets bereit sein, ein Duell auf Leben und Tod auszufechten. Die

Todesbereitschaft erhöht den Hang zum Unbedingten: zur Liebe, zum Genuß und zum Vabanquespiel. Was sie wenig fördert, ist die kleinliche und mühselige Sorge um die Zukunft und den eigenen Lebensunterhalt; den knickerigen Egoismus des Geldverdienens und die gedrückte Psychologie der Plackerei. Dem echten Aristokraten ist die Heiterkeit desjenigen eigen, der als Ritter den Kampf gegen Tod und Teufel schon hinter sich hat. Es ist eine Figur männlicher Existenz, die ihre Attraktivität bis in unser Jahrhundert nie verloren hat. Schon die frühesten bürgerlichen Liebesromane von Richardson bezeugen es: Erotisch attraktiv sind immer nur die Aristokraten – selbst oder gerade wenn sie als Libertins und Verführer auftreten, oder gar – wie im Schauerroman – als finstere ›gothic heroes‹. Die bürgerlichen Konkurrenten sind auch für die bürgerlichen Mädchen in der Regel recht prosaische Gestalten. Das ist überhaupt das Problem des Bürgers: Im Szenario der Liebe sieht er mit seiner friedlichen Sorge um Geld und Brot recht prosaisch aus. Es ist Antonios Problem: Vielleicht ist der Kaufmann nützlich – aber kann man ihn lieben? Antonio jedenfalls liebt sich selbst nicht. Er ist melancholisch und hat sich selbst verloren.

»And such a want-wit sadness makes of me
That I have much ado to know myself.«
(I, 1, 6/7)

Deshalb liebt er Bassanio, den Repräsentanten eines schönen und großzügigen Lebens. Seine eigene bürgerliche Existenzform verleugnet er. Er opfert sich hier für die Erhaltung des aristokratischen Daseins, dem langsam das Geld ausgeht. Er leiht Bassanio sein Geld und überantwortet Shylock sein Fleisch.

Shylock – das ist die verleugnete und gehaßte Figur seiner selbst: der feige, geizige, geldgierige Bürgerliche, dem es nur um sein elendes Dasein geht, der unfähig ist zum Edelmut und zur Liebe, der sich nicht opfern kann und von den Frauen verachtet wird, der nie mannhaft und offen kämpft, sondern nur durch das heimtückische Mittel des Wuchers. Ist Bassanio das adlige Ich-Ideal des bürgerlichen Kaufmanns Antonio, ist Shylock die verleugnete, projektiv gehaßte Form seiner eigenen Existenz. Antonios Seele wird zwischen Bassanio und Shylock zerrissen. Der Kaufmann von Venedig haßt Shylock, weil er Bassanio liebt. Hierin ist er – was die soziale Position anbelangt – vielleicht das einzige Selbstporträt Shakespeares.

Auch Shakespeare ist ein Bürgerlicher, der den Lebensstil des Adels imitiert: Er möchte als Gentleman leben und beantragt ein Wappen (mit einem Speer als Emblem und der Aufschrift ›Non sans droit‹). Von seinem klassenbewußteren Freund und Dramatiker-Kollegen Ben Jonson wird er dafür verspottet. In einer Zeit des sozialen Realismus, wie ihn Jonson vertritt, und der bürgerlichen City-comedy hätte Shakespeare also auch anders gekonnt. Aber für ihn sind die schönen Formen des elisabethanischen Adels attraktiver. Ihre Poesie macht er in seinem Drama unsterblich, so daß wir bis heute darüber ihre Attraktivität verspüren. Die andauernde Popularität Shakespeares auch im angeblich bürgerlichen 19. Jahrhundert hat auch damit zu tun. Sein verleugnetes Selbst aber projiziert er auf die Puritaner; und über die Affinität zwischen Judaismus und Puritanern hatten wir schon gesprochen.

Antonios Zerrissenheit zwischen Lord Bassanio

und Shylock ist auch das Schicksal des Bürgertums im 19. Jahrhundert. In dieser Zeit nimmt das Drama des *Kaufmann von Venedig* die Form einer Psychomachie – eines Kampfes um die Seele des bürgerlichen Kaufmanns – an. Der Ausgang des Kampfes entscheidet auch das Schicksal Shylocks.

Von Shakespeares Stück überlebt aber nicht nur der Shylock-Mythos in Form einer Figur, sondern das ganze gesellschaftliche Szenario mit der Dreiecksgeschichte zwischen Jude, Bürger und Edelmann. Der bürgerliche Selbsthaß, der seinen Ausdruck im projektiven Antisemitismus findet, wird dann stets begleitet sein von der liebevollen Anbetung adliger Lebensformen. Daß sich das im jüdischen Selbsthaß noch einmal steigern kann, zeigt die Abnormität eines jüdischen Antisemitismus wie bei Arthur Trebitsch, für den »die Maschinenkultur, die Industrialisierung und Technisierung, der Automatismus, der Taylorismus, die Vernutzung und Ökonomisierung der Welt ... die Verameisung der Menschheit, die Übermächtigung der Erde durch die arbeitende, ökonomische Rasse« durch die zunehmende Judaisierung der Welt bewirkt wurde (Lessing 1984, 111). Politisch drückt sich das im Antimodernismus, in der Verachtung der Demokratie und der Sehnsucht nach einem auf Status bezogenen Ständestaat aus. Verdichtet und symbolisch überhöht, gewinnt die heroische Daseinsform des Adels Gestalt im geformten Leben des Militärs. Unter diesen Voraussetzungen rollt im 19. Jahrhundert immer wieder das faszinierende und erschreckende Schauspiel des *Kaufmann von Venedig* ab, immer mit der Gefahr, in die Tragödie umzuschlagen, und häufig mit einem Duell, einer Forderung oder einem Prozeß als dramatischem Mittelpunkt. Sehen wir uns das bestürzendste und signifikanteste Drama dieser Art an. Die Bühne steht im Frankreich der Dritten Republik.

Graf Esterhazy, Dreyfus und die Spaltung von Frankreich

Wie in einer guten Komödie beginnt das Drama im Souterrain im Bereich der Dienstboten. Allerdings ist es das Souterrain der deutschen Botschaft in Paris im Frühjahr des Jahres 1896. Wie an jedem Abend schüttet die Reinemachefrau Mme. Bastian den Inhalt des deutschen Papierkorbs nicht in den Ofen, wie man allgemein glaubt, sondern packt ihn in ein Paket und geht damit in die Kirche Ste. Clothilde.

Dort wartet bereits Major Henry vom ›Statistischen Büro‹ – so heißt in Paris der Geheimdienst – und nimmt ihr das Paket ab. Mme. Bastian bezieht für die regelmäßigen Lieferungen ein kleines Gehalt. Major Henry ist eine plebejische, subalterne Natur, der seine Minderwertigkeitskomplexe gegenüber seinen gebildeteren Kollegen durch Diensteifer und absolute Ergebenheit gegenüber den Generälen der Armee kompensiert. Heute aber kann er nicht, wie sonst, das Paket von Mme. Bastian selbst auspacken und die zerrissenen Papierschnitzel wieder zusammensetzen: Seine Mutter ist plötzlich erkrankt, und er muß sie auf dem Lande besuchen. Dieser Zufall bringt eine Lawine ins Rollen.

Chef des Nachrichtenbüros ist seit dem 1. Juli 1895 etwas wider Willen der Oberst Picquart, ein charakterfester, intelligenter und kultivierter Mann. Als der Posten frei wurde, hatte sich Major Henry selbst Hoffnungen auf ihn gemacht, aber er war übergangen worden.

Natürlich haßt er nun Picquart. Der hatte Henry zu versöhnen versucht, indem er ihm mehr Verantwortung übertrug. Aber weil er heute nicht da ist, muß Hauptmann Lauth – im Geheimdienst arbeiten wegen der deutschen Gefahr fast nur Elsässer – sich mit dem Inhalt des Papierkorbs beschäftigen. Als die Fetzen zusammengesetzt sind, findet er ein geheimnisvolles Schreiben an Herrn Major Esterhazy, 27, Rue de bienfaisance. Er holt sofort Oberst Picquart. Der wittert einen großen Fall: Vielleicht ist er einem Verrat auf der Spur. Er zieht Erkundigungen über Esterhazy ein.

Major Graf Marie-Charles Ferdinand von Walsin-Esterhazy ist Bataillonskommandeur im 74. Infanterieregiment, stationiert in Rouen. Der Name weist ihn als Sproß einer fürstlichen Familie aus, deren französische Linie auf eine Reihe berühmter Generäle zurückgeht. Sein Vater starb früh an den Folgen der im Krimkrieg erlittenen Strapazen. Das brachte die Familie in eine finanziell beengte Lage. Für Esterhazys künftiges Leben schuf das einen Widerspruch zwischen hohem Status und dauernden Geldschwierigkeiten. So hatte er sich zwar ein erkleckliches Vermögen erheiratet, aber die Mitgift seiner Frau bei Börsenspekulationen wieder verloren. Bei den Versuchen, alles wiederzugewinnen, wurde er ein Hasardeur und Abenteurer. Schon bevor das Drama begann, das er selber auslöste, brachte ihn das im Jahr 1892 in Kontakt mit den gesellschaftlichen Kräften, die die Bühne beherrschen sollten: Im Kielwasser des sogenannten Panama-Skandals, bei dem viele Kleinaktionäre ihr Geld verloren und es vorzogen, statt des eigentlich verantwortlichen Nationalhelden Ferdinand von Lesseps zwei jüdische Bankiers zu beschuldigen, gründete der Publizist Edouard Drumont das antisemitische Boulevardblatt

La libre parole. Eröffnet wurde das Blatt mit einer Artikelserie gegen jüdische Offiziere in der französischen Armee. Daraufhin forderte Hauptmann Crémieu-Foa, Sproß einer angesehenen jüdischen Familie, Drumont im Namen von dreihundert jüdischen Offizieren zum Duell. Einer seiner Sekundanten war Esterhazy. Nach dem Duell, bei dem beide Gegner nur leicht verletzt wurden, wurde Esterhazy heimlicher Mitarbeiter der antisemitischen *Libre parole*, erbettelte aber gleichzeitig bei Edouard de Rothschild eine Entschädigung dafür, daß ihm als Sekundanten eines Juden und Champion der jüdischen Sache durch die reaktionäre Familie seiner Frau finanzielle Nachteile erwachsen seien. Später wird er noch seinen Neffen und seine Tante um einen beträchtlichen Teil ihres Vermögens betrügen.

Kikeriki. Wien

Auch seine militärische Laufbahn verlief nicht glatt. Die Aufnahme in die exklusive Schule von St. Cyr wurde ihm verweigert. Unwillig, sich hochzudienen, ging er nacheinander in die päpstliche Garde und die Fremdenlegion und wurde schließlich beim Rückzug im Krieg gegen die Preußen befördert; doch nach der Niederlage wurde die Beförderung wieder rückgängig gemacht. Selbst als er später zum Leutnant aufrückte, vergaß Esterhazy nie die Kränkung seiner Zurückstufung. Die Erinnerung daran und seine ständigen Finanzprobleme befestigten ihn in einem Zustand tiefer Unzufriedenheit mit der ganzen Ordnung in Armee und Gesellschaft. Sie äußerte sich in einem Haß auf alle bürgerliche Mittelmäßigkeit, über die er sich durch seine Abenteurerei zu erheben meinte. Entsprechend umgab er sich mit einem Hauch romantischer Skrupellosigkeit von der Manier eines Condottiere der Renaissance. Er fühlte sich als ›romantische‹ Figur und wurde auch so gesehen. Bei aller moralischen Haltlosigkeit zeigte er im Auftreten eine Flamboyanz und ein Bravado, das ihm durchaus Sympathien einbringen sollte: Er wirkte wie ein Kerl aus einem Guß.

Das ist also der Mann, an den der Brief der deutschen Botschaft gerichtet ist. Picquart besorgt sich eine Schriftprobe von Esterhazy. Als er sie liest, trifft es ihn wie ein Donnerschlag: Es ist dieselbe Schrift wie auf dem sogenannten Bordereau, dem berühmten Begleitschreiben, auf dessen angebliche Beweiskraft hin in der letzten Woche des Jahres 1895 der jüdische Hauptmann Dreyfus in einem Militärgerichtsverfahren wegen Landesverrats verurteilt worden war. Oberst Picquart läßt sich die Geheimakte Dreyfus bringen und erkennt sofort: Die Beweise sind lächerlich. Dreyfus ist unschuldig. Der Verfasser und Absender des verräterischen Briefs ist Esterhazy. Die Handschrift überführt ihn. Den Verrat, für den man Dreyfus verurteilt hat, hat Esterhazy begangen. Die offensichtliche Zerrüttung seiner Finanzen und seine zynische Skrupellosigkeit haben ihn dazu getrieben. Was Picquart nicht weiß, ist, daß Major Paty de Clam, der die Voruntersuchung gegen Dreyfus geführt hatte, die Protokolle verfälscht hatte und daß er und Major Henry während der Verhandlung gegen Dreyfus vor dem Militärgericht frisierte Dokumente nachgeschoben hatten, die wegen ihres angeblichen Geheimniswerts der Verteidigung gar nicht vorgelegt und dann, weil sie frisiert waren, vernichtet wurden.

All das war im Auftrag des damaligen Kriegsministers Mercier geschehen, der zu seinem eigenen Entsetzen von der *Libre parole* angegriffen wurde, obwohl er doch mit ihren Zielsetzungen sympathisierte. Die Vorstellung, daß nicht ein echter Franzose, sondern ein Jude Landesverrat begangen hatte, mußte ihn ungemein erleichtern und ihm zugleich die Gelegenheit bieten, sich als echter Hüter der Ehre der Armee aufzuspielen. Dreyfus mußte schuldig sein! Stammte er nicht aus Mühlhausen im Elsaß? Das war dasselbe wie ein Deutscher. Und waren nicht alle Juden eigentlich Deutsche aus dem Elsaß?

Als Oberst Picquart seinen Vorgesetzten, den Generälen Boisdeffre und Gonse, die neuen Erkenntnisse vorlegt, zeigt ihm ihre Reaktion eindeutig: Die Armee wünscht keine Revision des Prozesses gegen Dreyfus. Sie würde damit zugeben, daß sie bei der Verurteilung nachgeholfen hat. Das geht um so weniger, als die Familie Dreyfus mit allen Mitteln der Publizistik versucht hat, die Unschuld von Alfred Dreyfus zu beweisen. Sie und ihre Freunde hatten sich dabei so unermüdlich und so erfindungsreich gezeigt, daß die antisemitische Presse begonnen hatte, von dem jüdischen ›Syndikat‹ zu schreiben. Das Syndikat war der Gegner der Armee, in deren Hand die Ehre Frankreichs lag. Und sie lag dort, weil die Republik und das Parlament mit ihren Skandalen bewiesen, wie korrupt sie waren. Das war jene Armee, die am Anfang von

Marcel Prousts ›Die Welt der Guermantes‹ in *Auf der Suche nach der verlorenen Zeit* beschrieben wird und in der die hohen Offiziersstellen weitgehend der Aristokratie vorbehalten waren.

Zugleich war das Selbstbewußtsein der Armee seit der Niederlage von 1870/71 nicht ungebrochen. Wie später die deutsche Armee von 1918 konnte sich die französische Armee der Dritten Republik ihre Niederlage auch nur mit der geheimen Wirkung von Verrätern erklären. Und wer anders sollte das sein als die Juden? Repräsentierten sie nicht den Geist des Geldes und des Unglaubens, der die ganze heillose Moderne charakterisierte? Daß all dies nun widerlegt werden und das jüdische ›Syndikat‹ gegen die Armee doch noch recht behalten sollte, das durfte nicht sein. Das mußte im Dienste höherer Werte verhindert werden. Die Armee repräsentierte den Adel der Nation. Sie war das Bollwerk gegen die korrumpierenden Kräfte des Liberalismus und des Unglaubens. Sie verteidigte die heroischen Werte des Opfermuts gegen die niedrige Gesinnung des Geldes und des haltlosen Spekulantentums, wie sie sich im Panama-Skandal gezeigt hatte. Es war unmöglich, daß sie nun selbst im Lichte der Korruption erscheinen und der Fälschung und der Rechtsbeugung überführt werden sollte! Nein, Picquart in seiner querköpfigen Ehrenhaftigkeit mußte zum Schweigen gebracht werden. Man würde ihn unschädlich machen, indem man ihn mit einem gefährlichen Auftrag nach Afrika schickte. Aus den Offizieren und Generälen im Nachrichtenbüro wurden Verschwörer. Ihr willigstes Werkzeug wurde Major Henry, der nun dazu überging, direkte Fälschungen zu fabrizieren, die nicht allein Dreyfus' Schuld beweisen, sondern auch

Oberst Picquart als Komplizen belasten sollten. Oberst Picquart war der Mann, dessen Typus man in der deutschen Armee und der deutschen Beamtenschaft des Dritten Reiches nicht mehr findet. Er wurde von seinen Generälen unter Druck gesetzt, sie bedrohten seine Karriere, seine Ehre und sein Leben. Sein unmittelbarer Vorgesetzter gab ihm den dienstlichen Befehl, die Unschuld von Dreyfus geheimzuhalten. Seine Antwort lautete: »Herr General, was Sie sagen, ist abscheulich; ich weiß nicht, was ich tun werde, aber ich werde das Geheimnis nicht mit ins Grab nehmen.« (Matray 1988, 439) Er war kein Philosemit, und Dreyfus persönlich war ihm unsympathisch. Er war mit ganzer Seele Soldat, und die Ehre der Armee war auch für ihn ein hohes Gut. Er tat das, was er tat, um der Gerechtigkeit willen.

Bei einem Urlaub während seiner sinnlosen Afrika-Mission vertraut er sich dem Rechtsanwalt Leblois, seinem Jugendfreund und Klassenkameraden aus Straßburg, an. Dieser geht am 13. Juli 1897 zum Vizepräsidenten des Senats, Scheurer-Kestner, einem Nachkommen von Goethes Lotte aus dem *Werther* und einem Mann von untadligem Ruf. Scheurer-Kestner beschließt, im Sinne der Revision auf die Regierung einzuwirken. Damit stößt er zu einer Gruppe von Männern, die entschlossen sind, für die Rehabilitation von Dreyfus zu kämpfen. Zu ihnen gehörten der Historiker Joseph Reinach, der Rechtsanwalt Edgar Démange, der Publizist Bernard-Lazare, der Schriftsteller Emile Zola und der Herausgeber der *L'aurore* und spätere Ministerpräsident George Clémenceau. Für sie alle hat der Fall Dreyfus eine symbolische Bedeutung angenommen, die ihnen das Gefühl gibt, mit der Freiheit des einen die Freiheit aller und mit der Gerechtigkeit für einen die Gerechtigkeit für alle zu fordern.

Als nun bis zum Herbst 1897 immer deutlicher wird, daß eine Revision der Verurteilung von Dreyfus wieder auf der Tagesordnung steht, geschieht etwas, was die Zeitgenossen den Ausländern oder den später Geborenen nur schwer erklären können: Frankreich wird von einer kollektiven Hysterie erfaßt. Es wird plötzlich deutlich, daß die Republik von kaum jemandem mehr verteidigt wird. Sie wird von zu vielen mit Korruption, Anarchie und dem Verfall der Moral identifiziert. Es ist wie eine Vorwegnahme der Schlachten der Weimarer Republik, und die Demokraten haben in der Tat einen schweren Stand: Sie sind für die Herrschaft des Volkes, aber das Volk ist zu den Demagogen übergelaufen, während die Sozialisten abseits stehen. Unter dem Einfluß der antisemitischen Hetze der *Libre parole* geht der Mob zur ›Partei der Ordnung‹ über. Die Ordnung, das ist die, die man erst errichten will durch die Liquidation der Republik. Zum ersten Mal gibt es ein Bündnis zwischen Adel, Klerus und Großbourgeoisie einerseits und den aufgeputschten Massen andererseits. Das ideologische Bindeglied ist der Antisemitismus. Mit ihm treibt die *Libre parole* die Massen den Vertretern der alten Ordnung zu.

Das Richterkollegium im Dreyfus-Prozeß
Caran d'Ache. Psst ... 1899

Doch die modernen Agitatoren, die mit einer ganz neuen Skrupellosigkeit operieren, sind bald die Herren in diesem Bündnis. Bei Leuten wie Maurice Barrès und Charles Maurras stehen wir an der Wiege des Faschismus. Sie kombinieren schon das Unmögliche: revolutionäre Radikalität und reaktionäre Ideologie. Als Clémenceau im *Figaro* eine Artikelserie für die Revision des Dreyfus-Urteils erscheinen läßt, als Dreyfus' Bruder Matthieu Esterhazy als den eigentlichen Schuldigen anzeigt, als Picquart wegen des Verdachts der Verschwörung mit den Dreyfusards aus Tunis zurückbeordert wird und als Esterhazy im Vertrauen auf die Protektion der Militärs eine kriegsgerichtliche Untersuchung gegen sich selbst beantragt, um sich von den gegen ihn erhobenen Vorwürfen zu reinigen, wird die Justizaffäre zum Ersatz eines Bürgerkriegs. Die Nation spaltet sich in zwei Lager. Der spätere nationalsozialistische Historiker der Affäre Walther Frank bringt die Spaltung in seinem hochinteressanten Buch *Nationalismus und Demokratie im Frankreich der Dritten Republik* von 1933 auf die bündige Formel: ›Soldaten und Händler.‹ In Painters Biographie von Marcel Proust kann man nachlesen, wie Marcel und sein Bruder Robert seit Beginn des Esterhazy-Prozesses jeden Tag im Café des variétés über einen Propagandafeldzug für Dreyfus beratschlagen. Aber Vater Proust, der mit fast allen Mitgliedern der Regierung befreundet ist, spricht eine Woche lang kein Wort mehr mit seinen Söhnen, denn er ist Anti-Dreyfusard.

Alle Forderungen der Dreyfusards nach Gerechtigkeit werden als hinterhältige Anschläge auf die Ehre der Armee hingestellt, als eine Kampagne der Verdächtigung und der Verunglimpfung. Die Welle des Antisemitismus wird immer bedrohlicher. Am 11. Januar wird Esterhazy freigesprochen. Der Jubel auf der Seite der Anti-Dreyfusards ist ungeheuer. Esterhazy wird von der Menge als ›Märtyrer der Juden‹ gefeiert. Er selbst ergeht sich in Visionen von Juden-Massakern.

»Nach nichts mehr steht mir der Sinn, als mein Regiment gegen die Pariser Juden zu führen, und ich würde sie ohne Haß und ohne Zorn wie die Kaninchen erschlagen – im Interesse der Allgemeinheit.« (Zit. nach Thalheimer 1958, 202) Mit dem Freispruch Esterhazys nähert sich die Affäre ihrem Höhepunkt. Am 13. Januar erscheint in der *Aurore* der berühmte Brief an den Präsidenten der Republik von Zola unter dem Titel ›J'accuse‹. Der Brief ist ein Manifest:

»Welch ein Schmutzfleck auf Ihrem Namen, fast möchte ich sagen, auf Ihrer Regierung, Herr Präsident, ist diese abscheuliche Dreyfus-Affäre! Ein Kriegsgericht hat es soeben gewagt, einen Esterhazy auf Befehl freizusprechen! Eine unüberhörbare Ohrfeige für jede Wahrheit, jede Gerechtigkeit! ... nachdem jene es gewagt haben, wage ich es auch ...«

Zola schildert dann den ganzen Hergang der Affäre und schließt:

»Noch einmal: Dreyfus kann nicht als Unschuldiger zurückkehren, ohne daß der ganze Generalstab schuldig wird. Die Büros haben mit allen erdenklichen Mitteln ... Esterhazy gedeckt, um Dreyfus ein zweites Mal zu vernichten ... weiterhin ist es ein Verbrechen, daß man sich auf die Schmutzpresse stützt, sich von den größten Gaunern von ganz Paris verteidigen läßt, so daß jetzt die Gauner auf das Frechste über die Niederlage des Rechts und der simplen Redlichkeit triumphieren können. Es ist ein Verbrechen, die öffentliche Meinung irrezuführen, und diese Meinung, die man bis zum Fieberwahn verdorben hat, für eine Aufgabe zu nutzen, bei der es um Leben und Tod geht.

Es ist ein Verbrechen, die Armen, die einfachen Leute zu vergiften, die Leidenschaften der Reaktion und der Intoleranz anzufachen, indem man hinter dem ekelhaften Antisemitismus Deckung nimmt, an dem das große liberale Frankreich der Menschenrechte stirbt, wenn es nicht von ihm geheilt wird ...

Ich zweifle nicht im geringsten am Sieg! Ich wiederhole es mit unerschütterlicher Überzeugung: Die Wahrheit marschiert, und nichts wird sie aufhalten!

Aber dieser Brief ist lang, Herr Präsident, und es wird Zeit, daß ich ihn beschließe.

ICH KLAGE AN Oberst Leutnant du Paty de Clam, der diabolische Urheber des Justizirrtums zu sein – unbewußt, wie ich glauben will – und seit drei Jahren sein unheilvolles Werk verteidigt zu haben durch die geschmacklosesten und lächerlichsten Machenschaften.

ICH KLAGE AN General Mercier, mitschuldig zu sein – zumindest aus geistiger Schwäche – an einer der größten Ungerechtigkeiten dieses Jahrhunderts.

ICH KLAGE AN General Billot, die sicheren Beweise für die Unschuld des Dreyfus in Händen gehabt und sie unterdrückt zu haben und sich dadurch eines Verbrechens gegen die Menschlichkeit und die Gerechtigkeit schuldig gemacht zu haben aus politischen Zwecken und um den kompromittierten Generalstab zu retten.

ICH KLAGE AN General Boisdeferre und General Gonse, an demselben Verbrechen mitschuldig zu sein: der eine zweifellos aus klerikaler Leidenschaft, der andere vielleicht aus Corpsgeist, der die Büros des Kriegsministeriums zur unantastbaren heiligen Bundeslade macht.

ICH KLAGE AN General de Pellieux und Major Ravary, eine schändliche Voruntersuchung durchgeführt zu haben; damit meine ich eine Untersuchung von monströser Parteilichkeit.

ICH KLAGE AN die drei Schriftsachverständigen Belhomme, Varinard und Couard, lügnerische und schwindelhafte Gutachten abgegeben zu haben, es sei denn, daß eine ärztliche Untersuchung sie für augen- oder geisteskrank erklärt.

SCHLIESSLICH KLAGE ICH AN das erste Kriegsgericht, das Recht verletzt zu haben, indem es einen Angeklagten auf ein geheimes Schriftstück hin verurteilte – und das zweite Kriegsgericht, diese Ungesetzlichkeit auf Befehl gedeckt zu haben, indem es seinerseits das juristische Verbrechen beging, wissentlich einen Schuldigen freizusprechen.

Ich bin mir voll bewußt, daß ich – indem ich diese Anschuldigungen erhebe – gegen die Artikel 30 und 31 des Pressegesetzes vom 29. Juli 1881 verstoße, welches Delikte der üblen Nachrede bestraft. Ich tue dies mit voller Absicht.

Was die Männer betrifft, die ich anklage, so kenne ich sie nicht, habe sie niemals gesehen und hege gegen sie weder Rachsucht noch Haß ... ich habe nur eine Passion. Das ist die Aufklärung im Namen der Menschlichkeit, die so viel gelitten hat und ein Recht auf Glück besitzt. Mein flammender Protest ist der Aufschrei meiner Seele. Wage man es also, mich vor ein Schwurgericht zu stellen, und möge die Untersuchung im hellen Licht des Tages stattfinden. Ich warte.«

Im Februar wird Zola wegen Verleumdung vor Gericht gestellt. Marcel Proust wohnt der gesamten Verhandlung bei. Zwischendurch besuchte er Picquart, der seinerseits inzwischen verhaftet war, und schmuggelte ihm ein Exemplar seiner *Plaisirs et les jours* in die Zelle. Auch die Gastgeberinnen der Salons aus der ›Welt der Guermantes‹, die Proust in *Auf der Suche nach der verlorenen Zeit* beschreibt, müssen sich für das eine oder andere Lager entscheiden. Früher oder später geraten ihre Gäste in Streit und beginnen sich zu schneiden. Der Faubourg St. Germain ist royalistisch, nationalistisch, katholisch, antisemitisch und anti-Dreyfusard. Die bürgerlichen Salons schwanken oder sind für Dreyfus, verlieren dann aber viele Freunde, die zum Gegner überlaufen. Der Salon von Mme. Straus wird unter Reinachs Einfluß zu einer Art

Hauptquartier der Dreyfusards. Auch Mme. Ménard-Dorian, eine ehemalige Freundin von Victor Hugo, macht ihren Salon zu einer Festung des Dreyfusismus, wofür sie zum Lohn von Proust als Mme. Verdurin verewigt wird. Am 23. Februar 1898 wird Zola verurteilt. Das Urteil wird aufgehoben, und im Juli wird er erneut verurteilt. Das ist sein Glück, denn wäre er freigesprochen worden, hätte der von der antisemitischen Presse aufgehetzte Mob ihn wahrscheinlich gelyncht. Esterhazy gibt die Stimmung wieder, wenn er dem Redakteur der *Pall Mall Gazette* anvertraut: »Wenn man Zola freispricht, wird Paris sich im Aufruhr erheben, und ich werde an der Spitze sein. Wenn Dreyfus wieder französischen Boden betritt, dann werden 5000 jüdische Leichen auf den Straßen von Paris liegen.« (Thalheimer 1958, 202) Zola flieht noch im Juli 1898 nach England. Zwei Tage vorher beginnt das Vorspiel zur endgültigen Wende in der Affäre: Der neue Kriegsminister Cavaignac hält vor dem Parlament eine Rede, in der er die angeblichen Beweise für Dreyfus' Schuld vorlegt. Der Hauptbeweis ist eine Fälschung Henrys. Picquart identifiziert sie sofort. Zwar wird er daraufhin wieder verhaftet, aber Cavaignac begreift nun, daß die Beweise gefälscht sind. Er sagt aus, Henry habe ein Geständnis abgelegt. Nun wird offenbar, daß die Generäle und Offiziere während der ganzen Zeit die Wahrheit unterdrückt hatten. Major Henry wird verhaftet und schneidet sich in seiner Zelle die Kehle durch.

Ganz Frankreich hält den Atem an. Trotz aller Aktivitäten und Prozesse, trotz der Broschüren von Bernard-Lazare und des Manifests und Prozesses von Emile Zola war die gesamte öffentliche Meinung gegen eine Revision des Urteils gegen Dreyfus. Jetzt aber scheint sie unausweichlich. Die ›Partei der Ordnung‹ ist demoralisiert. Doch nur 48 Stunden lang. Da erscheint in der *Libre parole* ein Artikel des dreißigjährigen Charles Maurras, der ihn über Nacht berühmt macht. Er trägt die Überschrift: ›Das erste Blut‹.

> »Dieses Blut raucht«, schreibt er, »und es wird schreien, bis es gesühnt ist, nicht durch Sie, die Sie einer edlen Verzweiflung nachgaben, nicht einmal durch die fatale Koterie im Ministerium, sondern durch Ihre ersten Henker, die ich öffentlich nenne: die Mitglieder des Verrätersyndikats. In dem Zustand der Verwirrung, in dem sich die nationalen Parteien befinden, haben wir Ihnen nicht die große Totenfeier bereiten können, die man Ihrem Martyrium schuldete. Man hätte auf unseren Boulevards den blutigen Waffenrock schütteln sollen und ebenso die bedeckten Klingen, man hätte den Sarg umhertragen und dem Leichentuch wie einer schwarzen Fahne Verehrung bezeugen müssen. Dies wird unsere Schande sein, daß wir es nicht versucht haben. Aber das nationale Empfinden, wenngleich zerstreut und vielfältig gegen sich selbst gerichtet, ist dadurch trotzdem wieder zum Leben erweckt.« (Zit. nach Nolte 1979, 92)

Mit dieser Wendung tritt die politische Argumentation in eine neue Dimension: Die Fälschung ist ein Verbrechen für einen noch höheren Wert – die Existenz der Nation. Ein solches Verbrechen auf sich zu nehmen ist die höchste Form des Heroismus. Damit tritt das Verbrechen aus dem Schatten heraus und zeigt sich offen. Es wird zur heroischen Tat im apokalyptischen Endkampf um die Weltordnung gegen den archetypischen Urfeind, den Herrscher des Geldes und des Unglaubens – den Ewigen Juden. Und im gleichen Atemzug mit der Rechtfertigung des Verbrechens begründet Maurras den Mythos des Blutes mit seiner Suggestion von gemeinsamer Stammesbluts-

Der Judenfresser
Karikatur von C. Léandre auf den Antisemitenführer Edouard Drumont

brüderschaft, rassischer Feindschaft, rituellen Speisevorschriften und Verbrechen. Das vergossene Blut des Major Henry wird zum Beginn eines Blutmeeres, das im apokalyptischen Kampf vergossen werden wird.

Als Joseph Reinach den Fehler begeht, ein landesverräterisches Einverständnis zwischen Henry, Esterhazy und dem Verfasser des Bordereau zu behaupten, veranlassen die Nationalisten die Witwe von Oberst Henry, Reinach wegen Verleumdung zu verklagen. Um Frankreich die Schande zu ersparen, daß sie das Armenrecht in Anspruch nehmen muß, um das Andenken an ›ihren heldenhaften Gatten‹ zu verteidigen, veranstaltet Edouard Drumont, der Herausgeber der

Libre parole, eine Sammlung ›für die Witwe und die Waise des Obersten Henry gegen den Juden Reinach‹. Es spenden eine ungeheure Menge von hohen Offizieren und Aristokraten und begleiten die Spende mit einem kräftigen Wort darüber, was sie mit dem Juden Reinach zu tun gedenken. Zumal die Aristokraten »zeichnen sich durch die Rohheit ihrer Sprache aus. Sie wollten prügeln, Augen ausstechen, Häute gerben, rösten, den Hunden vorwerfen, ersäufen und in Öl kochen.« (Thalheimer 1958, 384.) In seiner *Histoire de l'affaire Dreyfus* hat Reinach die Spendenlisten als antisemitische Schande verewigt und schreibt dazu: »Viele Republikaner und sogar die ältesten Revisionisten waren bestürzt; sie trauten ihren Augen nicht, als sie die 18 Listen aufeinanderfolgen sahen. Als eine Schmach für Frankreich und als eine Kulturdämmerung erschien ihnen diese Rechtfertigung eines Fälschers und diese Flut von jesuitischem, verpestendem gemeinen Haß.« (Reinach 1904, 447)

Man braucht den Rest der Affäre nicht mehr im Detail zu erzählen. Die Revision war unvermeidbar. Esterhazy flieht außer Landes, der Kriegsminister Cavaignac tritt zurück, und die verantwortlichen Generäle nehmen ihren Abschied. Am 29. Oktober 1898 wird die Revision des Urteils gegen Dreyfus beschlossen. Nach vielem Hin und Her hebt der Kassationshof das Urteil auf. Am 9. Juni verläßt Dreyfus die Teufelsinsel und wird in Rennes vor ein Kriegsgericht gestellt, das seinen Fall erneut verhandelt. Während des Prozesses schießt ein Attentäter Dreyfus' Anwalt Labori eine Kugel in den Rücken. Am 9. September wird Dreyfus mit fünf gegen zwei Stimmen in geheimer Verhandlung wegen Landesverrats mit mildernden Umständen zu zehn Jahren Haft verurteilt und zehn

Tage später begnadigt. Damit ist die heroische Zeit der Affäre beendet.

Am 17. Dezember legt die neue Regierung Waldeck-Rousseau ein Amnestiegesetz für alle Verbrechen vor, die im Zusammenhang mit der Affäre begangen wurden. Plötzlich hat man es eilig, die Sache zum Abschluß zu bringen, weil im Jahr 1900 die Weltausstellung in Paris stattfindet. Die Entscheidung war mit dem Eintreten der lange abseits stehenden Sozialisten für die Dreyfusards gefallen. Das war auch die Entscheidung für die Republik. Damit war Dreyfus noch nicht Gerechtigkeit widerfahren, aber Frankreichs Seele war gerettet. Erst am 13. Juli 1906, nachdem Clémenceau an die Regierung gekommen war, annulliert der Kassationshof das Urteil von Rennes und rehabilitiert Dreyfus. Er wird im Rang eines Majors wieder in die Armee aufgenommen. Auch Picquart, den man vor ein geheimes Kriegsgericht zu bringen versuchte und für dessen Prozeß Anatole France eine gewaltige Petition von Professoren und Intellektuellen auf die Beine gebracht hatte, wird am gleichen Tag im Rang eines Brigadegenerals wieder aktiviert.

Die politischen Ergebnisse der Affäre sind bedeutend: In der französischen Innenpolitik kommt es zur Regierungsbeteiligung der Sozialisten, zur Trennung von Staat und Kirche und zur Unterstellung der militärischen unter die zivile Gewalt. Zugleich ist zum ersten Mal unter den politischen Kräften eine furchtbare Macht erschienen: der antisemitische Faschismus. Aus Entsetzen über dieses neue politische Bündnis aus klerikalen und royalistischen Konservativen und radikalen, antisemitischen Demagogen beruft Theodor Herzl 1897 den ersten Zionistenkongreß nach

Basel; und das ist wiederum der Anlaß dafür, daß die russische Ochrana aus einer Streitschrift des Anwalts Maurice Joly von 1864 mit dem Titel *Dialogue aux enfers entre Montesquieu et Machiavel ou la politique de Machiavel au 19e siècle*, Die Protokolle der Weisen von Zion fabriziert, aus denen dann Hitler sowohl seine Erkenntnisse als auch seine Strategie bezieht: Da die ›Weisen‹ ja die Weltherrschaft anstreben, braucht er ihre Techniken nur zu übernehmen. Die Lektüre dieses Machwerks bietet eine erschütternde Lektion über die projektive Struktur des Antisemitismus. Die Skrupellosigkeit der ›Weisen von Zion‹ ist eine allerdings schwache Vorwegnahme der Skrupellosigkeit der Nazis. Und die Wahnidee von der Minderwertigkeit der Juden war das unkenntlich gewordene Selbstbild des Bürgers aus der Perspektive einer militärisch-aristokratischen Lebensform. In diesem gehaßten Selbstbild verabscheute man eine Zivilisation, die der Unglaube und das Geld angeblich demoralisiert hatten, nämlich die bürgerliche Zivilisation des Liberalismus und der Demokratie. Der Antisemitismus der Dreyfus-Affäre und der Action Française enthüllt sich als Selbstaufgabe des Bürgertums vor der Suggestionskraft einer adligen und militärischen Lebensform, mit der sich nun der kriegerische Nationalismus verbindet.

Die Nation ist die vierte Mitspielerin auf dieser Bühne. In den Karikaturen der Dreyfus-Affäre erscheint sie als Marianne. Mit dieser weiblichen Figur ist das Szenario des *Kaufmann von Venedig* wieder komplett: Aristokrat, Bürger, Jude und die geliebte Nation. Sie spielen in der Dreyfus-Affäre so ihre Rollen wie Bassanio, Antonio, Shylock und Portia. Auch hier ist es der Aristokrat, der durch seine traditionelle

Nähe zum Militär seine aufopfernde Liebe zur Nation am glaubhaftesten macht. Dem Juden wird sie erst gar nicht geglaubt, und der Bürger kann sie nur beweisen, wenn er den Aristokraten liebt und den Bürger in sich selbst als Shylock verfolgt. Das Paris der Dreyfus-Affäre war eine Bühne, auf der der *Kaufmann von Venedig* mit einer neuen Besetzung, aber mit den alten Rollen gespielt wurde. Diese Affäre, in deren Mittelpunkt wie im *Kaufmann von Venedig* ein Prozeß stand, war zugleich eine Probe für das Stück, das in der Weimarer Republik schließlich die Bühne und das ganze Theater in Trümmer legen sollte. Denn auch der deutsche Faschismus begann mit einer Lebenslüge des Militärs – der Dolchstoßlegende – und mit einer Verrats- und Konspirationstheorie. Auch dort konnte man so wenig wie im Frankreich nach 1870 einfach hinnehmen, daß das Militär und die reaktionären gesellschaftlichen Kräfte einen Krieg verloren und damit die gesamte Kultur von Thron und Altar diskreditiert hatten. Und auch dort meinte man, gegen eine demoralisierte und korrupte Republik kämpfen zu müssen, deren Demoralisierung man aber selber betrieb. Die wirklich demoralisierte Figur in diesem immer gleichen Spiel ist Antonio, der bürgerliche Kaufmann, der sich aufgibt und der Liebe zum Aristokraten verfällt. Seinen Haß auf seine prosaische Bürgerlichkeit und seinen niedrigen und unpoetischen Erwerbssinn projiziert er auf Shylock, den Juden. Und in heroischer Opferbereitschaft für die geliebte Nation versucht er, es dem todesmutigen Hasardeur von einem Aristokraten gleichzutun. Immer wenn dieses Drama gespielt wird wie in der Dreyfus-Affäre im Frankreich der Dritten Republik oder im Deutschland der Weimarer Republik, hat der Bürger sich als Citoyen selbst verraten. Er hat die Werte der Französischen Revolution verraten, und er hat die Werte bürgerlicher Lebensform verraten: Vernunft, Aufklärung, Mäßigung, Bildung, Weltbürgertum und die Ethik einer rational kontrollierten Lebensführung.

Adel und Rasse: Das Außerordentliche und der restaurative Mythos der zwei Nationen

Die 1890er Jahre, in denen das Drama der Dreyfus-Affäre als eine neue Variante des Shylock-Syndroms über die Bühne geht, sind die Jahre des Fin-de-siècle. Es ist die Zeit der Décadence und des Imperialismus. Die Kolonialmächte balgen sich in einem Anfall darwinistischer Stimmung um die letzten freien Gebiete des dunklen Afrika. Und die neue Demagogie der Dreyfus-Affäre hat unmißverständlich gezeigt: Der Shylock-Mythos hat seine Gestalt zwar gewahrt, aber unversehens eine neue Begründung erhalten – der ehemals religiös motivierte Antisemitismus ist rassistisch geworden.

Wir haben als literarische Dokumentation der Dreyfus-Affäre Prousts *Auf der Suche nach der verlorenen Zeit* genannt. Der Roman-Gigant wird für Hans Mayer in seinem mehrfach genannten Buch *Außenseiter* zum Beleg dafür, daß das Szenario von Shakespeares *Kaufmann von Venedig* wieder reproduziert wird. Für Mayer besteht allerdings der eigentliche Kern dieses Szenarios in der Konfrontation zwischen dem Homosexuellen Antonio und dem Juden Shylock. Sie sind für ihn die beiden beispielhaften Außenseiter, an denen die bürgerliche Aufklärung scheitert. Die Imago des Adligen spielt in seiner Rekonstruktion keine Rolle. Deshalb findet er die Entsprechungen für Antonio und Shylock in Prousts Baron de Charlus, dem ›Invertierten‹, und Albert Bloch, dem Juden. Als der Erzähler nach vielen Jahren Bloch wiedersieht, denkt er selbst an Shakespeares Drama: »Nah besehen hielt sich in der Durchsichtigkeit eines Gesichtes ..., worin ich nur heitere Jugend gesehen hatte ..., das angstvolle Gesicht eines alten Shylock, welcher geschminkt in der Kulisse auf sein Stichwort wartet und halblaut bereits den ersten Vers vor sich hinspricht.« (Proust III, 1954, 966)

Es verwundert, daß Mayer in seinem großen Buch über Sodom und Shylock nicht auf die seit 1951 vorliegende Arbeit von Hannah Arendt über *Elemente und Ursprünge totaler Herrschaft* eingeht: Denn sie nimmt genau diese Verbindung zwischen Homosexuellen und Juden im Proustschen Faubourg St. Germain zum Ausgangspunkt einer zeitdiagnostischen Analyse von größerer Tiefenschärfe. Für sie ist das zentrale Symptom, daß in den aristokratischen und großbürgerlichen Salons zur gleichen Zeit die Juden und die Homosexuellen ›en vogue‹ kommen und ›chic‹ werden. Der extreme Snobismus dieses Milieus hat es von aller gesellschaftlichen Erfahrung abgeschnitten. Nun dürstet es nach ›Monströsem‹, sucht exotische ›Erfahrungen‹ und betet das Außerordentliche des Genies an. Es ist die Zeit, in der Irrsinn, Genie und Verbrechen näher aneinanderrücken. Wir haben gesehen, wie akzeptabel man den Desperado Esterhazy finden konnte. In derselben Weise beginnt man, Homosexualität ›interessant‹ zu finden: Es ist nicht so, daß man vorurteilsfreier wird. Vielmehr findet man die Homosexualität interessant, weil sie ein Verbrechen ist. Es ist die Umwandlung eines verfolgten Verbrechens in ein ästhetisch interessantes Laster. Der gleichzeitige Fall Wilde in England zeigt, daß man dort nicht so weit gehen durfte wie in Frankreich. Hannah Arendt sieht in dieser Ästhetisierung des Verbrechens eine Parallelerscheinung zur offenen Verteidigung des Verbrechens von Oberst Henry durch Maurras in der *Libre parole*. So wird verständlich, warum in den Milieus des Faubourg St. Germain auch die Juden ›chic‹ werden. Die Dreyfus-Affäre zeigt, daß man Juden eigentlich für Verbrecher hält. In den snobistischen Milieus werden diese Verbrechen zu einer Art Laster.

Die schreckliche Folgerung aber, die sich aus Hannah Arendts Analyse ergibt, ist, daß das Laster aus den Verbrechen eine Fatalität und ein Schicksal machte, dem der einzelne durch seinen persönlichen Willen zum Guten sich gar nicht mehr zu entziehen vermochte.

Hannah Arendt begründet die Ästhetisierung des Verbrechens zum Laster mit der Erfahrungslosigkeit der Snobiety und der allgemeinen Kriminalisierung der Gesellschaft. Das Argument, das mir entscheidend scheint, deutet sie nur an: So wie der Adel eine unbegründbare höhere Qualität für sich in Anspruch nimmt, so werden die Juden zum Gegentypus einer unbegründbaren Lasterhaftigkeit. Die Form dieser Unbegründbarkeit, diese Stopregel für das Nachdenken heißt ›Rasse‹. Die Frage sowohl nach der Höherwertigkeit des Adels als auch nach der eingeborenen Lasterhaftigkeit der Juden kann mit ›Rasse‹ abschließend beantwortet werden. Dieser Begriff wird zu einer Zeit, in der der Adel seine politische Funktion längst verloren hat, zur gesellschaftlichen Rechtfertigung für seine Ansprüche. Er scheint im Jahrzehnt der Nietzsche-Begeisterung gesellschaftlich exportfähig zu sein. Das Bürgertum lechzt ebenfalls nach dem Außerordentlichen und bewundert es in vielen Formen, in den künstlerischen Genies à la Wagner, in den gewalttätigen Verbrechernaturen imperialistischer Abenteurer wie Kurtz aus Conrads *Heart of Darkness*, im politischen Übermenschen à la Bismarck und – in sozusagen gemütlicherem Format und in nicht ganz ernst zu nehmender Gestalt – in dem Duo von genialem Sherlock Holmes und dem Meisterverbrecher Moriarty. Am Rande dieser Galerie der Außerordentlichkeit finden sich der Dandy à la Wilde, der Homosexuelle und der Jude. Die Affinität zeigt sich auch in der belegten Imitation Disraelis durch Wilde, der Disraelis Roman *Vivian Grey* ein doppeltes Denkmal der Dankesschuld setzt: Seinen Sohn nennt er Vivian und den Titelhelden seines Romans Dorian Gray. An Proust sehen wir, wie diese generelle Außerordentlichkeit auch im Negativen auf den gleichen Begriff gebracht wird: Indem er die Homosexuellen mit den Juden vergleicht, nennt er auch sie eine ›Rasse‹:

> »Charlus«, sagt er, »gehörte zu der Rasse jener Wesen ..., deren Ideal männlich, gerade weil ihr Temperament weiblich ist«, und er fährt fort: »Sie (die Homosexuellen) sind ausgeschlossen sogar außer in den Tagen gnadenlosen Mißgeschicks, wo sich die meisten doch wieder um das Opfer scharen, wie die Juden um Dreyfus ... Wie die Juden wiederum (abgesehen von einigen, die nur mit den Angehörigen ihrer eigenen Rasse umgehen wollen, immer rituelle Ausdrücke auf der Zunge haben oder Witze, die sich auf heilige Dinge beziehen) meiden sie einander und suchen statt dessen jene, die ihnen am meisten entgegengesetzt sind, doch nichts von ihnen wissen wollen, deren rauhe Ablehnung sie aber zu verzeihen bereit sind und an deren Entgegenkommen sie sich förmlich berauschen; in

eine Gemeinsamkeit gleichwohl mit ihresgleichen gezwungen, durch das gewisse Scherbengericht, das über sie verhängt wird, und die Schmach, in die sie hinabgesunken sind, weil ihnen doch schließlich eine Verfolgung, die der des Judentums ähnlich ist, die physischen und psychischen Merkmale einer Rasse aufgedrückt haben; manchmal schön, manchmal Abscheu erregend (ungeachtet des Spottes, mit dem derjenige, der sich mehr der entgegengesetzten Rasse vermischt, ja besser angepaßt hat und nach außen hin der vergleichsweise weniger Invertierte scheint, den anderen überhäuft, der es eindeutiger geblieben ist) finden sie im Umgang mit ihresgleichen eine Entspannung und selbst eine Stütze für ihre Existenz, wobei sie sogar, während sie ablehnen, eine besondere Rasse zu sein (deren Name als die größte Beleidigung gilt) denjenigen, denen es gelingt, ihre Zugehörigkeit zu verbergen, denen die Maske abreißen, weniger um jenen zu schaden, obwohl ihnen auch das nicht unbedingt übel gefällt, als um sich selbst zu entschuldigen, und geneigt, wie ein Arzt die Blinddarmentzündung, so ihrerseits die Inversion in die Geschichte zurückzuverfolgen und mit Genugtuung daran zu erinnern, daß Sokrates einer der ihren war (wie die Israeliten von Jesus sagen, er sei Jude gewesen) ...« (Proust IV, 1954, 30 ff. und passim)

Immer wieder rekurriert Proust bei der Darstellung dieser Existenzform auf die Erfahrungen der Dreyfus-Affäre, so wenn er von Homosexuellen spricht, die »durch ihre zudringlich fixierenden Blicke, ihr Glucksen, ihr Lachen, die Zärtlichkeiten, die sie untereinander austauschen, eine Schar von Schülern schleunigst in die Flucht schlagen und mit einer Höflichkeit, hinter der Empörung lauert, von einem Diener bedient werden, der wie an den Abenden, wo er den Dreyfus-Anhängern aufzuwarten hat, am liebsten die Polizei holen würde, wenn es nicht dennoch vorteilhaft wäre, die Trinkgelder einzustecken.« (Proust IV, 1954, 37)

Diese dauernde Parallelisierung von Invertiertheit und Judentum bei Proust liegt ganz auf der Linie von Otto Weiningers *Geschlecht und Charakter* (Weininger 1903), wo dieser vornehmste Kronzeuge für den jüdischen Selbsthaß eine manichäische Philosophie der Entgegensetzung zwischen dem ›Elementaren‹ und dem ›männlichen Logos‹ entwickelte. Das ›Elementare‹ aber war für ihn zugleich das Weibliche und das Jüdische. Ihm zu verfallen hieß der Stimme des ›Blutes‹ zu gehorchen. »Weininger haßte das Blut, und sein Blut war jüdisches Blut. Und er haßte das Weib und die Stimme des Erdgeistes, von der Stunde ab, wo in dem Knaben das Gattungsgeheimnis sich zu regen begann. Kein Wort finden wir in Weiningers hinterlassenen Papieren so häufig wie die Worte: ›Verbrechen‹ und ›verbrecherisch‹.« (Lessing 1984, 92) Kurz nach dem sensationellen Erfolg seines Buches beging Weininger Selbstmord.

Das ganze Phantasma ist unvollständig, wenn man nicht das Komplementärbild hinzudenkt, in dem die Vorstellung erotisch siegreicher Männlichkeit kulturell Gestalt gewinnt: das Bild des unwiderstehlich erobernden und siegreichen Aristokraten, der mit herausforderndem Bravado in riskanter Attacke sich nimmt, was er will, und kraft des höheren Rechts auf Eroberung behält.

Verfolgt man, angeleitet durch die Dreiecksgeschichte des *Kaufmann von Venedig* zwischen Juden, Kaufmann und Edelmann, die Rolle der Aristokratie im antisemitischen Phantasma, stößt man auf das ›missing link‹, das den religiös-klerikalen Antisemitismus der Vergangenheit mit dem rassistischen Antisemitismus der neuesten Zeit verbindet. Es ist die Theorie von den zwei Nationen. Daß dieses ›missing link‹

in den bundesrepublikanischen Debatten der Vergangenheitsbewältigung kaum eine Rolle spielt, ist verständlich: Erstens läuft die Tradition dieser Entwicklung über Frankreich, und zweitens zeigt sich hier die Kontinuität eines klerikal-restaurativen Antisemitismus besonders deutlich, und den zur Kenntnis zu nehmen, war während der ersten Aufarbeitungsphase in der CDU-Ära Adenauers besonders störend. Noch die einschlägige Dissertation über *Die These von der Verschwörung 1776 bis 1945* von Johannes von Bieberstein wurde wegen eines Kapitels, das diese Kontinuität nachweist, von den Herausgebern der Bochumer historischen Reihe *Geschichte und Gesellschaft* nicht zur Publikation angenommen, und das gegen das Votum international renommierter Fachleute.

Frankreich ist das Land der Revolution, das Adel und Klerus entmachtet. Es ist natürlich, daß es auch das Land der Gegenrevolution ist, in dem die ersten Ideologien der Restauration entwickelt werden. Der Klerus, so hatten wir gesehen, hatte mit seinen Erklärungsmitteln die Französische Revolution zum Ergebnis einer Konspiration von Illuminaten, Freimaurern und Juden erklärt, die als Werkzeuge des Teufels das Reich des Unglaubens und des Geldes aufzurichten versuchten und darin die Kirche und den christlichen Adel als Werkzeuge Gottes zu einem apokalyptischen Endkampf herausforderten. Die Adelspropaganda schloß sich hieran an, und sie war gleich rassistisch. Dabei griff sie auf die Theorie des Comte de Boulainvilliers aus dessen *Histoire de l'ancien gouvernement de la France* von 1727 zurück, mit dem der Graf die Herrschaft des Adels gegen die Ansprüche des dritten Standes verteidigte. Danach war die französische Nation nicht, wie es später in der

Revolution heißen sollte, »une et indivisible«, sondern sie bestand aus zwei Völkern, die sich durch ihre soziale Stellung und ihre physischen Merkmale unterschieden: Das eine waren die keltischen Gallier, und sie bildeten die Bourgeoisie, und das andere waren die germanischen Franken, und sie stellten den Adel. Der germanische Adel herrschte kraft Recht der Eroberung. Diese Argumentation begründete die Herrschaftsansprüche des Adels nicht mehr, wie es im 18. Jahrhundert üblich war, legal, sondern historisch. Das war neu. Plausibilisiert wurde das im Jahrhundert der Kolonisation durch die Parallele mit den erobernden Europäern, die die Eingeborenen unterwarfen.

Während der Revolution blieb Boulainvilliers' Theorie unter den adligen Emigranten lebendig, die daraus Inspiration für eine ›germanische Internationale des Adels‹ ableiteten, um im Verein mit der englischen und deutschen Aristokratie Frankreich wiederzuerobern. Es ist eine der Kuriositäten der Geschichte, daß die Idee von der Überlegenheit der Germanen ihren Ursprung in Frankreich hat. Jedenfalls ist es bezeichnend, daß die Vorstellung der zwei Nationen dann in sozialer Verkleidung bei einem Rassentheoretiker wieder auftaucht, der uns noch beschäftigen wird, nämlich Disraeli, der seinem Roman Sybil über die Chartistenbewegungen in England den Untertitel *The Two Nations* gibt. Das ist 1845. Wenig später, 1853, erscheint das Hauptwerk des wichtigsten Rassentheoretikers auf dem Weg zum Rassismus, der *Essai sur l'inégalité des races humaines* von Arthur Graf Gobineau.

Gobineau übernimmt direkt die Zwei-Nationen-Theorie. Aber in der Jahrhundertmitte, wo die Bourgeoisie triumphiert, muß er natürlich erklären, wie der zum Herrschen geborene Adel im Kampfe so schmählich unterliegen konnte. Dazu erfindet er die Theorie von der Degeneration der Rassen. Sie kommt durch Rassenmischung zustande, weil sich immer das schlechtere Blut durchsetzt. Dahinter steht das bedrohliche Bild vom Rassenwirrwarr der großen Städte, eine antimodernistische Zwangsidee. Die Degeneration der Rassen geht dem Untergang des Adels voran; und den Untergang des Adels identifiziert Gobineau dann gleich mit dem Untergang einer Kultur und dem Untergang der Menschheit überhaupt. Hier sieht Gobineau als Ausweg nur die Herrschaft einer neuen Rassenaristokratie von Ariern, deren rassisch einwandfreier Charakter sich bei all denen zeigt, die die Merkmale der romantischen ›angeborenen Persönlichkeit‹ aufweisen. Entsprechend leitet Gobineau seine eigene Herkunft von den Merowingern ab.

Die Einführung des Rasse-Begriffs in die Geschichte eröffnete einem jeden Menschen die Möglichkeit, die großen historischen Kräfte in den Tiefen der eigenen Rassenseele wieder aufzuspüren und sich darüber psychologisch interessant zu machen. Wer sich seelisch aufwerten wollte, konnte sich selber durch einen imaginären Stammbaum adeln. Aus der Rasse wurde so der Adel des kleinen Mannes, bis die deklassierten Kleinbürger sich selber nobilitierten, indem sie sich zur Herrenrasse erklärten.

Über seine Faszination durch den Untergang der Kulturen importiert Gobineau auch jene apokalyptischen Dimensionen in die Rassentheorie, die sie anschließbar macht an die Vision einer Verschwörung von Juden und Freimaurern unter der Führung Satans zur Errichtung eines Reichs des Unglaubens und des Materialismus, die die klerikale Propaganda so unermüdlich verbreitete. Das erklärt die so erstaunliche Konstanz des Shylock-Syndroms und des antisemitischen Phantasmas mit allen seinen mittelalterlichen Ingredienzien und Assoziationsfeldern. Im Vorwurf des diabolischen Materialismus können dann schließlich auch die bourgeoise Sorge ums Geld und der theoretische Materialismus des Sozialismus zusammengezogen und als niedrige materielle Gesinnung der Juden denunziert werden, der man den Adel des soldatischen Geistes entgegenhält. Gobineau, der erst am Ende des Jahrhunderts wirklich populär wird, nimmt so die Motive vorweg, aus denen man zum Fin-de-siècle den Untergang des Abendlandes mit der Herrschaft der niederen Geldmentalität erklärt und den kommenden Kampf als Auseinandersetzung zwischen ›Helden und Händlern‹ beschreibt.

Wenn dann mit Vacher de Lapouges *L'Aryen et son rôle social* von 1899 die ganze Rassenlehre mit dem Darwinismus zusammengeführt wird, befinden wir uns in der Zeit, in der auch in Deutschland die Rassenlehre verbreitet wird. Der Schwiegersohn Wagners, Houston Stewart Chamberlain, bietet mit seinen *Grundlagen des 19. Jahrhunderts* von 1898 zum ersten Mal ein breitangelegtes Geschichtsbild auf rassistischer Grundlage, die ihn zu dem Nachweis nötigt, daß Jesus kein Jude gewesen sei.

Es besteht kein Zweifel: Der Rassismus startet als Ideologie des untergehenden Adels. Das verleiht ihm jenen dekadenten und apokalyptischen Zug, der im Mythos des Blutes Ahnenverehrung, Todesvisionen und Vorstellungen großer Verbrechen assoziativ zusammenführt. Noch hinter Hitlers Prätentionen als Künstler und Genie, hinter seiner Verachtung der Massen, seiner radikalen Geste und seinem Vabanquespiel werden die Konturen des sozialen Bezugsbildes sichtbar, das da imitiert wird: das Bild des adligen Desperado, so wie es etwa von Esterhazy in der Dreyfus-Affäre geboten wird, der sich seinerseits schon in Visionen von Judenmassakern von Hitlerscher Hemmungslosigkeit ergeht. Das Dritte Reich wird schon gleich inszeniert wie Felix Dahns *Kampf um Rom:* als Untergang der edlen Goten, die sich unter dem finsteren Teja mit einem Massaker aus der Weltgeschichte verabschieden.

Der erstaunliche Benjamin Disraeli und die Inversion des Kaufmann von Venedig

Mit Benjamin Disraeli sind wir wieder bei den Ursprungsorten des *Kaufmann von Venedig:* Shylocks Venedig und Shakespeares London. Die Familie Disraelis stammt aus Venedig, und er selbst wird in London eine Leiter hinaufsteigen, die zum Sitz des Premierministers des britischen Empire hinaufführt. 1814 geboren, wird er 1837 als Delegierter von Maidstone für die Tories ins Unterhaus gewählt; 1848, im Jahr der europäischen Revolutionen, wird er parlamentarischer Führer der Tories, 1852 Schatzkanzler im Ministerium Derby, und 1868 macht er Queen Victoria, die ihn von allen ihren Premiers am liebsten hatte, zur Kaiserin von Indien, und sie macht ihn dafür zum Earl of Beaconsfield. 1878 auf dem Berliner Kongreß macht er das Werk Joseph Nasis wieder rückgängig: Er nimmt der Türkei Zypern weg und verleibt es dem britischen Empire ein. Der Ausspruch, mit dem er vom Berliner Kongreß heimkehrt – ›Peace with honour‹ – wird noch in Chamberlains Resümee des

Münchner Abkommens von 1938 indirekt zitiert: »Peace for our time.« Als der Earl of Beaconsfield 1881 stirbt, beschließt das Parlament, ihm in der Westminster Abbey ein Denkmal zu setzen.

In fast allen biographischen Lexika finden sich Formeln wie die in *Everyman's Dictionary of Literary Biography:* »The career of Disraeli is one of the most remarkable in English history.« Die eingestandene und uneingestandene Erstaunlichkeit liegt darin, daß ein Jude eine Karriere machen kann, die ihn an die Spitze des größten Imperiums der Neuzeit führt. Als der Schriftsteller Max Nordau, Autor des vielbesprochenen Buches *Entartung,* auf dem Basler Zionistenkongreß die Nöte und Demütigungen der Juden in allen Ländern der Welt geschildert hat, schließt er: »Nur auf ein Land findet das alles keine Anwendung ... in England ist die Judenemanzipation eine Wahrheit. Sie ist nicht bloß geschrieben, sie wird gelebt.« (Zit. nach Keller 1966, 491) England ist anders, und Disraeli ist anders. Beides wirkt wie die negative Paßform zu dem psychologischen Relief des bürgerlichen Selbsthasses, der als seine Zwillinge die Imitation des Adels und den Haß auf die Juden hervorbringt.

Auch Disraeli spielt das Spiel des *Kaufmann von Venedig* zwischen Bürger, Jude und Edelmann. Aber er spielt es mit einer neuen Besetzung. Die Positionen sind bekannt: Tatsächlich meint auch Disraeli, daß das bürgerliche Zeitalter des Unglaubens und des Materialismus die Kultur bedroht; und auch er glaubt, daß die Rettung nicht von der Seite zu erwarten ist, von der die Bedrohung ausgeht: vom Liberalismus, vom Kapitalismus, vom Unglauben und von den Bürgern. Die Rettung, verkündet er, kann nur von einem opferbereiten, idealistisch gesonnenen Adel ausgehen, der noch nicht dem Geist des Geldes verfallen ist. Das ideologische Spielfeld sieht also ähnlich aus wie auf dem Kontinent. Aber für Shylock hat Disraeli eine neue Rolle vorgesehen. Ihn erklärt Disraeli zum Erben des ältesten und vornehmsten Adels der Weltgeschichte – der jüdischen Rasse. Er hat die Evolutionstheorie noch nicht akzeptiert, aber die eigentlich bestimmende Kraft hinter allen geschichtlichen Bewegungen ist für Disraeli die Rasse; und der Adel der Welt ist die jüdische Rasse, denn nur durch sie hat Gott mit der Menschheit gesprochen.

Disraeli versucht sich zunächst als Schriftsteller einen Namen zu machen, und mit dem Society-Roman *Vivian Grey* gelingt ihm das auch: Für eine Zeitlang wird er zu einem Dandy, der durch die Brillanz und die Kühnheit seiner Konversation auf sich aufmerksam macht und sich auf diese Weise den Weg in die gute Gesellschaft erzwingt. Dann aber wendet er sich – von seinem literarischen Talent nicht restlos überzeugt – der Politik zu. Aber während er als Abgeordneter des Unterhauses die politische Maschinerie zu bedienen lernt, schreibt er drei politische Romane: *Coningsby, Or the New Generation* (1844), *Sybil, Or the Two Nations* (1845) und *Tancred, Or the New Crusade* (1847). Sie bilden eine Trilogie, und jedes Buch der Trilogie behandelt eine von den drei gesellschaftlichen Grundkräften, die in Disraelis politischem Entwurf die bestimmende Rolle spielen: *Coningsby* handelt vom Adel, *Sybil* vom Volk und *Tancred* von der Religion.

Die Zeit, in der Disraeli diese Romane schreibt, ist die Zeit seiner Rebellion gegen den anerkannten Parteiführer Sir Robert Peel (nach dessen Vornamen die englischen Polizisten ›Bobbies‹ heißen). Für Disraeli hatte der Konservativismus sich selbst aufgegeben und war unter Peel zu einem verkleideten Liberalismus degeneriert. Was man brauchte, war eine offensive konservative Ideologie. Da er die alten Aristokraten nicht mehr ändern konnte, setzte Disraeli seine Hoffnungen auf die junge Generation. Deshalb heißt der Untertitel von *Coningsby: The Young Generation*. In der Zeit, in der er den Roman schreibt, formiert Disraeli eine Gruppe von parlamentarischen Rebellen, die die Sammelbezeichnung ›Young England‹ erhalten. Sie lassen Peel stürzen, als er eine liberale Sünde begeht und die Kornzölle aufhebt. In *Coningsby* will Disraeli zeigen, daß die Konservativen prinzipienlos geworden sind. Hierfür steht der Großvater des Titelhelden, Lord Monmouth: Mit dieser Figur bietet Disraeli ein Porträt von Lord Hertford, den auch Thackeray mit seinem Lord Steyne in *Vanity Fair* karikiert. Die Aristokratie muß also nach Disraeli ihren Glauben an sich selbst zurückgewinnen. Das kann nur durch einen Kampf gegen den Geist des Utilitarismus und der Rationalität geschehen, in dem die Benthamites die Reformen vorwärtstreiben. Der parlamentarischen Regierungsform gegenüber wird große Skepsis geäußert, da das Wahlrecht seit 1832 auf die bürgerlichen Klassen ausgeweitet wurde. Statt dessen soll sich der Adel wieder um eine starke Monarchie sammeln, und geäußert werden die meisten dieser Vorschläge in *Coningsby* von dem weisen Juden Sidonia – einem Porträt von Rothschild. *Sybil, Or the Two Nations* zeigt dann, worin der eigentliche Abstoßungspunkt für den neuen Konservativismus liegt: im Antikapitalismus. Der Untertitel *The Two Nations,* der an Boulainvilliers erinnert, meint die Nation der Armen und die Nation der Reichen. *Sybil* ist einer der ersten

Romane, die auf das soziale Elend der Arbeiter eingehen. Disraeli nimmt Partei für die Chartisten, und dies in einer Zeit der Unruhen und der Revolutionsfurcht. Hier, im Bündnis mit dem unterdrückten und ausgebeuteten Volk, sieht Disraeli die neue Chance für die Konservativen. In der gemeinsamen Frontstellung gegen den modernen Geist des Kapitalismus, der Unpersönlichkeit und der menschlichen Gleichgültigkeit kann der Adel den aristokratischen Wert der persönlichen Loyalität, der korporativen Solidarität und der religiösen Ehrfurcht wieder zur Geltung bringen und auf diese Weise an eine alte Tradition anknüpfen, die ihn einst zur politischen Führung legitimierte. Was auf dem Kontinent ab der Dreyfus-Affäre die grauenhafte Form des Faschismus anzunehmen begann – das Bündnis zwischen den Vertretern der alten Ordnung und den Massen –: In Disraelis Entwurf zeichnet es sich schon sehr viel früher ab, natürlich ohne die Ingredienzien des vulgären Antisemitismus und der Demagogie. Was aber Disraelis Entwurf letztlich auch zusammenhält und inspiriert, zeigt sich in seinem dritten Roman *Tancred:* Es ist das Konzept der auserwählten Rasse.

Begriffsstrategisch reorganisiert Disraeli das ganze ideologische Schlachtfeld durch zwei entscheidende Umdispositionen: 1. Die Unvermischtheit, Reinheit und Gottesnähe des jüdischen Volkes machte es zum ältesten Adel der Menschheit. 2. Das Christentum ist eine Fortsetzung des Judaismus und seinem ganzen Wesen nach jüdisch: Das macht seinen eigentlichen Wert aus. Wenn er dann den englischen Adel aufruft, im Rückgriff auf sein christliches Erbe der bürgerlichen Herrschaft durch den Gott Mammon entgegenzutreten, dann führt er rassische und religiöse Kriterien wieder zum Konzept der Auserwähltheit zusammen. Mit dieser Vision vor Augen pilgert der Titelheld von *Tancred*, Sproß einer hochadligen Familie, nach Jerusalem, um am Ort der immer wieder erneuerten religiösen Inspiration Hinweise für die Mission des Adels und seiner selbst zu finden. Darin folgt er ebenso den Spuren seines Autors, der als junger Mann eine Reise nach Jerusalem unternommen hatte, wie den Spuren seiner Vorfahren, die als Kreuzfahrer zum Heiligen Grabe pilgerten, um dem überlegenen jüdischen Geist zu huldigen. Und mit einer polemischen Wendung gegen die Französische Revolution sagt der Erzähler über diese Pilgerfahrt.

> »Before the inventions of modern science, all his countrymen used to flock hither ... is it not the land upon whose mountains the Creator of the Universe parleyed with Man, and the flesh of whose anointed race He mystically assumed, when He struck the last blow at the powers of evil? Is it to be believed, that there are no peculiar and eternal qualities in a land thus visited, which distinguish it from all others? That Palestine is like Normandy or Yorkshire, or even Attica, or Rome?
>
> There may be some who maintain this; there have been some, and those, too, among the wisest and the wittiest of the Northern and Western races, who, touched by a presumptuous jealousy of the long predominance of that Oriental intellect to which they owed their civilization, would have persuaded themselves and the world that the traditions of Sinai and Calvary were fables. Half a century ago, Europe made a violent and apparently successful effort to disembarrass itself of its Asian faith. The most powerful and most civilized of its kingdoms, about to conquer the rest, shut up its churches, desecrated its altars, massacred and persecuted their sacred servants, and announced that the Hebrew creeds which Simon Peter brought from Palestine, and which his successors revealed

to Clovis, were a mockery and a fiction. What has been the result? In every city, town, village, and hamlet, of that great kingdom, the divine image of the most illustrious of Hebrews has been again raised amid the homage of kneeling millions; while, in the heart of its bright and witty capital, the nation has erected the most gorgeous of modern temples, and consecrated its marble and golden walls to the name and memory and celestial efficacy of a Hebrew woman.« (Disreaeli 1904, 201 ff.)

Der entscheidende Gedanke ist, daß der jüdische Geist durch das Medium des Christentums und der Heiligen Schrift die Zivilisation der Welt geformt hat. Am Ende des Romans wird das von Tancred selbst erkannt und ausgesprochen, als er Jesus in eine Reihe mit den anderen jüdischen Propheten rückt:

»... the descendant of King David as well as the son of God. But through this last and greatest of their princes it was ordained that the inspired Hebrew mind should mould and govern the world. Through Jesus, God spoke to the Gentiles and not to the tribes of Israel only. That is the great worldly difference between Jesus and his inspired predecessors. Christianity is Judaism for the multitude, but still it is judaism, and its development was the death-blow to the Pagan idolatry.«

»Gentiles«, murmured Fakredeen; »Gentiles! – You are a Gentile, Tancred?«

»Alas! I am«, he answered, »sprung from a horde of Baltic parates, who never were heard of during the greater annals of the world – a descent which I have been educated to believe was the greatest of honours. What we should have become, had not this Syro-Arabian creeds formed our minds, I dare not contemplate. Probably we should have perished in mutual destruction.«

Das Programm, das aus all dem abgeleitet wird, zielt auf die Wiederherstellung der europäischen Zivilisation durch das Genie der jüdischen Religiosität. Von Asien aus soll Europa gerettet werden:

> »The world, that, since its creation, has owned the spiritual supremacy of Asia, which is but natural, since Asia is the only portion of the world, which the Creator of that world has deigned to visit, and in which He has ever conferred with Man, is unhappily losing its faith in those ideas and convictions that hitherto have governed the human race. We think, therefore, the time has arrived when Asia should make one of its periodical and appointed efforts to reassert that supremacy ... We wish to conquer that world, with angels at our head, in order that we may establish the happiness of Man by a divine dominion, and, crushing the political Atheism that is now desolating existence, utterly extinguish the grovelling tyranny of self-government.« (Disraeli 1904, 499 f.)

Angesichts der damaligen Entwicklung der Kolonialreiche orientiert sich diese Vision an der Vorstellung, daß innerhalb eines Imperiums wie des britischen das Gravitationszentrum nach Osten wandern kann wie einst im Römischen Reich. Im Roman wird, allerdings von einer nicht ganz ernst zu nehmenden Figur, vorgeschlagen, die Königin von England solle ihre Hauptstadt nach New Delhi verlegen. Das klingt fantastisch – aber die Krönung Victorias zur Kaiserin von Indien, für die Disraeli später sorgen wird, sieht ganz aus wie ein erster Schritt in diese Richtung. Wie später auf dem Kontinent zum Fin-de-siècle, sind diese ausgreifenden Ideen von historischen Missionen und Eroberungen ebenfalls mit Motiven des Imperialismus verflochten, nur mit inversen Vorzeichen: Der eroberte Orient erobert England und Europa auf dem Felde des Geistes, wie er es im Römischen Reich schon einmal getan hat. Zeitlebens hat Disraeli eine aktive imperiale Politik befürwortet und dann selbst betrieben, und zwar besonders im Orient: Er läßt die Verwaltung Indiens von der Ostindischen Compagnie auf die Krone übertragen, kauft die Aktien des Suez-Kanals, hindert Rußland an der Zerstörung der Türkei, erwirbt Zypern, führt Krieg in Afghanistan und läßt den Prinzen von Wales eine Indienreise unternehmen, die die Kaiserkrönung Victorias vorbereitet. Ein antisemitischer Paranoiker hätte in all dem den Versuch sehen können, die Interessen Englands denen von Zion dienstbar zu machen. Und in *Tancred* hätte er für diese Ansicht Munition gefunden, wo es in unbewußter Vorwegnahme von Disraelis späterer Laufbahn und in Anspielung auf die Rolle Josephs von Ägypten heißt:

> »›Egypt,‹ said he, ›never changes. T'is the same land as in the days of the Pharaohs: governed on their principles of political economy, with a Hebrew for Prime Minister.‹
> ›A Hebrew for Prime Minister!‹
> ›Even so: Artim Bey, the present Prime Minister of Egypt, formally the Paschas envoy at Paris, and by far the best political head in the Levant, is not only the successor but the descendant of Joseph.‹
> ›He must be added then to your friend M. de Sidonia's list of living Hebrew statesmen‹, said Tancred.
> ›We have our share of the government of the world‹, said Besso.
> ›It seems to me that you govern every land except your own.‹« (Disraeli 1904, 469)

All dies wird 1847 geschrieben! Selbst Gobineaus Lehre von der Degeneration der Rassen durch Vermischung nimmt Disraeli vorweg. Gerade weil die jüdische Rasse sich nicht vermischt habe, sei sie im Prinzip konservativ:

> »The Jews represent the semitic principle; all that is spiritual in our nature. They are the trustees of Tradition, and the conservators of the religious element. They are a living and the most striking evidence of the falsety of that pernicious doctrine of modern times, the natural equality of Man. The political equality of a particular race is a matter of municipal Arrangement, and depends entirely on political considerations and circumstances; but the natural equality of Man now en vogue, and taking the form of cosmopolitan fraternity, is a principle which, were it possible to act on it, would deteriorate the great races and destroy all the genius of the world. What would be the consequence on the great Anglo-Saxon republic, for example, were its citizens to secede from their sound principle of reserve, and mingle with their negroe and colored populations? ... The native tendency of the jewish race, who are justly proud of their blood, is against the doctrine of the equality of Man. They have also another characteristic, the faculty of acquisition ... Thus it will be seen that all the tendencies of the jewish race are conservative. Their bias is to religion, property, and natural aristocracy; and it should be the interest of statesmen that this bias of a great race should be encouraged, and their energies and creative powers enlisted in the course of existing society.« (Zit. nach Buckle III, 1914, 64)

Es ist eine ganz eigenartige Kombination aus geistigem Adel und biologischer Reinheit des Blutes, die Disraelis Konzept der Rasse organisiert. »›All is race; there is no other truth ... what is individual character but the personification of race‹, said Sidonia, ›its perfection and choice exemplar?‹« (Disraeli 1904, 177) In dieser rassischen Reinheit liegt die Affinität zwischen Juden und Adel. Deshalb wird Disraeli ein Konservativer. Und gerade weil er seine jüdische Abkunft als Adel empfindet, hat er nie versucht, sie zu verbergen oder zu verleugnen. Und wenn er schlicht das Christentum zum Judaismus erklärt, hat er natürlich auch keine Probleme mit dem Übertritt seiner Familie zum Christentum.

Der Fall Disraelis ist deshalb so interessant, weil er die Kontrafaktur des kontinentalen Shylock-Spiels darstellt. Alle Elemente und Kombinationen sind gegeben: die Rasse als ideologische Basis für das Bündnis zwischen Adel und Volk, die Ideologisierung des Konservativismus durch populistische Modernisierung, die Frontstellung gegen die Französische Revolution und den Geist des Bürgertums und der Gleichmacherei, die Polemik gegen Materialismus und den Geist der Moderne, die imperialistischen Motive wie die Mission einer Rasse und die Unterwerfung der Völker sowie die messianischen Hoffnungen. Es besteht kein Zweifel: Disraeli bietet in seinem ganzen Zuschnitt und persönlichen Geschmack eine Vorwegnahme dessen, was erst in der Konfiguration des Fin-de-siècle Gestalt gewann. Nicht umsonst ist eine der ihm ähnlichsten Gestalten Oscar Wilde, wo sich der Aristokratismus völlig ins Dandyhafte, Orientalische und Scharlatanhafte verwandelt – alles Qualitäten, die auch Disraeli zeitlebens nachgesagt wurden. Taucht hier die Affinität zwischen Juden und Homosexuellen wieder auf? Auch das gehört ins Bild.

Aber wenn die Elemente und Spielzüge dieselben waren – die Rollen waren es nicht: Disraeli brachte das Kunststück fertig, das Judentum gerade mit dem Antimodernismus, der Romantik, dem Idealismus und – über die Rassenreinheit – mit dem Adel zu identifizieren; im Ursprungsland des *Kaufmann von Venedig* verbrüdern sich Shylock und Bassanio auf Kosten von Antonio. Und warum auch nicht? Auch das war theoretisch möglich. Aber praktisch ging das nur, weil Disraeli in England ein antisemitisches Klischee gar nicht vorfand, das ihn gezwungen hätte, sich in der Auseinandersetzung an ihm zu orientieren; er konnte es einfach ignorieren. Disraeli war anders, weil England anders war. Ausgerechnet in England lebte der Shylock-Mythos nur noch in der Literatur. Man benutzte ihn unschuldig. Als Dickens in seinem *Oliver Twist* den schurkischen Juden Fagin geschaffen hatte, der seitdem alle Kinderherzen das Gruseln lehrt, war ihm gar nicht bewußt, daß er damit eine wirkliche Minderheit diskreditierte. Er war fürchterlich bestürzt, als man es ihm sagte, und entschuldigte sich mit dem weisen Juden Riah in *Our Mutual Friend.* Shylock war ihm zur literarischen Konvention geworden, weil er keine soziale Realität mehr war. Es ist gesagt worden, daß in allen politischen Polemiken, Invektiven und Karikaturen, die im kämpferischen Leben eines Wahlkampf führenden Politikers und eines formidablen Debattenredners vom Format Disraelis nicht ausbleiben können, nie jemals die antisemitischen Klischees benutzt wurden, die auf dem Kontinent ›de rigueur‹ gewesen wären. Gerade weil das im großen und ganzen stimmt, kann man auch die Ausnahme zitieren, weil sie etwas im Gefolge hatte, was auf dem Kontinent häufig derartige Konfrontationen zu begleiten pflegte: eine Forderung zum Duell. Bei einem Schlagabtausch mit dem irischen Volksführer O'Connell, bei dem Disraeli übrigens mit den unfairen Provokationen begonnen hatte, antwortete O'Connell:

> »His (Disraeli's) name shows that he is by descent a Jew. They were once the chosen people of God. There were miscreants ... amongst them, however, also, and it must certainly have been from one of those, that Disraeli

descended. He possesses just the qualities of the impenitent thief that died upon the cross, whose name I verily believe must have been Disraeli. For ought I know the present Disraeli is descended from him, and with the impression that he is I now forgive the heir at law of the blasphemous thief that died upon the cross.« (Zit. nach Froude 1905, 61 f.)

Zwar fand die Öffentlichkeit, daß dieser Witz wirklich gut war, aber auch, daß O'Connell zu weit gegangen war. Auch Disraeli fand, daß er sich nicht ungestraft beleidigen lassen dürfte, und forderte O'Connell zum Duell. Der aber hatte geschworen, sich nie wieder zu duellieren, nachdem er bei einer früheren Gelegenheit einen Gegner getötet hatte. Dafür war dann bei der nächsten Gelegenheit sein Sohn, Morgan O'Connell, eingesprungen und hatte sich mit Lord Alvanley duelliert. Doch der habe seinen Vater beleidigt, erklärte Morgan O'Connell. Mit Leuten, die umgekehrt von seinem Vater beleidigt würden, würde er sich nicht duellieren. Daraufhin veröffentlichte Disraeli einen Brief in der *TIMES*, in dem er O'Connell einen ›Yahoo‹ nannte, die katholische Religion despektierlich kommentierte und die Iren als ›a starving race of fanatical slaves‹ bezeichnete. Bevor es nun wegen des Briefes zum Duell kommen konnte, wurde Disraeli verhaftet und mußte bei Strafe von 500 £ schwören, friedlich zu bleiben. Seiner Reputation aber hat die Affäre nicht geschadet.

Wie kommt es, daß England so anders war als der Kontinent? Nun, auch hier zeigt sich die Inversion des Szenarios von Bürger, Jude, Edelmann. In England war die Lage der Klassen grundlegend anders. Der Adel hatte sich blendend an die Modernisierung angepaßt und sie durch seine kapitalistische Landwirtschaft und durch die aktiv betriebene Industrialisierung selbst kräftig gefördert. Umgekehrt hatten sich die aufstrebenden Bürger, sofern sie anglikanisch waren, schon früh an einer humanistisch geprägten Gentleman-Kultur orientiert, die sie wenig anfällig machte gegenüber einem Selbsthaß aus aristokratischer Perspektive. Die kulturelle und soziale Mischung von Bürgertum und Adel war dabei ermöglicht durch eine Besonderheit im englischen Adelserbrecht, nämlich der absoluten Geltung der Primogenitur: Nur der älteste Sohn erbte Landgut, Vermögen und Adelstitel. Der jüngere mußte sich nach bürgerlichen Erbinnen umsehen oder selbst einen Beruf ergreifen, was ihm auf dem Kontinent verboten gewesen wäre. Es konnte also in England gar nicht zu einer kulturellen Dichotomie zwischen heroischem Adel und materialistisch denkendem Bürgertum kommen, wie sie fast alle kontinentalen Länder außer der Schweiz und Holland mehr oder weniger kennzeichnet. Und deshalb konnten im englischen Nationalgefühl auch die beiden Komponenten zusammenlaufen, die sich sonst so sehr zu widersprechen schienen: der Stolz auf den kommerziellen wirtschaftlichen Erfolg und der auf den militärisch-imperialen Glanz.

Ein weiteres Moment führt wieder zurück zum Judaismus und zu Shakespeare: Wir hatten gesagt, daß Shakespeare Shylock eine Rolle spielen läßt, die anderswo, etwa in *Was Ihr Wollt,* ein Vertreter der von ihm verabscheuten Puritaner spielt. Seitdem hatten die Puritaner eine Revolution erfolgreich durchgeführt und nach der Restauration im Milieu des sogenannten ›Dissent‹ von nicht-anglikanischen Quäkern, Presbyterianern, Mennoniten, Methodisten und anderen Freikirchen eine Kultur entfaltet, die die bürgerliche Lebensform offensiv, selbstbewußt, überzeugt und rigoros vertrat. Und diese Kultur war geprägt durch eine alttestamentarische Schrifttheiligkeit und gesellschaftliche Autonomie, durch eine permanente Frontstellung gegenüber den etablierten Institutionen und einen Hang zum wirtschaftlichen Erfolg, daß sie in vielem den Voraussetzungen jüdischer Existenz recht nahe kam. Auch Disraeli ist das bewußt:

> »Vast as the obligations of the whole human family are to the Hebrew race, there is no portion of the modern populations so much indebted to them as the British people. It was ›the sword of the Lord and of Gideon‹ that won the boasted liberties of England; chanting the same canticles that cheered the heart of judah amid their glens, the Scotch, upon their hillsides, achieved their religious freedom.« (Disraeli 1904, 314)

Es ist also kein Wunder, daß Max Weber die puritanische Kultur für die Entstehung des Kapitalismus verantwortlich macht und Werner Sombart, in Antwort auf Webers These, die jüdische. Puritanismus und Judaismus sind verwandte Formen bürgerlicher Existenz.

Das Bürgertum hatte in England längst die Spaltung in Wirklichkeit vollzogen, die ihm auf dem Kontinent unter dem Druck des Modernismus psychologisch drohte: die Spaltung in ein Ich-Ideal nach dem Vorbild des Adels und in das gehaßte Selbstbild des geldgierigen Juden, der für alle Malaisen der Moderne verantwortlich war. Dieses Phantasma blieb England erspart, weil Gentry-Bürgertum und puritanisches Bürgertum seit Shakespeares Zeiten in der Wirklichkeit miteinander Erfahrungen sammeln konnten. Und im Zuge ihrer Auseinandersetzung entwickelten die einen keinen Minderwertigkeitskomplex, und die anderen fanden ihre eigene Lebensform alles andere als falsch. Für Antisemitismus als psychologisches Zerfallsprodukt dieser bürgerlichen Schizophrenie war also hier kein Platz. Aber Disraelis konservative Identifikation von Judentum und Adel paßt wie ein Negativ zu unserem Bild vom Antisemitismus als Ausscheidung des bürgerlichen Selbsthasses bei Imitation des Adels. Der Shylock-Mythos ist das Bild vom Bürger in der Form seiner Schäbigkeit, gemessen an der gelungenen Gestalt adliger Existenz und ins Gigantische vergrößert durch die kulturkritische Identifikation mit der Malaise der Moderne.

TEIL II

Der Kaufmann von Venedig
in Deutschland –
eine dramatische Erzählung
in fünf Akten

Prolog

Für die Emanzipation der Juden in Deutschland stehen ein Name, Gotthold Ephraim Lessing, und ein Drama: *Nathan der Weise*. Herzstück dieses Dramas ist die berühmte Ringparabel aus der dritten Novelle des *Decamerone* über den Juden Melchesidech: wie ein Königshaus im Osten als kostbarstes Erbteil einen Ring besaß, der die Kraft hatte, »vor Gott und Menschen angenehm zu machen, wer in dieser Zuversicht ihn trug«. Jeder König vererbte ihn bei seinem Tode seinem Lieblingssohn, bis er schließlich an einen König kam, der seine drei Söhne gleichermaßen liebte. Unfähig, sich zwischen ihnen zu entscheiden, ließ er zwei weitere Ringe anfertigen, die man nicht vom ersten unterscheiden konnte, und gab jedem seiner Söhne einen als sein Erbteil. Als nach seinem Tode die Söhne ihren Streit um den echten Ring vor Gericht brachten, entschied der weise Richter: jeder solle durch sein Verhalten die Echtheit seines Ringes zu erweisen trachten. In der Tat, das Argument ist überzeugend, denn der Ring ist das Symbol einer Rückkopplung: Wer den echten Ring nicht schon sicher zu besitzen glaubt und die angenehme Wirkung deshalb als Folge erwarten kann, muß umgekehrt seine heilsame Wirkung selber herbeiführen, um sie als Nachweis der Echtheit benutzen zu können. Deshalb wirkt die Rückkopplung, die der Ring symbolisiert, besser als der Ring. Was sich in den erbaulichen Kommentaren der Sekundärliteratur aber kaum findet, ist, daß dies eben die Figur puritanischer Erwähltheitsvorstellungen ist: Die Erwähltheit darf man nicht voraussetzen, sie zeigt sich an ihren Symptomen.

Um dieses Herzstück hat Lessing eine Dreiecksgeschichte zwischen Moslem, Christ und Jude gesponnen, die das Schema der Ringparabel wiederholt: Am Ende erweisen sich die Jüdin Recha und der christliche Tempelherr als Geschwister und der Sultan Saladin als ihr Onkel. Und alle erkennen in dem weisen Nathan ihren geistigen Vater. Wir haben gesagt, daß Lessings Stück eine Kontrafaktur von Marlowes The *Jew of Malta* ist: Hatte dort die wechselseitige Relativierung der drei Weltreligionen nur Atheismus, Unmoral und schließlich ein Massaker im Gefolge gehabt, führt sie bei Lessing zur triumphalen Krönung der Toleranz in einem Umarmungsfest, in dem die Verwandtschaft der Menschen gefeiert wird. In der Figur des Nathan aber ist Lessings Stück auch eine Kontrafaktur des *Kaufmann von Venedig* und zugleich in einer merkwürdig invertierten Weise auch sein Nachfolger – denn die Vorgeschichte Nathans nimmt das jüdische Schicksal des 20. Jahrhunderts vorweg: Nathan hat seine gesamte Familie – seine Frau und seine sieben Söhne – bei einem von Christen an Juden verübten Massaker verloren. Aber anders als Shylock und entgegen seinem ersten Impuls sucht er nicht nach Rache, sondern nimmt das elternlose Christenmädchen Recha an Kindesstatt an – auch darin das Gegenteil von Shylock, der eine Tochter an die Christen verliert.

Lessings Drama erscheint 1779, zehn Jahre vor der großen Revolution. Für seine Entstehung haben wir dem Hamburger Hauptpastor Goeze, dem Hort und Hüter christlicher Orthodoxie, zu danken: Als Lessing in einer intensiven Polemik mit Goeze das Banner der religiösen Freiheit und der humanistischen Moral erhebt, erhält er ein Schreibverbot in theologischen Dingen. Da verlegt er seine Kanzel ins Theater und verkündet seine Botschaft in Form eines Dramas. Und dieses Drama *Nathan der Weise* – fast 200 Jahre nach Marlowes *Jew of Malta* als dessen Kontrafaktur geschrieben – bewerkstelligt in formaler Hinsicht das gleiche für das deutsche Drama wie Marlowe für das englische: Es etabliert den Blankvers des fünfhebigen Jambus als die geeignete Ausdrucksform für das Drama überhaupt. Und damit etabliert es das Drama als die geeignete Form für die öffentliche Verhandlung bedeutender Fragen. Wir folgen diesem Impuls und inszenieren das weitere Schicksal Shylocks in Deutschland wie ein Shakespearesches Drama als eine Sequenz von fünf Akten. Jeder Akt enthält eine neue Variante des Szenarios aus dem *Kaufmann von Venedig*; aber jeder Akt ist auch eine weitere Station in einem vorwärtsschreitenden Drama, das seinerseits wieder die Kontrafaktur von Lessing darstellt: Ihr innerster Kern ist die Kehrseite der Vernunft. Das wahnsinnige Haupt der Medusa, das jeden, der es sieht, vor Entsetzen erstarren läßt. Hier führt die Geschichte des *Kaufmann von Venedig* ins ›Herz der Finsternis‹. So enthält der vierte Akt die Kontrafaktur des Prozesses aus dem vierten Akt des *Kaufmann von Venedig*, und dieser Prozeß nimmt für den Ankläger die Form von Joseph Conrads Reise in das *Heart of Darkness* an.

Akt 1

Heinrich Heine und Shylock

Der Kaufmann von Venedig beginnt mit der Zeile »In sooth I know not why I am so sad.« Das außerhalb Deutschlands bekannteste deutsche Gedicht beginnt mit der Zeile: »Ich weiß nicht, was soll es bedeuten, daß ich so traurig bin.« Der Regisseur und Hauptdarsteller des ersten Aktes, in dem in Deutschland der *Kaufmann von Venedig* gespielt wird, heißt Heinrich Heine, geboren am 13. Dezember 1797 in Düsseldorf im Zeitalter der Französischen Revolution. Als ›Trommler‹ und ›Tambourmajor‹ der Freiheit, den noch Grassens kleinwüchsiger ›Blechtrommler‹ zu seinen Ahnen rechnet, eignet er sich bestens für die Eröffnung eines dramatischen Schauspiels. Denn er selbst hat seine Visionen historischer Panoramen immer wieder als ›Schauspiele‹, als ›Possen‹, ›Komödien‹ und ›Tragödien‹ gesehen. Für ihn war das wichtigste und zentrale Ereignis der Zeit, die Französische Revolution, ein großes Drama. Und auch seine berühmten Zukunftsvisionen, mit denen er wie ein Prophet des alten Israel die beiden Parteien seines Publikums, die Deutschen und die Franzosen, schreckt, sieht er als gewaltige Dramen und die Welt als ihre Bühne. Wer kennt nicht jene unheimliche Prophetie am Ende des Essays *Zur Geschichte der Philosophie und Religion in Deutschland?*

> »... wenn Ihr es einst krachen hört, wie es noch niemals in der Weltgeschichte gekracht hat, so wißt: der deutsche Donner hat endlich sein Ziel erreicht. Bei diesem Geräusche

werden die Adler aus der Luft tot niederfallen, und die Löwen in der fernsten Wüste Afrikas werden die Schwänze einkneifen und sich in ihren königlichen Höhlen verkriechen. Es wird ein Stück aufgeführt werden in Deutschland wogegen die französische Revolution nur wie eine harmlose Idylle erscheinen möchte. Jetzt ist es freilich ziemlich still: und gebärdet sich auch dort der eine oder der andere etwas lebhaft, so glaubt nur nicht, diese würden einst als wirkliche Akteure auftreten. Es sind nur die kleinen Hunde, die in der leeren Arena herumlaufen und einander anbellen und beißen, ehe die Stunde erscheint, wo dort die Schar der Gladiatoren anlangt, die auf Tod und Leben kämpfen sollen.

Und die Stunde wird kommen. Wie auf den Stufen eines Amphitheaters werden die Völker sich um Deutschland herumgruppieren, um die großen Kampfspiele zu betrachten. Ich rate Euch, Ihr Franzosen, haltet Euch alsdann sehr stille, und beileibe! hütet Euch, zu applaudieren.« (Heine V, 1970, 141)

Daß Heine gerade für die Beschreibung aktueller und künftiger politischer Ereignisse eine Vorliebe für die Bühnenmetapher hat, beweist sein Bedürfnis nach Distanz und Beweglichkeit. Wo ist Heine? Liest man die deutsche akademische Heine-Literatur durch, gewinnt man den Eindruck, es handelte sich um eine Polizeisuchaktion im Dunkeln, bei der alle Polizisten sich gegenseitig festhalten und rufen: »Hier ist er!« Aber am Modell der Bühne kann Heine viel genauer seinen Standort signalisieren: Mal ist er der Trommler vor dem Vorhang, der das Publikum um Aufmerksamkeit bittet für das Drama, mal spricht er den Epilog und weist auf das künftige Programm hin, mal treibt er sich in den Kulissen herum oder betritt sogar selbst als Schauspieler die Bühne, und häufig ist er ein Zuschauer – ein engagierter Zuschauer, der applaudiert oder die Schauspieler auszischt, der mitleidet und sich freut, aber doch zugleich ein distanzierter Zuschauer, der wie Hamlet nicht nur das Stück beobachtet, sondern auch die Zuschauer, die es sich ansehen:

> »Als ich dieses Stück« – er spricht vom *Kaufmann von Venedig* – »in Drury Lane aufführen sah, stand hinter mir, in der Loge, eine schöne blasse Brittin, welche am Ende des vierten Aktes heftig weinte und mehrmals ausrief: The poor man is wronged! (dem armen Mann geschieht Unrecht!). Es war ein Gesicht vom edelsten griechischen Schnitt, und die Augen waren groß und schwarz. Ich habe sie nie vergessen können, diese großen und schwarzen Augen, welche um Shylock geweint haben!« (Heine IV, 1970, 251)

Der Wechsel zwischen Beobachtung und Teilnahme, den die Bühne ermöglicht, nutzt Heine zu einem virtuosen Rollenspiel, in dem er selbst als Regisseur, Kommentator und Sprecher seiner eigenen Texte auftritt. Heine inszeniert seine Texte. Er tritt vor den Vorhang und adressiert die Zuschauer; er zeigt ihnen Tableaus und deutet die Figuren, und dann, mit einer blitzschnellen Wendung, verspottet er wieder die Reaktionen seines Publikums. Die Virtuosität dieses Spiels, die Fopperei und Irreführung, die Ironie und das Versteckspiel haben Heine unter den Deutschen zugleich berühmt und berüchtigt gemacht. Mit dieser ›Theater-Technik‹ hat Heine eine ganz eigene Rhetorik historisch-politischer Darstellung entwickelt. Daß es hier überhaupt eine Rhetorik geben solle, und dann noch eine rollenverspielte, haben in Deutschland die schlichteren Gemüter lange nicht einsehen können. Mittlerweile hat sich herumgesprochen, daß auch die sogenannte ›wissenschaftliche Geschichtsschreibung‹ den rhetorischen Strategien der dominanten Erzählgattungen folgt. Und die zeigen sich noch immer am deutlichsten auf dem Theater. Danach ist Geschichte Tragödie oder Komödie, Posse oder Farce. Heine konnte mit seiner Inszenierung von Maskenzügen historischer und literarischer Figuren unser Wissen von deren Schicksal gegen die Lebendigkeit ihrer subjektiven Reaktionen ausspielen und daraus die Wirkung eines ganz eigenartigen, ironisch gebrochenen Pathos gewinnen, das sein Markenzeichen geworden ist.

Bei dem Repertoire seiner Inszenierungen steht das Drama Shakespeares natürlich mit an erster Stelle. Bis in die Titel hinein hören wir die Echos: *Deutschland, ein Wintermärchen; Atta Troll, ein Sommernachtstraum.* Wenn Heine wie fast alle deutschen Dichter das Loblied Shakespeares singt, dann sind es doch im Unterschied zu vielen anderen zwei Züge, die ganz deutlich die Bezugspunkte für seine eigene Identifikation mit Shakespeare darstellen: Shakespeares Volkstümlichkeit, die Vermischung seiner Werke mit der Folklore, und die Tatsache, daß Shakespeare ein poetischer Historiker ist. Nachdem er London besucht hatte, schreibt Heine über Shakespeares Stücke:

> »Diese Dramen kennt aber dort zu Lande nicht bloß der Gebildete, sondern auch jeder im Volke, und sogar der dicke Beefeater, der mit seinem roten Rock und roten Gesicht im Tower als Wegweiser dient, und Dir hinter dem Mitteltor das Verlies zeigt, wo Richard seine Neffen, die jungen Prinzen, (hat) ermorden lassen, verweist Dich an Shakespeare, welcher die nähern Umstände dieser grausamen Geschichte beschrieben habe. Auch der Küster, der Dich in der Westminster Abtei herumführt, spricht immer von Shakespeare, in dessen Tragödien jene toten Könige und Königinnen, die hier, in steinernem Konterfei, auf ihren Sarkophagen ausgestreckt liegen, und für 1 Shilling Sixpence gezeigt werden, eine so wilde oder klägliche Rolle spielen. Er selber, die Bildsäule des großen Dichters, steht

dort in Lebensgröße, eine erhabene Gestalt mit sinnigem Haupt, in den Händen eine Pergamentrolle. Es stehen vielleicht Zauberworte darauf, und wenn er um Mitternacht die weißen Lippen bewegt und die Toten beschwört, die dort in den Grabmälern ruhn: so steigen sie hervor mit ihren verrosteten Harnischen und verschollenen Hofgewanden, die Ritter der weißen und der roten Rose, und auch die Damen heben sich seufzend aus ihren Ruhestätten, und ein Schwertergeklirr, und ein Lachen und Fluchen erschallt ... Ganz wie zu Drury Lane, wo ich die Shakespear'schen Geschichtsdramen so oft tragieren sah, und wo Kean mir so gewaltig die Seele bewegte ...
›Die Aufgabe Shakespeares war nicht bloß die Poesie, sondern auch die Geschichte‹: ... Ja, das ist es, der große Britte ist nicht bloß Dichter, sondern auch Historiker; er handhabt nicht bloß Melpomenes Dolch, sondern auch Klios noch schärferen Griffel. In dieser Beziehung gleicht er den frühesten Geschichtsschreibern, die ebenfalls keinen Unterschied wußten zwischen Poesie und Historie, und nicht bloß eine Nomenklatur des Geschehenen, ein staubiges Herbarium der Ereignisse, lieferten, sondern die Wahrheit verklärten durch Gesang, und im Gesange nur die Stimme der Wahrheit tönen ließen. Die sogenannte Objektivität, wovon heut so viel die Rede, ist nichts als eine trockene Lüge ...« (Heine IV, 1970, 177/179)

Hierin identifiziert sich Heine mit Shakespeare. Den Schauspieler Kean, den er erwähnt, hatte er übrigens in der Rolle des Shylock im *Kaufmann von Venedig* gesehen und seine Darstellung eingehend beschrieben. Der Hamburger Heine-Forscher Klaus Briegleb stellt diese Beschreibung seinem Buch *Opfer Heine? Versuche über Schriftzüge der Revolution* voran. Kean, so sagt Heine, spielt Shylock als Helden. Aber wenn man Heines Beschreibung dieses Spiels folgt, wird der Held plötzlich unterwürfig. Die Paradoxie des unterwürfigen Helden, in der sich die Kraft des Gedemütigten ausdrückt, ist für Briegleb die Brücke für die Identifizierung des unversöhnten Shylock mit den geknechteten Arbeitern, deren unversöhnte Rohheit der durch Paris flanierende Heine ihnen an den Gesichtern abliest und in *Lutetia* beschreibt. Aber diese nur vom Beobachter vorgenommene Identifikation – so lautet Brieglebs kompliziertes Argument – wird von den Juden selbst nicht nachvollzogen. Sie wissen: Emanzipiert werden können sie nur durch Assimilation an die herrschende Klasse der Kapitalisten. Ihre Taufe wird sie in ein Szenario versetzen, in dem die rohen Fäuste der unversöhnten Unterklasse schon geballt sind, um in direkter Fortsetzung mittelalterlicher Tradition die Juden wieder zum Opfer zu machen und sich an ihrem Blute rot zu färben (Briegleb 1986).

Die Juden sind in einem ›double bind‹, einer Beziehungsfalle: Die Emanzipation wird sie zu Herren machen, die nur dazu bestimmt sind, wieder Opfer zu werden. Am Ende seiner Analyse von *Der Kaufmann von Venedig* in *Shakespeares Mädchen und Frauen* spricht Heine wieder von einem Verfolgungswetter, das sich über die Häupter der armen Juden zusammenzieht und das ihre früheren Erduldungen noch weit überbieten wird. Hier zeichnet sich in der Tat schon die Vision ab, die zum ersten Mal im Dreyfus-Prozeß historische Gestalt gewinnt: die Verbindung von Vertretern der alten Ordnung mit den von Demagogen verführten Massen. Heine muß deshalb befürchten, was er ersehnt: die revolutionäre Radikalisierung. Die Widersprüchlichkeit dieser Situation ist auch die Widersprüchlichkeit seiner eigenen Situation als getaufter Jude. Er hat den Taufzettel als ›das Entréebillett zur europäischen Kultur‹ betrachtet, aber auch auf eine bürgerliche Stellung gehofft. Als diese Hoffnung sich wegen fortgesetzter politischer Anfeindungen zerschlug, muß er sie als zunehmend sinnlos, als Abfall, Sünde und Demutsgeste empfunden haben. In diesem Sinn wird Shylock für ihn zur Gegenfigur des beflissenen Assimilationsjuden, der in seinen Bekundungen christlich-konservativer Gesinnung selbst die übertrumpft, deren Beifall er sucht. Mit dieser Variante spielt Heine das Szenario des *Kaufmann von Venedig* in einem Werk durch, das bis heute die Gemüter spaltet: Gemeint ist der vierte Teil der Reisebilder, *Die Bäder von Lucca* von 1829.

Die Schrift hat drei Hauptfiguren, aber alle drei okkupieren Örter auf unterschiedlichen fiktionalen Ebenen. Die erste dieser Figuren ist der Ich-Erzähler, ein Doppelgänger Heines; die zweite ist eine fiktive Figur, der Marchese Christofero di Gumpelino mit der langen Nase, der niemand anders ist als ein alter Bekannter des Erzählers, nämlich der getaufte jüdische Bankier Christian Gumpel aus Hamburg, der sich nun auf die Nachahmung adliger Allüren verlegt, wobei er fortwährend »O Jesu« sagt und als neuer Romeo die grünäugige Mrs. Julia Maxfield liebt; die dritte Figur ist ein lebender deutscher Dichter, der Graf August von Platen-Hallermünde, dessen Gedichte von einer Koterie reaktionärer und klerikaler Dunkelmänner in München in ihrer Zeitschrift *Eos* besonders gelobt worden waren und der durch das Herumreiten auf seinem gräflichen Status, durch sein Liebäugeln mit der katholischen Kirche und seine antikisierende Manier des Dichtens in Heines Augen zu einem Symbol des dünkelhaften Aristokratentums geworden war. Das Dreiecks-Szenario des *Kaufmann von Venedig* ist also auch hier anders besetzt: Der Bürgerliche, der den Aristokraten imitiert, ist selbst ein Jude, wenn auch getauft – der Marchese di Gumpelino.

Antonio ist zum Juden geworden. Aber die Eigenschaft, die er bei Shakespeare hatte, hat jetzt der Aristokrat Graf von Platen: die Homosexualität. Die antikisierende Manier Platens hängt mit seiner Homosexualität zusammen: Er versteckt sie unter dem dichterischen Schleier antiker Knabenliebe. Dieser Graf von Platen hatte nun Heine angegriffen, weil er im Anhang des 2. Bandes der *Reisebilder* ein paar Distichen von Immermann abgedruckt hatte, die gegen Platen stichelten. Darauf legte Platen in seinem Stück *Der romantische Ödipus* gegen Heine los. Und der Angriff erfolgt in der Linie des *Kaufmann von Venedig*:

Nimmermann: »Dies sing ich dir, mein Heine, Samen Abrahams!«
Chor: »Er stirbt, und wimmernd fleht er schon Freund Hein herbei!«
Publikum: »Du irrst, er ruft Freund Hein ja nicht, den herrlichen Petrark des Lauberhüttenfests beschwört er bloß.«
Nimmermann: »Du bist der ersten Dichter einer, sagst du selbst!«
Publikum: »Wahr ist's, in einem Liedelein behauptet er's; Doch keiner glaubt's, wie's immer bei Propheten geht.«
Nimmermann: »Welch einen Anlauf nimmst du, Synagogenstolz!«
Publikum: »Gewiß, es ist dein Busenfreund des sterblichen Geschlechts, der Menschen Allerunverschämtester.«
Nimmermann: »Sein Freund, ich bin's; doch möcht' ich nicht sein Liebchen sein; denn seine Küsse sondern ab Knoblauchgeruch.«
Publikum: »Drum führt er sein Riechfläschchen auch beständig mit.«

(Platen II, 1895, 173)

Das ist eine direkte antisemitische Injurie. Außerdem schrieb Platen einen Vers ›An den Dichterling Heine‹:

»Täglich bedanke du dich im Gebet, oh hebräischer Witzling, Daß du bei Deutschen und nicht unter Griechen du lebst: Solltest Du nackt dich zeigen, im männlichen Spiel der Palästra, Sprich, wie verstecktest du dann jenen verstümmelten Teil?«

(Platen IV, 1895, 227)

Dieser Vers ist nun besonders unglücklich, weil er indirekt jene Qualität benennt, die Heine zum Ziel seines Spottes machen wird – Graf Platens Homosexualität:

»... es geht ihm dann wie dem Vogel Strauß«, schreibt Heine, »der sich hinlänglich verborgen glaubt, wenn er den Kopf in den Sand gesteckt, so daß nur der Steiß sichtbar bleibt. Unser erlauchter Vogel hätte besser getan, wenn er den Steiß in den Sand versteckt und uns den Kopf gezeigt hätte. In der Tat ist er mehr ein Mann von Steiß, als ein Mann von Kopf, der Name ›Mann‹ überhaupt paßt nicht für ihn, seine Liebe hat einen pythagoräischen Charakter, er ist in seinen Gedichten ein Pathikos, er ist ein Weib, und zwar ein Weib, das sich an gleichweibischem ergötzt, er ist gleichsam eine männliche Tribade.« (Heine II, 1970, 65 passim) »Auch andere erzählen mir, daß der Graf mich hasse und sich mir als Feind entgegenstellte; – und das war mir auf jeden Fall angenehmer als hätte man mir nachgesagt, daß mich der Graf Platen als Freund hinter meinem Rücken liebe.« (Ebd., 70) »... es ist aber charakteristisch, daß die Fantasie des Grafen Platen sogar seine Feinde a posteriori zu belauschen weiß. Er schont nicht einmal Houwald, diese gute Seele, sanft wie ein Mädchen – ach, vielleicht eben dieser holden Weiblichkeit wegen haßt ihn Platen.« (Ebd., 73)

Und in diesem Ton geht es durch mehrere Kapitel. Die deutsche Kritik hat Heine diese Direktheit übel genommen, und Hans Mayer hat gemäß seiner Theorie von der wechselseitigen Selbstidentifikation des Angreifers mit dem Angegriffenen vermutet, hier greife der jüdische Außenseiter Heine im homosexuellen Außenseiter Platen letztlich sich selber an. Aber die Sache ist komplizierter und wird erst klar, wenn man sie auf die Dreiecksbeziehung im Szenario des *Kaufmann von Venedig* bezieht: Und dort gibt es neben dem Homosexuellen auch den Adligen. In Platen greift Heine zunächst und vor allen Dingen den Adligen an, der für die politische und klerikale Reaktion steht. Es geht ihm darum, in Platen einen Vertreter des ganzen antisemitischen Klüngels um Franz von Baader, Ignaz Döllinger und Josef von Görres aufs Korn zu nehmen. In einem Brief an Moser spricht er von den Reisebildern als von »meinem dreijährigen Feldzug gegen Pfaffen und Aristokraten« (15. 6. 1829), und an Varnhagen schreibt er (5. 1. 1830), daß er mit Platen »nur den Repräsentanten seiner Partei, den frechen Freudenjungen der Aristokraten und Pfaffen« züchtigen und – in einem späteren Brief – daß er dem Grafentitel den ideologischen Nimbus rauben wollte. Entsprechend heißt es in *Die Bäder von Lucca:* »Unrecht geschieht ihm vielleicht, wenn man ... behauptet hat, daß der Graf Platen auch in der Poesie sich als Graf zeigen und auf Adel halten wolle, und uns daher nur Gefühle von bekannter Familie, Gefühle, die schon ihre 64 Ahnen haben, vorführe« (Heine II, 1970, 66). Durchweg nennt er ihn ›den Grafen‹, und dem Witz, den er bei Platen nicht findet, verleiht er den Titel ›Wirkl. Geh. Witz‹.

Aber warum, erhebt sich die Frage, muß er Platens Homosexualität attackieren, wenn er die reaktionäre Haltung, den aristokratischen Dünkel und die pfäffische Gesinnung meint? Nun, die Lösung, die den meisten Kritikern nicht aufzufallen scheint, ist einfach: Er greift Platens Homosexualität gar nicht an – wie bitte? Haben wir nicht die Texte gelesen? – ja, aber ohne Bezug auf die dritte Figur aus dem Szenario des *Kaufmann von Venedig*.

Setzen wir neu an: Platen konkurriert mit Heine in einem Punkt, den Heine ihm nun wahrhaftig nicht konzedieren kann – er möchte der deutsche Aristophanes werden. Das aber, empfindet Heine, ist eine Rolle, die schon besetzt ist: nämlich mit Heinrich Heine. Aristophanes ist so wie Shakespeare ein Poet der Volkstümlichkeit und der Sinnenlust, ein Dichter satirischer Weltzertrümmerung und der ungehemmten Freude an allem Leiblichen einschließlich des Obszönen und Niedrigen.

Aristophanes ist ein dionysischer Autor, der in seinen Komödien die Feste der Saturnalien feiert. Unter dem Einfluß der französischen Saint-Simonisten will auch Heine die frohe Botschaft von der Emanzipation der Sinne verkünden, und da soll nun ausgerechnet ein Vertreter der Unfreiheit, der religiösen Intoleranz und der politischen Reaktion wie der Graf Platen ihm diese Rolle streitig machen! So wie er und sein Klüngel schon dafür gesorgt hatten, daß Heine in München keine Professur für Geschichte erhielt, wohl aber der Graf ein Jahresgehalt von 600 Gulden. Sie konnten nicht beides haben, das Wohlwollen der herrschenden Kreise und den aristophanischen Ruhm des witzigen Dichters. Und wenn Heine schon wegen seiner politischen Scharfzüngigkeit der Staatsdienst verwehrt war, was ihn als freien Schriftsteller der finanziellen Gnade seines Hamburger Onkels Salomon auslieferte, dann wollte er dem Grafen auch zeigen, was ein wahrer Aristophanes war. Er zeigte deshalb so hemmungslos auf die Homosexualität Platens – nicht um sie diesem vorzuwerfen, sondern um ihn anzuklagen, daß er sich nicht zu ihr bekannte. Deutlich betonte er, daß er ihn nicht ›der zensorischen Wut preisgeben‹ wollte. Was Heine ihm vorwirft, ist, daß er aus seiner ›erlauchten Liebhaberei‹ ›nur die zaghaft verschämte Parodie eines antiken Übermuts‹ mache. »Das ist es ja eben, jene Liebhaberei war im Altertum nicht in Widerspruch mit den Sitten und gab sich kund mit heroischer Offenheit.« (Ebd., 64) Demgegenüber kann Heine nur lächeln »über den neuen Pythagoräer, der im heutigen Rom die Pfade der Freundschaft dürftig und ängstlich dahinschleicht, mit seinem hellen Gesichte von liebloser Jugend abgewiesen wird und nachher bei kümmerlichem Öllämpchen seine Gaselen ausseufzt«. Bei Petronius z. B. finde man die echte »schroffe, antike, plastisch-heidnische Offenheit. Graf Platen hingegen, trotz seinem Pochen auf Plastizität, behandelt seinen Gegenstand viel mehr romantisch, verschleiernd, sehnsüchtig, pfäffisch, ich muß hinzufügen: heuchlerisch. Denn der Graf vermummt sich manchmal in fromme Gefühle, er vermeidet die genaueren Geschlechtsbezeichnungen.« (Ebd., 65) Deshalb sei die ganze Klassizität rein formal, ohne Substanz und letztlich ein Schwindel. Heine wirft also Platen nicht vor, daß er homosexuell ist, sondern, daß er seine Homosexualität camoufliert und dann noch aus ihr das Recht ableitet, sich mit seinem rein formalen Antikisieren als moderner Aristophanes aufzuspielen. Nur an einer Stelle wird die Homosexualität selbst angeklagt, und da finden wir prompt wieder das alte Argument aus dem *Kaufmann von Venedig* in neuem

Gewande: Heine hält Platen den Mangel an Gestalten in seinen Dramen vor. Aber der würde bleiben,

> »solange sich nicht auch seine sinnliche Natur veränderte, und er gleichsam ein anderer würde. Die Gestalten, die ich meine, sind nämlich jene selbständigen Geschöpfe, die aus dem schaffenden Dichtergeiste, wie Pallas Athene aus dem Haupte Kronions, vollendet und gerüstet hervortreten, lebendige Traumwesen, deren mystische Geburt, mehr als man glaubt, in wundersam bedingender Beziehung steht mit der sinnlichen Natur des Dichters, so daß solches geistige Gebären demjenigen versagt ist, der selbst nur als ein unfruchtbares Geschöpf sich gaselig hingibt in windiger Weichheit« (ebd., 67).

Hier sehen wir den Vorwurf der Sterilität aus dem *Kaufmann von Venedig* auf die Dichtung angewandt.

Was nun eine wirkliche aristophanische Satire ist, zeigt Heine mit den *Bädern von Lucca*. Und da richtet sie sich gegen eine Möglichkeit von ihm selbst, den assimilierten Juden, den Parvenu Gumpelino, der, Potenzierung der Absurdität, den Adel nacheifert wie der Bürger Antonio im *Kaufmann von Venedig*. Sie richtet sich, politisch gesprochen, gegen eine Allianz aus Adel und Finanzkapital oder, mit anderen Worten, gegen die unheilige Dreifaltigkeit von Klerus, Geldadel und Geburtsadel. »Denn der Marchese (Gumpelino) ist mächtig durch Geld und Verbindungen. Dabei ist er der natürliche Alliierte meiner Feinde, er unterstützt sie mit Subsidien, er ist Aristokrat, Ultra-Papist ...« Und die Satire richtet sich gegen das restaurative ›Nazarenertum‹ von Madonnenanbetung und Mittelalter-Nostalgie, mit der Gumpelino seine materiellen Motive bemäntelt, um seine Shylock-Natur zu verstecken. Sie nicht zu bekennen, sein Judentum zu leugnen, liegt also auf derselben Linie wie

Platens Verleugnung der Homosexualität. Die Parallelität erscheint wieder, aber negativ. Und das zeigt sich nun an Gumpelinos schrecklichem Schicksal: Als er die unerfüllte Liebe zu Julien nicht mehr erträgt, nimmt er wie Romeo einen Trank – aber es ist ein Trank Glaubersalz, den ihm sein Faktotum und Sancho Pansa, Hirsch Hyazinth, zur Linderung des Liebesleids empfiehlt und den dieser stets Glaubenssalz nennt. Es ist das Glaubenssalz der Taufe. Aber kaum hat Gumpelino ihn getrunken, kommt die Botschaft, daß Julia ihn zu einer Liebesnacht einlädt.

> »›Weh mir, ich Narr des Glücks!‹ jammerte Gumpelino, ›die Liebe will mir ihren Nektarkelch kredenzen, und ich ach! ich Hans Narr des Glücks, ich habe schon den Becher des Glaubenssalzes geleert! Wer bringt mir den schrecklichen Trank wieder aus dem Magen? Hilfe! Hilfe!‹ ›Ich bedaure Sie von ganzem Herzen‹, kondolierte ich ebenfalls ... ›statt des Thrones der Liebe harrt Ihrer jetzt der Stuhl der Nacht!‹ Um sich über die entgangenen Freuden hinwegzutrösten, liest Gumpelino, während das Abführmittel wirkt, in einem Band von Platens Gedichten, ›jedesmal ein Gedicht, wenn ich aufstehen mußte, und eine solche Gleichgültigkeit gegen die Weiber war die Folge, daß mir mein eigener Liebesschmerz zuwider wurde. Das ist eben das Schöne an diesem Dichter, daß er nur für Männer glüht, in warmer Freundschaft; er gibt uns den Vorzug vor dem weiblichen Geschlechte, und schon für diese Ehre sollten wir ihm dankbar sein. Er ist darin größer als alle anderen Dichter, er schmeichelt nicht dem gewöhnlichen Geschmack des großen Haufens, er heilt uns von unserer Passion für die Weiber, die uns soviel Unglück zuzieht – Oh Weiber! Weiber! Der uns von Euren Fesseln befreit, der ist ein Wohltäter der Menschen.‹ Es ist ewig schade, daß Shakespeare sein eminentes theatralisches Talent nicht dazu benutzt hat, denn er soll, wie ich hier zuerst lese, nicht minder großartig gefühlt haben, als der große Graf Platen, der in seinen Sonetten von Shakespeare sagt:

›Nicht Mädchenlaunen störten deinen Schlummer,
Doch stets um Freundschaft sehn wir warm dich ringen:
Dein Freund errettet dich aus Weiberschlingen,
Und seine Schönheit ist dein Ruhm und Kummer.‹

Während der Marchese diese Worte mit warmem Gefühl deklamierte, und der glatte Mist ihm gleichsam auf der Zunge schmolz, schnitt Hyazinth die widersprechendsten Gesichter, zugleich verdrießlich und beifällig, und endlich sprach er: ›Herr Marchese, Sie sprechen wie ein Buch, auch die Verse gehen Ihnen wieder so leicht ab wie diese Nacht, aber ihr Inhalt will mir nicht gefallen. Als Mann fühle ich mich geschmeichelt, daß der Graf von Platen uns den Vorzug gibt vor den Weibern, und als Freund von den Weibern bin ich wieder ein Gegner von solch einem Manne. So ist der Mensch. Der eine ißt gern Zwiebeln, und der andere hat mehr Gefühl für warme Freundschaft, und ich als ehrlicher Mann muß aufrichtig gestehen, ich esse gern Zwiebeln, und eine schiefe Köchin ist mir lieber als der schönste Schönheitsfreund.‹« (52 f.)

Christliches Glaubenssalz und Homoerotik – hier werden sie ebenso parallelisiert wie die gut jüdischen Zwiebeln und die schiefe Köchin: Die Bewertung des *Kaufmann von Venedig* ist umgedreht. Das gibt Shylock eine neue Position: Anders als die Kritiker glauben, ist Heine nicht erbittert über Platens antisemitischen Anrempler, im Gegenteil. So, wie er Platen auffordert, sich zu seiner Homosexualität zu bekennen, so fordert er ihn auf, ihn – Harry Heine, wie er sich bis zur Taufe nannte – nicht in dieser verdeckten, anzüglichen Manier anzugreifen, sondern, wenn schon, dann in der echten offenen Manier des Aristophanes.

»Noch weit schlimmer«, so informiert Heine seine Leser über Platens Angriff auf ihn, »geht es dem getauften Heine'. Ja, ja, du irrst nicht, lieber Leser, das bin ich, den er meint, und im *König Ödipus* kannst du lesen, wie ich ein wahrer Jude bin, wie ich, wenn ich einige Stunden Liebeslieder geschrieben, gleich darauf mich niedersetze und Dukaten beschneide, wie ich am Sabbat mit langbärtigen Mauscheln zusammenhocke und den Talmud singe, wie ich in der Osternacht einen unmündigen Christen schlachte und aus Malice immer einen unglücklichen Schriftsteller dazu wähle. – Nein, lieber Leser, ich will Dich nicht belügen, solch gut ausgemalte Bilder stehen nicht im *König Ödipus,* und daß sie nicht darin stehen, das nur ist der Fehler, den ich tadele. Der Graf Platen hat zuweilen die besten Motive und weiß sie nicht zu benutzen. Hätte er nur ein bißchen mehr Phantasie, so würde er mich wenigstens als geheimen Pfänderverleiher geschildert haben; welche komische Szenen hätten sich dargeboten!« (Heine II, 1970, 73)

Das ist die Gestalt, die wir kennen: Shylock. Heine fordert Platen dazu heraus, ihn dann schon mit kühnen Strichen als die Figur zu porträtieren, auf die er insgeheim zielt. Aber dazu ist der Graf eben zu duckmäuserisch. Ihm fehlt der aristophanische Schwung. Jetzt erst ist das Szenario des *Kaufmann von Venedig* fertig, jetzt ist die Figur da, die noch gefehlt hat. Mit ihr erst wird Heines Satire verständlich. Die Provokation Heines gegenüber Platen enthält die Aufforderung an sich selbst, den ›schrecklichen Trank Glaubenssalz‹ wieder aus dem Magen zu bekommen und sich mit Shylock zu identifizieren.

Sich mit Shylock identifizieren? Warum nicht? sagt Heine in *Shakespeares Mädchen und Frauen:*

»Wahrlich, Shakespeare würde eine Satyre auf das Christentum gemacht haben, wenn er es von jenen Personen repräsentieren ließe, die dem Shylock feindlich gegenüberstehen, aber dennoch kaum wert sind, demselben die Schuhriemen zu lösen. Der bankrotte Antonio ist ein weichliches Gemüt ohne Energie, ohne Stärke des Hasses und also auch ohne Stärke der Liebe, ein trübes Wurmherz, dessen Fleisch folglich nicht zu besserm taugt, als ›Fische damit zu angeln‹.«

Beschreibt er ihn nicht wie den Grafen Platen?

»Wahrlich, mit Ausnahme Portias, ist Shylock die respektabelste Person im ganzen Stück. Er liebt das Geld, er verschweigt nicht diese Liebe, er schreit sie aus, auf öffentlichem Markte ... Aber es gibt etwas, was er dennoch höher schätzt als Geld, nämlich die Genugtuung für sein beleidigtes Herz, die gerechte Wiedervergeltung unsäglicher Schmähungen.« (Heine IV, 255)

Aber kann sich Heine mit Shylock identifizieren? Nachdem er eine wirtschaftshistorische Erklärung für den Judenhaß gegeben hat – »das gemeine Volk haßte in den Juden immer nur die Geldbesitzer« (ebd., 259) –, bietet uns Heine eine festliche Lobpreisung der Portia. Sie gipfelt in einer Gegenüberstellung, die für Heine ein unauflöslicher Widerspruch blieb:

»Wollen wir letzeren (Shylock), in üblicher Auffassung, als den Repräsentanten des starren, ernsten, kunstfeindlichen Judäas betrachten, so erscheint uns dagegen Portia als die Repräsentantin jener Nachblüte des griechischen Geistes, welche von Italien aus, im 16. Jahrhundert, ihren holden Duft über die Welt verbreitete und welche wir noch heute unter dem Namen ›die Renaissance‹ lieben und schätzen. Portia ist zugleich die Repräsentantin des heiteren Glückes, im Gegensatz zu dem düsteren Mißgeschick, welches Shylock repräsentiert.« (Ebd., 262)

Wir finden diese Opposition bei Heine immer wieder, als Gegensatz zwischen dem fröhlichen England Shakespeares und dem trüben, kunstfeindlichen der modernen Puritaner, zwischen den heiteren Dichtern und den verkniffenen Ideologen der Pflicht wie Kant und Robespierre, zwischen den monotheistischen Juden und Christen und den polytheistischen heiteren Griechen, und schließlich zwischen dem sinnenfreudigen Heine und dem strengen gesinnungstüchtigen Börne. Es ist auch der Gegensatz zwischen der bunten mittelalterlichen Welt des Adels und der moralistischen Rigorosität der republikanischen Gleichheit der Französischen Revolution. Spätestens hier wird der Widerspruch widersprüchlich. Es ist der Widerspruch, der Heine selbst ist, weil der Riß in der Welt mitten durch sein Herz geht, es ist der Judenschmerz des Shylock. Ihn zeigt uns Heine in einer eindringlichen Neuinszenierung des alten Stückes:

> »Wenn du nach Venedig kommst und den Dogenpalast durchwandelst, so weißt du sehr gut, daß du weder im Saal der Senatoren noch auf der Riesentreppe dem Marino Falieri begegnen wirst; – an den alten Dandolo wirst du im Arsenale zwar erinnert, aber auf keiner der goldenen Galeeren wirst du den blinden Helden suchen; – siehst du an einer Ecke der Straße Santa eine Schlange, in Stein gehauen, und an der anderen Ecke den geflügelten Löwen, welcher das Haupt der Schlange in der Tatze hält, so kömmt dir vielleicht der stolze Carmagnole in den Sinn, doch nur auf einen Augenblick! – Aber weit mehr als an alle solche historische Personen denkst du zu Venedig an Shakespeares Shylock, der immer noch lebt, während jene im Grabe längst vermodert sind, – und wenn du über den Rialto steigst, so sucht ihn dein Auge überall, und du meinst, er müsse dort hinter irgendeinem Pfeiler zu finden sein, mit seinem jüdischen Rokelor, mit seinem mißtrauisch-berechnenden Gesicht, und du glaubst manchmal sogar, seine kreischende Stimme zu hören: ›dreitausend Dukaten – gut‹.
> Ich wenigstens, wandelnder Traumjäger, wie ich bin, ich

sah mich auf dem Rialto überall um, ob ich ihn irgend fände, den Shylock. Ich hätte ihm etwas mitzuteilen gehabt, was ihm Vergnügen machen konnte, daß z. B. sein Vetter, Herr von Shylock zu Paris, der mächtigste Baron der Christenheit geworden, und von Ihrer katholischen Majestät jenen Isabellenorden erhalten hat, welcher einst gestiftet ward, um die Vertreibung der Juden und Mauren aus Spanien zu verherrlichen. Aber ich bemerkte ihn nirgends auf dem Rialto, und ich entschloß mich daher, den alten Bekannten in der Synagoge zu suchen. Die Juden feierten hier eben ihren heiligen Versöhnungstag und standen eingewickelt in ihren weißen Schaufäden-Talaren, mit unheimlichen Kopfbewegungen, fast aussehend wie eine Versammlung von Gespenstern. Die armen Juden, sie standen dort, fastend und betend von frühestem Morgen, hatten seit dem Vorabend weder Speise noch Trank zu sich genommen, und hatten auch vorher alle ihre Bekannten um Verzeihung gebeten für etwaige Beleidigungen, die sie ihnen im Laufe des Jahres zugefügt, damit ihnen Gott ebenfalls ihre Sünden verzeihe, – ein schöner Gebrauch, welcher sich sonderbarer Weise bei diesen Leuten findet, denen doch die Lehre Christi ganz fremd geblieben ist!

Indem ich, nach dem alten Shylock umherspähend, all die blassen, leidenden Judengesichter aufmerksam musterte, machte ich eine Entdeckung, die ich leider nicht verschweigen kann. Ich hatte nämlich denselben Tag das Irrenhaus San Carlo besucht, und jetzt, in der Synagoge, fiel es mir auf, daß in dem Blick der Juden derselbe fatale, halb stiere, halb unstete, halb pfiffige, halb blöde Glanz flimmerte, welchen ich kurz vorher in den Augen der Wahnsinnigen zu San Carlo bemerkt hatte. Dieser unbeschreibliche, rätselhafte Blick zeugte nicht eigentlich von Geistesabwesenheit, als vielmehr von der Oberherrschaft einer fixen Idee. Ist etwa der Glaube an jenen außerweltlichen Donnergott, den Moses aussprach, zur fixen Idee eines ganzen Volks geworden, das, trotzdem, daß man es seit zwei Jahrtausenden in die Zwangsjacke steckte und ihm die Dusche gab, dennoch nicht davon ablassen will – gleich jenem verrückten Advokaten, den ich in San Carlo sah, und der sich ebenfalls nicht ausreden ließ, daß die Sonne ein englischer Käse sei, daß die Strahlen derselben aus lauter roten Würmern bestünden, und daß ihm ein solcher herabgeschossener Wurmstrahl das Hirn zerfräße?

Ich will hiermit keineswegs den Wert jener fixen Idee bestreiten, sondern ich will nur sagen, daß die Träger derselben zu schwach sind, um sie zu beherrschen, und davon niedergedrückt und inkurabel werden. Welches Martyrium haben sie schon um dieser Idee willen erduldet! welches größere Martyrium steht ihnen noch bevor! Ich schaudre bei diesem Gedanken, und ein unendliches Mitleid rieselt mir durchs Herz. Während des ganzen Mittelalters bis zum heutigen Tag stand die herrschende Weltanschauung nicht im direkten Widerspruch mit jener Idee, die Moses den Juden aufgebürdet, ihnen mit heiligen Riemen angeschnallt, ihnen ins Fleisch eingeschnitten hatte; ja, von Christen und Mahometanern unterschieden sie sich nicht wesentlich, unterschieden sie sich nicht durch eine entgegengesetzte Synthese, sondern nur durch Auslegung und Schibboleth. Aber siegt einst Satan, der sündhafte Pantheismus, vor welchem uns sowohl alle Heiligen des Alten und des Neuen Testaments als auch des Korans bewahren mögen, so zieht sich über die Häupter der armen Juden ein Verfolgungsgewitter, das ihre früheren Erduldungen noch weit überbieten wird ...

Trotzdem daß ich in der Synagoge von Venedig nach allen Seiten umherspähete, konnte ich das Antlitz des Shylocks nirgends erblicken. Und doch war es mir, als halte er sich dort verborgen, unter irgendeinem jener weißen Talare, inbrünstiger betend als seine übrigen Glaubensgenossen, mit stürmischer Wildheit, ja mit Raserei hinaufbetend zum Throne Jehovas, des harten Gottkönigs. Ich sah ihn nicht. Aber gegen Abend, wo, nach dem Glauben der Juden, die Pforten des Himmels geschlossen werden und kein Gebet mehr Einlaß erhält, hörte ich eine Stimme, worin Tränen rieselten, wie sie nie mit den Augen geweint werden ... es war ein Schluchzen, das einen Stein in Mitleid zu rühren vermochte ... es waren Schmerzlaute, wie sie nur aus einer Brust kommen konnten, die all das Martyrium, welches ein ganzes gequältes Volk seit 18 Jahrhunderten ertragen hat, in sich verschlossen hielt ... es war das Röcheln einer Seele, welche todmüde niedersinkt vor den Himmelspforten ... und diese Stimme schien mir wohlbekannt, und mir war, als hätte ich sie einst gehört, wie sie ebenso verzweiflungsvoll jammerte ... ›Jessica, mein Kind!‹« (ebd., 263 f.)

AKT II

Antonio, der Kaufmann von Venedig, wird ein deutscher Nationalliberaler und heißt nun Anton Wohlfahrt

Der Name Anton Wohlfahrt ist ein Programm. Es ist auch der Name eines neuen bürgerlichen Helden, und der erblickt das Licht der Welt im Jahre 1855 in einem Roman, der zum Dauerbestseller des wilhelminischen Bürgertums werden sollte: Gustav Freytags *Soll und Haben*. Der Roman ist die ausgebreitete Seelenlandschaft des deutschen Bürgertums. Das bleibt er bis ins Dritte Reich. Bis zum Erlöschen des Copyrights 1925 erlebt er 128 Auflagen, wobei der Gipfel des Absatzes in der Zeit von 1900 bis 1920 liegt.

Der Roman ist ein Monumentalwerk der deutschen Mentalität, die man als gutbürgerlich gekennzeichnet hat. Es ist ein Hohelied auf die bürgerliche Arbeitsmoral, ein Kolossalgemälde der zeitgenössischen Gesellschaft aus nationalliberaler Sicht und ein Flügelaltar des deutschen Wesens und der mittelständischen Ehrbarkeit. Und vor allem ist er ein Denkmal jenes spezifisch deutschen Biedersinns, der eine für andere Nationen kaum nachvollziehbare Verbindung von trotzig demonstrierter Tüchtigkeit, seelenvoller Gemütlichkeit, heimatverbundener Enge und unpolitischer Gemeinschaftssehnsucht darstellt. Dieses Monument der Mentalitätsgeschichte bietet auch den Schlüssel für das Verständnis jenes Antisemitismus, der nicht aktiv verfolgte, sondern der aus jener gedämpften Abneigung bestand, die der Provinzler gegenüber dem Fremden empfindet, dem er unterstellt, daß er insgeheim die Wonnen gemütlicher Beengtheit zynisch verhöhnt; jener Antisemitismus, der die menschliche Gesellschaft auf den engeren Zirkel einer hautnah empfundenen Instinktgemeinschaft zusammenzieht und allen, die nicht dazugehören, die soziale und menschliche Solidarität kündigt. Wir finden in dem Roman die ganze Inneneinrichtung von Gemeinschaftsgefühl, Ehrbarkeit und Gemütswerten geschildert, die das deutsche Bürgertum dann als spezifisch deutsch empfinden sollte. *Soll und Haben* ist ein Schlüsseltext, der das enthüllt, was nach Oscar Wilde das Rätselhafteste ist: die Oberfläche der Normalität. Und da ist es denn in der Tat bedeutsam, daß der Roman mit einer verblüffenden Deutlichkeit das Szenario des *Kaufmann von Venedig* repräsentiert: die Dreiecksbeziehung zwischen Jude, Kaufmann und Aristokrat.

Dem Gesetz folgend, daß ein Gesellschaftsroman natürlich mehr als drei Figuren miteinander in Beziehung bringen muß, wird diese Dreiteilung verdoppelt durch die Zuordnung der entsprechenden Vertreter der älteren Generation – und sie repräsentieren mit ihren Familien und Angestellten dann die Milieus der Juden, der Bürger und der Aristokraten. Das Ganze wird dann tatsächlich so symmetrisch wie ein Tryptichon: In der Mitte ist das ehrbare Handelshaus T. O. Schröter in Breslau mit seinem Prinzipal Traugott Schröter und dessen lieblicher Schwester Sabine sowie einer Galerie von Angestellten, zu denen auch Wohlfahrt gehören wird; links davon befindet sich das jüdische Handelshaus Hirsch Ehrenthal und Frau mit den Kindern Rosalie und Bernhard, wo auch Veitel Itzig seine Stellung findet; rechts dann das Rittergut des Freiherrn von Rothsattel und Gemahlin mit den Kindern Lenore und Eugen, dessen Erbe einst Fritz von Fink antreten wird. Das ist die Ausgangslage, als die beiden ungleichen Schulkameraden der Bürgerschule von Ostrau, der kleine Beamtensohn Anton Wohlfahrt und der jüdische Veitel Itzig, sich auf getrennten Wegen in die Provinzhauptstadt Breslau aufmachen, um nach dem Schulabschluß dort ihr Berufsleben zu beginnen. Zufällig treffen ihre Wege gegenüber dem Rittergut derer von Rothsattel aufeinander. Beim Anblick des stattlichen Herrensitzes im prächtigen Park wird der Leser zusammen mit dem Helden in eine arkadische Stimmung versetzt, die durch das Auftreten der Tochter des Hauses bis zur Verzauberung gesteigert wird – es ist das literarische Muster des Zauberortes von Portias Belmont:

»Er war wie verzaubert. Im Hintergrund das dunkle Grün der Bäume, um ihn die klare Flut, welche leise an dem Schnabel des Kahns rauschte, ihm gegenüber die schlanke Gestalt der Schifferin, die strahlenden blauen Augen, das edle Gesicht gerötet durch ein liebliches Lächeln, und hinter ihnen her das Volk der Schwäne, das weiße Gefolge der Herrin dieser Flut. Es war ein Traum, so lieblich, wie ihn nur die Jugend träumt.

Der Kahn stieß an das Ufer, Anton stieg heraus und rief: ›Leben Sie wohl!‹ ... Durch eine Öffnung des Parkes sah Anton das Schloß vor sich liegen, hoch und vornehm ragte es über die Ebene. Lustig flatterte die Fahne auf dem Türmchen, und kräftig glänzte im Sonnenschein das Grün der Schlingpflanzen, welche den braunen Stein der Mauern überzogen.

›So fest, so edel!‹ sagte Anton vor sich hin.

›Wenn du diesem Baron aufzählst hunderttausend Talerstücke, wird er Dir noch nicht geben sein Gut, was er hat geerbt von seinem Vater‹, sprach eine scharfe Stimme hinter Antons Rücken. Dieser wandte sich zornig um, das Zauberbild verschwand, er stand in dem Staube der großen Landstraße. Neben ihm lehnte an einem Weidenstamm ein junger Bursch in ärmlichem Aufzuge, welcher ein kleines Bündel unter dem Arm hielt. und mit ruhiger Unverschämtheit unseren Helden anstarrte.

›Bist Du's, Veitel Itzig!‹ rief Anton, ohne große Freude über die Zusammenkunft zu verraten. Junker Itzig war keine auffallend schöne Erscheinung, hager, bleich, mit rötlichem krausen Haar, in einer alten Jacke und defekten Beinkleidern sah er so aus, daß er einem Gendarmen ungleich interessanter sein mußte, als andern Reisenden.« (Freytag 1977, 23 f.)

Was Anton als verklärte Lebensform des Adels sieht, ist für Veitel nichts anderes als hunderttausend Taler. Um dieses Rittergut wird in dem Roman gekämpft werden, denn der Gutsbesitzer, der Freiherr von Rothsattel, hat den Fehler seiner Kaste: Er versteht nicht, solide zu wirtschaften, sondern möchte durch den Aufbau von Verarbeitungsindustrien das Gut finanziell sichern und es dann durch Fideikommiß auf ewig der Familie erhalten. Dieser Fideikommiß ist nun für Freytag die aristokratische Sünde wider den heiligen Geist des Wirtschaftsliberalismus: Das Gut wird durch ihn derartigen Veräußerungsbeschränkungen unterworfen, daß es gar nicht mehr freies Eigentum ist und damit dem Blutkreislauf der Kapitalzirkulation entzogen bleibt. Der Sinn des Fideikommiß bestand darin, einer adligen Familie unter dem Prinzip einer männlichen Nachfolgeregelung – in Preußen ging es um diese Zeit um die Wiedereinführung des Majorats, bei dem der Fideikommißbesitzer der jeweils älteste Mann der Familie ist – auf unabsehbare Dauer eine wirtschaftlich sichere Existenzgrundlage und eine hervorragende Stellung in der Gesellschaft zu verschaffen. Daß diese Eigentumsbeschränkung in der Französischen Revolution aufgehoben wurde, zeigt, daß sie mit dem Prinzip der Mobilität einer bürgerlichen Gesellschaft, in der jeder nach Maßgabe seiner wirtschaftlichen Tüchtigkeit auf- oder absteigen soll, nicht vereinbar ist. Entsprechend sagt der ehrbare Kaufmann T. O. Schröter zu Anton, als dieser ihn bittet, die Rothsattels vor dem finanziellen Ruin zu bewahren, in den Veitel Itzig sie treiben wird:

>»Glauben Sie mir, einem großen Teil dieser Herren, welche an ihren alten Familienerinnerungen leiden, ist nicht zu helfen ... Wer von Haus aus den Anspruch an das Leben macht, zu genießen und seiner Vorfahren wegen eine bevorzugte Stellung einzunehmen, der wird sehr häufig nicht die volle Kraft behalten, sich eine solche Stellung zu verdienen. Sehr viele unserer alten angemessenen Familien sind dem Untergange verfallen, und es wird kein Unglück für den Staat sein, wenn sie untergehen ... Wo die Kraft aufhört, in der Familie oder im Einzelnen, da soll auch das Vermögen aufhören, das Geld soll frei dahinrollen in andere Hände, und die Pflugschar soll übergehen in eine andere Hand, welche sie besser zu führen weiß. Und die Familie, welche im Genusse erschlafft, soll wieder heruntersinken auf den Grund des Volkslebens, um frisch aufsteigender Kraft Raum zu machen. Jeden, der auf Kosten der freien Bewegung anderer für sich und seine Nachkommen ein ewiges Privilegium sucht, betrachte ich als einen Gegner der gesunden Entwicklung unseres Staats.« (Ebd., 479 ff.)

Wer, wie in der germanistischen Literatur häufig anzutreffen, nicht mehr weiß, was das Majorat und der Fideikommiß bedeutet, wird Schröters Haltung fälschlicherweise als gnadenlosen Sozialdarwinismus interpretieren, der sich gegen die Schwachen richtet; in Wirklichkeit ist es ein gegen die Privilegien des Adels gerichteter Liberalismus, der sich noch nicht durchgesetzt hat, aber seine Siegeszuversicht mit dem ideologischen Selbstbewußtsein sich allgemein durchsetzender Grundsätze artikuliert. Aber das ist bereits in der Mitte des Romans, nachdem Veitel Itzig das Gut durch eine an Ehrenthal zedierte Hypothek, die er gestohlen hat, schon in der Hand hält. Doch gleich in der Eingangsszene wird der Fetisch benannt, durch dessen Besitz sich die Juden – erst Ehrenthal und dann Veitel Itzig – in den Besitz des Gutes bringen werden: das Stück Papier – the bond of flesh.

> »›Tausendgüldenkraut heißt das Kraut, womit man vieles kann machen in der Welt‹, erwiderte Veitel, ›aber wie man es muß machen, daß man auch als kleiner Mann kriegen kann so ein Gut wie des Barons Gut, das ist ein Geheimnis, welches nur wenige haben. Wer das Geheimnis hat, wird ein großer Mann, wie der Rothschild, wenn er lange genug am Leben bleibt.‹
> ›Wenn er nicht vorher festgesetzt wird‹, warf Anton ein.
> ›Nichts eingesteckt!‹ antwortete Veitel. ›Wenn ich nach der Stadt gehe zu lernen, so gehe ich zu suchen die Wissenschaft, sie steht auf Papieren geschrieben. Wer die Papiere finden kann, der wird ein mächtiger Mann; ich will suchen diese Papiere, bis ich sie finde.‹ ... Itzig aber fuhr fort, sich vertraulich an Anton drängend: ›Was ich dir sage, das erzähle keinem weiter. Die Papiere sind gewesen in unserer Stadt, einer hat sie gekriegt von einem alten sterbenden Bettler, und ist geworden ein mächtiger Mann; der alte Schnorrer hat sie ihm gegeben in einer Nacht, wo der andere hat gebetet an seinem Lager, ihm zu vertreiben den Todesengel.‹« (Ebd., 25 f.)

Das ist eine Präfiguration der düsteren Szene, in der Itzig die Hypothek, die auf dem Gut liegt, stiehlt. Er hat sich in Ehrenthals Handelshaus durch Unermüdlichkeit und Mitwisserschaft an den unsauberen Geschäften unentbehrlich gemacht. Er weiß, daß Rothsattel Ehrenthal eine Hypothek zediert hat, setzt aber zugleich den Freiherrn durch geliehene Wechsel, die er zurückfordert, finanziell unter Druck. Da der Freiherr nicht zahlen kann, überredet er ihn, ihm die schriftlich nicht eingetragene, sondern nur durch ein Ehrenwort gesicherte Hypothek zum zweitenmal zu zedieren und Ehrenthal später mit dem Profit der Fabrik zu bezahlen. Rothsattel, dem das Wasser bis zum Halse steht, geht darauf ein und bricht damit sein Ehrenwort. Als nun Ehrenthals todkranker Sohn Bernhard, der ›gute Jude‹ des Romans, auf seinem Sterbelager den Vater dazu zu überreden droht, dem Freiherrn seine Hypothek zurückzugeben, um diesem damit Ehre und Vermögen zu retten, stiehlt Itzig in einer dramatischen Szene von Dickensscher Dämonie das Papier – die Hypothek. Die Beschreibung des Juden Veitel Itzig zieht dabei wieder alle Register der antisemitischen Klischeetradition. Die Szene spielt in Ehrenthals Kontor zwischen Rothsattel, Ehrenthal und Itzig als Regisseur.

> »›Sie wollen mir geben ein Stück Papier für mein gutes Geld, einen Wisch, welcher nicht wert ist, daß ich ihn verbrenne.‹ ›Halten Sie sich nicht auf‹, rief Veitel wieder mit ängstlicher Stimme. ›Es ist niemand oben beim Bernhard, er schreit nach Ihnen und dem Baron, er wird sich einen Schaden tun. Machen Sie, daß Sie hinaufgehen, er hat gestöhnt, ich soll Sie im Augenblick zu ihm schaffen.‹ ›Gerechter Gott!‹ rief Ehrenthal und ergriff seinen Hut, ›Was ist das wieder? Ich kann nicht kommen zu meinem Sohn, ich habe jetzt Sorge um mein Geld.‹ ›Er wird sich schreien zu Tode‹, rief Veitel wieder, ›wegen dem Gelde können Sie nachher noch genug reden. Machen Sie schnell.‹ Der Freiherr und Ehrenthal traten aus dem Comtoir. Itzig folgte. Ehrenthal verschloß die Tür, er legte die eiserne Stange vor und befestigte das Vorlegeschloß. Sie eilten die Treppe hin-

auf, Veitel als letzter. Auf den Stufen klang ein Geldstück, Ehrenthal sah sich um. ›Es ist mir aus der Tasche gefallen‹, sagte Veitel.« (Ebd., 460)

Ehrenthals abwechselndes Gejammer über Sohn und Geld ist Shylocks ›My ducats and my daughter!‹ Dann folgt die Szene, in der der sterbende Bernhard seinem Vater das Versprechen abnimmt, Rothsattel die Hypothek zurückzugeben. Ehrenthal geht, um sie zu holen, aber Veitel Itzig weiß, daß sie schon beiseite geschafft ist. Mit verstörtem Gesicht und zerrauften Haaren kommt Ehrenthal zurück, das flackernde Licht in der Hand.

»»Fort ist alles‹, stöhnte Ehrenthal, nur auf seinen Sohn blickend, ›die Verschreibungen sind fort, die Hypotheken sind fort. Ich bin beraubt‹, schrie er aufspringend, ›Diebstahl, Einbruch! Schickt nach der Polizei!‹ Und wieder stürzte er hinaus, der Freiherr hinter ihm. Betäubt, halb ohnmächtig, sah Bernhard ihnen nach. Da trat vom Fenster er, der zurückgeblieben war, an das Bett. Der Kranke warf sein Haupt zur Seite und starrte auf den Mann, wie der ermattete Vogel auf die Schlange. Es war das Gesicht eines Teufels, in das er blickte, rotes Haar stand borstig in die Höh, Höllenangst und Bosheit saß in den häßlichen Zügen. Bernhard schloß die Augen und hielt die Hand vor. Aber das Gesicht kam näher an ihn heran, und eine heisere Stimme flüsterte in sein Ohr.« (Ebd.. 463 f.)

Zwischen diesen Ereignissen spannt sich das breite Geschehenspanorama des Romans mit den zunächst parallel verlaufenden Karrieren von Anton Wohlfahrt und Veitel Itzig: So wie Veitel mit dämonischer Unermüdlichkeit auf krummen Wegen nach oben steigt – ›krumm‹ ist sein begleitendes Epitheton –, geht Anton im Comtoir Schröters seinen geraden Weg des Aufstiegs weiter, den die berufliche Tüchtigkeit und der gerade Sinn dem ehrlichen Kaufmann weisen. Aber auch dieser gerade Weg ist nicht frei von Versuchungen.

Die Versuchung nimmt die Form des diskreten Charmes der Aristokratie an. Und sie tritt Anton in der doppelten Gestalt des Fritz von Fink und der Lenore von Rothsattel entgegen, jener Mädchenerscheinung, die ihn im Park des Schlosses zu Beginn seiner Laufbahn über den Schwanenteich gerudert hatte. Und es ist Fritz von Fink, der die Verbindung zu Lenore herstellt: Er ist der Erbe reicher amerikanischer Besitzungen eines Onkels und hat sich nach zahlreichen Abenteuern in Übersee dazu bequemt, ein Volontariat im Handelshaus Schröter zu absolvieren. Er führt Anton durch einen bedenklichen, an Hochstapelei grenzenden Bluff in aristokratische Kreise ein, die jenseits von Antons sozialen Aspirationen liegen mußten. Zugleich geht von diesen Zirkeln jene moralische Gefährdung aus, die durch Herrn von Finks Bedenkenlosigkeit bei seinem Hang zu sozialen Manipulationen, Eugen Rothsattels Bedenkenlosigkeit beim Schuldenmachen und Freiherr von Rothsattels engstirnigen Standesdünkel repräsentiert wird. Allerdings geht die stärkste Attraktion von Lenore Rothsattel aus, die er in jenem Milieu wiedertrifft und die den Helden über weite Strecken des Romans ohne auktoriale Mißbilligung faszinieren darf, weil sie eine stark und unverfälscht empfindende Frau ohne Standesdünkel und von großer Vitalität ist. Von Lenore von Rothsattel wird dann auch die eigentliche Motivation ausgehen, das heruntergekommene Gut des Freiherrn im polnischen Grenzland, auf das sich die Familie zurückziehen mußte, in heroischem Abwehrkampf gegen den Schlendrian der polnischen Wirtschaft und die uneinsichtige Querköpfigkeit des alten Rothsattels, der nach einem verfehlten Selbstmordversuch erblindet ist, zu behaupten. Während dieser Zeit ist sein Freund Fritz von Fink in Amerika, um sein Erbe anzutreten. Doch dieser sieht sich dort – durch Briefe an Anton zwischendurch in Erinnerung gebracht – von den kraß materialistischen Geschäftspraktiken des hemmungslosen amerikanischen Kapitalismus so abgestoßen, daß sich in dieser gesunden Reaktion der heilsame Einfluß von Antons Biedersinn auf seinen adligen Freund zeigt.

Zwischen diesen beiden Milieus, dem moralisch bedenklichen des Adels und dem schlichtweg schurkischen der Juden, steht die bürgerliche Festung der Treue, Arbeit und Ehrsamkeit, das Handelshaus T. O. Schröter. Seine Geschäfts- und Arbeitsmoral wird von Traugott, dem Prinzipal, repräsentiert, seine gemüthafte Seite aber von dessen Schwester Sabine. Wie eine hausfraulich-wärmende Sonne überglänzt sie die Gemeinschaft des ganzen Hauses, und in ihrem sanften Schein vereinigen sich die seelischen Regungen der einzelnen Angestellten zu einem gemeinsamen kollektiven Firmenstolz, und das ganze Ensemble verklärt sich in diesem Glanz zu einer behaglichen Sozialidylle aus Treue, Uneigennützigkeit und gemeinsamem Streben. In der Schilderung Freytags gerät das zu einem Genre-Bild im Stil der Gartenlaube, die zwei Jahre vor der Publikation von *Soll und Haben* zu erscheinen begann.

> »Jetzt war eine Freude, der Handlung zuzusehen, wie jeder der Herren bemüht war, dem Fräulein das Eingießen abzunehmen, weil die Kanne für sie zu schwer war, wie Sabine sich Anton zum Adjutanten erwählte, weil er auch im

Salon der Kollegen das Geschäft des Eingießens verrichtete, wie die Kollegen sich freuten, daß man im Vorderhause auch das von ihnen wußte, ferner, wie verbindlich Sabine jedem der Herren den Kuchen präsentierte, und wie sie immer ein Auge darauf hatte, daß die Zuckerschale und der Sahnetopf in ihrem Laufe um den Tisch nicht unterbrochen wurde, und endlich, wie alle Kollegen den braunen Trank des Wirts mit der stillen Überlegenheit von Leuten einnahmen, welche besser wissen, was guter Kaffee ist. Es war kein ruhiger Sitz, und Sabine hatte viel zu tun, die vorbeiziehenden Bekannten zu grüßen und den Freunden des Bruders, welche an sie herantraten, Rede zu stehen. Sie war allerliebst in dieser unaufhörlichen Bewegung. Mit einer ruhigen hausmütterlichen Haltung sprach sie mit den Herren vom Comtoir, und mit einfacher Herzlichkeit erhob sie sich und bewillkommnete die Herantretenden. Sie grüßte, scherzte und wartete über dem Kaffeebrett, sie sah auf die Spaziergänger und hatte noch Zeit, prüfende Blicke in das Innere der Tassen zu werfen, welche sie Anton zureichte.« (Ebd., 262)

Diese Harmonie wird durch zwei störende Ereignisse unterbrochen, das erste jüdischen, das zweite adligen Ursprungs: Rosalie, die Tochter Ehrenthals, schreitet vorüber und wirft, weil sie es auf Herrn von Fink abgesehen hat, einen giftigen Blick der Eifersucht auf Sabine: »Ein Flammenblitz voll Haß und Zorn fiel auf das Mädchen, welches sie für ihre glückliche Nebenbuhlerin hielt, so daß Sabine sich erschrocken zurückbeugte, wie um dem Anfall eines Raubtiers zu entgehen.« (263) Und Fink tötet schnöde mit seiner Reitpeitsche einen kleinen Sperling, nachdem Sabine ohne Finks Wissen gerade ein erbauliches Räsonnement über den bürgerlichen Familiensinn seiner Spatzeneltern gehalten hatte. Darauf kommt es zu einem ideologischen Zentral-Disput. Fink legt gegen eine Form der Sentimentalität und Rührung im Kleinen los, die er für besonders deutsch hält und immer wieder an deutschen Auswanderern beobachtet hat:

»›Da lobe ich mir das, was Sie die Gemütlosigkeit des Amerikaners nennen. Er arbeitet wie zwei Deutsche, aber er wird sich nie in seine Hütte, in seine Fenz, in seine Zugtiere verlieben. Was er besitzt, das hat ihm gerade nur den Wert, der sich in Dollars ausdrücken läßt. Sehr gemein, werden Sie mit Abscheu sagen. Ich lobe mir diese Gemeinheit, die jeden Augenblick daran denkt, wieviel und wie wenig ein Ding wert ist. Denn diese Gemeinheit hat einen mächtigen freien Staat geschaffen. Hätten nur Deutsche in Amerika gewohnt, sie tränken noch jetzt ihre Zichorie statt Kaffee unter der Steuer, die ihnen eine gemütliche Regierung von Europa aus auflegen würde.‹ ›Und fordern Sie von einer Frau den selben Sinn?‹ fragte Sabine. ›In der Hauptsache, ja‹, erwiderte Fink. ›Keine deutsche Hausfrau, die nicht in ihre Servietten verliebt ist. Je mehr eine von den Lappen hat, desto glücklicher ist sie. Ich glaube, sie taxieren einander in der Stille, wie wir die Leute an der Börse: 500, 800 Servietten schwer. Die Amerikanerin ist kein schlechteres Weib, als die Deutsche, aber sie wird über eine solche Liebhaberei lachen: sie hat, soviel ihr für den täglichen Gebrauch nötig sind, und kauft neue, wenn die alten zugrunde gehen. Wozu sein Herz an solchen Tand hängen, der dutzendweise für etwa 4 bis 6 Taler in jeder Straße zu haben ist?‹ ›O, es ist traurig, das Leben in ein solches Rechenexempel aufzulösen!‹ erwiderte Sabine. ›Was man erwirbt und was man hat, verliert seinen besten Schmuck. Töten Sie die Fantasie und unsere gute Laune, die auch den leblosen Dingen ihre freundlichen Farben verleiht, was bleibt dann dem Leben des Menschen? Nichts bleibt, als der betäubende Genuß, oder ein egoistisches Prinzip, dem er alles opfert. Treue, Hingebung, die Freude an dem, was man schafft, das alles geht dann verloren. Wer so farblos denkt, der kann vielleicht groß handeln, aber sein Leben wird weder schön, noch freudenreich, noch ein Segen für andere.‹ Unwillkürlich faltete sie die Hände und warf einen Blick voll Trauer auf Fink, dessen Gesicht einen trotzigen und harten Ausdruck erhielt.

Die Kollegen hatten bis jetzt der Unterhaltung in düsterem Schweigen zugehört und nur durch Mimik ihren Abscheu gegen Finks Behauptungen ausgedrückt. Der Geist des gemordeten Sperlings hob sich vor aller Augen fortwährend über die Tischplatte neben Finks Stuhl, und sie starrten auf den Macbeth des Comtoirs wie auf einen verlorenen Mann. Anton ergriff begütigend das Wort: ›Vor allem muß ich bemerken, daß Fink selbst ein glänzendes Beispiel gegen seine eigene Theorie ist.‹ ›Wieso, Herr?‹ fragte Fink, von der Seite auf Anton sehend. ›Das wird sogleich offenbar werden, ich will nur erst uns alle zusammen loben. Wir alle, die wir hier sitzen und stehen, sind Arbeiter in einem Geschäft, das nicht uns gehört. Und jeder unter uns verrichtet seine Arbeit in der deutschen Weise, die du soeben verurteilt hast. Keinem von uns fällt ein zu denken, so und so viel Taler erhalte ich von der Firma, folglich ist mir die Firma so und so viel wert. Was etwa gewonnen wird durch die Arbeit, bei der wir geholfen, das freut auch uns und erfüllt uns mit Stolz. Und wenn die Handlung einen Verlust erlitten hat, so ist es allen Herren ärgerlich, vielleicht mehr als dem Prinzipal.‹« (Ebd., 269)

Und dann beweist er mit tausend Beispielen, daß Fink ›in Wahrheit ebenso sehr ein armer gemüthafter Deutscher‹ ist als irgendeiner, denn, argumentiert er mit einem Beispiel aus Dickens' *Hard Times*: »Er liebt, wie wir alle wissen, sein Pferd persönlich, es ist ihm durchaus etwas anderes, als die Summe von 500 Dollar, repräsentiert durch so und so viele Zentner Fleisch mit einer Haut überzogen.« (271) Durch dieses Plädoyer für den Freund, das von Fink sich gefallen läßt, versöhnt er die durch die Gemütskälte des Adligen bedrohte Gemeinschaft mit sich selbst. Es ist diese Gemütstiefe, diese zugleich bürgerliche und deutsche Fähigkeit des Empfindens, die den beiden nicht-deutschen Nationen abgesprochen wird, die im Roman eine Rolle spielen: den Amerikanern und den Polen.

Entsprechend konsequent ist es, daß Herr von Fink in Amerika sein deutsches Wesen entdeckt, seine dortigen Geschäftsverbindungen löst und Anton zu Hilfe eilt, als dieser mit dem Gut derer von Rothsattel das deutsche Wesen auf polnischem Grund verteidigt: Ein großer Teil des Romans ist der Darstellung polnischer Aufstände im Grenzland gewidmet, wobei der Höhepunkt in einer Belagerung des neuen, durch Anton wieder hochgewirtschafteten Gutes der Rothsattel besteht, die unter dem Kommando von Fink ganz wie die Belagerung eines amerikanischen Forts durch Indianer zurückgeschlagen wird. Hier zeigt sich plötzlich: Der Adlige ist ein Westmann, der zu kämpfen versteht, und zur Verteidigung des durch Bürgerfleiß kolonisierten Bodens kann man den Adel doch noch gebrauchen. Die Besiedelung Polens ist im gleichen Sinne Kolonisation wie die Kolonisation Amerikas. Und in dieser Aufgabe gibt es plötzlich doch noch eine Koalition zwischen Bürgertum und Adel. So gibt es im Verhältnis zwischen Bürgertum und Adel einen entscheidenden Unterschied in den beiden Generationen: Traugott Schröter, der sich weigert, den Rothsattels zu helfen und mit Anton Wohlfahrt bricht, als der es dann doch tut, ist in dieser Adelsfeindschaft schon etwas altfränkisch, so wie alle Vertreter der älteren Generation etwas antiquiert sind. In der jungen Generation gibt es die Freundschaft zwischen Anton und Fritz von Fink und die gemeinsame Aufgabe der Polenkolonisation. Das Bürgertum wird geradewegs imperialistisch. Bei all dem bleiben Anton und Fink ihren sozialen Sphären verhaftet: Fink heiratet Lenore Rothsattel und gründet mit ihr ein neues Geschlecht auf freiem Grund. Der alte Adel hat abgewirtschaftet, der neue verschreibt sich der Kolonisation. Anton aber kehrt zurück zu den Schröters und heiratet den guten Geist des Handelshauses, Sabine.

Zugleich wird wie im *Kaufmann von Venedig* das Undeutsche, Fremde, das Amerikaner und Polen verkörpern, mit den Juden identifiziert: der Mangel des Gemüts. Diese doppelte Identifikation ist paradox und gemischt: Einerseits kommen die Juden aus Polen, mauscheln und haben den liederlichen Sinn der polnischen Wirtschaft. In einem Aufsatz über *Die Juden in Breslau* (Freytag 1903) hat Freytag deutlich diese Ostjuden von den assimilierten Juden unterschieden und deshalb seine Hoffnungen auf die Assimilation gesetzt. Andererseits repräsentieren die Juden in ihrem Geschäftsgebaren den ungemilderten, durch nichts gehemmten Kapitalismus der Amerikaner. Und das ist die eigentliche Pointe des im Roman artikulierten Antisemitismus.

Die Sekundärliteratur kann sich bis heute nicht über Freytags Antisemitismus einigen. Unzweifelhaft ist, daß er nicht rassistisch war, wenn er gerade die Notwendigkeit der Assimilation betont. Unzweifelhaft ist auch, daß er persönlich gegen Richard Wagners Antisemitismus in dessen Schrift *Das Judentum in der Musik* Stellung bezog. Ebenso unzweifelhaft ist, daß er zur Schilderung der Juden in seinem Roman so ziemlich alle antisemitischen Klischees seit den Tagen Shylocks benutzt und dabei wieder auf jenes diabolische Urgestein, den Teufel selber, stößt.

Der eigentliche Sinn des Antisemitismus enthüllt sich jedoch, wenn man begreift, daß er sozusagen die verleugnete Nachtseite des Kapitalismus darstellt, die durch die gemüthafte Verklärung bürgerlich-deutscher Werte gerade verdeckt werden soll. Das zeigt sich darin, daß Veitel Itzig und Hirsch Ehrenthal nur die jeweilige negative Kehrseite einer Medaille repräsentieren, deren positive Seite das Doppelkonterfei von Anton Wohlfahrt und Traugott Schröter trägt. Dieselben Eigenschaften sind bei den deutschen Bürgern positiv, die bei den Juden negativ sind. Ist also Anton fleißig, ist Veitel Itzig rastlos, ist Anton sparsam, ist Veitel Itzig geizig etc. Das Differenzkriterium ist die Frage, ob diese Eigenschaften sozialbezogen sind – der Uneigennützigkeit, der Treue und Loyalität entspringen – oder dem krassen Egoismus dienen. Hier zeigt sich dann die ›deutsche Ideologie‹: Der deutsche Liberalismus scheut sich, anders als etwa der englische, dem Prinzip des Liberalismus ins Auge zu blicken. Offenbar stand die entscheidende Paradoxie nicht zur Verfügung oder war nicht mehr glaubhaft: daß die Egoismen aller in ihrem Zusammenwirken das gemeinsame Wohl zustande bringen. So mußte dieser schwächliche Liberalismus die bürgerliche Erwerbsbetätigung schon an ihrer egoistischen Motivationsquelle durch Gemütswerte veredeln und den nicht zu leugnenden Teil des Materialismus den Juden zuschieben. In dieser Variante des Szenarios vom Juden, Bürger, Edelmann zeigt sich wie nirgends sonst, welche Funktion die Identifikation des Deutschen mit dem ›Gemütlichen‹ hat: Es geht um die Leugnung des Materialismus, die Verklärung des bürgerlichen Erwerbssinns und die Verdrängung der kapitalistischen Dynamik in ihrer amerikanischen Ungehemmtheit. An Freytags Roman zeigt sich, daß hier schon nach zwei Seiten argumentiert wird: einerseits gegen die polnische Zurückgebliebenheit, weil in Polen das Bürgertum fehlt und nur der Adel regiert, und andererseits gegen die amerikanische Ungehemmtheit, wo dann der Adel fehlt und der Kapitalismus regiert. Beides, die feudale polnische Zurückgebliebenheit und der amerikanische Materialismus, wird auf paradoxe Weise von den Juden repräsentiert. Hier findet sich in veränderter Form die alte Paradoxie von Archaik und Moderne des Shylock. Das Szenario des *Kaufmann von Venedig* bestätigt in Gustav Freytags Roman seine Modernität: Das deutsche Bürgertum verleugnet in der Auseinandersetzung mit dem Adel seinen Materialismus durch die Verklärung bürgerlicher Werte zu einem ›gemüthaft-nationalen‹ Gefühlskomplex und projiziert den eigenen Materialismus auf die Juden. Die Opposition gegen den Adel, wie bei Freytag dann auch deutlich artikuliert wird, wenn es um die Durchsetzung der liberalen Wirtschaftsordnung geht, wird sofort in eine Koalition verwandelt, wenn es zur Ostkolonisation kommt. Und hier wird dann auch wieder der positive Sozialcharakter des Adels in sein Recht eingesetzt, den Freiheit und Eleganz im sozialen Verhalten ebenso auszeichnen wie jenes Selbstbewußtsein, das sich aus der Tradition des Waffenhandwerks ableitet.

Freytag hat sich in seinem Roman auf das gesellschaftliche Szenario von Bürger, Jude, Edelmann beschränkt. Der vierte Stand der Proletarier ist trotz der schlesischen Weberaufstände noch nicht registriert. Man hat ihm das post festum zum Vorwurf gemacht. Das ist etwas absurd: Man kann nicht gleichzeitig konstatieren, der Roman artikuliere liberale Ideologie, und dann erwarten, daß er die Proletarisierung der Arbeiter durch den Kapitalismus schon wahrnimmt. Selbst Dickens, den Freytag sich sonst zum Vorbild nimmt, hat das außer in *Hard Times* – wo es dann noch sehr ambivalent geschieht – nicht getan, und das trotz der wesentlich weiter fortgeschrittenen Entwicklung in England. Ansonsten zeigt er mit Vorliebe das Milieu des Londoner Kleinbürgertums. Der Vergleich mit Dickens ist vielmehr in anderer Hinsicht interessant. Auch Dickens arbeitet mit der Dichotomie zwischen humoristisch-gemüthafter Verklärung im Sentiment und einem kalten, harten Materialismus, wobei die Vermittlung manchmal durch seine grandiosen Heuchlergestalten wie Pecksniff bewerkstelligt wird. Aber die Projektion des Materialismus auf die Juden kennt er nicht, trotz seiner jüdischen Schurkengestalt Fagin in *Oliver Twist*. Er weist statt dessen auf die ideologische Quelle des Liberalismus: den Utilitarismus, Malthus, die Anhänger Benthams, und etwas vage auf den ›cash nexus‹ und den Geist des Kalküls.

Das Programm einer ›realistischen Literatur‹, die den subjektiven Idealismus der Romantik und die blasierten Salonhelden des jungen Deutschland ablösen sollten, orientierte sich sowieso am englischen Roman. Julian Schmidt, der spätere Herausgeber der *Berliner Allgemeinen Zeitung*, verkündete dieses Programm im Breslauer *Grenzboten*, den er zusammen mit Freytag ab 1848 in liberalem Geiste redigierte. Von ihm stammt auch das Motto, das *Soll und Haben* vorangestellt ist: Der Roman soll das deutsche Volk da suchen, wo es in seiner Tüchtigkeit zu finden ist, nämlich ›bei seiner Arbeit‹. Darin steckt auch die Absicht zur Popularität und zum Ausbruch aus einer bloß ›gebildeten‹ Leserschaft. Auch darin war die ungemeine Popularität von Dickens und Scott ein Vorbild. Dabei übernahm Freytag aus Scotts Waverley-novels das Schema des passiv-schwankenden Helden – deshalb ›Waverley‹ – der zwischen den prosaischen, wirtschaftlich entwickelten Lowlands und der Verlockung durch die romantisch-verklärten, rückständigen Highlands mit ihrem freien Leben der Clans hin- und hergerissen wird, wobei beide Prinzipien, bürgerlicher Realismus und aristokratische Romantik, jeweils durch eine wilde schwarzhaarige Frau und eine milde blonde verkörpert werden. Und von Dickens übernahm Freytag die Technik grotesker Figurenzeichnung – Veitel Itzig ähnelt in vielem Uriah Heep aus *David Copperfield* – und bestimmte Tricks der sentimentalen Rhetorik. Deshalb ist es um so bedeutsamer, daß sich Freytags dominantes Schema nirgends bei seinen Vorbildern findet: das Szenario aus dem *Kaufmann von Venedig* mit seiner Dreiecksgeschichte zwischen Jude, Kaufmann, Edelmann.

Die fast unheimliche Popularität von *Soll und Haben* bezeugt, daß Freytag, der ›Praeceptor Germaniae‹, das Selbstverständnis des deutschen Bürgertums artikuliert hatte. Gerade das ›Deutsche‹ an diesem Werk wurde immer wieder lobend hervorgehoben. Im Ersten Weltkrieg wird er dann als Vorkämpfer des Deutschtums vereinnahmt. Interessant aber ist, daß er im Dritten Reich durchaus zwiespältig gesehen werden kann: Für seine Darstellung der Juden in *Soll und Haben* zollt ihm H. Kruse in der Einführung zu seiner Münsteraner Dissertation großes Lob: »Erscheint der verantwortungslose Pressejude in *Die Journalisten* noch als bloßes Mittel und komische Figur, so malt der Roman *Soll und Haben* den Juden als Wucherer und Verbrecher mit bedrohlichen Herrschaftsgelüsten.« (Kruse 1942). Aber für Erwin Laaths, der in der Bundesrepublik eine *Geschichte der Weltliteratur*, München 1953, schreiben wird, hat Freytag zu wenig Sinn für das Aristokratisch-Heldische: »... was seine Stärke in der Wiedergabe des Kleinbürgerlichen und Handwerkerhaften ist«, schreibt er in seiner Dissertation, »beweist sich als unzureichendes Maß, um heldischer oder herrscherlicher Größe gerecht zu werden ... Würde des Befehlenden, Rausch und Glanz des Helden: oftmals, wenn Freytags Werk den Bereich solcher Mächte der deutschen Geschichte streift, versagt er.« (Laaths 1934)

An solchen Äußerungen kann man verfolgen, wie der Weg in den Faschismus über die psychologische Selbstauslieferung des Bürgertums an die Aristokratie verlief, der sie bis zur Weimarer Republik die politische Macht überließ. Entsprechend lobt Laaths Freytag wieder an der Stelle, wo auch in *Soll und Haben* die Koalition zwischen Bürgertum und Adel möglich wird: »Das nationale Element als das bodenständigste entschied in der Polensache immer stärker als das liberale ... hier redet ausschließlich der selbstbewußte kampfbereite nationale Deutsche.« (Laaths 1934, 80/81)

Wenn die Bewunderer Freytags das spezifisch ›Deutsche‹ von *Soll und Haben* betonen, stimmen ihnen die Kritiker gerade in diesem Punkte besonders eifrig zu. So erklärte H. Kurz in seiner *Geschichte der deutschen Literatur* von 1868 den Roman zu einem Monument der Philisterhaftigkeit. Und besonders der Marx-Biograph Franz Mehring kehrte die Identifikation von Bürgertum und Deutschtum zum Vorwurf des Spießertums um:

»Die gesamte Romanliteratur aller Völker hat vielleicht keinen zweiten Romanhelden von so philisterhafter Langeweile aufzuweisen, wie ihn Freytag in seinem A. Wohlfahrt schuf.« (Mehring 1895, 161) Freytags Roman, bemerkt er mit Bezug auf die deutschen Bürger, »half ihnen aus der idealistischen Haut heraus- und in die mammonistische Haut hineinschlüpfen ... Lassalle sagt einmal, der deutsche Bourgeois wolle seinen Profit, nicht zufrieden damit, ihn von Rechts wegen zu schlucken, auch noch immer in einer moralischen Soße serviert haben. Diese moralische Soße versteht Freytag vortrefflich zu servieren.« (Ebd.)

Was er nicht sagt, ist, daß der Preis für dieses Gericht der Antisemitismus war, der sich in den Shylock-Figuren von *Soll und Haben* zeigt. Es gibt eine apologetische Dissertation aus Stuttgart von Michael Schneider mit dem Titel *Geschichte als Gestalt* (Schneider 1980), die mit Berufung auf Marx' Schrift *Zur Judenfrage* Freytag dadurch gegen den Vorwurf des Antisemitismus in Schutz zu nehmen meint, daß sie feststellt, von den Juden sei nur ›metaphorisch‹ die Rede. Dabei bekommt Schneider genau den gefährlichen Punkt zu fassen, daß sich der Liberalismus hier gegen die konservative Kritik wehrt, und zitiert in diesem Zusammenhang eine Bemerkung Droysens aus der *Historik*:

»Die Klage über den Materialismus trifft nicht das Güterleben und dessen wachsende Mehrung, sondern daß es von denen, die ihm leben, nicht in seiner sittlichen Bedeutung erkannt wird. Der Stand des Kaufmanns, des Fabrikanten, des Landwirts ist nicht seiner Beschäftigung wegen ein banausischer, sondern er wird es durch die Gesinnung derer, die den Adel ihres Geschäfts nicht würdigen, die ihren Beruf erniedrigen, indem sie ihn mißverstehen.« (Droysen 1974, 254)

»Das Anliegen der theoretischen Antikritik Droysens ist das nämliche«, fährt Schneider fort, »welches die poetische Darstellung des Romans *Soll und Haben* in ihrer Behandlung der Juden bewegt: Es ist ihr darum zu tun, die kapitalistische Ökonomie gegen komplexe und –

ihrem Selbstverständnis nach – durch und durch unberechtigte Vorwürfe zu verteidigen. Das Vorgehen des Romans ist kompliziert und nicht ohne weiteres nachvollziehbar; die überwiegenden Fehleinschätzungen der Judenthematik in der Forschungsliteratur verdanken sich dieser Diffizilität. Der Roman nimmt zunächst eine weitverbreitete Metapher, die wir auch bei Marx als Darstellungsmittel finden können, auf, welche in dem einen Wort ›Jude‹ alle grundsätzlichen Vorwürfe wider die kapitalistische Ökonomie und das Bürgertum als ihren Träger zusammenfaßt; der Roman nimmt sodann die Metapher wörtlich, wenn er eine Volksgruppe zeichnet, die in allem dem bürgerlichen Philister der Kritik Riehls entspricht. *Soll und Haben* verschmilzt die Disparität konkreter Menschen und abstrakter Vorwürfe gegen die Zeit zu einer Einheit und läßt sonach die Menschen die Vorwürfe verkörpern. Pointiert formuliert: die semitischen Personen in *Soll und Haben* sind nicht Juden, sondern ›Juden‹. ... In den ›Juden‹ erscheint der sich entfaltende Kapitalismus, wie er sich generell in der Sicht seiner sowohl konservativen als sozialistischen Gegner, als auch partiell in der Selbstkritik seiner Befürworter ausnimmt; die ›Juden‹ sind die Projektion dieser Kapitalismuskritik in die Romanwirklichkeit.

Dementsprechend treten die Juden hier immer in negativer, gehässig-ironischer Stilisierung auf. Nimmt man die Rede vom Juden wörtlich, dann liegt es in der Tat nahe, ›von einem unterschwelligen präassistischen Antisemitismus zu sprechen‹ (P. H. Hubrich, 117), nur freilich verfälscht man solcherweise den wirklichen Gehalt des Tons. Da vom ›Juden‹ zuinnerst immer metaphorisch gesprochen wird, ist der Schluß entschieden angemessener, daß die negative Stilisierung nur bekräftigen soll, daß für die bürgerliche Wertewelt des Romans, trotzdem sie bügerlich ist und also als solche von den Vorwürfen der Gegner getroffen wird, das materialistische, gesinnungslose, profitsüchtige Handeln aus dem Grunde verwerflich ist. Die negative Stilisierung belegt, daß man die Kritik seiner Gegner akzeptiert als zwar wirklichkeitsadäquat, aber

*Antisemitisches, deutsches Wahlflugblatt zur Wahl
in die Nationalversammlung. 1919*

nicht auf das Bürgertum, sondern lediglich auf eine Spekulanten-Minorität zutreffend; man zeigt, daß man die kritisierten Erscheinungen selber degoutiert.« (Schneider 1980, 130)

In der Tat, dem kann man beistimmen. Aber wieso das eine Apologie Freytags und eine Verteidigung gegen den Vorwurf des Antisemitismus sein soll, wie der Autor beabsichtigt, bleibt ein Rätsel. Umgekehrt wird ein Schuh daraus. Diese Identifikation von ›symbolischen Juden‹ und realen Juden hat dem Antisemitismus wieder jene Gefährlichkeit verliehen, die durch die Kombination antikapitalistischer mit nationalistischen Affekten möglich wurde. Es gab dann ›den guten deutschen, idealistischen‹ Kapitalismus und den ›bösen, undeutschen, jüdischen und materialistischen‹ Kapitalismus. Dem entspricht die Teilung in ›deutsches schaffendes‹ Kapital und ›jüdisches raffendes‹ Kapital. Die über den ›materialistischen Kapitalismus‹ mögliche Identifikation von Juden und amerikanischer Wall Street ist bei Freytag ebenso vorgeprägt wie der emphatisch verwendete Begriff der ›deutschen Arbeit‹.

Wenn Mehring sagt, Anton Wohlfahrt sei der langweiligste Held der Literatur, so trifft diese Qualifikation auf den Roman selbst nicht zu: Er ist flott und eingängig geschrieben, sehr sorgfältig konstruiert und mit einer Unmenge plastischer Figuren und viel spannender Handlung ausgestattet. Trotzdem ist es das Hohelied des deutschen Spießers, dessen Gemütssaiten er unfehlbar zum Klingen bringt. Die Lektüre dieses Romans kann deshalb noch heute als seismographisches Meßinstrument für die Feststellung der eigenen Spießigkeit dienen: Wenn man in sich selbst die Resonanz auf seine Evokationen vernimmt, weiß man, das Instrument hat positiv ausgeschlagen. Das wird heute weniger die nationalistischen und direkt antisemitischen Stellen betreffen: Da ist man sowieso auf der Hut. Vielmehr gilt das für die Beschwörung der ›Gemütlichkeit‹.

In diesem Roman tritt der Shylock-Mythos in sein gefährliches Stadium. Es brauchte die rassistische Motivation nur an dieses Szenario angeschlossen und das bürgerliche Selbstbewußtsein noch mehr in die Defensive gedrängt zu werden, damit der Sozialcharakter des Adels im imperialistischen Schub des Fin-de-siècle zur Rasse generalisiert und in dieser Form den deklassierten Bürgern als Kompensation für die nie eroberte Macht angeboten werden konnte. Da rächte es sich, daß die Bürger Deutschlands nie, wie in England und Frankreich, gegen den Adel die Waffen in die Hand genommen hatten, und deshalb blieb das Szenario des *Kaufmann von Venedig* nur in Deutschland weiter aktuell.

Akt III

Das Herz der Finsternis

Szene 1
Das Szenario wird umgebaut: Marx und Disraeli

Die Vorgeschichte geht zurück ins Jahr 1844. Damals publizierte der 26jährige Karl Heinrich Marx, frisch verheiratet mit Jenny von Westphalen, in der einzigen Nummer der *Deutsch-französischen Jahrbücher*, die erscheinen sollte, zwei Aufsätze, die in innerer Verbindung miteinander stehen: Der eine trägt den Titel *Zur Kritik der Hegelschen Rechtsphilosophie*, und der andere, eine Besprechung von zwei Schriften Bruno Bauers, hat die Überschrift *Zur Judenfrage*. Beide zusammen dokumentieren sie das, was man seit Freud als ›Übertragung‹ kennt. In diesem Fall wird die Rolle der Juden als auserwähltes Volk ihnen weggenommen und einer anderen Gruppe übertragen, denn die Juden sind für Marx zum Inbegriff der bürgerlichen Gesellschaft geworden und haben die Rolle der Auserwähltheit nur noch im Negativen. Als Sohn eines getauften Juden argumentiert Marx ganz ähnlich wie Heine oder Disraeli: Das Christentum ist die Fortsetzung des Judentums ins Allgemeine. Was aber ist das Judentum?

> »Suchen wir das Geheimnis des Juden nicht in der Religion«, sagt Marx, »sondern suchen wir das Geheimnis der Religion im wirklichen Juden.
> Welcher ist der weltliche Grund des Judentums? Der *Schacher*. Welches ist sein weltlicher Gott? Das *Geld* ...

wenn der Jude dies sein *praktisches* Wesen als nichtig erkennt und an seiner Aufhebung arbeitet, arbeitet er aus seiner bisherigen Entwicklung heraus, an der *menschlichen Emanzipation* schlechthin und kehrt sich gegen den *höchsten praktischen* Ausdruck der menschlichen Selbstentfremdung.« (Marx-Engels I, 1966, 55)

Hier beschreibt Marx seine eigene Rolle: Wenn der getaufte Jude den Shylock in sich selbst aufhebt, betreibt er mit seiner eigenen Emanzipation die Emanzipation der Menschheit. Denn die Idee der modernen Gesellschaft, fährt er fort, ist die praktische Realisierung des Judentums als Prinzip des Egoismus. Dazu war der Umweg über das Christentum nötig. Das Judentum mußte im Christentum sublimiert, theoretisch und allgemein werden, um die Selbstentfremdung des Menschen zu vollenden. Erst über diese theoretische Entäußerung des menschlichen Wesens in ein religiöses Phantasma konnte die ›praktische, jüdische‹ Entäußerung des Menschen realisiert werden, durch die der Mensch »seine Produkte, wie seine Fähigkeit, unter die Herrschaft eines fremden Wesens stellt und ihnen die Bedeutung eines fremden Wesens – des Geldes – verleiht«. (59) Deshalb konnte Marx die Parallele zwischen der ›theoretischen‹ Projektion des menschlichen Wesens auf den christlichen Gott und der ›praktischen‹ Selbstentäußerung durch Unterwerfung unter die Herrschaft des Geldes zur metaphorischen Gleichsetzung von Gott und Geld zusammenziehen:

»Das Geld ist der eifrige Gott Israels, vor welchem kein anderer Gott bestehen darf. Das Geld erniedrigt alle Götter des Menschen und verwandelt sie in eine Ware. Das Geld ist der allgemeine, für sich selbst konstituierte Wert aller Dinge. Es hat daher die ganze Welt, die Menschenwelt wie die Natur, ihres eigentümlichen Wertes beraubt. Das Geld ist das dem Menschen entfremdete Wesen seiner Arbeit und seines Daseins, und dies fremde Wesen beherrscht ihn, und er betet es an. Der Gott der Juden hat sich verweltlicht, er ist zum Weltgott geworden. Der Wechsel ist der wirkliche Gott des Juden. Sein Gott ist nur der illusorische Wechsel.« (Ebd., 57)

Das ist die Apotheose des Shylock-Mythos. Nun ist Shylock überall. Er ist die Inkarnation der Selbstentfremdung, und alle Mitglieder der bürgerlichen Gesellschaft sind wie er. Damit hat Marx das Problem der Emanzipation der Juden generalisiert. Er hat damit auch sein eigenes persönliches Problem, Heines Problem und Disraelis Problem generalisiert: Die Absage an das Judentum erhält so eine grandiose, weltgeschichtlich motivierte Rechtfertigung. Aber zugleich wird das Problem auch radikalisiert. Die bloße Taufe genügt jetzt nicht mehr. Man muß auch dem Judentum im Christentum absagen. Denn: Das Christentum ist aus dem Judentum entsprungen. Es hat sich wieder in das Judentum aufgelöst. »Der Christ war von vornherein ein theoretisierender Jude, der Jude ist daher der praktische Christ, und der praktische Christ ist wieder Jude geworden.« (Ebd., 59)

Damit ist wiederum die Emanzipation vom Judentum schwerer geworden. Das Ganze ist eine Paradoxie: Die weltgeschichtliche Lage verlangt die Absage ans Judentum, aber um sie zu realisieren, bedarf es eben einer weltgeschichtlichen Bewegung. Psychologisch sehen wir hier die grandiose Generalisierung einer jüdischen Emanzipationsproblematik. Dazu muß auch Shylock generalisiert werden. Er ist Marx' Gegenfigur.

Im Zwillingsaufsatz zur Judenfrage, in der erwähnten Arbeit *Zur Kritik der Hegelschen Rechtsphilosophie*, erwähnt er ihn. Er greift ihn an als einen Vertreter und Profiteur der ›historischen Rechtsschule‹, die die unberechtigten Ansprüche der herrschenden Klassen der Restauration mit der Legitimation historischer Rechtstitel ausstattet. Er nennt sie

> »eine Schule, welche die Niederträchtigkeit von heute durch die Niederträchtigkeit von gestern legitimiert, eine Schule, die jeden Schrei des Leibeigenen gegen die Knute für rebellisch erklärt, sobald die Knute eine bejahrte, eine angestammte, eine historische Knute ist, eine Schule, der die Geschichte, wie der Gott Israels seinem Diener Moses, nur ihr *Aposteriori* zeigt, die *historische Rechtsschule,* sie hätte daher die deutsche Geschichte erfunden, wäre sie nicht eine Erfindung der deutschen Geschichte. Shylock, aber Shylock der Bediente, schwört (auf) sie für jedes Pfund Fleisch, welches aus dem Volksherzen geschnitten wird, auf ihren Schein, auf ihren historischen Schein, auf ihren christlich-germanischen Schein.« (Marx-Engels, Werke I, 1974, 380)

Die gleichzeitige Erwähnung von Moses und Shylock ist signifikant: Wird Shylock zur kapitalistischen Gegenfigur, wird Moses für Marx zur neuen Identifikationsfigur. Über sie organisiert er ein neues Szenario, in dem er selbst als Diener des Weltgeistes sein altes Volk fahren läßt, wie Moses die Ägypter, und sich – wie Moses – ein neues Volk wählt. Das alte Volk hat seit Shylock seinen Anspruch auf Auserwähltheit verloren. Denn dieser Anspruch bestand nur in der Form: »Auserwähltheit durch Leiden«. Diese Form war in der Tat wesentlich für die Religion und die Identität Israels, und sie war eine Paradoxie, die den Monotheismus erzwang: Wenn man fremde Völker in ihrem Wüten gegen Israel als Instrument des *eigenen* Gottes erlebte, der durch sie sein Volk für seine Sünden züchtigte, mußte gerade das Leiden Israels zum Beweis der Allmacht des eigenen Volksgottes werden, und darin konnten die Kinder Israels ihre eigene Auserwähltheit durch einen allmächtigen Gott erblicken. Aber mit der Herrschaft Shylocks in der bürgerlichen Gesellschaft verlor das Volk Israel für Marx diese Qualifikation der Auserwähltheit. Deshalb wählte Marx sich wie ein moderner Moses ein neues Volk, das die geforderte Eigenschaft aufwies: das Proletariat. Die Emanzipation der Deutschen und aller Menschen, so sagt er, liegt »in der Bildung einer Klasse mit *radikalen Ketten*, einer Klasse der bürgerlichen Gesellschaft, welche keine Klasse der bürgerlichen Gesellschaft ist, eines Standes, welcher die Auflösung aller Stände ist, einer Sphäre, welche einen universellen Charakter durch ihre universellen Leiden besitzt, und kein *besonderes Recht* in Anspruch nimmt, weil kein *besonderes Unrecht*, sondern das *Unrecht schlechthin* an ihr verübt wird, welche nicht mehr auf einen *historischen*, sondern nur noch auf den *menschlichen* Titel provozieren kann, welche in keinem einseitigen Gegensatz zu den Konsequenzen, sondern in einem allseitigen Gegensatz zu den Voraussetzungen des deutschen Staatswesens steht, einer Sphäre endlich, welche sich nicht emanzipieren kann, ohne sich von allen übrigen Sphären der Gesellschaft und damit alle übrigen Sphären der Gesellschaft zu emanzipieren, welche mit einem Wort der *völlige Verlust* des Menschen ist, also nur durch die *völlige Wiedergewinnung des Menschen* sich selbst gewinnen kann. Diese Auflösung der Gesellschaft als ein besonderer Stand ist *das Proletariat*.« (ebd., 29)

Das neue Subjekt der Weltgeschichte, das neue auserwählte Volk, ist das Proletariat. Die erst später aufgefundenen politisch-ökonomischen Manuskripte von 1844 und Lukàcs' virtuelle Rekonstruktion dieser Frühschriften in *Geschichte und Klassenbewußtsein* haben die Figur dieses Gedankens noch einmal nachvollzogen und bestätigt: Der Shylock-Mythos ist in der bürgerlichen Gesellschaft realisiert und hat dadurch ein neues auserwähltes Volk hervorgebracht – das Proletariat als das neue Subjekt der Weltgeschichte.

Das Szenario verschiebt sich, eine neue Figur ist aufgetaucht. Nimmt man nun Disraelis rassische Nobilitierung der Juden hinzu, werden alle Rollen des alten Spiels neu besetzt. Zitieren wir zur Erinnerung noch einmal Disraeli, der auf der Gegenseite die Position des konservativen Adels besetzt hält und von da aus auf den Kommunisten Marx blickt:

> »The native tendency of the jewish race, who are justly proud of their blood, is against the doctrine of the equality of man. They have also another characteristic, the faculty of acquisition. Although the European laws have endeavoured to prevent their obtaining property, they have nevertheless become remarkable for their accumulated wealth. Thus it will be seen that all the tendencies of the jewish race are conservative. Their bias is to religion, property, and natural aristocracy: and it should be the interest of statesmen that this bias of a great race should be encouraged and their energies and creative powers enlisted in the cause of existing society.
>
> But existing society has chosen to persecute this race which should furnish its choice allies, and what have been the consequences?
>
> They may be traced in the last outbreak of the destructive principle in Europe. An insurrection takes place against Tradition and aristocracy, against religion and property. Destruction of the Semitic principle, extirpation of the jewish religion, whether in the Mosaic or in the Christian

form, the natural equality of man and the abrogation of property, are proclaimed by the secret societies who form provisional governments, and men of jewish race are found at the head of every one of them. The people of God cooperate with atheists; the most skillful accumulators of property ally themselves with communists; the peculiar and chosen race touch the hand of all the scum and low castes of Europe! And all this because they wish to destroy that ungrateful Christendom which owes to them even its name, and whose tyranny they can no longer endure.« (Bentinck 1852, 496 ff.)

Hier wird Marx identifiziert als rächender Shylock. Shylock besetzt jetzt alle Plätze. Damit löst sich das alte Dreierszenario auf und wird ersetzt durch ein neues: Adel-Bürger-Proletarier.

Und wo ist der Jude? Seine Qualitäten haben sich nun, nach der Emanzipation, auf alle drei Positionen verteilt: Der Adel hat die Rasse, der Bürger das Geld und der Proletarier die Auserwähltheit durch Leiden. Marx hat recht: Die Gesellschaft hat den Juden realisiert. Alle sind Juden geworden. Dies nicht wahrhaben zu wollen, kann von nun an zur Obsession werden. Vor allem aber kann jetzt von jeder Position aus jeder andere als ›jüdisch‹ angegriffen und verdächtigt werden. Und auf jeder Position kann man zur Verteidigung des eigenen Selbstbildes den Selbsthaß auf die Juden projizieren. Das neue Dreiecksszenario spaltet sich in ein manichäisches Schema, in dem die drei Bilder der drei sozialen Klassen ihre jeweils negative jüdische Gegenfigur erhalten. So können später im Weltuntergangsstück der Nationalsozialisten die ›westlichen Plutokraten‹ und die ›östlichen Bolschewiken‹ – trotz ihres Gegensatzes untereinander – mit der ›minderwertigen Rasse‹ der Juden als dem allgegenwärtigen Gegenspieler des deutschen Adelsvolkes identifiziert werden. Der Drache, den der Deutsche Siegfried erschlagen muß, ist wieder dreiköpfig, und diese Köpfe heißen: Plutokrat, Bolschewik und Jude.

Wenn die Bühne durch den Ersten Weltkrieg bereitet sein wird und wenn die Feinde Deutschlands mit den Feinden derjenigen Klasse verbunden werden können, mit der sich Deutschland selbst identifiziert – dem Adel der Herrenrasse –, dann wird die neue Rollenverteilung vorgenommen. Und dann wird Heines Prophezeiung eintreten: »Es wird ein Stück aufgeführt werden in Deutschland, wogegen die französische Revolution nur wie eine harmlose Idylle erscheinen möchte.« Nur ist es nicht die Revolution, sondern die Gegenrevolution; nicht die Verbreitung der Menschenrechte, sondern die Abschaffung der Menschenrechte; nicht die Vollendung der Zivilisation, sondern die Realisierung der Bestialität.

Szene 2
Die kakanische Psycho-Bühne: Freud und Hitler

1914 ist das Jahr, in dem der moderne Dreißigjährige Krieg beginnt, der mit einer Pause erst 1945 zu Ende kommt. Im gleichen Jahr veröffentlicht Freud seine Schrift *Zur Einführung des Narzißmus,* die als Wende in der Entwicklung seiner Theorie gilt (vgl. Freud III, 1975, 39). Der entscheidende Punkt ist, daß das psychische System zum ersten Mal seine endgültigen Konturen sehen läßt. Hatte Freud bis jetzt nur zwischen dem Ich und dem Unbewußten unterschieden und die Verdrängung vom Ich ausgehen lassen, taucht jetzt zum ersten Mal die dritte Instanz auf: das Ich-

Ideal oder das Über-Ich. Es verkörpert die Selbstachtung des Ich. Deshalb geht auch von ihm nun die Verdrängung aus.

> »Diesem Idealich gilt nun die Selbsthebe, welche in der Kindheit das wirkliche Ich genoß. Der Narzißmus erscheint auf dieses neue ideale Ich verschoben, welches sich wie das infantile im Besitz aller wertvollen Vollkommenheiten befindet. Der Mensch hat sich hier, wie jedesmal auf dem Gebiete der Libido, unfähig erwiesen, auf die einmal genossene Befriedigung zu verzichten. Er will die narzißtische Vollkommenheit seiner Kindheit nicht entbehren, und wenn er diese nicht festhalten konnte, durch die Mahnungen während seiner Entwicklungszeit gestört und in seinem Urteil geweckt, sucht er sie in der neuen Form des Ich-Ideals wiederzugewinnen. Was er als sein Ideal vor sich hin projiziert, ist der Ersatz für den verlorenen Narzißmus seiner Kindheit, in der er sein eigenes Ideal war.« (ebd., 61)

Die innere Symmetrie zwischen der Aufrichtung des Ich-Ideals und der Verdrängung hat sich in unserer Dramaturgie als innerer Zusammenhang zwischen der bürgerlichen Liebe zum Adel und der Projektion des verdrängten, häßlichen bürgerlichen Selbstbildes auf die Juden gezeigt. Damit ist unser Dreier-Szenario auf seinen Begriff gebracht. Geben wir es zu: Es gewinnt einen Großteil seiner Plausibilität aus Freuds Einteilung des psychischen Systems in Es, Ich und Über-Ich. Dabei entspricht dem Ich als Vertreter des Realitätsprinzips und der Rationalität der Bürger und dem Ich-Ideal der Adel. In die Rolle des Verdrängten passen – sozial gesehen – sowohl das Proletariat als auch die Juden; aber letztere sind ja – wie wir gesehen haben – überall. Unter diesem Gesichtspunkt war es den Gegnern der Psychoanalyse nie gleichgültig, daß Freud Jude war. Hier sah man dann eine Parallele zu Marx: Beide betonten in ihrem Materialismus das ›Niedere‹ vom Menschen. Freud reagiert auf diesen Vorwurf gerade im Zusammenhang mit der Theorie des Über-Ich. In *Das Ich und das Es* von 1923 heißt es:

> »Wir brauchten die zitternde Besorgnis um den Verbleib des Höheren im Menschen nicht zu teilen, solange wir uns mit dem Studium des Verdrängten im Seelenleben zu beschäftigen hatten. Nun, da wir uns an die Analyse des Ichs heranwagen, können wir all denen, welche, in ihrem sittlichen Bewußtsein erschüttert, geklagt haben, es muß doch ein höheres Wesen im Menschen geben, antworten: ›Gewiß, und dies ist das höhere Wesen, das Ich-Ideal oder Über-Ich, die Repräsentanz unserer Elternbeziehungen. Als kleine Kinder haben wir diese höheren Wesen gekannt, bewundert, gefürchtet, später sie in uns selbst aufgenommen.‹« (Freud III, 1975, 303)

Wir brauchen Freuds Ausführungen, in denen er den Zusammenhang des Ich-Ideals mit den Religionen, dem Gewissen, der Selbstbeobachtung und den Schuldgefühlen entwickelt, nicht weiter zu verfolgen. Interessant ist nur, daß drei Komplexe in Freuds Diskussion des Ich-Ideals immer wieder auftauchen: Massenpsychologie, Paranoia und Homosexualität. Typisch etwa der Schluß von *Zur Einführung des Narzißmus*:

> »Vom Ich-Ideal aus führt ein bedeutsamer Weg zum Verständnis der Massenpsychologie. Dies Ideal hat außer seinem individuellen einen sozialen Anteil, es ist auch das gemeinsame Ideal einer Familie, eines Standes, einer Nation. Es hat außer der narzißtischen Libido einen großen Betrag der homosexuellen Libido einer Person gebunden, welcher auf diesem Wege ins Ich zurückgekehrt ist. Die Unbefrie-

digung durch Nichterfüllung dieses Ideals macht homosexuelle Libido frei, welche sich in Schuldbewußtsein (soziale Angst) verwandelt. Das Schuldbewußtsein war ursprünglich Angst vor der Strafe der Eltern, richtiger gesagt: vor dem Liebesverlust bei ihnen; an Stelle der Eltern ist später die unbestimmte Menge der Genossen getreten. Die häufige Verursachung der Paranoia durch Kränkung des Ichs, Versagung der Befriedigung im Bereiche des Ich-Ideals, wird so verständlicher ...« (Freud III, 1975, 68)

Schaut man nach, was Freud in *Massenpsychologie und Ich-Analyse* von 1921 dazu sagt, findet man eine Parallelisierung zwischen Verliebtheit, Hypnose und Unterwerfung unter einen Führer. Was sie verbindet, ist, daß das Ich-Ideal durch das geliebte Objekt ersetzt wird. Eine Masse, die ein Führer so hypnotisiert hat, daß sie ihm bedingungslos folgt, besteht aus Individuen, die alle diesen Führer an die Stelle ihres Ich-Ideals gesetzt haben:

> »Gleichzeitig mit dieser ›Hingabe‹ des Ichs an das Objekt, die sich von der sublimierten Hingabe an eine abstrakte Idee schon nicht mehr unterscheidet, versagen die dem Ich-Ideal zugeteilten Funktionen gänzlich. Es schweigt die Kritik, die von dieser Instanz ausgeübt wird; alles, was das Objekt tut und fordert, ist recht und untadelhaft. Das Gewissen findet keine Anwendung auf alles, was zugunsten des Objekts geschieht; in der Liebesverblendung wird man reuelos zum Verbrecher.« (Freud IX, 1975, 106)

Wenn wir von Freud sprechen, befinden wir uns auf derselben Bühne, auf der vor gut 100 Jahren derjenige erscheint, dem es bestimmt war, das Ich-Ideal der von der Deklassierung bedrohten deutschen Massen zu werden. Die Parallelität zweier Szenarien scheint für die Erklärung dieser Rolle wesentlich.

Das erste Szenario zeigt uns die Situation von Hitlers Familie. Adolfs Vater Alois wird als unehelicher Sohn der 42jährigen Bauernmagd Maria Anna Schicklgruber geboren. Bis heute halten sich unbestätigte Gerüchte, daß sein Vater Jude war, weil seine Mutter eine Zeitlang in einem jüdischen Haushalt in Stellung gewesen sei. Als Alois 5 Jahre alt ist, heiratet sie einen gewissen Johann Georg Hiedler. Alois wird Schuhmacher, arbeitet sich aber zielstrebig zum Zollbeamten des österreichischen Grenzschutzes empor, womit er Status, Pensionsanspruch und ein bequemes Auskommen erwirbt. Lange nach dem Tod seiner Mutter und seines Stiefvaters Hiedler läßt er sich mit Hilfe dreier analphabetischer Zeugen in einem Kirchenregister als ehelicher Sohn des Johann Georg Hiedler legitimieren und nennt sich fortan Alois Hitler.

Er heiratet dreimal: Zuerst im Alter von 34 Jahren ehelicht er eine 14 Jahre ältere Frau; nach deren Tod heiratet er eine gewisse Franziska Matzelberger, mit der er zwei Kinder hat. Als sie im Sterben liegt, dient ihm seine Nichte Klara Pölzl zugleich als Mätresse und Dienstmagd im Haushalt. Sie ist seine Nichte von der Hiedlerschen Seite, aber da er ja nicht der Sohn seines Stiefvaters ist, nicht blutsverwandt. Er heiratet sie nach dem Tode seiner zweiten Frau, als er 47 und sie 24 Jahre alt ist. Klara Pölzl wird Hitlers Mutter.

Über der Familie Hitler muß eine dumpf brütende Atmosphäre von Schuld, Angst, Aggressivität, Tod und Inzest gelegen haben: Klara gebar hintereinander drei Kinder: Gustaf, Ida und Otto. Sie alle starben als Kleinkinder an Diphterie. Klara wird das als Strafe für die sexuelle Beziehung zu ihrem Onkel Alois empfunden haben, die sie schon unterhielt, als seine zweite Frau auf dem Totenbett lag. Mit dem Tod ihrer eigenen Kinder rutschte sie praktisch wieder auf den Status zurück, den sie schon während der Krankheit ihrer Vorgängerin innehatte: Stiefmutter von Franziskas Kindern, Hausmagd und Mätresse ihres eigenen Onkels, den sie auch lange noch nach ihrer Heirat so anredete. Erst das vierte Kind erlöste sie aus dieser Situation: Das war Adolf. Er hatte also von Anfang an die Rolle eines Erlösers und Befreiers inne. Diese Position hat er unbestritten fünf Jahre innegehabt. Dann kamen noch zwei Geschwister, die ihn aber kaum aus dieser privilegierten Rolle verdrängt haben dürften: Edmund, der seinerseits im Alter von sechs Jahren starb, und Paula, die Hitler später als Haushälterin diente.

Klara Hitler muß ihren Sohn mit ängstlicher Fürsorge und grenzenloser Hingabe großgezogen haben: Schließlich mußte sie bei Adolfs kränklicher Natur befürchten, daß auch er sterben könnte. Zwischen Mutter und Kind wird dabei eine äußerst enge symbiotische Beziehung entstanden sein, die atmosphärisch mit den Schuld- und Schamgefühlen der Mutter durchsetzt war. Der Vater, wenn auch kein ausgemachter Tyrann, war offenbar ungehemmt in der Art, wie er seine Autorität zur Geltung brachte. Er war der alleinige Herr im Hause. Politisch war er liberal und antiklerikal. Vielleicht hat er seinen Sohn Adolf als Rivalen um die Zuneigung Klaras empfunden. Jedenfalls hat er seinem Zorn auf ihn durch regelmäßige Prügel Ausdruck verliehen. Den Vater muß Adolf also als brutalen Haustyrannen erlebt haben, was die wechselseitige Bindung von Mutter und Sohn nur noch verstärkt haben dürfte.

Es ist nun interessant, daß Helm Stierlin in seiner berühmten Studie *Adolf Hitler* die spätere Rolle des

Führers mit einem Konzept zu erklären versucht, das er in paralleler Anlehnung an die Idee der Vasallentreue des Feudaladels und das Konzept des Ich-Ideals entwickelt. Es ist das Konzept der Delegation. Danach können Kinder durch die Art ihrer psychischen Bindung an ein Elternteil dazu verdammt sein, als Delegierte von Vater oder Mutter, als Stellvertreter und Vasallen im Dienste der Ich-Ideale ihrer Eltern zu leben. Hitler wurde durch die enge Bindung an seine Mutter und ihre Verstrickung in Schuld und Scham dazu ausersehen, ihre Leiden zu rächen, ihre Erniedrigung aufzuheben, ihre Schuld ungeschehen zu machen, ihrer Schmach ein Ende zu bereiten und ihrem Leben durch seine glanzvollen Taten einen Sinn zu verleihen (Stierlin 1975).

Als Hitler im Ersten Weltkrieg wegen seiner Erblindung durch das Giftgas Gelbkreuz im Lazarett lag und langsam wieder genas, muß er die Nachricht von Deutschlands plötzlicher Kapitulation als unerwarteten Schock erlebt haben. Aber von nun an erfüllte Deutschland die Voraussetzung, in Hitlers psychologischem Haushalt seine Mutter zu ersetzen: Es lag gedemütigt, geschlagen, schuldig und geschändet am Boden. Wenn Hitler sich vorstellte, Deutschlands Erlöser zu werden, konnte er die enge Beziehung zu seiner Mutter auf ein neues Objekt übertragen und die narzißtische Selbstliebe, die seinem infantilen Ich gegolten hatte, in dieser Rolle auf ein neues Ich-Ideal verschieben. So ließ sich sein infantiles Psycho-Szenario beibehalten, in dem er sich in narzißtischer Selbstliebe als Held, Rächer und Erwählter seiner Mutter gesehen hatte. Entsprechend brachte er in die psychische Beziehung zu seinem Mutterland alle Elemente eines ungelösten Ödipuskonflikts mit ein, unter denen Gefühle sexueller Minderwertig-

Antisemitisches Reklameplakat für einen völkischen Roman

keit, Visionen sadistischer Schändungen und eine Neigung zu weiblich-passiven Haltungen eine deutlich sichtbare Rolle spielten und zusammen eine Grundstimmung düsterer Nekrophilie erzeugten.

Mit der Niederlage im Ersten Weltkrieg, der Kriegsschuldthese und den Reparationsforderungen der Alliierten ist die Bühne bereitet für ein Drama, das die Auseinandersetzung im Dreyfus-Prozeß in ungleich größerem Maßstab wiederholen wird. Auf dieser Bühne erscheint Hitler als ein dämonisch begabter Regisseur und Schauspieler. Seine Inszenierungen von Parteiversammlungen und Aufmärschen – inspiriert vom Wagnerschen Vorbild gesamtkunstwerklicher Verbindung von Komposition, Bühnenbild und Dramaturgie – verraten ihn als großes Theatertalent. Er wird dafür sorgen, daß das deutsche Drama anders als die Dreyfus-Affäre in Frankreich ausgehen wird. Und als seine wichtigsten Botschaften verkündet er zwei Legenden, die in ihrer chemischen Verbindung miteinander wieder den innersten Rätselkern des Shylock-Syndroms bilden: die Dolchstoßlegende und die Botschaft von der immerwährenden Zinsknechtschaft Deutschlands. Zins und Dolch: Das beschwört die Vision Shylocks.

Das manichäisch-apokalyptische Szenario ist nun komplett: Der Klassenkampf ist durch den Rassenkampf ersetzt worden. In der Vorstellung der Rasse wird das soziale Phantasma des Adels auf den internationalen Klassenkampf der Rassen um die Weltherrschaft projiziert. Hitler hat *Die Protokolle der Weisen von Zion* wörtlich genommen. In allem, was er tut, hat er einen heimlichen Doppelgänger, der dasselbe will wie er: die Weltherrschaft. Chaplins Film *Der große Diktator* hat diese Doppelgängerschaft genial in Szene gesetzt. Das Mittel zur jüdischen Weltherrschaft – neben den Waffen Shylocks, Dolch und Zins – stammt aus den unbewältigten Ödipuskonflikten des finsteren Hitlerschen Familiendramas: Blutschande.

In einem düsteren Kult des Blutes, bei dem Blutfahnen geweiht, Blutorden verliehen und Blutopfer zelebriert werden, wird die Rückkehr zur Blutsbrüderhorde als Kampfgemeinschaft sinnfällig gemacht. Wird die gesamte Gesellschaft als Armee organisiert, kann sich die Herrenrasse am Sozialcharakter des waffentragenden Adels orientieren. Es ist die absolute Gegenbewegung zum Zivilisationsprozeß: from universal otherhood to tribal brotherhood. Auf diesem Wege müssen die Fremden ausgestoßen werden, damit sich am Gegensatz zu ihnen die Blutsbrüderhorde als Gemeinschaft von Brüdern erkennen kann. Es ist die Befreiung von der Last der Zivilisation, die jene seelische Spannkraft verlangt, mit der allein man den Nächsten als Fremden erfährt und doch als Freund behandelt. Es ist die Rückkehr in das Herz der Finsternis.

Szene 3
Die Reise ins Herz der Finsternis

»Der Tag ging in einer Klarheit stillen und köstlichen Strahlenglanzes zu Ende. Das Wasser schimmerte friedlich; der Himmel ohne ein Wölkchen war eine wohltuende Unermeßlichkeit reinen Lichts; sogar der Dunst der Essex-Marschen war wie ein duftiges und glänzendes Gewebe, das von den waldigen Höhen des Binnenlandes herabhing und die flache Küste in durchsichtige Falten hüllte. Nur die Düsternis des Westens, die über dem oberen Flußlauf brütete, wurde von Minute zu Minute dunkler, gleichsam als sei sie erzürnt über das Näherkommen der Sonne.

Und schließlich sank die Sonne auf ihrer gebogenen und unwahrnehmbaren Fall-Linie hinab und wechselte von gleißendem Weiß zu einem trüben Rot ohne Glanz und ohne Hitze über, als sei sie im Begriff zu erlöschen, todwund durch die Berührung mit jener über einer Menschenmasse lastenden Düsternis.« (Conrad 1977, 7)

Der Ort ist eine Jolle in der Themsemündung, von der aus man den Widerschein Londons am westlichen Abendhimmel sieht; die Zeit ist das Fin-de-siècle, der Sonnenuntergang des Jahrhunderts. Auf dem Schiff sitzen fünf Männer – der Direktor der Handelsgesellschaft, der Rechtsanwalt, der Buchprüfer, der Ich-Erzähler und Marlow – und warten auf den Wechsel der Gezeiten. Das ist die Erzählsituation von Conrads Novelle *Heart of Darkness*, die wie eine düstere Prophezeihung von kommendem Unheil im letzten Jahr vor dem Anbruch des 20. Jahrhunderts erscheint. Zwischen Ebbe und Flut, zwischen Tag und Nacht, zwischen 19. und 20. Jahrhundert gibt es einen Moment der Ruhe, in dem das Licht des letzten Zeitalters friedlich verlöscht, bevor die Nacht des neuen Jahrhunderts anbricht. Denn in diesem Augenblick der Zeitlosigkeit fällt unvermittelt die Gewißheit weg, daß die vertraute historische Ordnung des Fortschritts den Schrecken überwundener Barbarei auf Distanz halten kann.

»Und auch dies«, sagte Marlow unvermittelt, »ist einer der dunklen Plätze der Erde gewesen.« (9) Inmitten der Zivilisation lebt die Erinnerung an die Barbarei. Ihr Zentrum, London, liegt selbstvergessen an einem Ort alter Finsternis. Und sie ist nahe. In der Beschwörung der ewig gleichen Flußlandschaft unter dem ewig gleichen Himmel wird die Zivilisation zur Episode. »Helle ist seitdem von diesem Fluß ausgegangen – Helden, sagen Sie? Auch gut; aber es ist doch wie die rasende Flamme auf einer Ebene, wie ein Blitzstrahl in den Wolken. Wir leben in dem aufflackernden Schein – möge er solange anhalten, wie die alte Erde sich dreht! Doch hier herrschte gestern noch Finsternis.« (11)

Und dann erzählt Marlow die Geschichte, wie er die Zivilisation verlassen hat und Schritt für Schritt den Weg zurückgegangen ist, bis er der Bestialität ins Auge blickte und ins Herz der Finsternis sah. Der Bericht beruht auf einer tatsächlichen Reise, die Conrad 1890 auf einem Flußdampfer den gesamten Lauf des Kongo hinauf ins Innere Afrikas unternommen hatte. So wie Marlow auf dieser Reise dem dunklen Geheimnis der Zivilisation nahekommt, so kommt Conrad in dieser Novelle der Beschreibung des rassistischen Schreckens so nahe, wie es nur möglich ist. Sein innerstes Rätsel, bei dessen Anblick jedes Auge bis heute vor Entsetzen erstarrt, ist die Hemmungslosigkeit, mit der die Angehörigen einer entwickelten Zivilisation plötzlich zu morden beginnen. Wenn Heine in der Synagoge von Venedig am Gesicht der

Juden die Herrschaft einer fixen Idee abliest, die von ihnen Besitz ergriffen hat, so mag nun das Shylock-Syndrom für die Angehörigen einer rassistischen Subkultur seinerseits zu einer fixen Idee geworden sein. Man mag das immerhin auf die Allgegenwärtigkeit des immer möglichen Irrsinns verbuchen. Und daß man mit dem Antisemitismus Politik machen kann, weil er als Bindemittel für die reaktionäre Koalition zwischen alter Ordnung und neuen Massen ausgezeichnete Dienste tut, ist nachgerade verständlich. Aber wovor jedes Verständnis hilflos kapituliert, ist die plötzliche Ungebremstheit, mit der aus dem Herzen der Zivilisation eine ins Gigantische wachsende Mordlust hervorbricht. Im bundesdeutschen Diskurs zum Holocaust wird mehr und mehr die Todesfabrik Auschwitz als Symbol des administrativ verfügten Völkermords an den Juden in den Mittelpunkt gestellt. Darüber wird vergessen, daß zwei Millionen Juden unmittelbar nach dem Einmarsch der deutschen Armee in Rußland von den sogenannten SS-Einsatzgruppen ermordet worden sind. In einer historisch einmaligen Orgie der Menschenjagd haben diese SS-Mörderbanden völlig unschuldige Frauen, Männer und Kinder vor den eroberten Städten neben frisch ausgehobenen Massengräbern zusammengetrieben und mit Maschinengewehren abgeschlachtet. Diese Massenmorde wurden in aller Öffentlichkeit begangen, und die Armee hatte den Befehl, bei der Organisation der Massaker logistische Hilfe zu leisten. Dies alles wurde durch den offiziellen Befehl an die SS-Einsatzgruppen abgedeckt, für die ›politische und administrative Sicherung der besetzten Gebiete‹ zu sorgen. Zehntausende von deutschen Offizieren und Soldaten haben von dieser

Mordorgie gewußt, sie mit angesehen oder gar unterstützt. Unter den Ermordeten waren über eine Million Kinder und Frauen. Von den Millionen Teilnehmern des Rußlandfeldzuges, die später behauptet haben, sie hätten davon nichts gewußt, lügen fast alle. Vielleicht sollte man ihnen diese Lüge nicht vorwerfen, vielleicht begreifen sie es nicht mehr. Vielleicht begreifen es auch die Mörder nicht mehr. Die merkwürdige Benommenheit, mit der später alles geleugnet wurde, legt nahe, daß dieser Ausbruch hemmungsloser Mordlust vielen nachher wie ein Traumerlebnis erschienen ist. Keine Darstellung, und schon gar nicht die Beschwörung der ungeheuerlichen Zahlen hat von der obszönen Monstrosität dieser zwei Millionen Morde einen annähernden Begriff geben können. Um so erstaunlicher muß es erscheinen, daß Conrads Novelle immerhin etwas davon ahnen läßt. Aber vielleicht konnte das auch nur deshalb gelingen, weil der Schrecken noch nicht faßbar war: Das noch unbestimmte Grauen zeigte sich Conrad im Vorschein des kolonialen Imperialismus. Durch ihn gewinnt die Rassenlehre eine zusätzliche Plausibilität. Dies verstärkt sich am Ende des Jahrhunderts, als sich die europäische Öffentlichkeit durch die hektische Aufteilung Afrikas das zur Zeitstimmung des Fin-de-siècle passende, narkotisch-lasterhafte Erlebnis einer wüsten und hemmungslosen Inbesitznahme verschafft.

Es ist unheimlich, wieviel Vorwegnahmen Marlows Reise aus der Zivilisation in die Finsternis der Barbarei enthält. Am Beginn steht eine Tür in Brüssel, der Nekropolis, bewacht von wollestrickenden Schicksalsparzen, ein Büro und ein schattenhaft bleibender Auftraggeber, ›der große Mann selbst‹. Marlow unterzeichnet Verpflichtungen: »Ich begann, mich ein wenig unbehaglich zu fühlen. Wißt Ihr, ich bin an solchen Zauber nicht gewöhnt, und etwas Unheilvolles lag in der Luft. Es war, als hätte man mich in eine Verschwörung hineingezogen – ich weiß nicht –, in etwas, bei dem es nicht mit rechten Dingen zuging.« (22)

Schließlich wird Marlow noch der Schädel vermessen ›im Interesse der Wissenschaft‹. Dann, nach einer langweiligen Seereise unter brütender Sonne entlang der afrikanischen Küste, trifft er in der Station seiner Handelsgesellschaft am Ufer des Kongo ein. Voller Entsetzen entdeckt er dort ein Lager mit Arbeitssklaven. Er glaubt,

»die düsteren Gründe irgendeines Infernos betreten zu haben. Die Stromschnellen befanden sich in der Nähe, und ein unaufhörliches, gleichmäßiges, ungestümes Rauschen erfüllte die trübselige Stille des Hains, in dem sich kein Lüftchen regte, kein Blatt bewegte, mit einem geheimnisvollen Klang – gleichsam, als sei der rasende Lauf der vorwärtsstürmenden Erde plötzlich hörbar geworden.

Schwarze Gestalten kauerten, lagen, saßen rings umher zwischen den Bäumen, an die Stämme gelehnt, sich an die Erde klammernd, halb sich abzeichnend in dem trüben Licht, halb davon verwischt, in allen Stellungen des Schmerzes, der Preisgegebenheit, der Verzweiflung. Auf der Klippe explodierte wieder eine Sprengladung, und durch den Boden unter meinen Füßen lief ein leises Beben. Die Arbeit ging weiter. Die Arbeit! Und dies war der Ort, wohin sich einige der Helfer zurückgezogen hatten, um zu sterben.

Sie starben langsam – das war sehr deutlich. Sie waren keine Feinde, sie waren keine Verbrecher, sie waren nichts Irdisches mehr – nichts als schwarze Schatten der Krankheit und des Hungers, die durcheinandergeworfen in der grünlichen Düsternis lagen ... Diese todgeweihten Gestalten waren frei wie die Luft – und nahezu ebenso dünn. Ich begann den Glanz von Augen unter den Bäumen zu erkennen. Dann, als ich mich bückte, sah ich ein Gesicht neben meiner Hand. Die schwarzen Gliedmaßen lagen lang ausgestreckt da, die eine Schulter war gegen den Baum gelehnt, und nun hoben sich langsam die Lider, und die eingesunkenen Augen blickten zu mir auf: riesig und leer, ein blindes, weißes Flackern in den Tiefen der Augäpfel, das langsam erstarb. Der Mann schien jung zu sein – fast noch ein Knabe – aber wie Ihr wißt, läßt sich das bei ihnen schwer sagen. Ich vermochte nichts anderes zu tun, als ihm einen der guten schwedischen Schiffsbisquits anzubieten, die ich in der Tasche hatte. Die Finger schlossen sich langsam darum – und hielten ihn fest – sonst keine Bewegung und kein weiterer Blick ... in der Nähe desselben Baumes saßen noch zwei solche Knochenmänner mit hochgezogenen Beinen. Der eine hatte sein Kinn auf die Knie gestützt und starrte in einer unerträglichen und fürchterlichen Weise ins Leere: sein Unglücksgefährte ließ die Stirn aufruhen, wie von großer Müdigkeit übermannt; und rings umher verstreut waren andere in allen Stellungen schmerzverzerrter Entkräftung zu sehen – wie auf dem Bild eines Massakers oder einer Seuche.« (37 ff.)

Unter der demoralisierenden Wirkung des bedrückenden Tropenklimas, der unendlich wuchernden Wildnis und der Hemmungslosigkeit bei der Ausbeutung und Versklavung der Schwarzen verwandeln sich für Marlow die Menschen langsam in unwirkliche Gespenster. Die realste Gestalt wird unter all diesen Schatten eine Figur, die er noch gar nicht kennt: der sagenumwobene Elfenbeinagent Mr. Kurtz, der am oberen Lauf des Kongo ein eigenes Imperium von unklarem Charakter aufgebaut hat. Man sagt, er sei krank, und Marlow fährt mit einem Flußdampfer stromauf durch die dunkle Urwaldlandschaft, um ihn und sein Elfenbein abzuholen. Die Reise ins Innere der Finsternis gewinnt die Qualität eines quälenden Alptraums, in dem sich alle Konturen der Zivilisation auflösen.

> »Wir waren vom Verständnis unserer Umgebung abgeschnitten; wir glitten vorüber wie Phantome, verwundert und insgeheim erschrocken, wie es vernünftige Menschen angesichts eines Begeisterungsausbruches in einem Tollhaus wären.« (84)

Und immer mehr nähern sie sich jenem unheimlichen Mr. Kurtz, dessen Namen niemand ausspricht, der stets nur der ›Mann‹ genannt wird und den Marlow nur als ›Stimme‹ wahrnimmt, entsprechend der Beobachtung Marshal McLuhans, daß die losgelöste omnipräsente Stimme Hitlers im Volksempfänger die Deutschen wieder in Urwaldbewohner verwandelt habe.

> »Der Mann stellte sich mir als eine Stimme dar. Freilich war es nicht so, daß ich ihn nicht in Zusammenhang mit einer Handlung gebracht hätte. War mir nicht in allen Tönen des Neides und der Bewunderung mitgeteilt worden, er habe mehr Elfenbein zusammengetragen, eingetauscht, erschwindelt oder gestohlen, als all die anderen Agenten zusammen? Dies war es nicht. Worauf es ankam, war, daß er ein begabtes Geschöpf war, und daß unter all seinen Gaben die hervorstechendste – eine wirkliche Präsenz in sich schließende – seine Rednergabe war, seine Worte: die Gabe des Ausdrucks, der verblüffende, der erhellende, der erhabenste und verächtlichste, der Pulsierende Strom des Lichts oder der trügerische Fluß aus dem Herzen einer undurchdringlichen Finsternis.« (111 f.)

Als Marlow die Station von Mr. Kurtz endlich erreicht, trifft er dort zunächst eine Art komisches Double von Conrad, einen durch die Welt abenteuernden anglophilen Russen, der Kurtz aus der Optik eines hörigen Anbeters schildert:

>»Um die Sache beim rechten Namen zu nennen, er plünderte also das Land aus‹, sagte ich. Er nickte. ›Doch bestimmt nicht allein!‹ Er murmelte etwas von den Dörfern und dem See. ›Kurtz brachte wohl den Stamm dazu, ihm Gefolgschaft zu leisten, wie?‹ riet ich. Er wurde ein wenig unruhig. ›Sie beteten ihn an‹, sagte er. Der Klang dieser Worte war so ungewöhnlich, daß ich ihn forschend ansah. Das Gemisch aus Bereitwilligkeit und Widerstreben, von Kurtz zu sprechen, war recht merkwürdig an ihm. Der Mann füllte sein Leben aus, beschäftigte sein Denken, bewegte sein Gemüt. ›Was wollen Sie?‹ platzte er heraus; ›Er kam mit Blitz und Donner zu ihnen, wissen Sie – und sie hatten nie etwas ähnliches gesehen – und er war sehr fürchterlich. Er konnte sehr fürchterlich sein. Sie dürfen Herrn Kurtz nicht wie einen gewöhnlichen Menschen beurteilen. Nein, nein, nein! Sehen Sie – um Ihnen nur einen Begriff zu geben – ich scheue mich nicht, Ihnen zu sagen, daß er auch mich eines Tages niederschießen wollte – aber ich verurteile ihn deshalb nicht.‹ ›Sie niederschießen!‹ rief ich. ›Weshalb nur?‹ ›Nun ja, ich hatte einen kleinen Vorrat an Elfenbein, den mir der Häuptling des Dorfes in der Nähe meines Hauses gegeben hatte. Wissen Sie, ich pflegte für sie zu jagen. Das wollte er also haben und war nicht zur Vernunft zu bringen. Er erklärte, er werde mich erschießen, wenn ich das Elfenbein nicht hergäbe, und dann aus dem Land verschwände, weil er sich das erlauben könne und weil er es sich in den Kopf gesetzt habe und weil nichts in der Welt ihn hindern könne zu töten, wen immer er wolle. Und das stimmte auch.‹« (133 f.)

Nach und nach wird es Marlow klar, daß Kurtz sich von einem der Eingeborenenstämme als Gott verehren läßt. Auf den Pfählen des Zaunes, der um sein Haus läuft, stecken die abgeschnittenen Köpfe ermordeter oder geopferter Menschen. Der Mitläufer und Anbeter von Kurtz reagiert auf diese Entdeckung Marlows wie später ein apologetischer Nazi:

»Der Bewunderer des Herrn Kurtz war ein wenig zerknirscht. Mit hastigen, undeutlichen Worten begann er mir zu versichern, er habe nicht gewagt, diese – sagen wir – Symbole herunterzunehmen. Er fürchte sich nicht vor den Eingeborenen; sie rührten sich doch erst, wenn Herr Kurtz das Signal gäbe. Seine Macht sei außerordentlich. Die Lager dieser Leute befänden sich rings um die Station, und die Häuptlinge stellten sich allmorgendlich ein, um ihm ihre Aufwartung zu machen. Sie kröchen am Boden ... ›Ich will nichts von dem Zeremoniell wissen, mit dem man sich Herrn Kurtz nähert‹, rief ich. Merkwürdig, dieses Gefühl, das mich da überkam – daß nämlich solche Einzelheiten unerträglicher seien als die aufgepfählten Köpfe, die da unter Herrn Kurtzens Fenster vertrockneten. Schließlich war das nur ein barbarischer Anblick, während ich hier mit einem Satz in eine lichtlose Region ausgeklügelter Schrecknisse getragen zu werden schien, wo reine, unkomplizierte Barbarei eine wahre Wohltat war, etwas, das – offensichtlich – ein Lebensrecht hatte unter der Sonne. Der junge Mann sah mich verdutzt an. Ich vermute, er begriff nicht, daß Herr Kurtz für mich kein Idol war. Er vergaß, daß ich keinem dieser großartigen Monologe gelauscht hatte über – was eigentlich? – Über Liebe, Gerechtigkeit, Lebensführung usw. ... Was das Kriechen vor Herrn Kurtz betreffe, so sei er ebensoviel gekrochen wie der waschechteste Wilde. Ich hätte gar keine Ahnung von den Verhältnissen hier, sagte er: diese Köpfe seien die Köpfe von Rebellen. Ich verblüffte ihn gewaltig durch mein Gelächter. Rebellen! Was mochte die nächste Definition sein, die ich zu hören bekam? Es gab schon Feinde, Verbrecher, Arbeiter – und diese da sollten also Rebellen sein. Diese rebellischen Köpfe machten mir einen sehr unterwürfigen Eindruck, dort auf ihren Pfählen. ›Sie wissen ja gar nicht, wie solch ein Leben einem Mann von Kurtzens Schlag zusetzt‹, rief Kurtzens letzter Jünger. ›Nun, und wie steht es mit Ihnen?‹ sagte ich. ›Ich! Ich! Ich bin ein schlichter Mann. Ich habe keine großen Gedanken. Ich will von niemandem etwas. Wie können Sie mich mit ihm vergleichen? ...‹ Sein Gefühl war zu übermächtig, um sich in Worte fassen zu lassen, und plötzlich blieb er stecken. ›Ich verstehe es nicht‹, stöhnte er. ›Ich habe mein Bestes getan, um ihn am Leben zu erhalten, und das genügt. An alledem habe ich keinen Teil.‹« (139 f.)

Und dann sieht Marlow Kurtz zum ersten Mal. Schon krank, auf einer Tragbahre, wie er zu seinem Stamm von Eingeborenen redet. In der Verfremdung der teleskopischen Optik scheint ein Bild des Führers bei einer Parteiversammlung aufzutauchen:

»Ich vernahm keinen Laut, doch durch mein Fernglas sah ich den gebieterisch ausgestreckten dünnen Arm, sah, wie sich der Unterkiefer bewegte, sah, wie die tief in den knochigen, seltsam ruckweise nickenden Schädel eingesunkenen Augen des Gespenstes dunkel leuchteten. Kurtz – Kurtz – das hat doch seine Bedeutung, nicht wahr? Nun, der Name war nicht wahrer als alles übrige in seinem Leben – und Tod. Er wirkte mindestens sieben Fuß lang. Seine Decke war herabgeglitten, und sein Körper kam jämmerlich und abstoßend zum Vorschein, wie aus einem Grabtuch gewickelt. Ich konnte sehen, wie die Knochen seines Brustkorbes in Bewegung gerieten, wie er seine Armknochen schwenkte. Es war, als schüttele ein beseeltes, aus altem Elfenbein geschnitztes Bild des Todes drohend seine Hand über eine reglose Menschenmenge aus dunkel schimmernder Bronze. Ich sah, wie er weit den Mund aufriß – das verlieh ihm ein gräßlich unersättliches Aussehen, so als hätte er alle Luft, die ganze Erde, alle Menschen, die da vor ihm standen, verschlingen wollen. Eine tiefe Stimme drang schwach an mein Ohr. Er muß gebrüllt haben. Er sank plötzlich zurück.« (141 f.)

Und dann sieht er ihn von nahem, den Führer in einem der letzten Tage im Bunker. Zugleich erinnert die Beschreibung Marlows an zahlreiche Darstellungen erster Begegnungen mit Hitler:

»Ich war betroffen von der Glut seiner Augen... er raschelte mit einem der Briefe, sah mir gerade ins Gesicht und sagte: ›Sehr angenehm‹... Der volle Ton, den er mühelos, ja fast ohne die Lippen zu bewegen, von sich gab, verblüffte mich. Eine Stimme! Eine Stimme! Sie klang ernst, tief, bebend, während der Mann kaum eines Flüsterns fähig zu sein schien.« (143)

Schließlich stellt sich Marlow Kurtz in den Weg, als dieser versucht, zurück in den Busch zum Stamm seiner eingeborenen Anhänger zu fliehen, krank, schwach und auf allen vieren, wie der vertierte Nebukadnezar.

»Ich versuchte, den Bann zu brechen – den schweren, stummen Bann der Wildnis, die ihm durch das Wecken vergessener und brutaler Instinkte, durch die Erinnerung an befriedigte und gräßliche Leidenschaften, an ihre erbarmungslose Brust zu ziehen schien. Dies allein, so war ich überzeugt, hatte ihn hinausgetrieben an den Rand des Waldes, in den Busch, zum Feuerglanz, zum Pochen der Trommeln, dem summenden Singsang der unheimlichen Beschwörungsformeln. Dies allein hatte seine unbotmäßige Seele über die Schranken erlaubten Trachtens hinausgelockt. Und – seht – das Schreckliche der Situation war nicht, daß man jeden Augenblick gewärtigen mußte, einen Schlag über den Schädel zu bekommen – obwohl ich eine lebhafte Vorstellung auch dieser Gefahr hatte –, sondern daß ich es mit einem Wesen zu tun hatte, an das ich weder im Namen von etwas Hohem noch von etwas Niedrigem appellieren konnte. Wie die Neger mußte ich ihn beschwören – ihn selbst, seine eigene, überspannte und unglaubliche Verderbtheit. Es gab nichts über, nichts unter ihm, und ich wußte das. Er hatte sich von der Erde losgerissen. Zum Henker mit dem Mann! Er hatte die Erde in Stücke geschlagen.« (156 f.)

Marlow schleppt Kurtz dann schließlich auf dem Rücken zurück zur Station. Schon vorher und rechtzeitig war es Kurtz' Anhänger, jenem mitläuferartigen Russen, klargeworden., daß die Machtverhältnisse sich geändert hatten, und daß der Manager der Handelskompanie ihn für die Verbrechen von Kurtz mit verantwortlich machen könnte. In der Art, wie er seine Mitwisserschaft artikuliert und seine Flucht ankündigt, wirkt er wie eine Vorwegnahme späterer Nazi-Flüchtlinge, die, wenn sie gefaßt wurden, sich klein machten und behaupteten, sie hätten nur das Schlimmste verhindern wollen:

»... einen Augenblick wollte es mir scheinen, als sei ich (ebenfalls) bereits begraben, in einer riesigen Gruft voller unsäglicher Geheimnisse. Ich spürte einen unerträglichen Druck auf meiner Brust, den Dunst der feuchten Erde, die verborgene Anwesenheit siegreicher Verwesung, die Finsternis einer undurchdringlichen Nacht... der Russe klopfte mir auf die Schulter. Ich hörte ihn murmeln, etwas stammeln wie ›Seemannsbruder – kann es nicht verschweigen – weiß um eine Sache, die Herrn Kurtz' Ruf schaden könnte‹. Ich wartete. Für ihn lag Herr Kurtz offensichtlich nicht im Grab; ich nehme an, für ihn war Herr Kurtz einer der Unsterblichen... Er hatte den Verdacht, daß ›seitens dieser weißen Männer feindselige Absichten gegen ihn bestünden, die...‹ ›Sie haben recht‹, sagte ich und erinnerte mich einer gewissen Unterhaltung, die ich belauscht hatte. ›Der Direktor ist der Meinung, Sie sollten gehängt werden.‹ Er legte bei dieser Mitteilung eine Unruhe an den Tag, die mich anfangs belustigte. ›Ich verschwinde besser in aller Stille‹, sagte er ernst. ›Ich kann jetzt doch nichts mehr für

Kurtz tun, und sie werden bald genug einen Vorwand gefunden haben. Was kann sie auch hindern? Dreihundert Meilen von hier ist ein Militärposten.‹ ›Nun, auf mein Wort‹, sagte ich, ›vielleicht wäre es besser, Sie gingen, wenn Sie in der Nähe Freunde unter den Wilden haben.‹ ›Eine Menge‹, sagte er ... Mit gesenkter Stimme setzte er mich davon in Kenntnis, daß es Kurtz gewesen, der den Angriff auf den Dampfer anbefohlen habe. ›Zuweilen haßte er den Gedanken daran, daß er einmal fortgeholt werden könnte – und dann wieder ... doch ich verstehe nichts von diesen Dingen. Ich bin ein schlichter Mann. Er dachte, der Angriff werde Sie verjagen – Sie würden sich geschlagen geben, ihn für tot halten. Ich konnte ihn nicht davon abbringen.‹« (148 f.)

In einem gewissen Sinne nimmt nun Marlow die Stelle jenes Anhängers ein. Auf dem Flußdampfer, der ihn und Kurtz stromabwärts trägt, versucht er, dessen Geheimnis zu ergründen. Dieser Kampf um Kurtz' Seele, sein Tod als eine dunkle Art der moralischen Rettung und Marlows siegreiches Ringen mit dem Tod – all das führt dann doch weg von der Hitler-Parallele. Aber erstaunlich sind wieder die scheinbar zufälligen Übereinstimmungen am Ende der Geschichte: Marlow kehrt schließlich nach Brüssel zurück und hat dort verschiedenen Leuten, die Kurtz gekannt haben, Papiere zu übergeben:

»Ich hatte ihn (Kurtz) für einen Maler gehalten, der nebenher für die Zeitungen schrieb, oder auch für einen Journalisten, der malte – doch sogar sein Vetter (der während unserer Unterhaltung Tabak schnupfte) konnte mir nicht sagen, was er eigentlich war – genau war. Er war ein Universalgenie – in diesem Punkt gab ich dem alten Knaben recht ... Schließlich tauchte ein Journalist auf, begierig, etwas über das Geschick seines ›lieben Kollegen‹ zu erfahren. Dieser Besucher erklärte mir, der

Kurtz angemessene Wirkungsbereich sei die Politik gewesen, ›ihre volkstümlichere Seite‹ ... seiner Meinung nach habe Kurtz eigentlich nicht im geringsten zu schreiben verstanden – ›doch, Himmel! Wie dieser Mann reden konnte! Er riß große Versammlungen mit sich fort. Er war erfüllt von Glauben – verstehen Sie? Erfüllt von Glauben. Er brachte es fertig, an alles zu glauben – alles. Er hätte einen glänzenden Führer einer extremistischen Partei abgegeben.‹ ›Welcher Partei?‹ fragte ich. ›Jeder beliebigen Partei‹, antwortete der andere. ›Er war ein – ein – Extremist.‹« (171 f.)

An dieser Stelle händigt ihm Marlow ein Pamphlet aus, in dem Kurtz die Methoden auseinandersetzt, mit denen er die Eingeborenen zu behandeln empfiehlt:

»Für 17 eng beschriebene Seiten hatte er Zeit gefunden! Doch das muß geschehen sein, ehe seine – sagen wir einmal – Nerven versagten und ihn veranlaßten, bei gewissen mitternächtlichen Tänzen zu präsidieren, welche – soviel ich widerstrebend dem mir bei verschiedenen Gelegenheiten Mitgeteilten entnehme – in unaussprechlichen, ihm huldigenden Riten gipfelten – versteht ihr? – ihm, Herrn Kurtz, persönlich. Doch es war ein prachtvolles Schriftstück. Der erste Absatz allerdings mutet im Licht späterer Mitteilungen recht unheilvoll an. Er begann mit der These, wir Weißen müßten auf dem Entwicklungspunkt, auf dem wir stünden, ›ihnen (den Wilden) notwendigerweise wie übernatürliche Wesen vorkommen – wir träten ihnen in der Machtvollkommenheit einer Gottheit gegenüber‹, usw. usw. Durch schlichte Willensäußerung könnten wir eine schier unbegrenzte Macht zum Guten ausüben, etc. etc. Von hier aus stieg der Flug seiner Gedanken himmelan und riß mich mit sich fort ... Es ließ mich vor Begeisterung erzittern. Dies war die unbegrenzte Macht der Beredsamkeit – der Worte – glühender, edler Worte. Da gab es keine praktischen Hinweise, die den Zauberfluß der Rede unterbrochen hätten, wenn nicht eine Art Fußnote auf der letzten Seite, die offensichtlich viel später und mit unsicherer Hand hingekritzelt worden war, als eine methodische Anleitung betrachtet werden kann. Sie war sehr einfach, und am Ende dieses bewegenden Appells an alle uneigennützigen Gefühle flammte sie einem entgegen, strahlend und erschreckend – wie ein Blitz aus heiterem Himmel: ›Rottet all diese Bestien aus!‹« (118 f.)

Als Conrads unmittelbares historisches Vorbild wird von den meisten Fachleuten der bis zu seiner Kongo-Expedition untadelige und allerseits geschätzte Major Edmund Musgrave Barttelot genannt, der aus einer distinguierten englischen Familie stammte. Er geriet in den Kongo, weil der berühmte Reporter und Forscher H. M. Stanley ihn bei seiner Hilfsexpedition für den verschollenen Eduard Schnitzer, genannt Emin Pascha, zum Führer der Nachhut ernannte. Emin Pascha war durch den oberägyptischen Madi-Aufstand von allen Kontakten abgeschnitten, und so führte Stanley, der schon im Dienste des *New York Herald* den verschollenen Livingstone gefunden hatte, 1887/88 seine Expedition quer durch den Kongo. Barttelot folgte im Abstand von mehreren hundert Meilen und blieb schließlich, möglicherweise aufgehalten durch den arabischen Sklavenhändler-König Tippu Tip, im befestigten Yambuya Camp stecken. Was dort geschah, machte monatelang Schlagzeilen in allen Zeitungen Englands und Amerikas. Nach den Berichten seiner Untergebenen brachte Barttelot durch sadistische Bestrafungen und schlechte Behandlung 80 afrikanische Träger und 200 Angehörige des Manyema-Stammes um. Er hetzte einen Stamm Eingeborener gegen einen anderen, um seinem wissenschaftlichen Begleiter Gelegenheit zu geben, fotografische Aufnahmen von kannibalischen Mahlzeiten zu machen, während er selbst ein kleines Mädchen töten und verspeisen ließ, um die Menschenfresser-Szene auf seinen Skizzenblock zu bannen. Barttelot wurde am 19. Juli 1888 vom Ehemann einer eingeborenen Frau, die er gerade mißhandelte, ermordet. All das geschah, kurz bevor Conrad selbst im Kongo erschien, um den Lauf der oberen Quellflüsse zu erforschen. Was ihn an der Geschichte Barttelots interessierte, war der völlig unvermittelte und restlose Zusammenbruch aller zivilisierten Hemmungen bei einem Mann, dessen Bildung, Herkunft und bisherige Biographie ihn als Muster der Kultiviertheit auszuweisen schienen.

Neben Barttelot gibt es noch einen anderen Kandidaten für das Vorbild von Kurtz, den Hannah Arendt, allerdings ohne Angabe von Quellen, nennt: Das ist der Deutsche Carl Peters, der Conquistador und Reichskommissar von Ostafrika, der 1890 ebenfalls eine Hilfsexpedition für Emin Pascha unternahm. Er hatte seine Residenz in der Nähe des Kilimandscharo und führte dort ein solches sadistisches Schreckensregiment, daß schließlich in Berlin ein Skandal ausbrach, als 1896 bekannt wurde, daß Peters seine schwarze Konkubine habe aufhängen lassen. Der Zusammenhang dieser Hemmungslosigkeit mit dem einheimischen Antisemitismus wird schon von den Zeitgenossen unmittelbar gesehen: Der *Vorwärts* nennt Peters einen ›grimmigen‹ Arier, »der alle Juden vertilgen will und in Ermangelung von Juden drüben in Afrika Neger totschießt wie Spatzen, und zum Vergnügen Negermädchen aufhängt, nachdem sie seinen Lüsten gedient« (zit. nach

Groth, 1989). Peters ist Mitbegründer des ›Alldeutschen Verbandes‹, der mit seinem Antisemitismus und der Propagierung einer direkten imperialistischen Kriegspolitik den Weg wies, den Hitler und die Nazis gegangen sind. Vor der Jugendherberge in Helgoland steht sein Denkmal.

AKT IV

Der Prozeß

Das Theater liegt in Trümmern, aber das Stück geht weiter. Shylock bekommt einen neuen Prozeß. Es ist der größte Mordprozeß, der in der Weltgeschichte je stattgefunden hat: die Nürnberger Prozesse. Gegenüber dem *Kaufmann von Venedig* haben die Parteien die Rollen getauscht: Angeklagt ist der deutsche Kaufmann Antonio Wohlfahrt, sich im Zuge der homosexuellen Anbiederung an den Sozialcharakter des Adels und als Folge der Projektion seines verdrängten Selbsthasses auf die Juden des millionenfachen Mordes und der Zerstörung der Zivilisation schuldig gemacht zu haben. Und Ankläger ist Shylock im Namen der Welt. Mit dem Talar des Anklägers hat er eine andere Gestalt angenommen: Shylock ist mit Conrads Marlow verschmolzen, denn der Prozeß wird zu einer Reise ins Herz der Finsternis. Derjenige, der diese Reise von Anfang bis Ende durchmacht und zurückkehrt, wurde in dem Jahr geboren, in dem Conrads Novelle erschien: Es ist der ehemalige Justitiar der preußischen Polizei, Robert M. W. Kempner aus Berlin, der als Jude von den Nazis aus dem Lande gejagt wurde und zurückkehrte, um in Nürnberg als stellvertretender Hauptankläger die politischen Verbrecher vor Gericht zu stellen. Wie Marlow ist er der erste Mensch, der das Herz der Finsternis in all seiner lähmenden Schrecklichkeit zu sehen bekommt. Er lebt während der Jahre dieses einmaligen Prozesses, der in Wirklichkeit aus vielen Prozessen bestand, in einer

Welt mit den Gespenstern der Mörder und den Geistern der Opfer. Wer je auch nur einen Bruchteil der Protokolle der Verhöre und der Akten über die Massaker gelesen hat, weiß, daß es der ganzen Widerstandskraft von Conrads Marlow bedarf, um nicht verrückt zu werden. Wer gar jahrelang sich in diesem Dschungel aufhält, wer als erster die Berge von Leichen, die Hemmungslosigkeit der Mordlust, den völligen Zusammenbruch einer Kultur, der er selbst angehört, der deutschen, und die völlige Zerstörung eines Volkes, dem er selbst angehört, des jüdischen – wer das alles als erster Mensch in seiner schrillen Unglaublichkeit erblickt und es nicht nur aushält, sondern mit einer zugleich sensiblen und staunenswert energischen Vernunft bewältigt und damit justitiabel macht, der ist ein Held wie Conrads Marlow, der sich freiwillig auf die Reise ins Herz der Finsternis begibt. Wer die Schriften Robert Kempners liest – *Der Mord an 35 000 Berliner Juden; Edith Stein und Anne Frank, zwei von Hunderttausend; Eichmann und Komplizen* –, wer die Protokolle der Verhöre liest – *Das Dritte Reich im Kreuzverhör, SS im Kreuzverhör, Das Urteil im Wilhelmstraßen-Prozeß* – und wer seine Lebenserinnerungen liest – *Ankläger einer Epoche* –, der gewinnt das Bild eines Mannes, der durch seine Tapferkeit und seelische Standfestigkeit, seine Herzenswärme, seine unbestechliche Vernunft und eine geradezu erstaunliche Fähigkeit, mit den Mördern zu kommunizieren, unser ungestilltes Bedürfnis nach einem Helden in dieser trostlosen Hölle zufriedenstellt und uns damit ein bißchen von jenem seelischen Gleichgewicht zurückgibt, dessen drohender Verlust uns sonst von der Reise ins Herz der Finsternis abhält. Er ist der wahre Protagonist der Nürnberger Prozesse. Und er ist, obwohl notgedrungen Amerikaner geworden, von seiner Herkunft her genauso ein Deutscher wie die Mörder.

Im Begriff des Prozesses treffen sich Juristerei, Geschichte und Literatur. Der Ursprung dieser Gemeinsamkeit ist die Bibel: Die Weltgeschichte endet im Jüngsten Gericht, in dem Gott den Menschen für ihr Verhalten den Prozeß macht. Aber wie bei Shylock tauschen auch hier die beiden Parteien die Rollen: Zur Zeit der Aufklärung macht der Mensch Gott den Prozeß, indem er ihn fragt, wie er, wenn er doch allmächtig und allwissend ist, soviel Böses in der Welt zulassen könne. Das Ergebnis ist die Theodizee, die Rechtfertigung Gottes angesichts der Übel in der Welt. Sie wird nicht geglaubt, und Gott wird exekutiert. Seine Nichtexistenz ist dann seine einzige Entschuldigung. Von nun an wird die Geschichte selbst zum Prozeß, in dem sie diejenigen verurteilt, die ihren Fortschritt behindern. Wie Schiller in *Resignation*, Vers 85, feststellt: »Die Weltgeschichte ist das Weltgericht.« Sinnfällig wird dies im Symbol der Französischen Revolution: der Guillotine. Aber gerade die Dramatik der Revolution bot zugleich allen Beteiligten die Erfahrung, daß die Ereignisse den Handelnden entglitten, daß sie eine selbständige Dynamik entfalteten, die mit den ursprünglichen Zielen der Revolutionäre nichts mehr zu tun hatte. Sie alle benutzen zur Beschreibung Metaphern, mit denen man die Selbständigkeit und Unwiderstehlichkeit dieses Vorgangs kennzeichnet: Sie sprechen von Sturmwind, von reißendem Strom und anschwellender Flut. Der Prozeß hat sich verselbständigt und verurteilt nun alle: Auch die Richter müssen sich hüten, denn die Revolution frißt ihre Kinder. Das zeigt noch sinnfälliger die zweite, die große sozialistische Revolution. Gerade weil sie sich am Modell der Französischen Revolution orientiert, glaubt sie, sich von ihrer Dynamik freimachen zu können. Sagt nicht Marx, bis zu ihm selbst sei Geschichte nach Art eines Naturprozesses verlaufen, und erst mit der sozialistischen Revolution betrete man das Reich der Freiheit? Diese Ankündigung schlägt zurück, denn sie verschärft die Trennung zwischen den Vollstreckern der Geschichte und ihren angeblichen Verhinderern: Auf dem Weg ins Reich der Freiheit lassen sich alle Leiden als notwendige Nebenkosten und als unumgängliche Opfer rechtfertigen. Zugleich braucht aber der Vollstrecker Verräter, die er für all das verantwortlich machen kann, was dann doch nicht klappt. Im totalen Reich der Freiheit gibt es für die Erklärung des Fehlschlags nur noch den bösen Willen. So führt der historische Prozeß geradewegs in den Stalinschen Schauprozeß.

Im Reich der Natur, bei den rassistischen Nazis, gab es nicht einmal das: die prozessuale Ermittlung, ob jemand dem historischen Prozeß sich entgegenstemmte oder nicht. Das Urteil war schon vorher gefällt. Und das findet seinen unmenschlichen sprachlichen Ausdruck in der Formel: »Mit denen machen wir kurzen Prozeß!« Führt die Selbstermächtigung des Menschen zum Autor der eigenen Geschichte in den Versuch, es zu sein, führt die Naturalisierung der Geschichte im Rassismus zur Kunst, es nicht gewesen zu sein. Stalinsche Schauprozesse und Nürnberger Prozesse sind in einem spiegelbildlich: Im Schauprozeß findet der große Stalin Schuldige, die sich selbst der Verbrechen bezichtigen, die Stalin begeht, um ihn, den einzigen, zu entlasten. Im Nürnberger Prozeß bezichtigen alle Schuldigen den einen großen Führer der Verbrechen, die sie begangen haben, um sich selbst zu entlasten.

War er der Vollstrecker des historischen Prozesses, wie er behauptet hatte, wird die historische Prozeßkategorie (in der Bedeutung der unwiderstehlichen Eigendynamik des Prozesses) zur Kategorie der Entschuldigung: Man kann sie dazu benutzen, um sich zu entschuldigen, daß man nichts tut, weil alles sowieso geschieht; daß man es tut, weil es auch ohne einen geschähe; und daß man mit dem Strom geschwommen sei, um andere, Schlimmere, daran zu hindern, es an der gleichen Stelle zu tun.

In der neuzeitlichen Dialektik zwischen juristischer und historischer Prozeßkategorie ist es schwierig, die Maßstäbe zurückzugewinnen. Um das Problem der Maßstäbe aber geht es in jener anderen Beziehung, an die die Prozeßkategorie erinnert: in der Beziehung zwischen Literatur und Juristerei. Es gibt eine literarische Form, die als Herausforderung an die Kategorien des Rechts entstanden ist: die Novelle. Das zugrundeliegende Problem ist der Gegensatz zwischen den prinzipiell abgeschlossenen, subsumierenden Kategorien in einem systematischen Corpus von Rechtssätzen und der Unendlichkeit und Unabgeschlossenheit des Lebensstoffes, der ihm im Recht unterworfen werden soll. Ein Mensch bringt einen anderen um. Nun gut, er ist ein Mörder und muß hingerichtet werden. Aber der Richter verspricht seiner Frau, ihren Mann zu begnadigen, wenn sie sich ihm hingibt. Als sie es tut, bricht er sein Versprechen und läßt ihren Mann doch hinrichten. Ist der Richter jetzt auch ein Mörder? Die schlichte Anwendung einer rechtlichen Bestimmung genügt nicht mehr, der Lebensstoff ist zu komplex geworden und zwingt dazu, Maßstab gegen Maßstab abzuwägen. Diese Geschichte aus der Novellensammlung der Hecatommithi ist die Vorlage für

Shakespeares *Maß für Maß*. Die Novellenliteratur entsteht als Herausforderung an die Kasuistik, sie führt ›Casus‹, rechtliche Streitfälle vor, die zur reflexiven Aufstufung der Maßstäbe zwingen: Man braucht dann übergeordnete Maßstäbe für die Beurteilung der Maßstäbe. Solche Fälle sind Ärgernisse, juristische ›Probleme‹, die zur Weiterentwicklung des Rechts zwingen. Ein solcher Fall ist auch *Der Kaufmann von Venedig*. Wir haben gesehen, daß er zwei Wurzeln hat: die italienische Novellistik und die Apokryphen der Bibel mit dem Processus Belial. Er enthält also beide Konfrontationen: die zwischen Geschichte und Recht und die zwischen Literatur und Recht. In dieser Kombination bietet er eine neue Dreiecksgeschichte zwischen Recht, Literatur und Geschichte.

Auf eine historisch völlig neuartige Weise vollzieht sich diese Dreiecksgeschichte auch in den Nürnberger Prozessen. Daß der historische Prozeß in den juristischen mündet, ist evident. Seine sozusagen literarische Dimension besteht in der alle Glaubwürdigkeit übersteigenden Monstrosität der behandelten Verbrechen, vor der alle Maßstäbe versagen; in ihrer so sehr ins Gespenstische gesteigerten Ungeheuerlichkeit, daß die Wahrnehmung Mühe hat, sich darüber klarzuwerden, daß sie wirklich in unserer Realität und nicht in den Alpträumen oder exzessiven Fantastereien morbider Literaten stattgefunden haben. Die Urteilsbegründung im Einsatzgruppenprozeß benennt diese Dimension der Phantastik: In diesem Prozeß, sagt das Gericht,

> »überstiegen die Tatsachen in so ungeheurem Maße die Erfahrungen eines normalen Menschenhirnes, daß nur die gründlichste juristische Untersuchung und die ausführlichste Gerichtsverhandlung ihre Echtheit prüfen und sie be-

stätigen konnten. Die Anklage lautet auf Mord – unglücklicherweise haben seit Kains Zeiten Menschen ihre Brüder getötet –, aber in diesem Falle erreichten die Mordtaten solche phantastischen Ausmaße und überstiegen die Grenzen der Glaubwürdigkeit, daß diese mit hundert Mal wiederholten Beweismitteln gestützt werden mußte.« (Zit. nach Taylor 1951, 75)

Wenn die Ermordung von zwei Menschen mit der Hinrichtung des Mörders oder einer lebenslangen Freiheitsstrafe geahndet wird, welches Strafmaß gilt dann für die Ermordung von zwei Millionen Menschen? Welches ist die gerechte Strafe für einen Mann wie den SS-Obergruppenführer Otto Ohlendorf, der zugab, daß er als Chef der Einsatzgruppe D der Elften Armee 90000 Juden ermordet hatte? Welche Maßstäbe gelten für Taten, die in den Berichten der Einsatzgruppen selbst wie folgt beschrieben werden:

»In der Stadt Minsk wurden am 28. und 29. Juli 6500 Juden – meistens alte Leute, Frauen und Kinder – liquidiert; der Rest bestand aus arbeitsunfähigen Juden, die auf Befehl des Führers im November vorigen Jahres von Wien, Brünn, Bremen und Berlin nach Minsk transportiert worden waren. Die Gegend von Sluzk wurde gleichfalls von einigen tausend Juden gereinigt. Das gleiche gilt für Nowogrodek und Wilejka.« (Verhandlungsniederschrift P 6672)
»Eine antijüdische Massenaktion wurde im Dorfe Lachoisk durchgeführt. In deren Verlauf wurden mit Unterstützung eines Kommandos der SS-Division ›Reich‹ 920 Juden hingerichtet. Das Dorf kann jetzt als ›judenfrei‹ bezeichnet werden. In Mogilew versuchten die Juden, ihre Überführung ins Ghetto dadurch zu sabotieren, indem sie in Massen auswanderten. Das Einsatzkommando Nr. 8 blockierte mit Hilfe der gewöhnlichen Polizei die Straßen, die aus der Stadt führten, und liquidierte 113 Juden.« (Verhandlungsniederschrift P 6659)

Man muß sich vorstellen, daß diese hier trocken beschriebenen Szenen sich zweitausendmal in verschiedenen Varianten wiederholt haben, um sich das Ausmaß der Morde vor Augen zu führen. Aber alle Erfahrungen mit der sogenannten ›Vergangenheitsbewältigung‹ haben gezeigt, daß das Geschehen überhaupt nur annähernd erfaßt wird, wenn man es an *einem* Fall und an *einem* Täter begreiflich macht. Der Eichmann-Prozeß in Jerusalem, der Holocaust-Film und der Film ›Schindlers Liste‹ scheinen fast mehr dazu beigetragen zu haben, den Völkermord einer breiten Öffentlichkeit Deutschlands und der Welt vor Augen zu führen, als eine große Anzahl dokumentarischer Filme, Bücher und Materialsammlungen, die dramaturgisch nicht verarbeitbar sind. So nehmen auch wir für die dramatische Konfrontation zwischen Ankläger und Angeklagtem nur einen Fall heraus, den Fall des Staatssekretärs im Auswärtigen Amt, Ernst von Weizsäcker, des Vaters des ehemaligen Bundespräsidenten Richard von Weizsäcker und des Philosophen Carl Friedrich von Weizsäcker. Wir nehmen ihn deshalb, weil sich das Problem der rätselhaften Verquickung von höchster Zivilisation und Barbarei nirgendwo sinnfälliger zeigt als an Ernst von Weizsäcker und weil die doppelte Tradition der Bundesrepublik, in der Nachfolge eines Verbrecherstaats zu stehen und sich gerade deswegen von ihm distanzieren zu müssen, nirgends augenfälliger verkörpert wird als in dieser Beziehung zwischen einem Vater und seinem Sohn. Denn der Vater ist ein in Nürnberg verurteilter Kriegsverbrecher, und der Sohn ist der ehemalige Präsident der Bundesrepublik Deutschland, der bei der juristischen Verteidigung seines Vaters in Nürnberg gleich in der ersten Stunde vollen Einblick in das Ausmaß der Verbrechen erhielt. Lassen wir also den Protagonisten dieses Prozesses, Robert Kempner, einem seiner tragischsten Antagonisten, Ernst von Weizsäcker, gegenübertreten.

Wie war Ernst von Weizsäcker an den Massenmorden beteiligt? Es ist im amtlichen Wortlaut der Entscheidung im ›Fall Nr. 11 des Nürnberger Militärtribunals gegen Weizsäcker und andere‹, von Robert Kempner und Carl Haensel publiziert als *Das Urteil im Wilhelmstraßenprozeß* (Kempner/Haensel 1950, 82 ff. und 322 ff.), nachzulesen. Am 20. Januar 1942 tagte in einer Villa am Wannsee unter der Leitung von Reinhard Heydrich eine Konferenz, an der je ein Vertreter des Innenministeriums, des Auswärtigen Amtes, der Reichskanzlei, des Justizministeriums, des Ministeriums für Ostgebiete, des Generalgouvernements und des Beauftragten für den Vierjahresplan teilnahmen. Auf dieser Konferenz wurde die Ausrottung der Juden beschlossen. Danach gab es noch ein gemütliches Beisammensein mit Sekt. Der Prozeß, in dem sechs Millionen Juden zum Tode verurteilt wurden, war sehr kurz. Die Verurteilten wurden dazu nicht gehört. Am 6. März fand eine zweite Konferenz statt, die sich vor allem mit der Frage befaßte, ob Mischlinge sterilisiert oder auch ausgerottet werden sollten. Der Vertreter des Auswärtigen Amtes auf der Wannseekonferenz war Staatssekretär Luther, Chef der Abteilung ›Deutschland‹. Dem Auswärtigen Amt wurde bei der ›Endlösung der Judenfrage‹ die Aufgabe zugewiesen, in den besetzten und verbündeten Vasallenstaaten (Vichy-Frankreich, Italien, Rumänien, Holland, Slowakei, Ungarn, Kroatien etc.) die vertragliche Voraussetzung für die Kooperation mit den entsprechenden Regierungen zu schaffen. Außerdem mußte bei den Deportationen aus diesen Ländern der mit der Durchführung beauftragte Eichmann jedesmal im Auswärtigen Amt anfragen, ob man dort etwas gegen den Abtransport der Juden in die Vernichtungslager einzuwenden hätte. Staatssekretär Weizsäcker hat zu seiner Verteidigung vorgebracht, weder etwas von der Wannseekonferenz noch von dem Ausrottungsprogramm, noch davon gewußt zu haben, daß Auschwitz eine Todesfabrik war. Diese Darstellung war unglaubhaft, weil ihm auf der Grundlage von Dokumenten nachgewiesen werden konnte, daß er über das Ergebnis beider Konferenzen informiert wurde und daß er persönlich mit seiner Unterschrift den Abtransport von 6000 Juden aus Frankreich nach Auschwitz genehmigt hatte. Die Urteilsbegründung bezieht sich hier ausdrücklich auf eine (in den Materialsammlungen fotokopierte) Mitteilung,

»daß das Auswärtige Amt keine Einwände gegen die Deportation dieser 6000 Juden machte. Dieser Brief ist von Wörmann und Weizsäcker abgezeichnet und enthält die Bemerkung des letzteren: ›polizeilich charakterisierte Juden‹. (Exh. 1697, 1698, B-60-B). Es gibt auch nicht den Schatten eines Zweifels, daß sowohl Wörmann als auch Weizsäcker über diesen schändlichen Plan unterrichtet worden sind, und daß sie ihre amtliche Genehmigung dazu gegeben haben.« (Ebd., 93)

Ferner war Weizsäcker im Oktober 1942 an Besprechungen beteiligt, die dem Zweck dienten, die Verfolgungen auf die ungarischen Juden auszudehnen. Zwar führten sie zu nichts, und die ungarischen Juden wurden erst 1944 deportiert, während Weizsäcker im Mai 1943 als Botschafter an den Vatikan

ging. Entsprechend wurde Weizsäcker im Anklagepunkt der Ermordung der ungarischen Juden auch freigesprochen. Doch stellt die Urteilsbegründung fest: »Es kann ... kein Zweifel bestehen, daß seine Besprechungen mit dem ungarischen Gesandten im Herbst 1942 zum Zweck gehabt haben, die Judenverfolgung und Deportationen zur Durchführung zu bringen ...« (Ebd., 94 f.) Und: »Weizsäcker und Wörmann hatten jedoch, wie Beweisstück 1781 ergibt, Kenntnis davon, daß rumänische Juden bei ihrer Ankunft umgebracht worden waren.« (Ebd., 99)
Es bestand für Kempner kein Zweifel, daß Weizsäcker von seinem ganzen geistigen Zuschnitt her kein Freund des Naziregimes gewesen war. Es bestand aber ebensowenig ein Zweifel, daß er von den Massenmorden wußte und Deportationen amtlich genehmigt hatte. Das war ein rätselhafter Widerspruch. Das ist der innerste Kern des ganzen deutschen Rätsels: Eigentlich hat es keiner gewollt, aber fast alle haben mitgemacht. Die Gerichtsszene aus dem IV. Akt des *Kaufmann von Venedig* wird mit vertauschten Rollen gespielt: jetzt hat sich der Angeklagte verkleidet und ist hinter einer Maske verborgen:

Kempner (bezogen auf Weizsäckers Versicherung, er habe nur Schlimmeres verhüten wollen): Sehen Sie, um diese Überlegungen von Ihnen zu glauben, sie von mir aus gesehen als Tatsachen anzusehen, dazu gehört ein gutes Maß von Glauben. Dem werden Sie zustimmen?
Weizsäcker: Ja, worauf ich hoffe.
Kempner: Weil es ungewöhnlich ist und mit dem, was wir schwarz auf weiß sehen, prima facie nicht übereinstimmt?
Weizsäcker: Sie werden noch mehr Papiere finden, die irreführend sind.

Kempner: Also, es gehört ein großes Maß von Vertrauen dazu?
Weizsäcker: Ja.
Kempner: Schön. Über dieses Vertrauen läßt sich sprechen. Absolut. Aber dieses Vertrauen wird durch etwas, ich will nicht sagen, zerstört, aber doch stark beeinflußt, dadurch, daß Sie mir einmal gesagt haben, Sie wüßten nicht, was in Auschwitz los ist.
Weizsäcker: Das wußte ich auch nicht.
Kempner: Sie wußten, daß Auschwitz nicht Lourdes ist, wo Menschen geheilt werden?
Weizsäcker: Ich wußte nicht; nur, daß es ein Konzentrationslager ist, aber nicht, daß sie umgebracht wurden.
Kempner: Aber aus den Dokumenten geht hervor, daß Ihnen die Endlösung der Judenfrage vorgetragen war?
Weizsäcker: Sie haben mir das Wannsee-Dokument gezeigt, ich hatte es nicht gesehen.
Kempner: Bitte, sagen Sie mir. Haben Sie es vielleicht vergessen?
Weizsäcker: Ich bestreite absolut, daß ich die Verbringung von Leuten als einen Todesgang betrachte. Ist meiner Natur komplett contra.
Kempner: Haben Sie gewußt, daß die Leute in Arbeitsgangs zusammengefaßt wurden und dabei sterben konnten?
Weizsäcker: Ich weiß, daß ein Konzentrationslager etwas Widerwärtiges ist. Kann ich nicht mal die Vorgänge haben? Wo waren die Leute vorher?
Kempner: Sie waren in Bulgarien, die Juden, in Rumänien, sie waren in Frankreich, die 6000 sind ja nur ein Teil der Gruppe, und dann haben Sie Ihr ›W.‹ darauf gesetzt unter die Zustimmung, die vom Reichssicherheitshauptamt erbeten wurde!
Weizsäcker: Bitte, die Dokumente haben Sie mir nicht gezeigt, ich möchte sie sehen.

Kempner: Solange das nicht bereinigt ist, hängt für mich die Frage des Vertrauens in Sie in der Luft.
Weizsäcker: Ich bedaure.
Kempner: Ich sage nicht, daß ich Ihnen nicht den Glauben schenke. Ich sage, solange das nicht bereinigt ist, ist das unverständlich.
Weizsäcker: Solange Sie mir die Dokumente nicht zeigen, kann ich nicht darüber sprechen. Ich weiß nicht, warum sie mir vorenthalten werden.
Kempner: Ich habe sie nicht hier. (Sie wurden Weizsäcker später vorgelegt.)
Weizsäcker: Ich wußte nicht, daß einem Menschen das Leben genommen wurde, wenn er nach Auschwitz geschickt wurde.
Kempner: Sie wußten doch, daß das Regime Leute tötet. Denken Sie an den 30. Juni 1934. Sie wußten, daß das Regime vor nichts zurückschreckt!
Weizsäcker: Wissen Sie, Sie verallgemeinern. Ich möchte die Vorgänge sehen, die zu dem Dokument wegen der 6000 Juden führten. Ich möchte sie sehen.
Kempner: Wir werden sie Ihnen zeigen.

(Kempner 1969, 229)

Die Dokumente wurden Weizsäcker gezeigt. Auf einem Höhepunkt der Diskussion zwischen beiden zitiert Robert Kempner eine Szene aus Shakespeare:

Kempner: Wissen Sie, darf ich Ihr Buch mal haben, ich möchte hier einmal was nachschlagen. Was Justice Jackson zu Göring und Ribbentrop gesagt hat, jetzt, als Punkt für unsere Unterhaltung, als Diskussionsgrundlage, wie wir es nennen könnten. Sie, Herr von Weizsäcker, stehen vor den Ergebnissen Ihrer Mitwirkung an diesen Dingen, der Kriegsführung und der Ermordung von Millionen, so wie der Gloucester an der Leiche seines erschlagenen Königs. Er bat die Königin, genau so, wie Sie es jetzt sagen, sie

	solle sagen: »Ich erschlug sie nicht.« Und die Königin erwiderte, »dann kann man sagen: Sie wurden überhaupt nicht erschlagen.« Aber schließlich sind die Leute tot. Sie verstehen, was ich meine.
Weizsäcker:	Ich bin darin nicht bewandert.
Kempner:	Wir stehen hier, Sie sagen plötzlich, das alles soll nicht wahr gewesen sein. Ich habe nichts mit der Sache zu tun gehabt, während ich sage, Sie waren Staatssekretär, und die Leute sind tot.
Weizsäcker:	Das bestreite ich nicht.

(Kempner 1969, 2 26)

Und so steht es in Shakespeares *Richard III.*, Akt 1, Szene 2:

Gloucester:	… let me have Some patient leisure to excuse myself.
Anne:	Fouler than heart can think thee, thou canst make No excuse current but to hang thyself.
Gloucester:	By such despair I should accuse myself.
Anne:	And by despairing shalt thou stand excused For doing worthy vengeance on thyself That didst unworthy slaughter upon others.
Gloucester:	Say that I slew them not?
Anne:	Then say they were not slain. But dead they are, and, devilish slave, by thee.
Gloucester:	I did not kill your husband.
Anne:	Why, then he is alive.

In den Erinnerungen von Robert Kempner liest sich das folgendermaßen (Kempner 1986, 318 f.):

»›Herr von Weizsäcker‹, sage ich, ›was ist denn das hier für ein Papier? Da steht an einen gewissen Herrn Eichmann geschrieben, soundsoviel Juden können nach dem Osten deportiert werden.‹

›Zeigen Sie mir das bitte, was habe ich damit zu tun?‹
›Herr von Weizsäcker, wenn Sie genau lesen, ich gebe Ihnen meine Lupe, schauen Sie doch mal, was ist denn da oben rechts in der Ecke?‹ (Ich hatte vorher, weil ich meinen eigenen Augen nicht traute, das Papier dem Herrn Gauss gezeigt. Er hatte mir gesagt: ›Selbstverständlich ist das die Paraphe von Weizsäcker.‹) ›Hier, Sie haben zugestimmt.‹ ›Das kann mir so durch die Hände gegangen sein. Ich weiß gar nicht ...‹ ›Das ist nicht nur durch Ihre Hände gegangen‹, sage ich. ›Sie haben doch einige Änderungsvorschläge gemacht. Sie haben dazu in gewisser Weise Stellung genommen. Sie haben eingefügt ‚näher polizeilich gekennzeichnete Juden'. Die Nazi-Polizei in Paris sollte erst mal nur an gewisse Gruppen rangehen.‹ ›... ich war nicht in Paris. Ich weiß das gar nicht.‹ ›Aber ich weiß, daß man erst an die staatenlosen und deutschen Juden rangehen wollte und dann an die französischen Juden, um die Leute in Vichy nicht zu sehr aufzuregen.‹ ›Tja, wenn ich so langsam nachdenke ...‹ ›Herr von Weizsäcker‹, sage ich, ›seien Sie ganz ruhig. Erinnern Sie sich jetzt vielleicht doch mal, nachdem ich Ihnen das gezeigt habe?‹ ›Ja, ich erinnere mich. Ich habe mich darüber sehr aufgeregt. Ich habe das abends zu Hause erzählt – diese furchtbare Sache.‹ ›Ist das nun das einzige, das Sie mit abgezeichnet haben, oder ist das mehrfach vorgekommen?‹ ›Ich erinnere mich nur an das.‹ ›Herr von Weizsäcker – aber hier und hier, mit den Holländern und Belgiern ...‹ ›Ich bin erschüttert!‹«

Warum hat Freiherr von Weizsäcker seine Beteiligung erst nach drei Rückzugsstationen zugegeben, die hintereinander die Beschriftung trugen: Ich war es nicht, ich tat es mit innerem Widerstand, ich wollte Schlimmeres verhüten? Kempners Erklärung ist:

»Wenn er die volle Wahrheit gesagt hätte, wäre die Folge gewesen, daß 10 bis 20 Diplomaten des Auswärtigen Amtes wegen Mordtaten von den Alliierten oder der deutschen Justiz hätten angeklagt werden müssen. Seine früheren Beamten, die in Stuttgart einen Kreis hatten, wären nie wieder in eine Stellung gelangt. Die Pflicht zur Wahrheit kontrastierte mit der vermeintlichen Pflicht, Kollegen zu schützen, die als Mordgehilfen in Betracht kamen.« (Kempner 1986, 320)

Entsprechend hielt Kempner das Urteil des Gerichts gegen Weizsäcker für zu milde:

»Warum Franz Schlegelberger zu lebenslänglicher und Weizsäcker zu fünf Jahren Haft verurteilt wurde, ist schwer zu verstehen. Staatssekretäre waren sie beide, Nationalsozialist war keiner. Sie waren Bürgerliche, beide wußten es besser, Schlegelberger allerdings war ein ganz anderer Typus; er war auch nicht Gesandter in Norwegen und in der Schweiz gewesen mit einer Schweizer Schwiegertochter und einem Sohn, der im Kriege gefallen war. Der hätte auch nicht gewagt, die gesamte Presse mobil zu machen und behaupten zu lassen, wir nützten Sowjetrußland, wenn wir gegen einen solchen Mann vorgehen.« (Kempner 1986, 321)

Richard von Weizsäcker bleibt bis heute bei der Version, seinem Vater sei Unrecht geschehen. Vielleicht ist das richtig. Er hat geholfen, seinen Vater in Nürnberg zu verteidigen, und Kempner war sein Gegner. Jetzt ist er in aller Welt hoch geachtet, weil er den Massenmord nicht mehr geleugnet, sondern die Deutschen dazu aufgefordert hat, den Mord an den Juden zum Bezugspunkt ihrer politischen Zivilisation zu machen. So repräsentiert er – zugleich ehemaliger Bundespräsident und Sohn eines Kriegsverbrechers, der wegen seiner Beteiligung an Massenmorden verurteilt wurde – den Generationsbruch und den Übergang vom Dritten Reich zur Bundesrepublik. Er hat mit Robert Kempner – wenn auch auf der anderen

Seite des Gerichts – als einer der ersten jene Reise ins Herz der Finsternis getan, die das Herz und den Verstand lähmen muß. Er war damals 26 Jahre alt und mußte zugleich im Zweifel sein, ob nicht sein eigener Vater ihm durch die Beteiligung am größten Massenmord der Geschichte völlig fremd würde. Von Anfang an hat er jene drei Dimensionen des Prozesses in ihrer Verquickung erlebt: die geschichtliche, die juristische und die einzigartige Dimension einer alptraumhaften Phantastik. Er hat die beste Ausbildung, die für einen deutschen Bundespräsidenten möglich war.

Der Prozeß wurde zum Drama, so wie im *Kaufmann von Venedig* das Drama zum Prozeß wird. In diesem Prozeß wurde die Menschheit vor Gericht verteidigt. Damit stellt der Nürnberger Prozeß einen Präzedenzfall dar, der ebensowenig vergessen werden wird wie Shylocks Prozeß vor dem Dogen von Venedig. Es ist Shylocks zweiter Prozeß, und er wurde geführt vor dem Gerichtshof der Menschheit, der sich, wie Kempner bemerkt, nie wieder vertagen wird.

Für die Opfer kommt die Gerechtigkeit dieses Gerichtshofs allerdings zu spät. Aber den Lebenden gibt er die Maßstäbe zurück, mit denen sie leben können. Deshalb dürfen uns weder die Mörder noch die Opfer gleichgültig sein. Nur: Der Souverän, das Volk, interessiert sich wie der König im *Hamlet* nur für seine Verbrechen, wenn sie auf offener Bühne gezeigt werden. Eben deshalb muß der Prozeß ein Drama sein, wie das Drama ein Prozeß.

Doch am Ende dieses Prozesses bleibt die unsägliche Trauer um die Millionen entwürdigter und ermordeter Menschen. Es bleibt die Verzweiflung über einen Mordanschlag auf die Zivilisation selbst, dessen sinnlose Bestialität alle Menschen in Depressionen stürzt, die bis dahin auf die Werte der Zivilisation gebaut hatten. Dies betrifft nicht nur die Deutschen, denn in den Augen der anderen Völker haben die Deutschen nicht nur die Juden ermordet, sondern der ganzen Weltgesellschaft das Vermächtnis einer tiefen und schwarzen Melancholie hinterlassen. Sie geht von jenem finsteren Rätsel aus, das Conrad als ›Herz der Finsternis‹ bezeichnet, und von dem uns Kempner in der Urteilsbegründung zum Einsatzgruppen-Prozeß einen Begriff zu vermitteln versucht:

»Die Angeklagten sind keine ungebildeten Wilden, unfähig, die höheren Werte des Lebens und der Lebensführung zu schätzen. Jeder der auf der Anklagebank Sitzenden hatte den Vorteil einer beträchtlichen Ausbildung genossen. Acht sind Juristen, einer Universitätsprofessor, ein anderer Zahnarzt, und wieder ein anderer Kunstsachverständiger. Einer gab als Opernsänger Konzerte in ganz Deutschland, bevor er seine Rußland-Tour mit den Einsatzkommandos begann. Diese Gruppe von gebildeten und wohlerzogenen Männern zählt in ihren Reihen sogar einen früheren Pfarrer, wenn er auch den Priesterrock selbst auszog ... Es war in der Tat eine der vielen bemerkenswerten Seiten dieses Prozesses, daß die Schilderungen ungeheurer Greueltaten ständig mit den akademischen Titeln der als ihre Täter genannten Personen durchsetzt war. Wenn diese Männer im Leben gefehlt haben, kann man nicht sagen, daß es der Mangel an Erziehung, d. h. an formaler Erziehung war, der sie irreführte ... Wer unerfahren ist in den Phänomenen, deren die menschliche Seele fähig ist, könnte beim Lesen der Einsatzgruppenmeldungen wohl an der menschlichen Rasse verzweifeln. Hier sind Verbrechen, die infolge der Tiefe und Weite ihrer Vertiertheit der Beschreibung trotzen. Hier erreicht die Erbarmungslosigkeit ihren Tiefpunkt, und nichts in Dantes imaginärem Inferno kann den Schreckenstaten gleichen, die sich, wie wir gefunden haben, in den Jahren 1941, 1942 und 1943 in Weißruthenien, der Ukraine, Litauen, Estland, Lettland und der Krim ereigneten.

In diesem Prozeß lernte man Menschenhandlungen kennen, die jedem Begriff von Moral und Gewissen ins Gesicht schlugen. Man blickte auf Mordszenen von solch nie dagewesenem Umfang, daß man vor ihrem Anblick zurückwich, wie vor einem Strahl brühenden Dampfes...« (Kempner 1964, 100 f.)

Akt V

Die Bundesrepulik

Vorrede

Bei Shakespeare vollendet sich das Drama in vier Akten, und der fünfte Akt steht unter dem Gesetz, die Geschichte des Dramas wiederholen zu müssen, aber diesmal als Erinnerung und als Spiel. Mit ihren Taten haben die Deutschen das Vertrauen in die Stabilität der Zivilisation überhaupt erschüttert. Sie haben den anderen Nationen die Stimmung verdorben. Seitdem ist die kulturelle Atmosphäre der Weltgesellschaft verdüstert. Der Himmel ist dunkel geworden, und die Erde ist kälter. Es ist deshalb kein Wunder, daß die anderen Völker das den Deutschen übelnehmen. Für sie wäre es ein Trost, wenn sie die Katastrophe nicht der Zivilisation überhaupt, sondern der besonderen Kultur der Deutschen zurechnen könnten. Eben das hat den Erfolg des Buches von Daniel Goldhagen begründet.

Aber in besonderer Weise prägt die Erinnerung die beiden Staaten, die aus der Katastrophe hervorgegangen sind: Israel und die Bundesrepublik. Für beide wurde der Holocaust zur Gründungslegende unter dem Motto: Nie wieder! Nie wieder Opfer sein, hieß es für Israel, und daraus entstand eine Art orientalisches Preußen. Nie wieder Täter sein, hieß es für Deutschland, in dem Preußen zur gleichen Zeit unterging, als es in Israel wieder erstand. Und Deutschland verzichtete auf seine Souveränität und unterstellte sich der Aufsicht von Bewährungshelfern. Die Rhetorik seiner Erinnerung aber stand zunächst unter dem Gesetz des Prozesses: Sie entsprach der Verlogenheit eines Strafgefangenen, der durch Unterwürfigkeit eine Milderung des Urteils zu erreichen hofft. Diese Verlogenheit zeigte sich an dem Stilmix, in dem man die Rhetorik der Komödie und der Tragödie verquirlte. Zur Komödie gehört die Versöhnung der Feinde. Aber der Hexensabbat der Massaker war keine Komödie: Trotzdem blühte der Diskurs der Versöhnung. Die Täter waren entschlossen, den Opfern zu verzeihen. Zugleich nahmen die Schuldbekenntnisse inflationäre Ausmaße an. Wo alle schuldig waren, war es keiner mehr. Auf diese Weise wurde der Begriff ›Schuld‹ zu einer Nebelwand, die sich mit anderen Begriffswolken wie ›Geschick‹, ›Verhängnis‹ und ›Verstrickung‹ mischte. Damit griff man auf den heroischen Stil der Tragödie zurück, so als ob der Faschismus ein erhabenes Geschehen gewesen wäre. Gerade dagegen richtete sich Hannah Arendts Formel von der ›Banalität des Bösen‹. Die Heroisierung der Täter war so, als ob man aus einem Serienkiller einen Hamlet gemacht hätte. Mit diesem Stil setzte man die Heroica der Nazizeit in der Bundesrepublik bruchlos fort und änderte nur die Inhalte. Das Sensationspathos der Nachrichtensprecher hatte zunächst denselben trompetenden Ton wie die Sondermeldungen des großdeutschen Rundfunks, und das öffentliche Festrednerpathos zielte ähnlich grandios ins allgemeine große Geschick wie die Heroisierung des Krieges in der Nazizeit.

Mit der Re-education aber hielt ein anderer demokratischer Stil seinen Einzug in Deutschland. Es war der durch angelsächsische Formen der Verständigung geprägte Stil der Komödie, denn die Demokratie entspricht selbst dem Genre der Komödie: Sie entstand aus der Domestikation des Streits durch die Trennung der Politik von der Religion und Moral. Statt die Einheit der Gesellschaft auf die Einheit des religiösen und moralischen Konsenses zu gründen, um den tragischen Bürgerkrieg zu verhindern, wird sie auf die Permanenz des Dissenses gegründet, der nun die Form des parlamentarischen Parteiensystems erhält. Dabei wird die Opposition durch Aussicht auf künftige Regierungsübernahme friedlich gehalten. Die Opposition ist also immer die Jugend und die Zukunft. Dementsprechend besteht die Handlung der Demokratie-Komödie aus der Eroberung der Macht durch die jugendliche Opposition und die Ablösung der Regierung der Väter. Der Kampf wird um die Seele des Volkes geführt, repräsentiert durch die Jungfrau, die der alte Vater gefangenhält. Er erfolgt aber nicht mehr durch Krieg, sondern in einem friedlichen Spiel nach Regeln. Deshalb kann der Sieger sich mit dem geschlagenen Gegner versöhnen, und die Komödie endet in der Selbstversöhnung der gespaltenen Gesellschaft mit sich selbst.

Diese Zähmung des Politischen durch die Komödie konnte nur gelingen, weil man es lernte, Paradoxien zu akzeptieren: we agree to disagree; es kann unmoralisch sein, in der Politik mit Moral zu argumentieren, weil man dann für sich die Moral reklamiert und dem Gegner nur die Unmoral läßt und damit den Konflikt unlösbar macht; gute Absichten können schlechte Wirkungen haben und umgekehrt; private Laster können von öffentlichem Nutzen sein; der politische Streit ist die Grundlage der gesellschaftlichen Stabilität.

Um Paradoxien zu akzeptieren, braucht man Humor. Er ist das Gegenteil von Fanatismus. Der berühmte englische Humor ist deshalb nicht bloß eine liebenswerte Neigung zu Marotten, eine sozusagen folkloristische Kuriosität – er prägt vielmehr die Mentalität der Demokratie. Damit signalisiert er die Fähigkeit, die Paradoxie des Konsens über Dissens auszuhalten. Nicht umsonst wurde Humor deshalb in England als Wellenbrecher für Moralvirtuosen und Fanatiker (Puritaner, Fundamentalisten, Viktorianer etc.) erfunden; und deshalb gilt dort der Mangel an Humor als typisch sowohl für antidemokratische Fanatiker als auch für Deutsche.

Diese Erkenntnis ist in der Re-education der ersten Nachkriegsgeneration durchgeschlagen. Für sie wurde beim Anblick von Chaplins *Der große Diktator* mehr als evident: Hätte den Deutschen nicht völlig der Sinn für Humor gefehlt, hätten sie einen dämonischen Hanswurst wie Hitler, der aussah wie Chaplin und sich noch viel grotesker aufführte, niemals zu ihrem Führer gemacht.

In der Folge wurde diese Geschmacksverwirrung durch die Orientierung an anglo-amerikanischen Maßstäben öffentlicher Kommunikation korrigiert. Jeder Versuch, das alte autoritäre Gehabe fortzusetzen, verfiel einer latenten Lächerlichkeit. Wenn man nicht gerade daran dachte, welch gigantische Verbrechen die Generation der Väter begangen hatte – und wer konnte ohne Unterlaß daran denken? –, dann vergaß man doch nie: Sie hatten sich blamiert. Ihr Stil war rückhaltlos und unwiederbringlich der Lächerlichkeit verfallen.

Dem wurde alles Teutomane, alles Deutsche und Romantische gleich mit geopfert. Nicht nur, daß man sich als Deutscher schuldig fühlte, man genierte sich, man fand sich lächerlich. Typisch deutsch zu sein galt als beschämend. Die ersten Nachkriegsjahrzehnte waren eine Zeit der Scham, und es war die Scham über eine Form der Selbstpathetisierung, einen Stil der distanzlosen Pompösität und der humorlosen Aufgeblasenheit, der in den westlichen Demokratien schon aus Stilgründen der Lächerlichkeit verfallen wäre. Deshalb begann die Studentenrevolte von 1968 als Entlarvung des Pathetisch-Zeremoniellen in Form von Happenings. Überall wurden nun die gravitätischen Zeremonien des Obrigkeitsstaates und die respekteinflößenden Formen seiner Selbstinszenierung durch rituelle Störungen entzaubert. Die autoritäre Fassade des Staates, die bis dahin intakt geblieben war, wurde nun in Gerichten, Behörden und vor allem in den Universitäten gründlich demontiert, bis die Verkehrsformen in diesen Institutionen ein normales menschliches Maß erreicht hatten. Die Lächerlichkeit tat ihr heilsames und menschliches Werk. Wie nötig das war, konnte man selbst an den aufgeklärtesten Professoren beobachten, deren demokratische Gesinnung über allen Zweifel erhaben war. Die Tatsache, daß ihr byzantinistischer Status dahinschwand, versetzte sie in eine solche Panik, daß sie den studentischen Karneval auf eine Stufe mit dem SA-Terror setzten. Selbst Politologen und Historiker reagierten, als ob hinter den Studenten ein Kartell aus Armee, Bürokratie, Beamtenschaft, Verbänden und Großkapital gestanden hätte, und es zeigte sich, daß ihre wissenschaftliche Einsicht gegenüber ihren sozialen Instinkten den kürzeren zog. Wieder einmal verwechselte eine Kaste die Einbuße an sozialem Prestige mit dem Untergang des Abendlandes. Und wie die Professoren reagierte zunächst der Staat – mit Panik. Er verwechselte den Karneval als Profanierung der geltenden symbolischen Ordnung mit einer wirklichen Revolution.

Das hatte eine unerwartete Wirkung. Nach kürzester Zeit begannen die Protagonisten der Studentenrevolte, sich selbst ernst zu nehmen. Die Resonanz, die sie plötzlich erhielten, versetzte sie in einen Omnipotenzwahn. Die Internationalität der Revolte, ihre weltumspannende Gleichzeitigkeit zwischen Berkeley, Paris und Berlin vermittelte ihren Teilnehmern das Gefühl, daß sich hier eine große historische Tendenz Bahn brach, und der gemeinsame Bezugspunkt des Vietnam-Kriegs ersetzte den Generationskonflikt durch ein Anliegen von hohem moralischen Ernst. Man verkündete die Aufhebung des Kapitalismus und spielte Revolution. Dabei wurde man so, wie die Elterngeneration gewesen war: pathetisch, von missionarischem Eifer beseelt und prätentiös. Jeden, der sich einen halbwegs klaren Kopf bewahrte, mußte das unbehagliche Gefühl beschleichen, daß die wilde Rhetorik vom Aufstand der Massen und der revolutionären Erhebung mit ungedeckten Schecks arbeitete. Dieses Gefühl, nicht durch ein Meer von Blut zu waten, sondern in einem See von Wörtern zu schwimmen, mußte in den Beteiligten selbst einen Verdacht der Unglaubwürdigkeit auslösen, der mit immer wilderer Rhetorik übertönt werden mußte. Symptomatisch war der inflationäre Gebrauch des Begriffs ›faschistisch‹. Diejenigen, die die Bundesrepublik als faschistisch bezeichneten, dokumentierten damit, daß sie den Faschismus nicht mehr kennengelernt hatten. Die Übersteigerung der Rhetorik entlarvte sie als unseriös. Von nun an ging es um den inszenierten Faschismus, in dem man selbst unter Komfortbedingungen den ausgebliebenen Widerstand der Eltern nachholte. Aus der Erinnerung wurde ein Gespensterreigen, in dem man die Geister der Vergangenheit beschwor, um sie für die eigenen politischen Zwecke dienstbar zu machen, und die Vergangenheit wurde zum Kostümfundus für die eigene Identitätsausrüstung. Keine Kontroverse, keine öffentliche Debatte und kein politisches Drama, in denen die Geister der Ermordeten und die Gespenster der Mörder nicht ihre Rollen spielten. Kein Konflikt, in dem nicht eine der Parteien die andere auf die Bühne der Vergangenheit zerrte. Das Ergebnis waren Farcen. Sie bekunden, daß die Bundesrepublik keinen Stil gefunden hat, in dem sie ihre Erinnerung artikuliert. Zugleich zeugen sie von einem Wiederholungszwang, in dem sich die symbolische Energie des Shylock-Syndroms Bahn bricht. Diesem Gesetz folgend besteht der letzte Akt unserer Erzählung aus vier Szenarien, in denen die vorherigen vier Akte des Dramas in Form von Farcen wiederholt werden. Die fünfte Szene kann keinen fünften Akt wiederholen, weil dieser selbst aus den Wiederholungen besteht. Sie ist deshalb der Selbstreflexion der Erzählung, und das heißt: Shakespeare gewidmet.

Szene 1
Die Heine-Universität Düsseldorf
oder Die verfehlte Taufe

Als Anglist bemerkt man sofort, daß die Germanistik Heines Abhängigkeit von Laurence Sterne weitgehend vergessen hat. Die *Reisebilder* gehen auf das Vorbild der *Sentimental Journey* zurück, und seine ironische Rhetorik auf den *Tristram Shandy*. Mit dem Namen ›Nasenstern‹ aus dem *Rabbi von Bacharach* hat Heine seine Schuld gegenüber Sterne ebenso anerkannt wie der Nasologie des *Tristram Shandy* seine Reverenz erwiesen. Im *Tristram Shandy* geht es u. a. auch um eine verunglückte Taufe, und das ist ein typisch Heinesches Problem.

Wie dem Marchese Gumpelino das Glaubenssalz war Heine die Taufe zuwider; trotzdem hat er sich taufen lassen, aber es hat ihm nichts genutzt. Die Universität Düsseldorf hat in einer hinreißenden Farce der unbewußten Wiederholung Heine dadurch geehrt, daß sie sich der Taufe als ›Heinrich-Heine-Universität‹ widersetzt hat. Sie hat in diesem echt Heineschen Kampf gegen die Taufe, dessen Höhepunkt in die Zeit vom Herbst 1968 bis Herbst 1972 fiel, den Ehrentitel ›Anti-Heine-Universität‹ erworben. Inzwischen hat sich der Senat der Universität Düsseldorf entschlossen, seiner Hochschule den Namen ›Heinrich-Heine-Universität‹ zu verleihen. Deutschland ist nicht nur ein Wintermärchen, sondern, wie Helmuth Plessner gesagt hat, auch eine verspätete Nation. Und die Universität Düsseldorf ist eine verspätete Universität, die sich fortan zur Sekte der Wiedertäufer rechnen kann. Aber wird diese verspätete Taufe jetzt noch die purgierende Wirkung von Gumpelinos Glaubenssalz haben und die Erinnerung an den jahrelangen Kampf gegen die Taufe abwaschen? Was war geschehen?

Im November 1965 wird die bisherige ›Medizinische Akademie Düsseldorf‹ durch Etablierung zweier weiterer Fakultäten zu einer Universität umgewandelt. Der Oberstadtdirektor Gilbert Just (SPD) schlägt vor, die neu gegründete Hochschule nach Heinrich Heine zu benennen. Kultusminister Paul Mikat (CDU) widersetzt sich dem Vorschlag und läßt es bei der Benennung ›Universität Düsseldorf‹. 1968 im Zuge der Studentenbewegung wird die Idee der Benennung in ›Heinrich-Heine-Universität‹ wiederaufgenommen und mit großer Resonanz verbreitet. Der Heine-Forscher Professor Windfuhr, inzwischen nach Düsseldorf berufen, wirbt in der Universität selbst für eine Benennung in ›Heinrich-Heine-Universität‹. Da tritt der Rektor Professor Alwin Diemer mit einer Presseerklärung an die Öffentlichkeit, in der er den Benennungsvorschlag als unzeitgemäß, als Personenkult und Scharlatanerie zurückweist. Laut Kürschners Gelehrtenkalender gehört zu Professor Diemers Spezialgebieten die ›philosophische Dokumentation‹. Er dürfte mit keinem seiner Werke dieses Fachgebiet so sehr bereichert haben wie durch diese Pressekonferenz, denn durch sie und seinen von den Professoren getragenen Widerstand gegen die Benennung löst er eine einzigartige Dokumentation des philosophischen Protests in der ganzen Welt aus. Zitieren wir nur eine dieser Zuschriften, deren unglaubliche Zahl in einer Dokumentation zur *Bürgerinitiative Heinrich-Heine-Universität Düsseldorf. Und alle lieben Heine ...* vom Begründer der Bürgerinitiative, dem Intendanten Otto Schönfeldt, gesammelt wurden:

Yale University, New Haven/Connectitut, Department of Germanic Languages, 10. 3. 1969: »... Wir glauben, daß der große Dichter und Kämpfer für die Menschenrechte gerade in seiner Heimatstadt diese Anerkennung finden sollte. Heine gilt im Ausland schon lange als einer der bedeutendsten deutschen Dichter. Wenn die Düsseldorfer Universität seinen Namen erhielte, so könnte das helfen, alte Entfremdungen zu überwinden und die Verständigung zwischen den Völkern zu fördern. Wir hoffen, daß sich viele Schriftsteller, Professoren und Studenten dieser Bürgerinitiative anschließen werden, damit sie zum Ziel führt.«

Jeffrey L. Sammons, Associate Professor of German – Thomas P. Saine, Instructor in German – Heinz D. Osterle, Assistant Professor of German – Cyrus Hainlin, Assistant Professor of German and Comparative Literature – Christian Gelinnek, Associate Professor of German – James Rolleston, Instructor in German – Jonathan B. Conant, Teaching Associate in German – Robert R. Chase, Instructor in German – Stephen P. Scher, Assistant Professor of German – G. E. Nelson, Acting Instructor in German – Peter Demetz, Professor of German and Comparative Literature (Schönfeldt 1972).

Der weltweite Protest ficht Rektor Diemer und seinen Nachfolger im Amt des Rektors, den Kieferheilkundler Carl Heinz Fischer, nicht an. Der Wissenschaftstheoretiker Diemer bringt vor, Heine habe sich despektierlich über die Wissenschaft geäußert. Es kommt zu Debatten über das Wissenschaftsverständnis Heines. Die Fronten verhärten sich immer mehr. Die Diemer-Front identifiziert die Pro-Heine-Bewegung immer mehr mit der von den Studenten geforderten Hochschulreform. Eine bizarre Sonderrolle spielt der Historiker Professor Wolfgang Mommsen: Er ist für Heine, erklärt aber, man könne von den Professoren nicht verlangen, die Taufe über sich ergehen zu lassen, wenn Heine als Symbol eines demokratischen Programms benutzt würde – er verlangt den unpolitischen, sozusagen den getauften Heine, und dann wäre er auch für die Taufe der Universität. Er wird zum Erfinder der Metataufe.

Die Taufe ist eine Namensgebung. Durch seine Taufe verwandelt sich Harry Heine in Heinrich Heine.

Die Namensgebung wird nun auch ein Angelpunkt der Düsseldorfer Farce. Inzwischen schreiben wir das Jahr 1972, in dem die Stadt Düsseldorf den 175. Geburtstag Heines feiern will. In der Universität wird im Zuge der Studentenbewegung laufend an der Verfassung gebastelt, und der Rektor verschiebt die Zuständigkeit für die Taufe in den sogenannten Satzungskonvent, und den überrollt er mit einem Geschäftsordnungstrick. Er argumentiert, daß die Universität Düsseldorf schon einen Namen habe, und daß es sich bei der Benennung in ›Heinrich-Heine-Universität‹ um eine Umtaufe handele. Wie ist aber der Name der Universität Düsseldorf, den bisher niemand kannte? Antwort: ›Universität Düsseldorf‹. Deshalb müsse der Konvent nicht darüber abstimmen, ob die Hochschule ›Heinrich-Heine-Universität‹ heißen solle, sondern ob man eine ›Umtaufe‹ wünsche. In seiner Sitzung vom 6. 3. 1972 beschließt deshalb der Satzungskonvent mit einfacher Stimmenmehrheit, den ›Namen der Universität Düsseldorf nicht zu ändern‹. Jetzt nimmt die Farce die Qualität von Oscar Wildes *The Importance of Being Earnest* oder »What's in a Name?« an. Denn ein Rechtsgutachten von Professor H. Ridder aus Gießen muß nun klären, ob ›Universität Düsseldorf‹ selbst schon ein Name ist. Das Gutachten kommt zu folgendem Ergebnis:

> »›Universität Düsseldorf‹ ist eine Bezeichnung, die der notwendigen Unterscheidung von anderen Universitäten des Landes dient. Mit diesem ›Namen‹ ist die Universität Düsseldorf gewissermaßen geboren. Es bedarf keiner Verleihung dieses ›Namens‹. Er wäre ›nach der Natur der Sache‹ stets da, selbst wenn der Gesetzgeber ihn nicht gebrauchen würde. Er ist ebenso neutral wie zwingend. Das trifft auch auf die Bezeichnung ›Rheinisch-Westfälische

Technische Hochschule‹ zu, die der Gesetzgeber in 1, Abs. 1 des Universitäts-Baugesetzes vom 30. 9. 1969 (GVB 1.703) verwendet; es ist eine zur Unterscheidung und Individualisierung ausreichende und notwendige Kennzeichnung. Es wäre offensichtlich absurd – und natürlich auch rechtswidrig –, die Universität Düsseldorf ›Universität Wuppertal‹ oder die Rheinisch-Westfälische Technische Hochschule ›Hessische Technische Hochschule‹ zu nennen. Die Formalität der bisher erörterten namensrechtlichen Ebene tritt noch stärker hervor, wenn man etwa die individualisierende Bezeichnung von Behörden oder Gerichten heranzieht. Das ›Landgericht Köln‹ ist z. B. eindeutig das Landgericht in Köln. Der Gesetzgeber könnte unbedenklich, ja sogar korrekter, hinsichtlich der Körperschaften einschließlich der Universitäten Formulierungen gebrauchen, also etwa von der ›Universität in Düsseldorf‹ sprechen.« (Schönfeldt 1972, 71 f.)

Fazit des Gutachtens: ›Universität Düsseldorf‹ ist ebensowenig ein Name, wie ›Rektor‹ der Vorname von Professor Diemer ist. Doch Diemer und sein Nachfolger Fischer lassen sich weder vom Rechtsgutachten noch von der internationalen Empörung beeindrucken. Es ist, als ob Heinrich Heine aus dem Grabe auferstanden wäre und die gleichen tiefen Antipathien wie im Leben auslöste. Der Widerstand der reaktionären Universitätsmehrheit zeugt von einem fast atavistisch anmutenden Widerwillen, sich mit diesem jüdischen Namen zu identifizieren. Am 7. Juni 1972 kommt es im Beisein des Diemer-Nachfolgers Fischer zu einem Heine-Hearing in der Universität, auf dem der Schriftsteller Hermann Kesten eine flammende Rede wider die Heine-Antipathie hält. Darin rückt er die Haltung der reaktionären Professoren in die Nähe der antisemitischen Ausfälle des Grafen Platen. Jetzt wird das Szenario aus *Die Bäder von Lucca* noch mal durchgespielt. In der Diskussion nach Kestens Vortrag geht es hoch her: Heines ›unfairer‹ Vorwurf der Homosexualität wird zum ›unfairen‹ Vorwurf des Antisemitismus.

Rektor Fischer: »... und ich möchte ganz herzlich bitten, uns nicht immer wieder als Antisemiten zu bezeichnen. (Beifall) Wir haben in den Reihen unseres Lehrkörpers Antisemiten ... (allgemeine Heiterkeit, Beifall, Zwischenrufe) benutzen Sie doch nicht so eine Entgleisung und einen Versprecher nun, um so etwas zu sagen ...«

Klaus Bajertz (Student): »... natürlich unterstellen wir niemandem, der gegen den Namen Heinrich Heine plädiert, daß er subjektiv ein Reaktionär oder ein Antisemit ist, aber wer heute Heinrich Heine ablehnt, der wird nicht von uns in diese unheilvolle Reihe der deutschen Geschichte gestellt, sondern der stellt sich selbst da hinein. (Starker Beifall) Wer heute gegen Heinrich Heine ist, der muß es sich eben gefallen lassen, der muß auch damit rechnen, daß er in eine Reihe gestellt wird mit denen, die schon seit mehr als hundert Jahren eben Heinrich Heine unter allen möglichen Vorwänden von Antisemitismus bis hin zu politischem Verführertum bekämpft haben, der muß es sich wirklich gefallen lassen, mit denen in eine Reihe gestellt zu werden, auch wenn er subjektiv diese Position nicht teilt. Und wenn Herr Professor Diemer, den ich als Philosophiestudent aus seinen Seminaren kenne, in seinen Seminaren ähnlich und in gleicher Weise wie beispielsweise der Herr Professor Geldsetzer, auch ein Gegner der Heinrich-Heine-

Universität, erklärt, daß philosophisch oder wissenschaftlich der Faschismus überhaupt nicht abgelehnt werden könne, sondern daß das eine unphilosophische oder eine unwissenschaftliche oder vorwissenschaftliche Entscheidung sei. Wenn Herr Diemer also sagt, mit anderen Worten, er sei zwar als Philosoph nicht gegen den Faschismus, wohl aber natürlich als Bürger eines Staates, dann muß er sich wirklich den Vorwurf gefallen lassen, daß das eine wissenschaftstheoretische Haltung ist, die es 1933 den Nazis eben sehr leicht gemacht hat, diese Universität so in den Griff zu bekommen. (Stürmischer Beifall) Und das wissen auch die Mitglieder der Anti-Heine-Front sehr genau, daß der Name Heine nicht ›irgendein Name‹ ist, sondern der Name ›Heine‹ ein Programm ausdrückt.« (Beifall)

Prof. Dr. Wolfgang Mommsen: »Es war Herr Kesten selbst, der heute abend in aller Form und in aller Ausdrücklichkeit alle diejenigen, die gegen die Benennung der Universität Düsseldorf sind, als Antisemiten bezeichnet hat.«

Hermann Kesten: »... ich habe nicht gesagt, wer von den Professoren oder den Studenten oder den Düsseldorfern oder sonstwer gegen Heine ist, er sei ein Antisemit. Ich habe gesagt, er glaubt vielleicht das Beste, er hat die besten Motive, er hat die besten Vorstellungen, aber er stellt sich in eine Tradition, in eine Tradition, seit Heine zum ersten Mal unter seinen (sic!) Namen veröffentlicht hat. Die ersten Kritiken, die er bekommen hat, waren antisemitische Kritiken. Das hat nicht aufgehört! (Zwischenruf von Herrn Professor Mommsen) Herr Professor Mommsen empfiehlt uns Geduld. Wir haben diese Geduld, seit Heine veröffentlicht. Ich selber bin Jude, ich habe diese Geduld seit 3000 Jahren! Sie empfehlen Geduld, und Sie versprechen, eines Tages wird es eine Heinrich-Heine-Universität geben. Auf Deutsch sagt man: am Sankt Nimmerleinstag, wenn wir Geduld haben. Es gibt einen Augenblick, wo die Geduld zur Sünde und zur Schande wird!« (Stürmischer, langanhaltender Beifall).

Frau Helga Weidmann: (wissenschaftliche Assistentin): »... zu diesem Abend möchte ich sagen, daß ich nach dem Beifall, den die Rede von Herrn Kesten und einzelne Diskussionsbeiträge gefunden haben, endlich begreife, warum 1933 der Faschismus in Deutschland die Macht hat ergreifen können.« (Pfui-Rufe,Tumult)

Hermann Kesten: »Was diese Dame gesagt hat, die sich mit Heine beschäftigt, hat genau Julius Streicher gesagt, hat genau Robert Ley gesagt. Ich war im Jahre 1932 schon ein verhältnismäßig bekannter Schriftsteller, und genau mit diesen Argumenten hat der *Völkische Beobachter* gegen mich, ebenso wie gegen Heinrich Mann, ebenso wie gegen Erich Kästner gearbeitet. Das ist der Antisemitismus, der zum Morden führt.« (Beifall)/(Schönfeldt 1972, 126 bis 130 passim.)

In der Tat, wer würde sich heute offen zum Antisemitismus bekennen? Aber bekennt man sich zum Namen Heine, so daß man in der Taufe seinen Namen annimmt? Oder fühlt man sich in einem atavistischen Impuls des Widerwillens nicht getauft, sondern beschnitten und möchte deshalb lieber selber beschneiden? Bis in diese Düsseldorfer Farce hinein war Heine ein Prophet, und die Prophezeiung verschiebt die Pfund-Fleisch-Metapher Shylocks vom Geld auf die goldenen Worte des Chrysostomos:

> Wenn ich sterbe, wird die Zunge
> Ausgeschnitten meiner Leiche.
> Denn sie fürchten, redend käm ich
> Wieder aus dem Schattenreiche.

Szene 2
Tribunale

Am 11. Mai 1960 wurde Adolf Eichmann, der Organisator der Endlösung, von israelischen Agenten in Argentinien aufgespürt, entführt und neun Tage später nach Israel geflogen. Am 11. April 1961 wurde am Bezirksgericht von Jerusalem der Prozeß gegen ihn eröffnet. Am 14. August wurde nach 114 Sitzungen das Verfahren abgeschlossen, und der Gerichtshof vertagte sich für vier Monate. In der Zwischenzeit hatte Itzhak Ben-Zwi, der Präsident des Staates Israel, das Gnadengesuch Eichmanns entgegengenommen. Er erhielt noch hunderte weiterer Gnadengesuche, unter anderem von der Central Conference of American Rabbis, von zahlreichen Professoren der hebräischen Universität in Jerusalem unter der Führung von Martin Buber und von Adolf Eichmanns Frau.

Der Prozeß gegen Eichmann löste eine erstaunliche Wirkung in der deutschen Justiz aus. Bis dahin war die Verfolgung von Naziverbrechen immer wieder auf rätselhafte Schwierigkeiten gestoßen. Aber plötzlich erfolgte eine überraschende Belebung. Sieben Monate nach Eichmanns Entführung wurde Richard Baer verhaftet, der als Nachfolger von Rudolf Höß Kommandant von Auschwitz gewesen war. In schneller Folge wurden die Mitglieder des sogenannten ›Eichmann-Kommandos‹ verhaftet und vor Gericht gestellt: Franz Novak, Dr. Otto Hünsche, Hermann Krumey, Gustav Richter und Willi Zöpf. Unter den weiteren Massenmördern, denen jetzt erst der Prozeß gemacht wurde, waren solche, die bereits entnazifiziert worden waren, so etwa SS-General Karl Wolff. Die Strafen, die verhängt wurden, waren von eigenartigem Verständnis für die Mörder geprägt: Der hohe SS-Offizier und Polizeiführer Martin Fellenz, der in Flensburg des Mordes von 40 000 polnischen Juden überführt worden war, wurde zu vier Jahren Gefängnis verurteilt, obwohl die Staatsanwaltschaft lebenslänglich gefordert hatte.

Im *Kaufmann von Venedig* beruft sich Shylock immer wieder auf die Buchstaben des Gesetzes. Steht das im Gesetz? Wenn nicht, ist es irrelevant. In den NS-Prozessen waren auch hier die Rollen vertauscht. Die Mörder und ihre Anwälte bezogen sich auf den Grundsatz ›Nullum crimen sine lege‹ – kein Verbrechen ohne ein Gesetz, das es feststellt. War es verboten, Frauen und Kinder abzuschlachten? Im Gegenteil, es wurde gern gesehen. Also war es erlaubt. »Was damals Recht war«, sagte der ehemalige Marinerichter Ministerpräsident Filbinger, Vorbild von Hochhuths Drama *Juristen*, »kann heute nicht Unrecht sein.« Die deutsche Justiz der Nachkriegszeit bestand aus der deutschen Justiz des Dritten Reiches. Es waren in der Mehrzahl ›furchtbare Juristen‹, deren Unwilligkeit, die NS-Verbrecher zu verfolgen, das konstituieren half, was Ralph Giordano ›die zweite Schuld‹ genannt hat. Von den 11 500 Richtern, die damals in der Bundesrepublik im Amt waren, hatten

5000 schon an den Gerichtshöfen des Dritten Reiches gewirkt. Keiner von den Blutrichtern war selbst vor Gericht gestellt worden. Statt dessen praktizierten sie ein Verfahren der Verschleppung und der Verzögerung. Nehmen wir ein Beispiel: Am 21. April 1945 erhängten SS-Offiziere in der Hamburger Schule ›Am Bullenhuser Damm‹ 20 jüdische Kinder im Alter zwischen fünf und zwölf Jahren, die für medizinische Experimente im KZ Neuengamme benutzt worden waren (zusammen mit 24 russischen Kriegsgefangenen, zwei französischen Ärzten und zwei holländischen Pflegern). Sechs der verantwortlichen SS-Offiziere wurden von den Briten hingerichtet. Der Hauptschuldige, Obersturmbannführer Strippel, entkam. Er hatte vorher verschiedene verantwortliche Stellungen in den KZs Buchenwald, Maidanek, Sachsenhausen und Fught innegehabt. 1949 erkannte ihn ein früherer Insasse von Buchenwald auf der Straße, und er wurde für die dort begangenen Verbrechen zu lebenslanger Haft verurteilt. Doch wurde dieses Urteil aufgehoben und in eine sechsjährige Freiheitsstrafe wegen Beihilfe zum Mord verwandelt. 1963 unter dem Eindruck des Eichmann-Prozesses wurde er zum ersten Mal wegen des Mordes an den Kindern in der Hamburger Schule angeklagt, aber die Strafverfolgung wurde ausgesetzt bis 1983, als die Ermittlungen wiederaufgenommen wurden. Jedoch wurde der Prozeß nicht mehr begonnen, weil 1986 drei medizinische Gutachter Strippel für verhandlungsunfähig erklärten.

Diese Verzögerungstaktik war typisch für die Verfolgung der Naziverbrechen in der Bundesrepublik Deutschland. Von 88 000 Personen, die im Verdacht standen, Verbrechen gegen die Menschlichkeit begangen zu haben, wurden nur 6000 verurteilt, und zwar zu Haftstrafen zwischen drei und fünf Jahren. 82000 Verfahren wurden nach den Voruntersuchungen eingestellt. Unter der Mehrheit der deutschen Juristen gab es einen Geist der Komplizenschaft mit Verbrechern wie Strippel. Deutsche Richter wie Filbinger haben 80000 Todesurteile während des Dritten Reiches unterschrieben. Das sind genauso viele Hinrichtungen im Dritten Reich wie Naziverbrecher, die in der Bundesrepublik laufengelassen wurden: für jeden Ermordeten einen laufengelassenen Mörder. Von diesen Richtern konnten fast alle später weiter amtieren.

So war es im Fall Strippel auch nicht den Bemühungen der deutschen Justiz zu danken, daß es zur Wiederaufnahme der Ermittlungen kam, sondern der Arbeit eines einzelnen engagierten Journalisten, dem es gelang, die überlebenden Verwandten der Kinder zu finden. Als ihm klarwurde, daß das Verfahren durch die medizinischen Gutachten gestoppt werden würde, entschloß er sich, an die Öffentlichkeit zu gehen und ein ›öffentliches Tribunal‹ zu organisieren, an dem Juristen aus der Bundesrepublik und den ehemals besetzten Ländern teilnehmen sollten. Im April 1986 fand dieses Tribunal unter der Schirmherrschaft des Ersten Bürgermeisters von Hamburg, Klaus von Dohnanyi, statt, dessen Vater und Onkel dem Widerstand angehört hatten und ebenfalls im Dritten Reich ermordet worden waren.

In diesen öffentlichen Tribunalen rückt die Gerichtsszene wieder in die Nähe eines Dramas, das den Kampf um das Urteil und die Sühne für die Missetaten vor den Augen der Gesellschaft symbolisch vollzieht. Von Dezember 1963 bis August 1965 fand in Frankfurt der sogenannte ›Auschwitz-Prozeß‹

statt. Aus ihm gewann Peter Weiss den Stoff für sein Drama *Die Ermittlung* (Weiss 1965). Dabei läßt er neun Zeugen die über dreihundert Zeugen des Prozesses vertreten, die vor Gericht gehört wurden. Sie sind anonym, weil sie auch als Lagerinsassen ihre soziale Identität verloren hatten. Den 18 Angeklagten hat Weiss ihre Namen gelassen. Der Staatsanwalt vertritt die zahlreichen Kläger und Nebenkläger, der Rechtsanwalt die zahlreichen Anwälte der Angeklagten. Und der Richter vertritt das Prinzip der Gerechtigkeit vor dem Gerichtshof der menschlichen Gesellschaft. Bei seinem Drama hält sich Weiss ausschließlich an die Aussagen, die vor Gericht gemacht wurden. Die Dramaturgie aus Befragung, Zeugenaussage und Reaktion der Angeklagten ist aber immer dieselbe.

> »*Zeuge sieben:* Im Herbst 1943
> sah ich ganz früh morgens im Hof von
> Block elf
> ein kleines Mädchen
> Es hatte ein rotes Kleid an
> und trug einen Zopf
> Es stand alleine und hielt die Hände
> an der Seite
> wie ein Soldat
> Einmal bückte es sich
> und wischte den Staub von den Schuhen
> dann stand es wieder still
> Da sah ich Boger in den Hof kommen
> Er hielt das Gewehr
> hinter seinem Rücken versteckt
> Er nahm das Kind an der Hand
> Es ging ganz brav mit
> und ließ sich mit dem Gesicht
> gegen die Schwarze Wand stellen
> Das Kind sah sich noch einmal um

	Boger drehte ihm den Kopf wieder gegen
	die Wand
	hob das Gewehr
	und erschoß das Kind.
Verteidiger:	Wie kann der Zeuge das gesehen haben
Zeuge sieben:	Ich war dabei, den Waschraum zu säubern
	der sich gleich neben dem Hofausgang befand
Richter:	Wie alt war das Kind
Zeuge sieben:	Sechs bis sieben Jahre
	Die Leichenträger sagten später
	daß die Eltern des Kindes
	ein paar Tage vorher
	auch dort erschossen worden seien
Angeklagter zwei:	Herr Vorsitzender,
	ich habe kein Kind erschossen
	ich habe überhaupt niemanden erschossen«

(Weiss 1965, 135 f.)

Die Gnadengesuche für Eichmann wurden abgelehnt. Am 15. Dezember 1961 wurde er zum Tod durch den Strang verurteilt und zwei Tage später gehenkt.

Hannah Arendt, die darüber berichtet, hat die Argumentation für die Urteilsbegründung kritisiert. Sie bemängelt, daß der Gerichtshof den Genozid als Verbrechen gegen die Juden und nicht als Verbrechen gegen die Menschheit angesehen hat. Dadurch sei die grundsätzliche Neuartigkeit, die ganz und gar andere Qualität dieses Verbrechens nicht erkannt worden. In der Erinnerung an die jüdischen Leiden hätte das Gericht den Massenmord als schrecklichen Höhepunkt einer langen Vorgeschichte des Antisemitismus gesehen. Dabei sei ihm entgangen, daß es sich bei Genozid um ein neuartiges Verbrechen handelt, auf das man mit einer neuartigen Urteilsbegründung reagieren müsse.

In den Diskussionen um die juristische Basis der Urteilsbegründung spielte das Argument eine entscheidende Rolle, daß Eichmann wie viele andere Massenmörder kein Unrechtsbewußtsein gezeigt hatte. Und es gehört zu den fundamentalen Rechtsprinzipien, niemanden für eine Tat zu verurteilen, bei der keine böse Absicht im Spiel ist. Schließlich hatten die Täter gesetzeskonform gehandelt. Und wer die Unrechtmäßigkeit einer Tat nicht einsehen kann, gilt in der Regel als unzurechnungsfähig. Angesichts dieses Problems rekurriert Hannah Arendt auf Shylocks Prinzip der Vergeltung:

> »We refuse, and consider as barbaric, the propositions ›that a great crime offends nature, so that the very earth cries out for vengence; that evil violates a natural harmony which only retribution can restore; that a wronged collectivity owes a duty to the moral order to punish the criminal‹ (Yosal Rogat). And yet I think it is undeniable that it was precisely on the ground of those long-forgotten propositions that Eichmann was brought to justice to begin with, and that they were, in fact, the supreme justification for the death penalty.« (Arendt 1963, 277)

Und in der Rolle Shylocks entwirft sie eine fiktive Urteilsbegründung, in der sie Eichmann anredet:

> »Sie haben zugegeben, daß das Verbrechen gegen das jüdische Volk während des Krieges das größte Verbrechen in der bekannten Geschichte gewesen ist. Und Sie haben Ihre Rolle dabei zugegeben. Aber Sie haben gesagt, daß Sie niemals aus niedrigen Beweggründen gehandelt haben, daß Sie niemals eine Neigung hatten, jemanden zu töten, und daß Sie niemals Juden gehaßt haben, und daß Sie doch nicht anders handeln konnten und daß Sie sich nicht schuldig fühlen. Wir finden dieses schwer, wenn auch nicht un-

möglich zu glauben; es gibt einige, wenn auch nicht viele, Beweise gegen Sie in der Frage der Motivation und des Gewissens, die über jeden vernünftigen Zweifel hinaus bewiesen werden könnten. Sie sagten auch, daß Ihre Rolle in der Endlösung auf dem Zufall beruhte, und daß fast jeder andere auch Ihren Platz eingenommen haben könnte, so daß potentiell alle Deutschen gleich schuldig seien. Was Sie damit sagen wollten, war, daß, wo alle oder fast alle schuldig sind, es niemand mehr ist. Dies ist in der Tat eine häufig gezogene Folgerung, aber eine, die wir Ihnen nicht zubilligen wollen. Und wenn Sie unseren Einwand nicht verstehen, empfehlen wir Ihrer Aufmerksamkeit die Geschichte von Sodom und Gomorrha ... Mit andern Worten, Schuld und Unschuld vor dem Gesetz sind objektiver Natur, und selbst wenn die 80 Millionen Deutschen so gehandelt hätten, wie Sie es getan haben, würde das keine Entschuldigung für Sie darstellen.

Glücklicherweise müssen wir nicht so weit gehen. Sie selbst haben nicht die Tatsächlichkeit, sondern nur die Möglichkeit gleichmäßiger Schuld von all denen behauptet, die in einem Staat lebten, dessen wichtigstes politisches Ziel es geworden war, beispiellose Verbrechen zu begehen. Und abgesehen davon, durch welche Zufälligkeiten äußerer und innerer Umstände sie auf den Weg des Verbrechens gedrängt wurden, besteht ein Abgrund zwischen der Aktualität dessen, was Sie getan haben, und der schieren Potentialität dessen, was andere getan haben könnten. Wir sind hier nur mit dem befaßt, was Sie getan haben, und nicht mit der möglicherweise nicht kriminellen Natur Ihres Innenlebens und Ihrer Motive oder mit den verbrecherischen Potentialitäten derer in Ihrer Umgebung. Sie haben Ihre Geschichte als eine Geschichte unglücklicher Verkettungen erzählt, und in Kenntnis der Umstände sind wir bis zu einem gewissen Grad willens, Ihnen zu konzedieren, daß es unter günstigeren Umständen sehr unwahrscheinlich gewesen wäre, daß Sie hier vor uns oder vor irgendeinem Kriminalgerichtshof erschienen wären. Lassen Sie uns um des Argumentes willen annehmen, daß es nur die unglückliche Verkettung der Umstände war, die Sie zu einem willigen Instrument in der Organisation des Massenmords gemacht haben. Es bleibt die Tatsache bestehen, daß Sie eine Politik des Massenmordes ausgeführt und damit aktiv unterstützt haben. In der Politik geht es nicht zu wie im Kinderzimmer; in der Politik ist Gehorsam dasselbe wie Unterstützung. Und so wie Sie eine Politik unterstützt und ausgeführt haben, die darin bestand, die Erde nicht mehr mit dem jüdischen Volk und der Bevölkerung anderer Nationen teilen zu wollen – als ob Sie und Ihre Vorgesetzten irgendein Recht gehabt hätten, zu entscheiden, wer und wer nicht die Welt bewohnen solle –, so finden wir, daß man von niemandem, d. h. von keinem Mitglied der menschlichen Gesellschaft, erwarten kann, die Erde mit Ihnen teilen zu wollen. Dies ist der Grund und der einzige Grund dafür, daß Sie hängen müssen.« (Arendt 1963, 277 f., meine Übersetzung)

Und sie greift das Szenario der Konfrontation zwischen Shylock und Portia wieder auf, wenn sie sich gegen das Bekenntnis der Evangelischen Kirche in Deutschland wendet, das da lautet: »Wir bekennen, daß wir uns vor dem Gott der Gnade an dem Frevel, der von unserem eigenen Volk gegen die Juden begangen wurde, durch Nichtstun und Schweigen mitschuldig gemacht haben.« Sie wendet gegen diese Formulierung ein, daß ein Christ nur schuldig werden kann vor dem Gott der Gnade, wenn er Böses mit Bösem vergilt, d. h., daß sich die Kirchen nur dann gegen die Gnade versündigt hätten, wenn die Juden für irgendein Verbrechen bestraft worden wären. Das war aber nicht der Fall. Also fällt die Schuld der Kirchen nicht in die Zuständigkeit des Gottes der Gnade, sondern des Gottes der Gerechtigkeit.

Szene 3
Kostümwechsel

Im Umfeld der Emanzipation der Juden schien es für kurze Zeit so auszusehen, als ob die Figur Shylocks in der historischen Distanz verschwinden könnte. Als im Berlin des Moses Mendelssohn und der jüdischen Salons ein Jahr vor der Französischen Revolution *Der Kaufmann von Venedig* aufgeführt wird, tritt der Schauspieler des Shylock mit einem Prolog vor den Vorhang, in dem er die zeitgenössischen Juden seiner Wertschätzung versichert und sich für die Rolle des Shylock entschuldigt: »Nun das kluge Berlin die Glaubensgenossen des weisen Mendelssohn höher zu schätzen anfängt; nun wir in diesem Volk (dessen Propheten und erste Gesetze wir ehren) Männer sehen gleich groß in Wissenschaft und Künsten. Wollen wir nun dieses Volk durch Spott betrüben? Nein, dies wollen wir nicht.« (Dubnow I, 1920, S. 22 f.)

Im gleichen Berlin wird 150 Jahre später am 20. Januar 1942 auf der sogenannten ›Wannseekonferenz‹ die Ausrottung aller Juden beschlossen. Seit dem Holocaust, dachten wir, kann der Shylock-Mythos nicht mehr naiv zitiert werden. Der Geist dieser Figur schien gebannt. Dies war ein Irrtum. Im Herbst 1984 tauchte das Gespenst Shylocks wieder auf, und zwar auf der Bühne der alten Oper zu Frankfurt. Er hatte die Gestalt eines reichen jüdischen Häuserspekulanten in Faßbinders Stück *Der Müll, die Stadt und der Tod* angenommen, das auf dem Roman *Die Erde ist unbewohnbar wie der Mond* von Gerhard Zwerenz beruht. Faßbinder hat Zwerenz' Figur ›Abraham‹ in die traditionelle Klischeefigur des ›reichen Juden‹ verwandelt. Als die geplante Aufführung des Stückes bekannt wurde, stellte die jüdische Gemeinde in einem Brief an den Kulturdezernenten in Frankfurt fest:

> »Der Vorstand der jüdischen Gemeinde sieht in der Aufführung dieses Stückes wegen seiner antisemitischen Tendenz eine Belastung der Bestrebungen, die Zeit des Nationalsozialismus zu bewältigen. Das verunglimpfende Bild des ›reichen Juden‹ in Faßbinders Stück zeigt ›stürmersche‹ Züge und ist eine Beleidigung für die in Frankfurt lebenden Juden. Der Vorstand der jüdischen Gemeinde bedauert, daß gerade die alte Oper, die ursprünglich von jüdischen Stiftern mit getragen wurde, diesem in seiner Wirkung fatalen Stück eine Plattform bietet.« (Brumlik 1988, 41)

Zwar kommt es 1984 nicht zur Aufführung in der alten Oper, aber 1985 greift der Intendant des Frankfurter Schauspiels, Günther Rühle, den Plan wieder auf, das Stück zu inszenieren, obwohl er es früher als ›Schund‹ bezeichnet hatte (*F.A.Z.*, 1984). Nun kommt es zu einem Theaterkrieg, in dem die Lokalpolitiker, die Stadtbehörden, die Kirchenvertreter, die jüdische Gemeinde, die Presse, die Parteien und natürlich das Theater selbst sich in einem undurchdringlichen Knäuel ineinander verbeißen, wobei sich ein Großteil der Diskussion um die Frage dreht: Ist das Stück antisemitisch oder bloß antikapitalistisch? Aber eine Entscheidung in dieser Frage entscheidet noch nicht über das Für oder Wider der Aufführung. So stellt Peter Zadek von Hamburger Schauspielhaus fest: »Natürlich ist das Stück antisemitisch, das merkt jeder, der es liest. Gerade deswegen muß es aufgeführt werden.« (*DIE ZEIT*, 1985) Die zweite Frage ist dann, ob man bei der Bezugsfigur ›reicher Jude‹ Antikapitalismus und Antisemitismus auseinanderhalten kann. Wie hört sich das an, wenn Holger Fuß am 28. Dezember im *Vorwärts* schreibt: »Die Figur des Abraham hat ihr Vorbild in der Realität; diesem Mann gehört das halbe Frankfurt, er wird zu den reichsten Männern Deutschlands gerechnet. Weiterhin ist Tatsache, daß das immobile Spekulationsgewerbe, Wohnraum zu zerstören, in Frankfurt größtenteils in jüdischen Händen sich befindet.« Trotz der verschiedensten Appelle und Unterschriftsaktionen gegen die Aufführung bleibt Intendant Rühle bei seinem Entschluß, das Stück herauszubringen. Die Women's International Zionist Organization, Die Gesellschaft für christlich-jüdische Zusammenarbeit, die Jungen Liberalen, der Jüdische Jugend- und Studentenverband Hessen, Die Internationale Gesellschaft für Menschenrechte und Die deutsch-israelische Gesellschaft rufen zu einer Demonstration auf. Am 31. Oktober, dem Abend der Premiere, demonstrieren ca. 1000 Menschen vor dem Schauspiel, begrüßt von einer Gegendemonstration Grüner Fundamentalisten unter der Führung von Jutta Ditfurth. Vertreter der Gesellschaft für christlich-jüdische Zusammenarbeit verteilen Judensterne unter den Schaulustigen. Im Innern des Theaters besetzen Mitglieder der jüdischen Gemeinde die Bühne und entrollen das Transparent ›Subventionierter Antisemitismus‹. Statt der Premiere gibt es eine dreistündige Diskussion. In den Tagen danach wird Rühle von Oberbürgermeister Wallmann dazu überredet, das Stück abzusetzen. Vorher aber läßt sich Peter Iden in der *Frankfurter Rundschau* vom 5. November zu einem Ausfall hinreißen, der schon wieder die Konturen einer antisemitischen Begrifflichkeit zeigt:

»Die Verhinderung von Aufführungen in dem städtischen Theater ist auch Ausdruck eines Machtanspruchs bestimmter herrschender Kreise der Stadt, die, wie der korrupte Polizeipräsident in dem umkämpften Stück, aus leicht identifizierbaren Interessen nicht zulassen wollen, was für Faßbinder allerdings das Thema war: die Zugehörigkeit einiger Vertreter des jüdischen Kapitals zu einem rechten Power-Kartell.«

›Jüdisches Kapital‹ in Verbindung mit Konspirationstheorien über Kartelle – das ist ein Begriffsmuster, das den Übergang vom Antikapitalismus zum Antisemitismus zeigt, nach der Faustregel: Antisemitismus ist der Sozialismus für Idioten.

Es ist keine Frage, daß sich gerade die linken Teilnehmer der Debatte besonders unbefangen aufführten, weil sie glaubten, was Gerhard Zwerenz auf die schlichte Formel brachte: »Ein linker Antisemitismus ist unmöglich.«

Das ist spätestens durch den Golfkrieg widerlegt worden.

Kaum hatte die Schicksalsgöttin zum ersten Mal in diesem Jahrhundert den Deutschen zugelächelt und ihnen ohne ihr Verdienst und nur aus einer Laune heraus die Wiedervereinigung und die Souveränität geschenkt, da wurden sie durch den Golfkrieg in den Alptraum ihrer Geschichte zurückgestoßen. In einem reflexartigen Akt unbewußter historischer Identifikation erkannten sie in Saddams Krieg gegen Israel und die angelsächsischen Demokratien ihren eigenen Krieg wieder, den sie vor 50 Jahren gegen denselben Gegner geführt hatten. Noch in der Nacht zum 17. Januar 1991, in der die alliierten Bombardements begannen, zogen Demonstranten durch die Städte und riefen: »Nachbarn, aufgewacht – die Amis haben den

Krieg gebracht.« Am nächsten Tag meldete die *Süddeutsche Zeitung*, daß wegen der umfangreichen Hamsterkäufe verschiedene Lebensmittel knapp würden, so daß der Pressesprecher des Einzelhandels erklären mußte, die Situation sei mit dem Zweiten Weltkrieg nicht zu vergleichen. Die Hamburger Schulsenatorin Raab gab allen Lehrern und Schülern für Friedensdemonstrationen und Mahnwachen schulfrei. Auf den Transparenten standen Slogans wie ›Ich will leben‹, ›Ich habe Angst‹, ›Haß, Haß auf die USA‹, ›Bush Völkermord‹ und immer wieder ›Kein Blut für Öl‹. Die Telefone der Kreisverwaltungen brachen zusammen, weil zu viele Menschen wissen wollten, wo sie Gasmasken erhalten könnten und welchen Bunkern sie zugeteilt würden. Offenbar rechneten sie damit, daß die Alliierten schon bald von der Bombardierung der militärischen Einrichtungen zur Vergasung der deutschen Zivilbevölkerung übergehen würden. Feministinnen besetzten in Göttingen das Gewerkschaftshaus, um den DGB zu bewegen, den Generalstreik auszurufen. Der Stern meldete, daß auf dem Stuttgarter Schloßplatz sich Demonstranten als Kriegsverletzte verkleideten, »weil sie sich als Opfer des Golfkriegs fühlen«. *Neues Deutschland* ging sogar über zur Sondermeldung im Stile des großdeutschen Rundfunks: »Erstmals seit 45 Jahren laden wieder angloamerikanische Bomberverbände ihre tödliche Last ab.« Die SPD-Politiker Vogel, Schröder und Voscherau begründeten ihre Forderungen nach Einstellung der Bombardements mit den Leiden der Deutschen. Es wurden Blumengrüße an die irakische Botschaft geschickt. Sonderinfos meldeten, daß die Palästinenserinnen sich seit Beginn des Krieges wieder unheimlich stark fühlten. Alice Schwarzer verteidigte ihr Verständnis für die Annexion Kuwaits durch ›Bruder Saddam‹ mit dem Argument, daß *Emma* ihre Stimme auch den Opfern leihe. Dieselben Journale und viele Sprecher der Friedensbewegung und der Feministinnen äußerten ihr Verständnis für arabischen Stolz und begründeten ihr Einverständnis mit anti-westlichen und anti-israelischen Ressentiments.

Die Reflexhaftigkeit, mit der sich die deutsche Linke mit einer Diktatur und einer chauvinistischen anti-westlichen Kultur identifizierte und dabei einen ins Antisemitische spielenden Antizionismus zu erkennen gab, löste ihrerseits bei einer wachsenden Zahl linker Intellektueller Entgeisterung aus. Zwei Artikel standen am Beginn eines bundesweiten Meinungsumschwungs, wie man ihn in dieser Radikalität selten erlebt hat. Der eine war eine emphatische Proklamation von Wolf Biermann in der *ZEIT*, in der er sich in einer biographisch eingefärbten Begründung zum Krieg gegen Saddam bekannte und sich in einer dramatischen Geste von seinen Friedensfreunden mit den Palästinensertüchern verabschiedete. Der andere war ein *SPIEGEL*-Artikel von Hans Magnus Enzensberger, in dem er Saddam zum Wiedergänger Hitlers erklärte und die vergleichbare Resonanz, die ihre Destruktivität in den von ihm verführten Massen fand, mit dem Verlust des kollektiven Selbstwertgefühls im Deutschland von Weimar und dem nachkolonialen Orient begründete. Dieser Artikel wurde von da ab zum Bezugspunkt für alle weiteren Stellungnahmen: Freundschaften zerbrachen, Tischtücher wurden zerschnitten und Bündnisse aufgekündigt. Die ›fellow travellers‹ der Linken besichtigten sich nach einer gemeinsamen nächtlichen Orgie am nächsten Morgen als Fremde. Die Renegaten erschraken über die historische Blindheit, mit der die Friedensfundamentalisten die strukturelle Ähnlichkeit zwischen deutschem Faschismus und arabischem Nationalismus mit dem gemeinsamen Nenner des anti-westlichen Chauvinismus übersahen, Saddam als Opfer der Amerikaner stilisierten und seine Bombardierung Israels entschuldigten, wobei sie immer mehr in die Rolle der Appeasers der späten dreißiger Jahre, wenn nicht gar der Nazis selber gerieten. Denn langsam war nicht mehr zu übersehen, daß aus den Lumpen des Anti-Imperialismus immer aufdringlicher die nackte Haut des Antisemitismus hervorschaute. Dieser Verdacht erhielt eine deutliche Bestätigung durch das Auftreten des Grünen-Sprechers Christian Stroebele in Israel: Er bezeichnete dort die irakischen Raketenangriffe auf Tel Aviv als logische Folge der israelischen Politik. Das Interview, das er dann in einem Rückzugsgefecht als perfide Verdrehung des jüdischen Journalisten Henryk Broder zu dementieren suchte, verursachte einen Eklat, der in den USA und Europa ein weites Echo hervorrief.

Damit verlor Deutschland in den westlichen Ländern seine Reputation. Zumal die amerikanischen Reaktionen waren heftig. Kongreßabgeordnete forderten die Behinderung von Importen aus Deutschland, und Boykottaufrufe gegen deutsche Waren zeigten erste Wirkungen. William Saffire faßte die Stellungnahmen vieler Zeitungen zusammen, als er in der *New York Times* schrieb: »Dies ist eine monströse Schande, und das amerikanische Volk wird sich dieser Schande erinnern.« All das nötigt zu der Folgerung, die Cora Stephan im *SPIEGEL* formulierte: »Im Golfkrieg zeigt sich, daß Deutschland in vieler Hinsicht kein westliches Land ist.« Also hatte man sich nicht mit den westlichen Siegern des Zweiten Weltkriegs identifiziert, sondern mit der Niederlage der Nazis? Kam daher die Empathie mit allen Verlierern der Geschichte, und seien sie auch noch so reaktionär und mörderisch – und das nach Re-education und Jahren der Zerknirschung? Was war da passiert?

Die Re-education war nur an die politische Rechte adressiert gewesen. Bei der Linken hatte sich unter dem Schutz des guten Gewissens ein utopischer Fundamentalismus sozialistischer Prägung mit der Tradition der alten anti-westlichen Kulturkritik von rechts verbunden. Ihr gemeinsamer Nenner war die Ablehnung des Westens, dem man sämtliche Malaisen der Moderne anlastete, um ihm utopische oder rückwärts gewandte Vorstellungen von Gemeinschaft entgegenzuhalten. Damit näherte sich die Seelenlage der Linken wieder der Lebensphilosophie an, mit der ehemals die extreme Rechte die westliche Demokratiekultur als oberflächlich kritisiert hatte: dieselben antikapitalistisch verbrämten Vorwürfe gegen niedere Wirtschaftsgesinnung und besitzbürgerlichen Materialismus; dieselben Prätentionen auf moralische Überlegenheit und idealistische Motive; dieselbe Neigung zu Konspirationstheorien und Sündenböcken; dieselbe Verachtung demokratischer Prozeduren und internationalen Rechts; dieselbe unrealistische Verdammung der Gesellschaft vom Boden einer verklärten Natur; dieselbe Projektion archaischer Gemeinschaftssehnsüchte auf die ökologische Naturharmonie; dieselbe Unfähigkeit zu Dissens und gebremstem Konflikt; dieselbe Verbissenheit und Humorlosigkeit und dieselbe Identifikation des Westens mit den Juden.

Die Bruchlinie zwischen den Lagern folgt dabei einem Graben in der historischen Tektonik, der durch die Spannung im Für und Wider gegenüber dem Modell westlicher Gesellschaften immer wieder neu aufgerissen wird – aufgerissen von den zu spät gekommenen Nationen, die die Modernisierung nicht aus ihren eigenen kulturellen Ressourcen betreiben wie die Vorbilder Großbritannien, Frankreich und die USA, sondern auf dem Weg der Imitation, um dann in einer romantischen Reaktionsbildung mit dem Rückgriff auf die eigene Kultur zu antworten.

Auf dieser Linie lag der deutsche Nationalismus ebenso wie das Anti-Westlertum der Slavophilen im alten Rußland und der neue arabische Nationalismus. Dies speiste den Strom der Kulturkritik an der westlichen Zivilisation als Nährlösung für das Shylock-Syndrom; danach waren die westlichen Demokratien geprägt von einer niederen Gesinnung des Materialismus, des Egoismus, des Händlergeistes und des Geldes. Sie galten als unheroisch, gemein, dekadent und verweichlicht, und sie betonten das Triviale und bloß Äußerliche der sozialen Verkehrsformen. Dagegen würde die deutsche Kultur geprägt von hochgesinntem Idealismus und vom sozialen Gemeinschaftssinn traditioneller Pietäten. Sie brächte das Heroische, den Opfermut und den Altruismus zur Geltung, die soldatischen Tugenden und die Innerlichkeit einer adligen Gesinnung. Von da aus galt Politik in Deutschland selbst als eine Sphäre des Ausverkaufs moralischer Prinzipien, der schwächlichen Kompromisse, des niederen Schachergeistes, der Händlergesinnung und der permanenten Heuchelei. Dem wurde die Unbedingtheit von verantwortlicher Führung, Gefolgschaftstreue, Soldatentum und Gradlinigkeit entgegengehalten. An solchen Gegensätzen geben sich die zu spät gekommenen Nationen als Don Quixotes zu erkennen: Sie sind zum Untergang verurteilt, aber reklamieren für sich die nostalgisch verklärte Kultur eines moralisch überlegenen Heroismus und einer ästhetisch erhöhten Lebensform.

Bis 1989, also bis zur deutschen Einigung, konnte man glauben, daß Deutschland nach 1945 diese Tradition abgestreift hatte und ein westliches Land geworden war. Seitdem und vollends mit dem Golfkrieg wurden auf der historischen Luftbildaufnahme wieder Parallelverschiebungen der alten Bruchlinie sichtbar.

Die deutsche Linke empfand sich nicht mehr als Bannerträgerin der Zukunft. Vielmehr fühlte sie sich mit der Sowjetunion als historischer Verlierer gegenüber dem erfolgreichen Modell der westlichen Demokratien, die ihre Stellung als Speerspitze der Modernisierung trotz aller Probleme gefestigt haben. Das näherte sie der alten Kulturkritik von rechts an. Die marxistische Kritik am Kapitalismus kompostierte wieder zum instinktiven Anti-Amerikanismus mit dem traditionellen Klischeevorwurf des Materialismus, der niederen Wirtschaftsgesinnung, der Oberflächlichkeit der Kultur und der bloßen High-Tech-Zivilisation statt moralischer Authentizitätskultur und deutscher Innerlichkeit. Die Todessehnsucht drückte sich in apokalyptischen Stimmungen und einer Neigung zu Worst-case-Szenarien aus, die zugleich moralische Überlegenheit und völlige Passivität als Garant der eigenen Unschuld begründeten.

Die kulturkritische Identifikation der heillosen Moderne und des westlichen Materialismus mit dem Geist des Geldes und den Zerstörern aller traditionellen Bindungen, den Juden, fand eine neue Entsprechung in linken Konspirationstheorien über Israel als dem Flugzeugträger des US-Imperialismus und die Weltverschwörung zwischen Wall-Street-Plutokraten, Ölindustrie und Zionisten.

Weil die Linke nicht wirklich westlich geworden ist, fehlt ihr jedes Verständnis für die geschichtlichen Erfahrungen der angelsächsischen Demokratien: Zu ihr gehört der gerechte Krieg gegen Hitler ebenso wie der Stolz auf eine nationale Tradition, die sich eben nicht ethnisch, sondern politisch versteht: als demokratisch. In ihr spielt Hitler auch eine Rolle – als ihr furchtbarster Feind. Der Saddam-Hitler-Vergleich Enzensbergers, den die Linke so frenetisch ablehnte, war für die westliche Öffentlichkeit sofort plausibel, weil sie die gleichen Elemente wiedererkannte: eine anti-moderne Kultur mit Ressentiments gegen den Westen, die Kontrastierung der westlichen Dekadenz mit arabischem Heldentum und arabischer Opferbereitschaft, ein chauvinistisches Geschichtsbild mit offenen Rechnungen wegen realer oder eingebildeter Demütigungen, die Herrschaft des Terrors und des Militärs, historisch unabsehbare Ansprüche auf Nachbargebiete und die Kompensation eines ruinierten Selbstwertgefühls durch Aggressivität bis zum Selbstmord sowie die Bündelung all dieser Motive durch einen Führer, dessen Buch den Titel *Unser Kampf* trägt.

Die Tatsache, daß die deutsche Linke all diese Motive nicht als faschistoid erkannte, sondern ihrerseits halb bewußt, halb unbewußt darauf ansprang, läßt nur einen Schluß zu: In ihr hat die Mentalität, die den deutschen Faschismus trug, zum Teil überlebt. Das wurde möglich durch das Wirken einer unbeaufsichtigten unterirdischen Theoriewaschanlage, die altes, kompromittiertes Ideengut durch Umetikettierung als links auswies und damit unschuldig machte. Aus lebensphilosophischer Kritik an mechanischer Zivilisation in der Perspektive organischer Natur wurde Ökoromantik und radikalisierter Rousseauismus; aus rechtem Antisemitismus wurde linker Antizionismus, und aus der anti-materialistischen Kulturkritik der Rechten wurde anti-kapitalistischer Anti-Amerikanismus der Linken. All diese Tabuisierungen, Realitätsverleugnungen und Erfahrungsverluste hatten damit zu tun, daß die Bundesrepublik bis 1990 nicht souverän war. Sie befand sich im Zustand der begrenzten Zurechnungsfähigkeit und stand wie ein Krimineller bei der Resozialisierung unter der Aufsicht von Bewährungshelfern. Während dieser Zeit begrenzter Verantwortlichkeit entwickelte sich im Justemilieu der Linken und der Universitäten ein Diskurs, der sich an keiner Realität mehr zu bewähren hatte. Er machte etwas möglich, womit niemand gerechnet hatte: die Wiederkehr des Shylock-Syndroms. Denn in der Reaktion auf den Golfkrieg stimmte zum ersten Mal der siebzigjährige ehemalige Nazi mit seinem ökologisch friedensengagierten zwanzigjährigen Enkel überein. Und wie aufs Stichwort erschien auch der Neonazi: Wenig später, noch im gleichen Jahr, griff eine Epidemie von ausländerfeindlichen Gewalttakten um sich. Asylantenheime wurden angezündet, türkische Wohnhäuser niedergebrannt und jüdische Friedhöfe und Gedenkstätten verwüstet.

Es war wie in der Geschichte von Ed Kemper, mit der wir diese Erzählung begonnen haben: Nach jahrelangem Wohlverhalten unter psychiatrischer Aufsicht wird der Serienmörder von seinen Ärzten für geheilt erklärt. Kaum aus der Anstalt entlassen, wird er rückfällig und macht alle, die von seiner Heilung fest überzeugt waren, fassungslos. Genau dies ist es, was dem wiedervereinigten Deutschland kurz nach dem Golfkrieg widerfahren ist. Xenophobie – angstgesättigte Abneigung gegen Fremde –, so lautete die Diagnose, mit deren Bestätigung das Land, kaum wiedervereinigt und souverän geworden, nach dem Golfkrieg zum zweiten Mal seine Reputation verlor.

Und dann kamen die Lichterketten. Hunderttausende versammelten sich mit brennenden Kerzen in der Nacht und demonstrierten für die Liebe zu Ausländern. Sie stellten den Status quo ante wieder her, indem sie Deutschland erneut teilten – diesmal in Ausländerfreunde und Ausländerfeinde, in Dr. Jekyll und Mr. Hyde, in Weihnachtsengel und Neonazis. Gegen Haß wurde Liebe gesetzt und gegen die Brandfackel die Kerze. Und so verbreitete sich das Gefühl, das Land habe seine Reputation wiederhergestellt.

Das war ein Irrtum. Auch die Form, die das Gute annimmt, ist verräterisch. Für den Kenner des Shylock-Syndroms verbindet in diesem Fall eine unterirdische Verwandtschaft das Gegenmittel mit der diagnostizierten Pathologie. Der Kerzenflächenbrand verbreitete sich mit derselben epidemischen Geschwindigkeit wie die Brandanschläge auf Asylantenwohnheime. Die ihnen gemeinsame Pyromanie zeigte, daß sie aus denselben Abgründen deutscher Gemütstiefe stammten. Die symbolische Ausgestaltung der Weihnacht mit Lichtlein in dunkler Nacht und der nach innen gekehrten Idylle der heiligen Kleinfamilie stammte aus dem deutschen Biedermeier, also der Zeit der Weltflucht aus der Politik ins Innere der Gemütswerte: Deutsch und gemütlich wurden in dem Sinne zu Synonymen, wie das in Gustav Freytags *Soll und Haben* gezeigt wurde. Diese Symbolik des Guten war also kein Zeichen wiedergewonnener demokratischer Gesundheit, sondern ein bedenkliches Symptom politischer Regression und staatsbürgerlicher Demenz. Sie dokumentiert eine symbolische Kontinuität bis in die Zeit des 19. Jahrhunderts. Daran zeigt sich einmal mehr, daß man hierzulande Zivilisiertheit und innere Distanz für unvereinbar hält; daß man immer noch meint, Fremde lieben zu müssen, um sie nicht totzuschlagen; daß man sie nicht fremd sein lassen und trotzdem integrieren kann; und daß man dazu verdammt ist, unter den überzogenen Forderungen der Innerlichkeit die Alternative von Liebe und Haß zu reproduzieren.

Aber der *Kaufmann von Venedig* hat gezeigt: Liebe ist viel zu gefährlich, weil sie die Fremden ausschließt. Sie ist eine religiöse Utopie, die ins Private verlegt wurde. Aber sie läßt sich nicht zur Grundlage politischer Regelungen machen. Der Versuch, dies zu tun, endete im Haß der Religionskriege. Deshalb war es ein gewaltiger Sprung vorwärts auf dem Wege der Zivilisation, als sich der Staat von der Religion löste und die innige Liebe unter Brüdern durch die distanzierte Höflichkeit unter Fremden ersetzte. Danach mußte man sich nicht mehr lieben, um sich nicht totzuschlagen. Im Gegenteil: Mit der Umstellung auf Demokratie durfte man sich streiten und sogar hassen, solange man sich an die Gesetze hielt. Die moderne Zivilisation wurde auf den gezähmten Konflikt gegründet, nicht auf die Innigkeit des Gefühls; auf den domestizierten Streit und nicht auf den Gleichklang der Herzen. Ihr Modell wurde nicht die Gemeinschaft mit hoher Gefühlstemperatur im Innern, sondern die kühle Gesellschaft, die auch die integriert, die einander nicht leiden können. Die Entwicklung von einem zur anderen war ein Fortschritt, der mit der Rückwendung zur Gefühlsgemeinschaft wieder aufs Spiel gesetzt wird.

Mit ihrer Lichterkettenoffensive gegen Neonazis haben die Deutschen bekundet, daß diese Selbstverständlichkeit noch nicht in ihr kollektives Bewußtsein, geschweige denn in ihr Unterbewußtsein gedrungen ist; daß die Mehrzahl der Menschen noch politische Probleme in privaten Kategorien beschreibt und deshalb mit Psychologie und privater Moral kurieren will; und daß die Instinkte und Reflexe der deutschen Öffentlichkeit immer noch vorpolitisch sind und dabei einen Zug ins regressiv Infantile und Gartenzwerghafte aufweisen, der eine unterirdische Verwandtschaft mit der Unreife der jugendlichen Neonazis verrät: Die geteilte Neigung zu Lichtlein in der Nacht und Brandfackeln verrät die gemeinsamen romantischen Wurzeln in Lagerfeuerromantik und Fackelzug.

So war nicht nur die plötzliche Triebentladung der Neonazis, sondern auch die Form, die die Therapie dagegen annahm, ein Zeichen tiefer politischer Verstörung: so desperat die Brandfackel, so hilflos das Kerzlein in der Nacht. Der Appell an die Liebe zu Ausländern als Ersatz für Politik hat mit seiner Beimischung von Verlogenheit jene bestätigt, die die Abneigung gegen Fremde für ehrlicher halten. Er entstammte der Sehnsucht nach emotionaler Gemeinschaft, die politisch so gefährlich ist, weil sie die Kosten der Zivilisation umgehen will. Die Ausweitung der Gemeinschaft der Brüder zur Gesellschaft von Fremden mußte mit einem gefühlsmäßigen Temperatursturz im Inneren bezahlt werden, der durch die Herrschaft des Rechts, die Universalisierung der Menschenrechte und die Zähmung des Konflikts ausgeglichen wurde. Das verlangt die seelische Spannkraft, den anderen als Freund zu behandeln, selbst wenn man ihn als Fremden empfindet. Der Appeal der Nazis speiste sich aus dem Versuch, dies rückgängig zu machen: Sie verhießen die Rückkehr von der emotional kalten Gesellschaft des Rechts zur gefühlsmäßig heißen Instinktgemeinschaft. Auf diesem Wege mußten die Fremden ausgestoßen werden, damit sich im Gegensatz zu ihnen die Gesellschaft als blutsverwandte Familie stilisieren ließ.

Weil auch die Lichterkettenoffensive der Liebe sich aus regressiven Gemeinschaftssehnsüchten speiste, enthielt sie für die Ausländer die Botschaft: Bei den Deutschen geht es nicht um Rechtsgarantien – man muß sich auf ihre Liebe verlassen; fehlt sie, hilft einem kein Gott. Es war deswegen abwegig, wenn Politiker sie als ein Zeichen demokratischer Gesundheit bezeichneten. In Wirklichkeit stellte sie die Form dar, in der der Patient seine Krankheit vertuscht, um die Ärzte dazu zu verleiten, ihn für geheilt zu erklären. Es war das Gesicht Dr. Jekylls, hinter dem sich das dämonische Antlitz des Mr. Hyde verbarg.

Am 27. April 1995 sprang diese Figur aus dem Roman von Stevenson wieder auf die Bühne der Bundesrepublik. An diesem Tag führte der ehemalige Rektor der Technischen Hochschule Aachen, Prof. Dr. Hans Schwerte, hochangesehener Ordensträger und Ehrensenator seiner Hochschule, einen Entschluß aus, der ihm nicht leichtgefallen sein kann. Er teilte seiner Hochschulleitung mit, er sei gar nicht Hans Schwerte; in Wirklichkeit sei er Dr. Hans Ernst Schneider, ehemaliger Hauptsturmführer der SS, Leiter der Abteilung ›Ahnenerbe‹ in einem der Hauptämter der SS und verantwortlich für die wissenschaftliche Absicherung der These von der kulturellen Überlegenheit der Germanen. Ein holländisches Fernsehteam war bei Recherchen seinem Alter ego auf die Spur gekommen, und so entschloß sich Professor Schwerte, seiner Demaskierung zuvorzukommen, indem er sich als Schneider outete.

Hans Ernst Schneider wurde am 15. Dezember 1909 in Königsberg geboren. Er studierte Theaterwissenschaft, Kunstgeschichte, Philosophie, Volkskunde, Urgeschichte und Germanistik in Wien, Berlin und Königsberg, wo er 1935 über das Thema ›Turgeniew und die deutsche Literatur‹ promovierte. Seit 1933 engagierte er sich in der SA für die Volkstumsarbeit, wurde um 1937 unter Walther Darré Referent für Rassenkunde im Rasse- und Siedlungshauptamt der SS und schließlich Ende 1938 Referent im ›Ahnenerbe‹. Nach der Besetzung Hollands koordinierte er in dieser Funktion alle wissenschaftlichen und publizistischen Bemühungen, die Holländer für den Gedanken eines großgermanischen Reiches auf der Basis eines germanistisch erschlossenen, gemeinsamen völkischen Erbes zu gewinnen. Er gehörte dabei zum persönlichen Stab des obersten SS-Führers in Holland, Hans Rauter, der nach dem Krieg für den Mord an 105000 holländischen Juden in Holland hingerichtet wurde. Er arbeitete also aufs engste mit dem Mann zusammen, der für die Ermordung von Anne Frank verantwortlich war. 1942 machte ihn der Chef des ›Ahnenerbes‹ zum Leiter des Germanischen Wissenschaftseinsatzes in Berlin, einer neuen Abteilung des ›Ahnenerbes‹ zur Koordination der publizistischen Rasse- und Volkstumsarbeit in ganz Europa, wobei er sich auch um die Lieferung medizinischer Geräte für Experimente in Dachau bemühte. Er war also ein führender Nazi-Wissenschaftler der Rassen- und Volkstumskunde, die im Dienst der Siedlungspolitik der SS und des Völkermords stand.

Gegen Ende April 1945, fast auf den Tag fünfzig Jahre vor seinem Wiederauftauchen, ging Dr. Hans Schneider auf ungeklärte Weise mit dem Reich und dem Führer, dem er gedient hatte, unter. An seiner Stelle erscheint ein gewisser Hans Schwerte aus Hildesheim. Die einzige Person, die er aus seinem früheren Leben nicht zurücklassen kann, ist seine Frau. Deshalb heiratet er unter dem neuen Namen seine Witwe zum zweiten Mal und verwandelt sie in Frau Schwerte. Im Wintersemester 1945/46 beginnt er in Hamburg, Germanistik zu studieren. 1947 wird er Assistent von Otto Burger in Erlangen, wo er 1948 promoviert wird. 1958 habilitiert er sich mit der Arbeit ›Faust und das Faustische. Ein Kapitel deutscher Ideologie‹, Stuttgart 1962. 1964 wird er außerordentlicher Professor in Erlangen, und 1965 wird er als ordentlicher Professor für Germanistik nach Aachen berufen. 1968 gehörte er zu den fortschrittlichen Kräften unter den Professoren, die in grundsätzlicher Sympathie mit den Zielen der Studentenrevolte die Wissenschaft der neomarxistischen Ideologiekritik öffnen und die Hochschule reformieren wollen. 1970 wird er zum Rektor gewählt und bleibt es bis 1973. Von 1976 bis 1978 nimmt er ein Amt wahr, mit dem er gewissermaßen wieder Kontakt mit dem Leben Ernst Schneiders aufnimmt: Er wird Landesbeauftragter für die Pflege der Beziehungen des Landes Nordrhein-Westfalen zu den Niederlanden und Belgien. Als Vertreter einer kritischen Germanistik und einer zukunftsorientierten Hochschulpolitik genießt er hohes Ansehen. 1983 wird ihm das Bundesverdienstkreuz Erster

Klasse verliehen, er wird Ehrensenator seiner Universität und Honorarprofessor der Universität Salzburg.

Die Verwandlung von Schneider in Schwerte zeugt von einer außergewöhnlichen Chuzpe und Kaltblütigkeit. Sie ist von einer fast literarischen Dramatik und einer fantastischen Hemmungslosigkeit, die einen gewissermaßen für die Figur einzunehmen vermag. Schneider war als SS-Hauptsturmführer einer der leitenden Köpfe der Wissenschaftspolitik der SS. Er war Chefredakteur der Zeitschrift *Die Weltliteratur*, gab zahlreiche andere Zeitschriften heraus, plante Konferenzen und Projekte und wurde 1942 Koordinator des ›germanischen Wissenschaftseinsatzes‹ für ganz Europa. Es entspricht aller Lebenserfahrung anzunehmen, daß er sich eines überdurchschnittlichen Bekanntheitsgrades in der deutschen Germanistik erfreut hat. Aber er kalkulierte mit der Verschwiegenheit der Zunftkollegen, die ihn gekannt hatten. Zu Recht: denn hätten sie ihn geoutet, hätten sie erläutern müssen, in welcher Funktion sie mit ihm zu tun gehabt hatten. Der ironische Genuß auf seiten Schwerte/Schneiders muß beträchtlich gewesen sein.

Wie aber gelangt man von einem rassistisch-völkischen Diskurs zu einem Diskurs linksliberaler Ideologiekritik in der Wissenschaft? Der Düsseldorfer Historiker Bernd Rusinek, der im Auftrag der Nordrhein-Westfälischen Landesregierung einen Untersuchungsbericht verfassen muß, findet in den Schriften des SS-Hauptsturmführers Schneider ideologische Versatzstücke, die sich problemlos in die Arbeiten des linksliberalen Schwerte übertragen ließen: Das sind der Antiamerikanismus und der Haß auf das Bürgertum. Schwerte teilt mit Schneider eine tiefe Abneigung gegen den bürgerlichen Thomas Mann, der sich vor lauter Ironie nicht engagiert und keinen Platz im Leben findet: weder im Leben des Volkes vor 1945 noch im Leben der Gesellschaft nach 1968. Schwerte hat beides gefunden. Mit anderen Worten: Schneider brauchte sich gar nicht so sehr zu verstellen, um Schwerte zu werden, wie die meisten Beobachter glaubten.

Es gibt unterirdische Kontinuitäten. Und alle Schriften über diesen außerordentlichen Fall belegen: Es bleibt unklar, was stärker irritiert – die Chuzpe, mit der Schneider/Schwerte alle anderen getäuscht hat, oder die Blindheit, mit der sie sich selbst über die zugrundeliegende Kontinuität getäuscht haben. In diesem Fall ist das Leben des SS-Hauptsturmführers Prof. Dr. Schneider/Schwerte zur Parabel eines kollektiven ideologischen Kostümwechsels geworden. Dabei unterliegt bis heute einem Wahrnehmungsverbot, daß man vielfach die schmutzige Unterwäsche anbehalten hat.

Szene 4
Die Bundeslade der Erinnerung

Wie läßt sich über den Holocaust sprechen? Welche Diskurse gibt es dafür? Wie wird er in die gesellschaftliche Verständigung einbezogen? Als Erinnerung? Als Geschichte? Als Gedenken an die Opfer? Als Literatur und Kunst? Kann man ihn überhaupt so besprechen, daß man sein Wesen nicht verfehlt? Kann man ihn erzählen, kann man ihn darstellen? Welche Formen stehen dafür zur Verfügung? Augenzeugenberichte, Romane, Kunstwerke – oder muß man wie Adorno mit seiner Aussage, nach Auschwitz ließe sich kein Gedicht mehr schreiben, ein allgemeines Bilderverbot verhängen, um damit eine neue Transzendenz zu begründen? Wird damit Auschwitz zum Zentrum eines neuen Kultes mit symbolischen Tabus, vor denen die Wächter der politischen Korrektheit Stellung beziehen? Manchmal sieht es so aus. Und dieser Kult verlangt Opfer. Am 11. November 1988 hielt Bundestagspräsident Philipp Jenninger zum Gedenken an die Pogromnacht von 1938 eine Rede im deutschen Bundestag, die in einem Skandal und schließlich seinem Rücktritt endete. Was war geschehen? Hatte er Hitler gelobt und das Andenken an die Opfer geschändet?

Es gab eine Vorgeschichte. Die Partei der Grünen fühlte sich frustriert, weil im Geschäftsordnungsausschuß des Parlaments ständig ihre Anträge von der Mehrheitsfraktion der CDU niedergestimmt wurden. Deshalb meinte sie, eine symbolisch unangreifbare Position zu beziehen, als sie als Hauptredner für die Gedenkstunde den Vorsitzenden des Zentralrats der deutschen Juden, Heinz Galinski, vorschlug: Man glaubte, die CDU würde es nicht wagen, den Antrag abzulehnen. Aber das Unglaubliche geschah: Die CDU argumentierte, für die Sternstunde des Parlaments sei der Parlamentspräsident gefordert. Nun hatte aber Philipp Jenninger sich einen Ruf für eine gewisse bajuwarische Knorrigkeit der Rede erworben. Man durfte also von ihm nicht erwarten, daß er seiner Festrede zivilisatorischen Glanz und semantische Tiefe verleihen würde. Deshalb beschloß man, einen Zufall zur Inszenierung eines Skandals auszunutzen. Der Zufall bestand darin, daß eine Abgeordnete der Grünen, die sich einen Ruf als Betroffenheitsvirtuosin erworben hatte, erfahren hatte, daß eine Gruppe von asylsuchenden Tamilen aus der Bundesrepublik abgeschoben worden war – wie sie glaubte, ihrem sicheren Tod entgegen. Sie wollte deshalb die symbolisch in Trauerfarben ausgeschlagene Bühne des Parlaments dazu benutzen, den Widerspruch zwischen dem pathetischen Gedenken an vergangene Morde und der kavaliersmäßigen Haltung angesichts aktueller Morde durch einen spektakulären Auftritt der fernsehenden Nation zum Bewußtsein zu bringen. Ihr Vorhaben hatte mit Jenninger und seiner Rede, deren Inhalt niemand kannte, nicht das geringste zu tun. Hier nun setzte der Plan der Regisseure ein: Man würde diesen Auftritt in einen Auslöser für eine Empörungsepidemie über Jenningers Bräsigkeit verwandeln, indem man ihm eine Fortsetzung durch weitere Empörungsbekundungen verschaffte, falls Jenninger auch dafür nur den geringsten Anlaß böte. Jenninger lieferte die erwartete Vorlage: In seiner Rede versuchte er nämlich, durch rhetorische Einfühlung in die Durchschnittsdeutschen der dreißiger Jahre die von Hitler ausgehende Faszination historisch verständlich zu machen. Er schuf eine Art dramatischen Kontexts, indem er sich in die Rolle derjenigen hineinversetzte, die der antisemitischen Propaganda ausgesetzt waren; dazu gebrauchte er eine Stilfigur, die man sonst fast nur in Romanen findet: die erlebte Rede. Sie ist ein rhetorisches Mittel, das die Meister des modernen Bewußtseinsromans entwickelt haben, um die Reden und Gedanken einer Figur wiederzugeben, ohne sie in direkter oder indirekter Rede zitieren zu müssen und dadurch den Erzählfluß zu unterbrechen. Es heißt da nicht mehr: »Er überlegte, ob die Juden nicht die Banken und Börsen kontrollierten und mit ihren Finanzspekulationen den deutschen Volkskörper ruinierten«, sondern. »Und kontrollierten die Juden nicht die Banken und Börsen? Und ruinierten sie nicht mit ihren Spekulationen den deutschen Volkskörper?« Mit dieser Stilfigur nimmt der Erzähler die Perspektive der Figur ein, ohne es ausdrücklich grammatikalisch kenntlich zu machen. Es geschieht unmerklich, so wie die Kamera im Film sich auf den Blickwinkel einer Figur einstellen kann. In der Perspektive der erlebten Rede hat Jenninger die Haltung der Deutschen aus dem Dritten Reich vorgetragen. Aber da ist Vorsicht geboten: Man leiht dann seine eigene Stimme den Figuren, von denen man erzählt. Und wenn die Figuren erst einmal zu sprechen beginnen, reißen sie vielleicht die Szene an sich. Dann wird plötzlich aus der Erzählung ein Drama. Die Figuren machen sich selbständig und werden zu Revenants.

Zahlreiche Abgeordnete erhoben sich und verließen unter Protest den Saal. Andere bekundeten offen ihre Empörung. Nachrichten von antisemitischen Ausfällen im deutschen Parlament gingen um die Welt. In allen Zeitungen erschien ein Bild von Ida Ehre, der jüdischen Prinzipalin der Hamburger Kammerspiele, die entsetzt die Hand über die Augen geschlagen hatte und ihren Blick abwandte. Sie hatte kurz vorher die Todesfuge von Paul Celan deklamiert. Wenige Tage später trat Jenninger zurück.

Erst danach, als man die Rede nachlesen konnte, mußte man feststellen, daß es vom Standpunkt eines aufgeklärten historischen Bewußtseins nichts zu beanstanden gab. Walter Jens und andere Intellektuelle, die sich mit ihren Kommentaren am Schlachtopfer beteiligt hatten, hatten sichtlich Mühe, ihr Standgericht über Jenninger nachträglich zu rechtfertigen. Ida Ehre sagte aus, daß sie die Rede gar nicht mitbekommen habe, da sie vor Erschöpfung nach ihrem Auftritt zu benommen gewesen sei.

Zu dieser Episode gab es ein possenhaftes Nachspiel. Ignatz Bubis, der Nachfolger Heinz Galinskis als Vorsitzender des Zentralrats der deutschen Juden, hielt zum Jahrestag der Pogromnacht von 1938 im Jahre 1996 dieselbe Rede noch mal, ohne daß irgend jemand etwas aussetzte oder gar bemerkte, daß es Jenningers Rede war. Und schon vorher hatten zahlreiche Juden aus aller Welt durch ihre Zuschriften an Jenninger bekundet, daß sie die Rede für ausgezeichnet hielten.

Kein Zweifel, in der Bundeslade der Erinnerung wohnt ein namenloser Schrecken. Der Versuch, ihm einen Namen zu geben und seine Geschichte zu erzählen, ist gefährlich. Dafür sorgen diejenigen, die als Wächter den symbolischen Zugang zum Allerheiligsten regeln. Sie versuchen, die semantischen Wege festzulegen, auf denen man sich dem Grauen nähern darf. Das geschieht durch Verbote. Solche Verbote lauten: Du sollst dir kein Bildnis machen; du sollst nicht historisieren; du sollst nicht relativieren; du sollst nicht vergleichen; du sollst nicht aufrechnen; du sollst nicht erzählen; du sollst nicht die Formensprache der Massenmedien benutzen; du sollst keine Filmerzählungen wie *Holocaust* oder *Schindlers Liste* mit Einzelschicksalen und Helden anfertigen; du sollst den Namen des Holocaust nicht entweihen.

Nach der Ansicht von René Girard führt die gesellschaftliche Gewalt, die sich in der Tötung des Sündenbocks konzentriert, immer zur Heiligung des Opfers. Die Gewalt und das Heilige gehören zusammen. Im Heiligen wird der Schrecken in eine Zone eingezäunt, deren Grenzen nicht ungestraft überschritten werden dürfen. So grenzt die Gesellschaft die Erinnerung an die Gewalt zugleich ein und schützt sich selbst vor Ansteckung. Vor der Profanierung bewahrt sie die heiligen Scheu.

Wo ein Kult ist, gibt es Priester, die sich als Wächter des Heiligtums außerordentliche Macht zu verschaffen wissen. Sie reklamieren das Interpretationsmonopol für den Umgang mit dem Heiligen, sie entschärfen das Grauen durch rituelle Praktiken, und sie bannen diejenigen, die den Schrecken durch die Profanierung des heiligen Tabus erneut zu entfesseln drohen. Und in regelmäßigen Abständen ziehen sie den Vorhang vor dem Heiligtum ein wenig beiseite und demonstrieren seine symbolische Macht, indem sie den Altar mit dem Blut eines Schlachtopfers rot färben. Ein solches Opfer war Jenninger. Mit derartigen Autodafés demonstrieren die Priester auch ihre eigene Macht. Das stellt für die Intellektuellen der Bundesrepublik eine außerordentlich verlockende Versuchung dar; als Hohepriester vor der Bundeslade der Erinnerung verkörpern sie selbst etwas von dem Schrecken, mit dem sie Umgang pflegen, und schüchtern so die Laien ein, wie es die Priester seit Anbeginn der Kultur getan haben.

Wegen dieser Versuchung ist der Holocaust stets in Gefahr, sich aus einem Gegenstand historischer Analyse in den Mittelpunkt eines Kultes zu verwandeln. Dann wird er mit Tabus umgeben; es werden Vorschriften erlassen, wie denn darüber zu reden sei. Überall tauchen Verbotsschilder auf. Das Gelände wird symbolisch kartographiert und in verschiedene Zonen der Zugänglichkeit eingeteilt. Ein Chor von priesterlichen Stimmen ermahnt uns, immer wieder daran zu denken, nicht zu vergessen, nicht zu verdrängen, nicht zu verleugnen, sich der Verantwortung zu stellen und möglichst die ganze Existenz dem Gedanken an den großen Schrecken zu weihen. Und überall werden Versuche identifiziert, sich dieser Verpflichtung zu entziehen.

So geschah es auch im sogenannten ›Historikerstreit‹. Eröffnet wurde er mit einem Artikel des Faschismus-Experten Ernst Nolte. Am 6. 6. 1986 erschien aus seiner Feder ein Aufsatz in der *F.A.Z.*, in dem er suggerierte, Auschwitz sei eine Reaktion auf den Stalinschen Gulag gewesen. Die entscheidende Passage heißt:

> »Vollbrachten die Nationalsozialisten, vollbrachte Hitler eine ›asiatische‹ Tat? Vielleicht nur deshalb, weil sie sich und ihresgleichen als potentielle oder wirkliche Opfer einer ›asiatischen‹ Tat betrachteten? War nicht der ›Archipel Gulag‹ ursprünglicher als Auschwitz? War nicht der ›Klassenmord‹ der Bolschewiki das logische und faktische Prius des ›Rassenmords‹ der Nationalsozialisten? Sind Hitlers geheimste Handlungen nicht gerade auch dadurch zu erklären, daß er ›den Rattenkäfig‹ (eine angebliche Folterungstechnik der Sowjets, D.S.) *nicht* vergessen hatte? Rührte Auschwitz vielleicht in seinen Ursprüngen aus einer Vergangenheit her, die nicht vergehen wollte?«

Vorher hatte Nolte in einer auf englisch erschienenen Schrift die These geäußert, die ›Kriegserklärung‹, die Chaim Weizmann im September 1939 für den jüdischen Weltkongreß abgegeben hatte, habe Hitler dazu berechtigt, die deutschen Juden als Kriegsgefangene zu behandeln. Mit diesen Hinweisen stellte Nolte den Völkermord als eine Art verständliche Reaktion auf das hin, was Hitler selbst als Vernichtungsdrohung empfinden mußte. Unabhängig von der Haltbarkeit dieser Erklärungen, die fast alle Historiker im Lauf der Kontroverse als absurd bezeichneten, ging es letztlich um die Frage, ob die Verbrechen der Nazis durch Vergleichbarkeit und Aufrechnung gegenüber den Stalinschen Massenmorden relativiert werden dürfen. Mit anderen Worten, es ging um die Frage, ob der Holocaust einem wissenschaftlichen Diskurs überlassen werden dürfte oder einer religiösen Behandlung vorbehalten bleiben müßte. Denn Wissenschaft kommt ohne Vergleiche nicht aus, aber einem religiösen Diskurs geht es um die Konfrontation mit einem unbedingten Absoluten, das sich den Maßstäben entzieht.

Die semantische Energie, die in der kultischen Verarbeitung des Schreckens liegt, zeigt sich auch daran, daß sie sich mühelos gegen die herrschende Tendenz im postmodernen Zeitgeist durchsetzt: In der Wissenschaftstheorie erklärt der radikale Konstruktivismus alle unsere Vorstellungen von Wirklichkeit zur Realitätskonstruktion; in der Literatur- und Textwissenschaft überantwortet der Dekonstruktionismus alle Sinnbildung einem unendlichen Regreß textueller Verweisung von Zeichen auf andere Zeichen auf andere Zeichen, der in keinem Ursprung, Ziel oder Absoluten mehr zur Ruhe kommt; in der Ethnologie wird behauptet, alles sei bloßer Text; in der Systemtheorie der Gesellschaft hat sich der Begriff der Funktion als Basisbegriff für den Vergleich äquivalenter Lösungen desselben Problems etabliert und damit einer universalen Komparatistik den Boden bereitet; in den Sozialwissenschaften werden alle sozialen Phänomene als beobachtungsabhängig und damit als relativ angesehen; auch in der Physik und den Naturwissenschaften ist längst akzeptiert, daß die Beobachtung die Realität verändert, die sie beobachtet; und in der Geschichtswissenschaft wird immer mehr akzeptiert, daß die historischen Erkenntnisse sich der Kohärenz stiftenden Kraft erzählerischer Schemata verdanken. Überall herrscht Relativismus, standortgebundene Optik, Auflösung in unendliche Verweisungsketten und endlose Komparatistik. Aber eben der Vergleich des Holocaust mit anderen Massenmorden und Verfolgungskatastrophen ist verboten.

Kein Mensch könnte es wagen zu verkünden, der Holocaust sei nur eine von mehreren möglichen Realitätskonstruktionen; niemand käme auf den Gedanken, Auschwitz in eine äquivalenzfunktionalistische Vergleichsperspektive einzurücken; niemand würde behaupten, der Massenmord an den Juden sei Bestandteil einer unendlichen Verweisungskette von Texten; niemand käme ungeschoren davon, wenn er öffentlich den Blick auf den Holocaust auf seine standortgebundene Optik hin relativieren würde; und niemand dürfte es wagen, einen Text über Auschwitz zu dekonstruieren, die Täter-Opfer-Beziehung als asymmetrisches Begriffspaar umzudrehen, das Opfer zum eigentlichen Täter zu erklären, der den Täter erst zum Täter und damit zum Opfer macht, um schließlich die Differenz Opfer/Täter selbst ad absurdum zu führen. In dem endlosen Meer der Entwertungen und Relativierungen steht Auschwitz als Signum eines unverrückbaren Absoluten für den Beginn eines Kultes. Vor ihm dankt die Wissenschaft ab.

Der Historikerstreit wurde geführt wie ein Glaubenskrieg. Die Auseinandersetzungen der Politik verwandeln sich sofort in Hexenjagden und Sündenbockrituale, wenn sie auch nur annähernd mit dem Holocaust in Verbindung kommen. Vielleicht muß das so sein. Vielleicht ist die Heiligung des Opfers die einzige Art, in der ein Kollektiv sich seiner eigenen Schrecklichkeit stellen kann. Wenn Religion und Gewalt immer zusammen auftreten – wie René Girard glaubt –, geht es um die symbolische Bearbeitung außerordentlich destruktiver Energien.

Auch in dieser Hinsicht stehen Judentum und Christentum in einem höchst ambivalenten Zusammenhang. In der Regel werden die mythischen Erzählungen von Massakern durch die Täter so bearbeitet, daß die Opfer nachträglich als Verbrecher hingestellt werden: Ödipus hat durch sein Verbrechen die Pest in Theben ausgelöst! Nur das Christentum bildet hierin eine Ausnahme: In der Erzählung des Neuen Testaments war Christus unschuldig. Deshalb wurden die Juden zu absolut Schuldigen: zu Gottesmördern. Der Holocaust hat auch hier die Rollen verkehrt. Gott hatte inzwischen die Bühne des Geschehens verlassen, und an die Stelle des Christentums war die Zivilreligion der Menschenrechte getreten: Der neue Gott war der Mensch. In diesem Szenario hatten die ermordeten Juden die Rolle Christi angenommen: Sie waren unschuldig getötet worden. Und die neuen Gottesmörder wurden die Deutschen. Auf ihnen lastet jetzt der alte jüdische Fluch. Und er wird weiter auf ihnen lasten, wenn es nicht gelingt, die Hohenpriester der Gedächtniskunst als das zu entlarven, was sie sind: nicht Aufklärer, nicht Intellektuelle, sondern eben Priester. Selbsternannte Gesetzgeber für den Umgang mit dem Schrecken. Sonderbevollmächtigte einer abgründigen Macht. Träger furchteinflößender Geheimnisse und Botschafter dämonischer Kräfte, kurzum Figuren, die die Erinnerung an den Holocaust wie ein Kraftwerk betreiben, aus dem sie die Energie für ihre eigene Macht gewinnen.

1927 veröffentlichte der französische Kulturkritiker Julien Benda eine Streitschrift mit dem Titel *La trahison des clercs (Der Verrat der Intellektuellen)*. Darin weist der Autor den Intellektuellen die Aufgabe zu, die universalistischen Werte der Vernunft und der Humanität gegen partikulare Gruppeninteressen und die gesellschaftlichen Temperamentsausbrüche des Zeitgeistes zu verteidigen. Als Verrat bezeichnet es Benda, als die Intellektuellen im Vorhof des Faschismus dazu übergingen, der Irrationalität und dem Instinkt das Wort zu reden.

Nach dem Holocaust sind die Intellektuellen der Bundesrepublik in der Tradition Bendas als Ideologiekritiker des Irrationalismus angetreten. Die Ideologiekritik beginnt immer mit der Priestertrugtheorie. Fallen daher die Intellektuellen der Versuchung zum Opfer, sich selbst der symbolischen Gewalt von Priestern zu bedienen, begehen sie Verrat an ihrem eigenen Ethos. Soweit das in der Bundesrepublik der Fall ist, kann man von einer neuen ›trahison des clercs‹ sprechen.

Szene 5
Shakespeare und das Shylock-Syndrom

Der Gespensterreigen ist zu Ende. Das Drama Shylocks hat seinen Zuschauer gefunden, der es beschreibt. Was kann man dazu sagen? »In sooth, I know not why I am so sad«? Doch wir wissen es. Das Drama Shylocks zu verfolgen, heißt, die Konstanz einer fixen Idee zu verfolgen, eines vernunftresistenten Wahnsinns.

Gibt es eine Erklärung für die unheimliche Konstanz dieser Einkapselung, für ihre schiere Unauflöslichkeit? Vielleicht sieht man mehr, wenn man stärker auf Distanz geht. Dann enthüllt sich als gemeinsamer Nenner all dieser durchmusterten Szenarien die Struktur der Paradoxie. Was ist ein Paradox? Der Zusammenbruch einer Differenz. Die Grunddifferenz, die mit der Existenzform der Juden zusammenzubrechen scheint, ist die zwischen Brüdern und Fremden. Das hat sich am Problem des Wuchers und der ambivalenten biblischen Bestimmung zum Zinsproblem gezeigt. Die gesellschaftliche Position der Juden war stets ein Weder-Noch: weder Brüder noch Fremde, weder Landsleute noch Ausländer, weder Christen noch Heiden, weder Religion noch Volk, weder Gläubige noch Ungläubige. Weder-Noch schlägt leicht um in Sowohl-Als-auch. Das begründet die Paradoxie der antisemitischen Vorwürfe und die Identifikation der Juden sowohl mit Bolschewiken als auch mit Plutokraten, mit Kapitalisten und Sozialisten, mit Reaktionären und Revolutionären. Die Innen-Außen-Differenz der Gesellschaft ist leicht anschließbar an die Innen-Außen-Differenz der Körperbilder, wie die Suggestivität der Körpermetapher und der Organismusvorstellungen für die Beschreibung der Gesellschaft zeigt. Kommt es zu Beschädigungen im Körperbild, führt das zu schweren psychischen Störungen. In einer derart beschädigten Psyche finden vermeintliche Unklarheiten über gesellschaftliche Grenzziehungen erfahrungsgemäß eine starke Resonanz. Der Zusammenbruch sozialer und psychischer Innen-Außen-Grenzen wird dann als die gleiche Katastrophe erlebt. Die Reaktion ist in beiden Fällen paranoisch. Man findet das Fremde nun im Innern. Entsprechend werden die Juden als Repräsentanten der jeweiligen Feinde im

Inneren des eigenen Volkskörpers erlebt und als Spione, Saboteure und Konspirateure verdächtigt. Für die Franzosen der Dreyfus-Affäre waren sie Deutsche. Für die Deutschen der Weimarer Republik waren sie Bolschewiken und Wall-Street-Plutokraten. Die Nähe dieser Obsession zum unsicheren Körperbild der sich minderwertig Fühlenden zeigt die medizinische Metaphorik der Hygiene, der Sauberkeit und der merkwürdigen Paranoia des Blutes. Hier gewinnt dann der Vorwurf der Zersetzung die Dimension einer Infektionspanik, in der sich Ängste von physischer Auflösung mit der Angst vor sozialer Deklassierung mischen. Diese Paradoxie wird in der Emanzipation noch einmal verschärft durch die Differenz zwischen orthodoxen und assimilierten Juden. Sie macht die Juden zugleich erkennbar und unerkennbar. Je nachdem, ob man im 19. Jahrhundert die Assimilation fordert oder ablehnt, ist man religiöser oder rassistischer Antisemit. So geraten auch hier die Juden wieder in eine Paradoxie, in einen unerfüllbaren Double bind. Dabei legen die Rassisten die Assimilation als besonders perfide Unterwanderungstechnik aus, durch die die Innen-Außen-Differenz vollends zusammenbricht.

Wie erklärt sich die – seinerzeit von niemandem vorhergesehene Kontinuität zwischen religiösem und rassistischem Antisemitismus? Aus dem Selbsthaß eines schwächlichen Bürgertums. Schon Hegel rekonstruiert in seiner *Phänomenologie des Geistes* die Auseinandersetzung zwischen Herr und Knecht als Duell zwischen aristokratischer Todesverachtung und bürgerlich-knechtischer Feigheit. So rechnet sich das in seinem Selbstbewußtsein geknickte Bürgertum eine Mentalität zu, die durch den niederen Egoismus des Geldverdienens, die gedrückte Psychologie der Plakkerei und die mühselige Sorge um den eigenen Besitz gekennzeichnet ist. Von da aus ist der sich zum Finde-siècle hin steigernde Antisemitismus verstehbar als ein Vorgang, bei dem das imperialistisch werdende Bürgertum in der Mimikry an den Sozialcharakter des Adels den eigenen bürgerlichen Selbsthaß auf die Juden als die eigentlichen Träger der niederen Geldgesinnung projiziert. Wenn dann gegen Ende des Jahrhunderts eine zum Teil panische Reaktion gegen Entartung, Nervosität und Dekadenz einsetzt, die in Reaktion auf die Frauenbewegung auch als Virilitätsverlust der eigenen Nation erlebt wird, der die Kraft abhanden zu kommen scheint, sich im imperialistischen Konkurrenzkampf erfolgreich zu behaupten, findet man sich im Vorfeld protofaschistischer Einstellungen, in denen sich Effeminierungspanik und bürgerlicher Selbsthaß zum projektiven Antisemitismus verbinden.

Es gibt aber eine Gestalt, in der der Bürger als Aristokrat überleben kann, ohne es zu sein: Das ist der Künstler. Weil ihm die Selbstbestimmung in der politischen Realität verwehrt ist, kann er allein in der Kunst seine Freiheit entfalten. Das ist aber nur wenigen Genies vorbehalten, die als eine Aristokratie des Geistes das Reich der Freiheit fern der Gesellschaft in der Kunst errichten. Damit tritt das Genie in Gegensatz zur gesellschaftlichen Wirklichkeit. Sie wird beherrscht vom Antipoden des Genies: vom Philister. Ursprünglich ein studentischer Jargon-Ausdruck zur Bezeichnung des behaglichen Bürgers, nimmt der Begriff des Philisters in der Romantik schnell alle Bedeutungselemente spießiger Mittelmäßigkeit an, die ihn zum Komplementärbegriff des Genies machen: die engherzige Nüchternheit, die borniete Egozentrik, die Gefühls- und Farblosigkeit, die Erlebnisunfähigkeit, Ideenlosigkeit und der Mangel an Großzügigkeit und schließlich die niedere materielle Gesinnung, die ausschließliche Orientierung am wirtschaftlichen Erfolg und an lebenspraktischer Tüchtigkeit und der generelle Zuschnitt einer begeisterungsunfähigen, allem Generösen abgeneigten Mediokrität. In diesem Tenor spricht dann Clemens Brentano in *Der Philister vor, in und nach der Geschichte* von 1811 ebenso über den Spießbürger wie Marx in *Über die Philister* von 1843. Genie und Philister werden zu Komplementärfiguren wie Don Quixote und Sancho Pansa. Und sie werden von nun an auf der Bühne der Geschichte einen Kulturkampf wechselseitiger Beschimpfung inszenieren, bei dem das Genie dem Philister seine aristokratische Verachtung entgegenschleudert und der Philister mit Neid, Ressentiment und Schadenfreude über die Frustrationen des Genies reagiert.

Nach der Französischen Revolution wird unübersehbar, daß der Adel im Niedergang ist und das Genie an der Gesellschaft leidet. Über den Rückgriff auf den Prometheus-Mythos und die Passion Christi wird das Leiden zum Schicksal des Genies, sei es als Strafe der Götter für eine Konkurrenzschöpfung in der Kunst oder als modernes Martyrium, dem die posthume Heiligsprechung durch die Verehrergemeinde folgt. Das verdichtet sich zum Zusammenhang von Genie und frühem Tod, wie es exemplarisch in den früh Vollendeten Shelley, Keats, Byron oder Mozart veranschaulicht wird. Schönheit, Jugend und Tod treten hier in eine geschwisterliche Beziehung wie in Thomas Manns späteren Künstlergestalten. Dem entspricht der Mythos vom intensiven, sich selbst verzehrenden Leben. Im Fin-de-siècle werden dann diese

Vorstellungen in einen Zustand erhöhter Erhitzung gebracht und aneinander gesteigert. Der Geniebegriff wird zum Provokationsbegriff. Zugleich wird von ihm aus und gegen ihn die Erfahrung der Massenkultur, die Mechanisierung und die herdenartige Vervielfältigung des Mittelmaßes in Fabrik und Großstadt artikuliert. Dem setzt das Genie die Steigerung ins Abnormale entgegen. Die Theatralik des Décadent pflegt die Vorstellung des edlen und kranken Künstlers. Die tuberkulöse Erscheinung wird zum idealen Aussehen stilisiert und Verletzbarkeit zum Zeichen überlegener Sensibilität. Der kleinbürgerlich lebenspraktischen Borniertheit wird das übersteigerte Raffinement entgegengesetzt. Das führt zum Ästhetizismus. Er bedeutet eine Reizsteigerung in einer langweilig werdenden Welt bürgerlicher Zufriedenheit und Statussuche einer sich exklusiv dünkenden Geistesaristokratie von Künstlern. Zur gleichen Zeit erhebt Nietzsche die Kritik des Philisters zur Philosophie des Übermenschen, der jenseits von Gut und Böse wohnt.

Der Kampf zwischen Genie und Philister wird im 20. Jahrhundert politisch und international. In der deutschen Propaganda gegen die westlichen Kriegsgegner wird die materialistische Zivilisation des Westens mit dem niedrigen Händlergeist des Philisters gleichgesetzt, der voller Neid auf den Höhenflug des deutschen Genies die überlegene Geisteskultur adliger Gesinnung in den Staub treten möchte. Es ist kein Zweifel, Deutschland identifiziert sich selbst mit dem Genie und den Westen mit dem Philister.

Das Urbild aller Genies, der Dichter aller Dichter, der nächst Gott von der Welt am meisten geschaffen hat, ist Shakespeare. Es bestätigt unsere Diagnose, wenn wir am Ende dieser Erzählung feststellen: Auch sein Bild gerät in den Bannkreis des Shylock-Syndroms. Fragen wir also: Wer war Shakespeare, der Autor des *Kaufmann von Venedig*?

Er ist der Sohn eines gutsituierten Bürgers aus der Kleinstadt Stratford. Sein Vater John Shakespeare ist Schuhmacher, Kaufmann und Pächter, der die Tochter seines (übrigens katholischen) Pachtherrn heiratet. Er wird Ratsherr und schließlich Bürgermeister und Friedensrichter von Stratford. Ab 1577 gerät er in Schwierigkeiten und wird öffentlich dafür getadelt, daß er nicht zur Ratsversammlung und zur Kirche erscheint. Im Vorfeld von Elisabeths Auseinandersetzung mit Maria Stuart und Philipp II. von Spanien wird die anti-katholische Gesetzgebung verschärft. Bei alldem ist der Zuschnitt von Shakespeares Elternhaus durch und durch bürgerlich. Hier wird William am 23. 4. 1564 als ältester Sohn geboren. Nach ihm kommen noch fünf Geschwister. In dieser Kleinstadt ist William zur Grammar School gegangen. Die Schule war ausgezeichnet, wir kennen die Lehrer, sie hatten alle eine Universitätsausbildung. Der Lehrplan war humanistisch, und durch Grammatikstudium, Abfassung von Texten und Konversation lernte man fließend Latein. Dabei wurden zur Perfektionierung des mündlichen Latein lateinische Dramen aufgeführt, die häufig von den Lehrern in Anlehnung an die Klassiker selbst verfaßt wurden. Am 1. Dezember 1582 heiratet Shakespeare die acht Jahre ältere Anne Hathaway, weil sie schwanger ist. Wegen der Eilbedürftigkeit braucht er eine bischöfliche Sondergenehmigung, um die Aufgebotszeit zu verkürzen. Anne ist die älteste von acht Kindern eines Grundbesitzers. Am 26. Mai 1583 wird die Tochter Susanna getauft, und 1585 werden die Zwillinge Hamnet und Judith getauft. Danach verschwindet der junge Vater für sieben Jahre von der Leinwand historischer Wahrnehmung. 1592 tritt er wieder ins Rampenlicht, und zwar in London als Gegenstand eines Pamphlets, das ein notorischer Wüstling, Bohemien, Dichter und Dramatiker namens Robert Greene gegen die Schauspieler verfaßt hat. Er nennt Shakespeare eine emporgekommene Krähe, die sich mit ›unseren‹ (will sagen: der Dichter) Federn schmückt. Er verberge eines Tigers Herzen in der Haut eines Schauspielers, und wie ein Johannes Faktotum bilde er sich ein, der einzige Szenenerschütterer (shakescene) im Lande zu sein, der sich anmaße, so gut wie ein richtiger Dichter den Blankvers herauszudonnern. Kein Zweifel, Shakespeare hat den Berufsneid eines Kollegen erregt. Er ist Schauspieler, aber er schreibt auch selbst. Anfangs sind das sicher Überarbeitungen anderer Stücke. Die Schauspieler sind in Gesellschaften organisiert. Seit 1576 spielen sie in öffentlichen Theatern. Gleichzeitig stellen sie sich unter den Schutz eines Magnaten, dessen Namen sie übernehmen. Shakespeare ist Mitglied und Aktionär der Lord Chamberlain's Men. Diese Truppe steht dem Hof am nächsten. 32mal spielt sie vor Elisabeth, 1603 wird sie zu ›The King's Men‹ am Hofe von James I. Shakespeare selbst wird wohlhabend. Er investiert sein Geld in Immobilien in Stratford. Alles das ist gesichert und dokumentiert. Aber es paßte nicht zu dem Bild eines Götterlieblings. Es war zu bürgerlich. Und gar Shakespeares Büste in Stratford zeigt das Bild eines beleibten Spießers, der an Verdauungsstörungen zu leiden scheint.

1857 überraschte die Amerikanerin Delia Bacon die Welt mit dem umfangreichen Opus *The Philosophy of the Plays of Shakespeare Unfolded*, in dem sie nachwies, daß nicht der niedrig geborene und ungebildete Shakespeare seine göttlichen Werke verfaßt habe, sondern der aristokratische Sir Francis Bacon, Baron Verulam und Viscount von St. Albans. Obwohl die Namensgleichheit mit der Autorin die These in ein schräges Licht tauchte und obwohl sich niemand dazu überwinden konnte, das wirre Buch wirklich durchzuarbeiten, fand die These sofort begeisterte Anhänger; u. a. so berühmte wie Bismarck, Mark Twain, Henry James und Walt Whitman. Die Vorstellung erwies sich als etwas, was sofort überzeugte, weil es einem unbewußten kulturellen Wahrnehmungsmuster entsprach: dem Shylock-Syndrom. Ein spießiger Bürger konnte nicht die göttlichen Werke eines Genies geschrieben haben. Er mußte ein Aristokrat sein. Die Idee erwies sich als etwas, das von selbst faszinierte und sich sofort der Erinnerung einprägte. Die Hypothese hat nie einen Fachmann überzeugt, aber im allgemeinen Bewußtsein ist sie weit verbreitet. Als die Sekte der Anti-Stratfordians wegen unübersehbarer Zeichen kollektiven Wahnsinns dahinzusiechen begann, kam es zu einer Renaissance. 1920 veröffentlichte ein Schuldirektor mit dem im Englischen unglücklich klingenden Namen Looney ein Buch mit dem Titel *Shakespeare Identified.* Darin stellt der Verfasser fest, daß weder Bacon noch Shakespeare, sondern Edward de Vere, der 17. Earl of Oxford, Shakespeares Werke geschrieben habe. Das Hauptargument glich dem der Bacon-Anhänger: Der Bürgerssohn aus Stratford war nicht weltläufig und höfisch genug, um Shakespeares Werke geschrieben haben zu können, das konnte nur ein Aristokrat vom Format des Earl of Oxford. Zwar muß man sämtliche Entstehungsdaten der Stücke ändern, damit sie zu

Oxford passen, und im Falle von *Der Sturm, König Lear* und anderer Werke hat der Earl sogar nach seinem Tode 1604 weiter produziert, aber auch diese These zog sowohl Exzentriker als auch Berühmtheiten an. Unter den Konvertiten war Sigmund Freud. Seine englischen Schüler haben diese peinliche Entgleisung des Meisters später mit seiner eigenen Theorie zu erklären versucht: Freud hätte ein ödipales Verhältnis zu Shakespeare entwickelt und ihn durch einen idealisierten Ersatzvater entthront. Auffällig ist, daß die Anhänger dieser These äußerst fanatisch sind. Sie ist bis heute lebendig. Auch in neuester Zeit wurde sie wieder in der Bundesrepublik verbreitet, und zwar von dem bekannten Kritiker Walter Klier. Der Anlaß war, daß man in der Folger Shakespeare Library in Washington die Bibel aus dem Besitz des 17. Earl of Oxford gefunden hatte. Der Literaturwissenschaftler Roger Stritmatter verglich die angestrichenen Textstellen der Bibel mit Shakespeares Werken und entdeckte zahlreiche Anspielungen, verdeckte Zitate und Anklänge. Das provozierte Klier dazu, mit seinem Buch *Das Shakespeare-Komplott* den Dichter wieder einmal zu nobilitieren. Nach ihm konnte es Oxford aus politischen Rücksichten und aus Statusgründen nicht wagen, seine Dramen, in denen es von bösen Anspielungen auf mächtige Zeitgenossen wimmelt, unter seinem eigenen Namen herauszugeben. Um den Verdacht von sich abzulenken, suchte er sich einen abgehalfterten Schauspieler als Strohmann, der als Autor herhalten mußte. Sein Name: William Shakespeare.

Diese Nobilitierung Shakespeares aus dem Geiste des bürgerlichen Selbsthasses wurde durch zwei Umstände begünstigt, und sie hängen miteinander zusammen. Shakespeare war mehr als andere seiner

Zunftgenossen ein Hofdichter. 1595 hatten sich die
›Lord Chamberlain's Men‹ konsolidiert, und Shakespeare ist zugleich Stückeschreiber, Schauspieler und
auch Aktionär, dem ein Teil der Einnahmen zusteht.
Zusammen mit den beiden Stars Richard Burbage und
William Kempe wird sein Name in den königlichen
Rechnungsbüchern vermerkt, in denen die Bezahlungen für die Vorstellungen verbucht sind. Unter
Elisabeths Nachfolger James I. geben sie insgesamt
175 Vorstellungen, also zwölf im Jahr, und dabei sind
Shakespeares Stücke am häufigsten vertreten. Auf den
Hochzeitsfeierlichkeiten für James' Tochter Elisabeth
mit Kurfürst Friedrich von der Pfalz – dem böhmischen Winterkönig – sind sie mit 20 Vorstellungen
beteiligt.

Außerdem läßt sich die Biographie Shakespeares
durch Rückschlüsse aus seinem Werk kolorieren.
Dabei spielen die Sonette eine herausragende Rolle,
denn sie zeigen die Spur einer privaten Geschichte, in
die der Dichter und der Adressat verwickelt sind. Wer
der Adressat war, ist umstritten; aber es kommen nur
wenige in Frage, denn die Sonette sind einem gewissen Mister W. H. gewidmet. Das kann der Earl of
Pembroke sein, der William Herbert hieß, oder Shakespeares eigentlicher Gönner, der Earl of Southampton
(dessen Initialen aber umgestellt worden sein müssen). Ihm hatte Shakespeare schon seine Verserzählungen *Venus and Adonis* und *The Rape of Lucrece* gewidmet. In den Sonetten beschwört der Dichter einen
mäzenatischen Freund, den er liebt und mit ›lovely
boy‹ anredet, zu heiraten, um seine Schönheit zu verewigen. Aber statt dessen betrügt dieser Freund den
Dichter mit dessen eigener Mätresse, einer geheimnisvollen ›dark lady‹. Shakespeare spielt also die Rolle

des Antonio, Southampton ist sein Bassanio, und die ›dark lady‹ gibt seine Portia. Wie der Frauenkult der elisabethanischen Hofkultur ist auch das Mäzenatentum erotisch gefärbt. Man bekundet dem Mäzen seine Liebe. Das verleiht der ewigen Konkurrenz zwischen Freundschaft und Liebe in den Shakespeareschen Komödien zusätzliche Resonanz. Wie Antonio war Shakespeare ein Bürger, der sich vom diskreten Charme der Aristokratie entzücken ließ. Das verleiht seiner Poesie das verführerische Flair. Er liebte diese Lebensform und liebte die, die ihn repräsentierten. Die Sonette und Verserzählungen dokumentieren die enge Beziehung Shakespeares zum aristokratischen Milieu der vornehmsten Höflinge. Wir kennen verschiedene Cliquen, in deren Umkreis sich auch die anderen elisabethanischen Dichter und Dramatiker bewegen. Die eine wird von Sir Walter Raleigh angeführt, und um ihn scharen sich die sogenannten Freidenker der School of Night wie Thomas Hariot oder John Dee oder Christopher Marlowe, die sich zu nekromantischen und atheistischen Überlegungen vorwagen. Mit ihr rivalisiert die Gruppe um Essex und Southampton, zu der auch Shakespeare gehört. Seine Komödie *Love's Labours Lost* reflektiert dieses Milieu am besten, denn sie wurde wahrscheinlich während des Pestjahres 1593, in dem die Theater geschlossen waren, für die Aufführung im Haushalt des Earl of Southampton geschrieben, und in ihr wird wiederum Sir Walter Raleigh verspottet.

Eine Generation später geht dieses Milieu im Bürgerkrieg unter. 33 Jahre nach Shakespeares Tod, also 1649, köpfen die Feinde des Theaters, die Puritaner, seinen größten Mäzen, den König. Während seiner Haft hat Charles I. Shakespeare gelesen. In der Zeit der Republik und der puritanischen Herrschaft wird die Erinnerung an die Hofkultur bewußt gelöscht. Das mag auch dazu beigetragen haben, daß wir über Shakespeare als Person so wenig wissen. Erst nach der Restauration 1660 werden die Theater wieder zugelassen, und die Erinnerung an Shakespeare wird wiederbelebt. Er wird ein Kulturheros, auf den die kollektiven Sehnsüchte projiziert werden. Und die Zähigkeit, mit der sich die Legende hält, der Autor von Shakespeares Werken sei kein Bürgerlicher, sondern ein Adliger gewesen, kündet von der Natur dieser Sehnsüchte.

Zugleich ist das Werk Shakespeares ein semantisches Kraftfeld, das wie keines sonst unsere kulturellen Erinnerungen geprägt hat. Bis heute sind seine Szenarios und seine Gestalten auf den Bühnen der Welt lebendig geblieben. Die von ihm geprägten Mythen halten unsere kulturelle Erinnerung besetzt. Dabei haben wir weitgehend vergessen, daß er selbst die Tradition der mittelalterlichen Gedächtniskunst beerbt. Ihre Gründungslegende veranschaulicht, was darunter zu verstehen war: Der thessalische Adlige Skopas gab ein Fest, auf dem der Sänger Simonides ein Preisgedicht auf den Gastgeber darbot. Als Simonides aber die Hälfte seines Gedichts darauf verwandte, nicht den Gastgeber, sondern Castor und Pollux zu preisen, wollte Skopas nur die Hälfte dafür bezahlen. Während des Banketts erhielt Simonides die Botschaft, zwei junge Männer stünden vor der Tür, die ihn zu sprechen wünschten. Er ging hinaus, und im gleichen Moment stürzte das Dach der Festhalle ein und begrub alle Feiernden unter sich. Als die Familien ihre Angehörigen aus den Trümmern gruben, waren diese so entstellt, daß sie nicht mehr identifiziert werden konnten. Doch Simonides hatte sich den Platz gemerkt, an dem jeder Gast gesessen hatte, und konnte auf diese Weise jeden entstellten Toten identifizieren. So hatten Castor und Pollux dem Simonides als Bezahlung für sein Preislied nicht nur das Leben gerettet, sondern auch die Gelegenheit gegeben, die Kunst des Erinnerns zu erfinden.

Sie wird in den mittelalterlichen Schulen gelehrt und durch Handbücher verbreitet. Ihre Grundlage besteht in dem, was in der Simonides-Geschichte deutlich wird: Man prägt sich eine Serie von Örtern ein. Am besten geht das anhand eines Hauses mit Gängen und Säulenreihen. Dann plaziert man an bestimmte Örter Bilder der Dinge, an die man sich erinnern will. Und dann wandert man im Geiste durch das Gebäude. Die dominierende Metapher für das Gedächtnis wird das Schatzhaus, der Thesaurus. Die Verräumlichung führt zur Doppelung in Dinge und Orte: An Dinge kann man sich besser erinnern als an Worte, weil das Sehen näher am Gedächtnis wohnt als das Hören. Also muß man Worte durch Bilder von Dingen ersetzen, die die Fantasie anregen.

Diese Kunst war während des Mittelalters durch die Scholastiker systematisiert, transformiert und in einen religiösen und kosmologischen Zusammenhang gebracht worden. Danach war es das Hauptziel des Gedächtnisses, die Seele an Himmel und Hölle zu erinnern. Memoria wurde von da ab zusammen mit Intelligentia und Providentia zum Dreiklang der Klugheit zusammengeschlossen, dem der trinitarische Imperativ von Zukunft, Gegenwart und Vergangenheit entsprach: Erwarte den Himmel, nutze die Gegenwart für den Erwerb von Tugend und gedenke der Hölle. In diesem Sinne ist Dantes *Divina Commedia* mit Paradiso, Purgatorio und Inferno ein Gedächtnissystem, in dem jeder Sünde und jeder Tugend ihr entsprechender Gedächtnisplatz zugewiesen wird.

Die Erfindung des Buchdrucks bedeutete einen Bruch in der rhetorischen Tradition der Erinnerungskunst. Die Humanisten diskreditierten sie, und die neuen Naturphilosophen ersetzten sie durch Beobachtung, Rückführung auf Gründe und Deduktion aus ersten Prinzipien. In der Übergangszeit zwischen dem Humanismus und der neuen Wissenschaft erfolgte die Wiedergeburt der Gedächtniskunst aus dem Geiste des Neoplatonismus. Diese neue Gedächtniskunst war ein Bastard, eine Mischung aus hermetischer Weisheit, Kunst und okkulter Protonaturwissenschaft, wie sie uns Marlowes *Dr. Faustus* vorführt. Der orientalische Kalender, der ein bloßes Orientierungsmittel gewesen war, um eine Ordnung in den Ozean der Zeit einzuschreiben, wurde zu einem magischen System astraler Einflüsse. Das verwandelte die Mnemotechnik in eine okkulte Protowissenschaft von der Korrespondenz und der Ordnung der Bilder. Einer ihrer berühmtesten Vertreter im 16. Jahrhundert war Julio Camillo Delmenio. Er konstruierte in Venedig ein hölzernes Theater als universales Gedächtnissystem, in dem die neoplatonische Verbindung von Astralkorrespondenz und Memoriatechnik auf der Basis eines vitruvianischen Entwurfs realisiert wurde. Um einen Begriff davon zu bekommen, wie es aussah, muß man sich ein Amphitheater als eine Mischung aus Bibliothek, Bilderatlas und Zettelkasten vorstellen. Die Reihen und Ränge der ansteigenden Stufen waren nach einem System unterteilt, in dem die sieben Planeten auf die sieben Stufen des Seins projiziert wurden, die ihrerseits an den sieben Tagen der Schöpfung geschaffen worden waren, während das Dach auf den sieben Säulen der Weisheit aus den Sprüchen Salomonis ruhte. Das Gebäude war ein Inventarium der Welt.

Das Welttheater Shakespeares bietet uns nun die Dramatisierung dieses Erinnerungssystems. Ein Zeitgenosse Shakespeares namens Robert Fludd – ein Kabbalist, Rosencreutzer und neoplatonischer Magus – hat uns den Plan eines Memoriasystems hinterlassen, das wie ein Theater gebaut ist. Da nach Fludds Theorie die Ars memoriae sich nur realer und nicht imaginärer Gebäude bedienen darf, spricht viel dafür, daß es sich bei diesem Gebäude um das Globe Theater handelt. Auf der Titelseite von Fludds *Utriusque cosmi ... historia*, wo sich der Plan zum Memoriasystem findet, sehen wir die Silhouette eines Kopfes, dessen Inneres ein Auge enthält. Der Kopf wird zum ›theatrum internum‹, beobachtet von ›the mind's eye‹, dem Auge des Geistes. Der Geist wird als Theater vorgestellt, das vom Subjekt, dem internen Zuschauer, besichtigt wird. »Remember thee!« sagt Hamlet zu seines Vaters Geist, »Ay, thou poor ghost, whiles memory holds a seat / In this distracted globe.« (I, 5, 95–97) Mit ›globe‹ ist sowohl der Schädel als auch die Welt, aber in zweiter Linie auch das Globe Theater gemeint. Mit dem Theater entsteht ein Modell, in dem sich die Repräsentationen der Dinge im Geist denken lassen. Shakespeares Welttheater dramatisiert die Erinnerung. Das zeigt sich auch an dem Thema, das die Erinnerung belastet und den Geist verdüstert: am Holocaust.

1993 wurde in Washington das Holocaust Memorial Museum eröffnet. An seinem Eingang erhält jeder Besucher die Identitätskarte mit dem Schicksal eines gleichaltrigen Opfers. Anhand dieser Schicksalskarte verfolgt er Schritt für Schritt den zunächst unbekannten Passionsweg des Opfers entlang den Alternativen und Abzweigungen ins Ghetto, vor die Erschießungskommandos, unter die Duschen von Sobibor, Maidanek und Auschwitz oder in den Untergrund. Für die Dauer dieser Reise hat der Besucher einen Doppelgänger; und wie Dante von Vergil wird der Besucher von diesem Doppelgänger durch das Inferno geführt. Auf diese Weise wird die Erinnerung zur Pilgerfahrt ins Reich der Toten.

Wir sind am Ende dieser Pilgerfahrt angekommen. Unser Führer war nicht Vergil, sondern Shakespeare. Von ihm stammt die Figur, mit der sich Deutschland stets am stärksten identifiziert hat: Hamlet. Unter der Herrschaft der Melancholie und des Saturn wird diese Figur zur Inkarnation der Erinnerung nach dem Holocaust: Wie der Angelus Novus schaut sie zurück und bleibt fixiert auf das, was sie verloren hat, gelähmt durch die Erinnerung an Morde und Opfer. Aber wir, die wir diese Figur sehen, sollten uns von dieser Lähmung befreien. Wir sollten an ihr den Unterschied verstehen lernen zwischen solchen Erinnerungen, die als frei flottierende Alpträume in den Wahnsinn treiben, und solchen, die zur kathartischen Entgiftung des Schreckens der Vergangenheit führen. Diese Entgiftung sollte die Lähmung in unseren Herzen auflösen und uns wieder lebendig machen. Erst dann würden wir aus dem Schatten des Shylock-Syndroms heraustreten und unsere Befangenheit gegenüber dem Thema des Holocaust verlieren. Wir würden dann fähig werden, auf das deutsch-jüdische Trauma zu blicken, ohne vor Schreck zu erstarren oder den Blick abzuwenden. Und wir könnten es den Jüngeren erzählen, ohne sie durch unsere Verkrampftheit anzuekeln oder zu deprimieren.

Erst wenn wir dazu fähig sind, wenn wir uns aus der Fixierung lösen, können wir wieder ein positives Verhältnis zum Reichtum einer Zivilisation gewinnen, die mehr ist als die Vermeidung des Bösen. Und wir könnten uns zustimmend zu den Seiten der deutschen Kulturtradition verhalten, die für die jüdische Assimilation vor der Katastrophe so attraktiv waren.

Quellennachweise

Arendt, Hannah (1963): *Eichmann in Jerusalem*, New York

Arendt, Hannah (1975): *Elemente und Ursprünge totaler Herrschaft*, 3 Bde., Frankfurt a. M./Berlin/Wien

Aubrey, John (1957): *Brief Lives*, An Arbor Mich.

Barruel, Abbé Augustin (1797): *Mémoires pour servir à l'histoire du jacobinisme*, London

Bentinck, Lord George (1852): *A Political Biography*, London

Bienert, Walther (1982): *Martin Luther und die Juden*, Frankfurt a. M.

Brumlik, Micha (1988): Entsorgungsversuche im Frankfurter Müll. In: Hajo Funke: *Von der Gnade der geschenkten Nation*, Berlin

Buckle, G. E. (1914): *The Life of Benjamin Disraeli*, London

Calimani, Riccardo (1988): *Die Kaufleute von Venedig. Die Geschichte der Juden in der Löwenrepublik*, Düsseldorf

Cohen, Norman (1967): *The Warrant for Genocide. The myth of the Jewish world conspiracy and the protocols of the Elders of Zion*, London

Conrad, Joseph (1977): *Herz der Finsternis*, Zürich

Disraeli, Benjamin (1904): *Tancred, Or the New Crusade*, London

Douglas, John/Olshaker, Marc (1996): *Die Seele des Mörders*, Hamburg

Droysen, Johann Gustav (1974): *Historik*, Darmstadt

Dubow, S. (1920): *Die neueste Geschichte des jüdischen Volkes*, I, Berlin

Enzensberger, Christian (1977): *Literatur und Interesse*, München/Wien

Feilchenfeld, Alfred (Hrg.) (1987): *Denkwürdigkeiten der Glückel von Hameln*, Frankfurt a. M.

Fourier, Charles (1808): *Théorie des quatre mouvements et des destinées générales*, Paris; dt.: (1966) *Theorie der vier Bewegungen und der allgemeinen Bestimmungen*, Frankfurt a. M.

Frank, Walter (1933): *Nationalismus und Demokratie im Frankreich der Dritten Republik*, Hamburg

Freud, Sigmund (1975): *Studienausgabe*, Frankfurt a. M.
Freytag, Gustav (1977): *Soll und Haben*, München/Wien
Freytag, Gustav (1903): *Vermischte Aufsätze*, Band 2, Leipzig
Fritsch, Theodor (1919): Nachwort zu: Gottfried zur Beek (1919): *Die Protokolle der Weisen von Zion*, München
Froude, J. A. (1905): *The Earl of Beaconsfield*, London
Goldhagen, Daniel (1996): *Hitlers willige Vollstrecker*, Berlin
Groth, E. (1989): »Galgen am Kilimandscharo«, *DIE ZEIT*, 20. 1. 1989
Günther, F. K. (1930): *Rassenkunde des jüdischen Volkes*, München
Heine, Heinrich (1970): *Werke*, 5 Bde., Berlin/Weimar
Historikerstreit (1987), München
Hitler, Adolf (1937): *Mein Kampf*, München
Ihering, Rudolph von (1872): *Der Kampf ums Recht*, Wien
Joly, Maurice (1864): *Dialogue aux enfers entre Montesquieu et Machiavel au la politique de Machiavel au 19e siècle*, Paris; dt.: (1995) *Ein Streit in der Hölle. Gespräche zwischen Machiavelli und Montesquieu über Macht und Recht*, Frankfurt a. M.
Joyce, James (1956): *Ulysses*, Zürich
Keller, W. (1966): *Und wurden zerstreut unter alle Völker ...*, München
Kempner, Robert M. W. (1964): *SS im Kreuzverhör*, München
Kempner, Robert M. W. (1969): *Das Dritte Reich im Kreuzverhör*, München
Kempner, Robert M. W. und Haensel, Carl (1950): *Das Urteil im Wilhelmstraßenprozeß*, Schwäbisch Gmünd
König, H., Kuhlmann, W. und Schwabe, K. (eds.) (1997): *Vertuschte Vergangenheit. Der Fall Schwerte und die NS-Vergangenheit der deutschen Hochschulen*, München
Kohler, Joseph (1919): *Shakespeare vor dem Forum der Jurisprudenz*, Berlin/Leipzig
Kommoss, Rudolf (1939): *Juden unter Stalin*, Berlin
Kruse, H. (1942): *Gustav Freytag und der Liberalismus*, Phil. Diss.
Kurz, H. (1868): *Geschichte der deutschen Literatur*, Leipzig
Laaths, Erwin (1934): *Der Nationalliberalismus im Werke Gustav Freytags*, Phil. Diss.

Leck, H. (1963): *Demokratie im Zwielicht. Der Weg der deutschen Katholiken aus dem Kaiserreich in die Republik 1914–1925*, München

Léon, Abraham (1971): *Judenfrage und Kapitalismus*, München

Lessing, Theodor (1984): *Der jüdische Selbsthaß*, München

Lorenzer, Alfred (1973): *Kritik des psychoanalytischen Symbolbegriffs*, Frankfurt a. M.

Marwedel, Guenter (1982): *Geschichte der Juden in Hamburg*, Hamburg

Marx, Karl (1966): *Marx-Engels Studienausgabe I*, Frankfurt

Marx, Karl (1844): Zur Kritik der Hegelschen Rechtsphilosophie. In: Marx-Engels, *Werke*, Bd. 1, Berlin

Matray, Maria (1988): *Dreyfus. Ein französisches Trauma*, Berlin

Mayer, Hans (1976): *Außenseiter*, Frankfurt a. M.

Mehring, Franz (1895): *Neue Zeit*, XIII, Bd. 2

Meurin, Léon (1893): *La franc-maçonnerie, synagogue de Satan*, Paris

Nelson, Benjamin (1969): *The Idea of Usury. From Tribal Brotherhood to Universal Otherhood*, Chicago

Nolte, Ernst (1979): *Der Faschismus in seiner Epoche*, München

Painter, George D. (1980): *Marcel Proust*, Frankfurt a. M.

Platen, August Graf von (1895): *Werke*, ed. Wolff/Schweizer, Leipzig

Poliakov, Léon (1978–1987): *Geschichte des Antisemitismus*, 6 Bde., Worms

Proust, Marcel (1953–1957): *Auf der Suche nach der verlorenen Zeit*, Frankfurt a. M./Zürich

Rauschning, Hermann (1940): *Gespräche mit Hitler*, Zürich

Reinach, Joseph (1904): *Histoire de l'affaire Dreyfus*, Paris

Schneider, Michael (1980): *Geschichte als Gestalt*, Phil. Diss.

Schönfeldt, Otto (ed.), (1972): *Und alle lieben Heine ... Bürgerinitiative Heinrich-Heine-Universität Düsseldorf*, Düsseldorf

Sinsheimer, Hermann (1960): *Shylock, die Geschichte einer Figur*, München

Sombart, Werner (1922): *Die Juden und das Wirtschaftsleben*, Leipzig

Stierlin, Hehn (1975): *Adolf Hitler*, Frankfurt a. M.

Straus, Raphael (1964): *Juden in Wirtschaft und Gesellschaft*, Frankfurt a. M.

Taylor, Telford (1951): *Die Nürnberger Prozesse*, Zürich
Thalheimer, Siegfried (1958): *Macht und Gerechtigkeit*, München
Weber, Max (1905): ›Die protestantische Ethik und der Geist des Kapitalimus‹ in: *Archiv für Sozialwissenschaft und Sozialpolitik*
Weiss, Peter (1965): *Die Ermittlung*, Frankfurt a. M.
Zola, Emile (1898): J'accuse. In: *Aurore*, 13. Januar

Kommentierte Bibliographie

Da dieses Buch über Shylock mehrere ganz verschiedene Fachgebiete berührt, habe ich auf eine umfassende Bibliographie verzichtet und statt dessen nur die Bücher benannt und dann kurz kommentiert, die sich nach meiner Erfahrung besonders gut zum Einstieg in einen Themenkomplex eignen, die besten Gesamtdarstellungen enthalten oder zur Entstehung meines eigenen Buchs direkt beigetragen haben. Auf diese Weise ist eine Liste von exakt 50 Titeln herausgekommen, die fünfzig verschiedene Wege bietet, um das Thema zu vertiefen.

Arendt, Hannah. *Elemente und Ursprünge totaler Herrschaft*, 3 Bde., Frankfurt/Berlin/Wien 1975.

Der Nationalsozialismus ist zwischen den Begriffen ›Totalitarismus‹ (schließt Kommunismus ein) und ›Faschismus‹ (schließt Kapitalismus ein) hin- und hergezerrt worden. Dabei ist dies frühe Buch von Hannah Arendt von links kritisiert worden. Unabhängig von der ganzen Begriffsstrategie-Diskussion ist es aber ungemein erhellend zur Ästhetisierung des Verbrechens im Imperialismus und im Fin-de-siècle. Anders als viele politische Historiker ist Hannah Arendt eben auch eine exzellente Kulturhistorikerin.

Barin, Salo W. *A Social and Religious History of the Jews*, 17 vols., New York 1952–80.

Diese Sozialgeschichte der Juden schließt zwar mit 1650 ab, bietet aber bis dahin eine alle Aspekte umfassende Darstellung der inneren Geschichte des Judentums.

Barnett, Sylvan (Hrsg.). *Twentieth Century Interpretations of ›The Merchant of Venice‹*, Englewood Cliffs, New Jersey 1970.

Eine handliche Sammlung von Interpretationen, die einen guten Zugang zu den verschiedenen Aspekten des Stückes vermitteln.

von Bieberstein, Johannes Rogalla. *Die These von der Verschwörung 1776–1945*, Bern 1976.

Eine Geschichte der Paranoia, die vor allem die Rolle des klerikalen Antisemitismus in der restaurativen Propaganda gegen die Französische Revolution hervorhebt und dadurch die Kontinuität des antisemitischen Phantasmas von der theologischen Begründung des Spätmittelalters bis zur rassistischen in der Neuzeit plausibel macht. (Die Französische Revolution ist ein Ergebnis der Konspiration von Juden und Freimaurern im Dienste des Teufels, um das Zeitalter des Geldes und des Unglaubens einzuläuten.) Die Arbeit ist eine Dissertation, die wegen dieses Nachweises in der CDU-regierten Bundesrepublik noch Anstoß erregt hat.

Bienert, Walther. *Martin Luther und die Juden,* Frankfurt a. M. 1982.

Eine ausführlich kommentierte Textauswahl mit den wichtigsten Belegen zum Wandel von Luthers Einstellung zu den Juden bis zu den antijüdischen Kampfschriften, in denen Luther zu Pogromen à la ›Reichskristallnacht‹ aufruft, was im Dritten Reich gebührend gewürdigt wurde.

Calimani, Riccardo. Die *Kaufleute von Venedig. Die Geschichte der Juden in der Löwenrepublik*, Düsseldorf 1988. *(Storia del Ghetto di Venezia)*

Eine umfassende Geschichte der Juden Venedigs von 1152, der ersten Volkszählung, bis ins 20. Jahrhundert. Rätselhafterweise hat der Claassen Verlag nicht das ganze Original übersetzen lassen.

Caro, Georg. *Sozial- und Wirtschaftsgeschichte der Juden im Mittelalter und der Neuzeit*, 2 Bde., Leipzig 1908/1920.

Grundlegend für die Frage nach der wirtschaftlichen Funktion der Juden.

Douglas, John/Olshaker, Marc. *Die Seele des Mörders*, Hamburg 1996.

Der FBI-Agent John Douglas schildert, wie er und seine Mitarbeiter aus der Interpretation des ›modus operandi‹

von Serienkillern ein Szenario entwickelt haben, von dem aus auf das sogenannte ›Täterprofil‹ des Mörders geschlossen werden kann. Das Buch hat dazu beigetragen, mein Konzept des Szenarios zu plausibilisieren und anschaulich zu machen.

Enzensberger, Christian. *Literatur und Interesse*, 2 Bde., München/Wien 1977.

Eine ›Kompensationstheorie‹ der Literatur, nach der literarische Werke das jeweilige historische Sinndefizit in der Realität durch fiktive Versöhnungen ausgleichen. Als Beleg und Illustration bietet Enzensberger im 2. Band eine aufwendige Interpretation des *Kaufmann von Venedig*, die dadurch interessant wird, daß sie trotz ihres Anspruchs und ihrer Qualität einen auffälligen ›blinden Fleck‹ aufweist.

Fisch, Harold. *The Dual Image; The Figure of the Jew in English and American Literature*, New York 1971.

Eine umfassende Darstellung von den Mysterienspielen des Mittelalters bis zur jüdischen Renaissance im Amerika von heute. Der Titel bezieht sich auch auf die Teilung zwischen Shylock, dem finsteren Schurken, und seiner schönen Tochter Jessica als komplementärer Gegenfigur.

Freytag, Gustav. *Soll und Haben*, München/ Wien 1977.

Der Roman, der zur kanonischen Lektüre für die Pathographie des deutschen Bürgertums gehören sollte. Er klärt jeden Deutschen über seine Eltern, Großeltern und Urgroßeltern auf und ist obendrein, wenn auch sehr dick, so doch flott und angenehm zu lesen. Außerdem enthält er verkappt das Szenario des *Kaufmann von Venedig*.

Friedlander, Henry/Milton, Sybil. *The Holocaust. Ideology, Bureaucracy, and Genocide*, New York 1980.

Diese Arbeit behandelt den Stand der Holocaust-Forschung bis 1977 und enthält Reflexionen zur Behandlung des Themas mit Schülern.

Friedrich, Jörg. *Freispruch für die Nazijustiz – die Urteile gegen NS-Richter seit 1948. Eine Dokumentation* (rororo aktuell 5348), Reinbek 1983.

Zeigt auf einen Blick, daß Ralph Giordano mit seiner These von der zweiten Schuld Recht hat.

Friedrich, Jörg/Wollenberg, Jörg (Hrg.). *Licht in den Schatten der Vergangenheit*, Frankfurt a. M./Berlin 1987 (TB Ullstein 33088).

Der Band richtet sich gegen ›das sorgfältige Vergessen der Nürnberger NS-Kriegsverbrecherprozesse gegen die Eliten aus Wirtschaft, Wissenschaft, Heer und Diplomatie‹. Tatsächlich gibt es weder eine Aktenpublikation noch eine Urteilssammlung. Insofern entspricht dieser Band auch der Intention unseres Buches.

Furet, François. *Das Ende der Illusion*, München 1996.

Der prominenteste französische Historiker der Gegenwart weist die gemeinsame Abstammung der beiden totalitären Tyranneien des 20. Jahrhunderts nach: Ihr Vater war der Erste Weltkrieg und ihre Mutter der Selbsthaß des Bürgertums.

Gay, Peter. *Freud, Juden und andere Deutsche*, München 1989 (dtv 11027).

Interpretiert Freud und andere Wissenschaftler und Künstler der wilhelminischen Zeit als ›kulturelle Metaphern‹ der Moderne. Als in Berlin geborener Jude ist der Autor zugleich Betroffener, und als Historiker und Psychoanalytiker an der Yale-Universität ist er ein fachlicher Experte. Als Autor aber ist er ein exzellenter Stilist.

Goldhagen, Daniel. *Hitlers willige Vollstrecker*, Berlin 1996.

Das Buch erregte bei seinem Erscheinen großes Aufsehen, weil es in zwei Punkten von anderen Holocaust-Büchern abweicht: Es bedient sich poetisch-evokativer Mittel, um die Massaker an Juden durch ein Hamburger Polizeibataillon zu schildern; und es vertritt die rigorose These, die Deutschen seien durch ihre antisemitische Kultur programmiert gewesen, zu Mördern zu werden, und hätten also zu den Verbrechen nicht gezwungen werden müssen.

Gross, John. *Shylock. Four Hundred Years in the Life of a Legend*, London 1988.
Erzählt die Geschichte der Bühnenfigur vor dem Hintergrund des jeweiligen Zeitklimas.

Gutman, I., Jäckel, E., Longerich, P., Schoeps, J. H., *Enzyklopädie des Holocaust. Die Verfolgung und Ermordung der europäischen Juden*, 3 Bde., Berlin 1993.
Das bisher umfangreichste und materialreichste Werk zum Holocaust.

Hasan-Rokem, Galit/Dundes, Alan (Hrsg.). *The Wandering Jew*, Bloomington 1986.
Ein Überblick über das literarische und folkloristische Schicksal des ewigen Juden in verschiedenen europäischen Literaturen mit Artikeln über mythologische, psychologische und klinische Aspekte der Figur.

Heinsohn, Gunnar. *Warum Auschwitz? Hitlers Plan und die Ratlosigkeit der Nachwelt*, Reinbek 1995.
Der Verfasser gibt einen gedrängten Überblick über 42 Theorien zur Erklärung von Auschwitz, die in der Forschung eine Rolle spielen: Auschwitz als Nebenprodukt der allgemeinen Eskalation des Vernichtungskriegs; Auschwitz als Hitlers Plan; Auschwitz als Rache für Stalingrad etc. Er selbst fügt dem die 43. Theorie hinzu: Hitler wollte mit der Vernichtung der Juden die aus der jüdischen Ethik stammende Tötungshemmung bei den Deutschen beseitigen.

Hilberg, Raul. *Die Vernichtung der europäischen Juden. Die Gesamtgeschichte des Holocaust*, 3 Bde., Frankfurt a. M. 1985.
Eine der umfassendsten Darstellungen der Planung und Durchführung des Völkermords an den Juden. Neben Reitlinger ein ›Klassiker‹ in einer kaum mehr übersehbaren Flut von Spezialuntersuchgen.

Historikerstreit, München 1987.
Ein Dokument zum Stand der Bewußtseinsbildung angesichts eines beschädigten Diskurses und einer fortdauernden

Traumatisierung. Auch ein Lehrstück zum Problem ›ideologischer‹ Instrumentalisierung der Geschichte.

Katz, Jacob. *Aus dem Ghetto in die bürgerliche Gesellschaft. Jüdische Emanzipation 1770 bis 1870*, Frankfurt a. M. 1988.
 Der Vorsitzende des bekannten Leo-Baeck-Instituts in Jerusalem hat hier die klassische Geschichte der Emanzipation geschrieben.

Kempner, Robert M. W. *Ankläger einer Epoche*, Frankfurt a. M./ Berlin 1986.
 Niederschrift der Lebenserinnerungen, die der stellvertretende Chefankläger von Nürnberg dem Historiker und Journalisten Jörg Friedrichs aufs Tonband diktiert hat. Das gibt dem Stil des Buches einen mündlichen Duktus: Man meint, Kempner sprechen zu hören. Die eindrucksvollsten Memoiren eines modernen Helden, der von sich kein Aufhebens macht, und ein einzigartiges Buch zur Geschichte des 20. Jahrhunderts – die Inversion von Shylocks Prozeß.

Kohler, Josef. *Shakespeare vor dem Forum der Jurisprudenz*, Berlin/Leipzig 1919.
 Ein in der Shakespeare-Forschung vergessenes Buch eines Juristen und Shakespeare-Liebhabers über die rechtshistorischen Hintergründe zu *Hamlet, Maß für Maß* und vor allem zum *Kaufmann von Venedig*, dem ca. die Hälfte des Buches gewidmet ist.

Landes, David. ›The Jewish Merchant – Typology and Stereotypology in Germany‹. Zusammen mit Reissner, H. G. ›The Jewish Merchant. Observations on the Paper of David Landes‹, und einer anschließenden Diskussion, in: *Leo Baeck Institute Year Book 1974*, London, S. 11 ff.
 Eine Diskussion über Realität und Stereotyp des ›jüdischen Kaufmanns‹ im Deutschland des 19. Jahrhunderts mit Verweis auf Freytag und einem Verriß von Werner Sombarts *Die Juden und das Wirtschaftsleben* von 1911, dem Landes die wissenschaftliche Nobilitierung des Vorwurfs von der parasitären Qualität des Kaufmanns vorwirft. Die anschließende Kritik

Reissners und die Verteidigung Sombarts durch Arthur Prinz in der Diskussion tragen dazu bei, die gesamte Publikation zu einer ungemein anregenden und informativen Lektüre zu machen. Hier findet man auch weitere Hinweise zum Thema.

Lelyveld, Toby. *Shylock on the Stage,* Cleveland 1960.
Was der Titel verspricht: eine Geschichte der Shylock-Darstellungen auf der Bühne, der Figurenauffassung und der Inszenierungskonzeptionen.

Luhmann, Niklas. *Soziale Systeme,* Frankfurt a. M. 1984.
Entwurf einer systemtheoretischen Gesellschaftstheorie, von der aus man die Ausdifferenzierung von Recht, Geld und Liebe sozialhistorisch deuten kann.

Massing, Paul W. *Vorgeschichte des politischen Antisemitismus,* Frankfurt a. M. 1986.
Die deutsche Übersetzung eines amerikanischen ›Klassikers‹ von 1949. Massing zeigt eindrucksvoll, wie im wilhelminischen Deutschland Antisemitismus als Mittel der Politik eingesetzt wurde.

Matray, Maria. *Dreyfus. Ein französisches Trauma,* Berlin 1988.
Schon mit dem Ende der Affäre beginnt eine Flut von Darstellungen des Dreyfus-Skandals. Eine der jüngsten und spannendsten ist die hier genannte durch eine erfahrene Journalistin. Sie eignet sich aber nur für den Einstieg. Für eine historisch fundierte Analyse muß man auf die Arbeiten von Reinach, Herzog, Frank, Thalheimer etc. zurückgreifen, die im Text genannt werden.

Mayer, Arno J. *Adelsmacht und Bürgertum,* München 1988.
Der englische Titel *The Persistance of the Old Regime* zeigt schon, daß man hier die historischen Belege für meine Annahme findet, das Bürgertum habe die politische Macht bis zum Ende des Ersten Weltkrieges dem Adel überlassen müssen. Es gehört ebenfalls zu den Publikationen, die mich zu meinem Buch angeregt haben, und Mayers Forschungsergebnisse liegen der Rekonstruktion meines ›historischen Szenarios‹ im 19. Jahrhundert zugrunde.

Mayer, Hans. *Das unglückliche Bewußtsein*, Frankfurt a. M. 1986.

In einem interessanten Kapitel über Heine und die deutsche Ideologie entwickelt Mayer die These, daß zwei Grundgegebenheiten Heine bei der historischen Standortbestimmung geholfen haben: seine Mittlerstellung zwischen Deutschland und Frankreich und seine jüdische Abstammung, wobei er Juden und Deutschen gleichermaßen Gedankenfülle und Tatenarmut zugesprochen habe.

Mayer, Hans. *Außenseiter*, Frankfurt a. M. 1977.

Eines der Geburtshelfer-Bücher für mein eigenes Buch und ein ständiger Abstoßungspunkt: Ich glaube, Mayer verkennt die Bedeutung der Ahasver-Figur, er weiß nichts vom Schicksal der Marranen, und er deutet die Konfrontation von Juden und Homosexuellen falsch. Wie Enzensbergers Buch hat es mich zum Widerspruch gereizt.

Monypenny, W. F. and Buckle, G. E. *The Life of Benjamin Disraeli, Earl of Beaconsfield*, 6 vols., London 1910–20.

Unersetzliche Biographie für jeden, der sich für Disraeli interessiert. Beide Autoren waren Mitglieder der Times-Redaktion. Monypenny schrieb die ersten beiden Bände, Buckle vollendete das Werk nach Monypennys Tod. Die Biographie enthält viele Briefe Disraelis und bietet außerdem ein historisches Panorama der Zeit.

Mosse, George. *Rassismus. Ein Krankheitssymptom in der europäischen Geschichte des 19. und 20. Jahrhunderts*, Königstein 1978.

Die klassische Darstellung der ideologischen Wurzeln des Rassismus, die auch über die Bereiche des Biologismus, des Darwinismus und des Monismus informiert, die wir hier nicht angesprochen haben.

Nelson, Benjamin. *The Idea of Usury. From Tribal Brotherhood to Universal Otherhood*, Univ. of Chicago Press, 1969.

Ein erweiterter Reprint dieses ›Klassikers‹ über die strategische Bedeutung des Wuchers für die Differenz zwischen Gesellschaft und Gemeinschaft und für den Modernisierungsprozeß ab der Reformation. Die Arbeit ist, obwohl sie einen Anhang zu Shakespeares *Kaufmann von Venedig* enthält, in der Anglistik nicht rezipiert worden, wohl weil sie von einem Soziologen und Zivilisationstheoretiker stammt.

Painter, George D. *Marcel Proust,* Frankfurt a. M. 1980.

Das Kapitel 13 dieser ungemein ausführlichen und anekdotenreichen Biographie ist ganz dem Fall Dreyfus gewidmet und schildert die Beteiligung Marcel Prousts und der in *Auf der Suche nach der verlorenen Zeit* geschilderten Salons an der Affäre.

Poliakov, Léon. *Geschichte des Antisemitismus,* 6 Bde., Worms 1978 ff.

Eine umfassende Darstellung der antisemitischen Obsession von der Antike bis zur Moderne mit einer erdrückenden und bestürzenden Menge von Belegen. Ein unverzichtbares Standardwerk, dessen Erscheinen in der überregionalen Presse in Deutschland entsprechend gewürdigt wurde, was besonders bemerkenswert ist angesichts der Tatsache, daß es in einem kleinen Verlag erschien. Für Deutsche besonders interessant, weil es auch die romanische Tradition gut dokumentiert. Das betrifft vor allem auch die Geschichte der Marranen.

Prawer, S. S. *Heine's Jewish Comedy. A Study of his Portraits of Jews and Judaism,* Oxford 1983.

Bis zur Nazizeit hatten nur Antisemiten wie Wagner und Treitschke das ›jüdische‹ an Heine herausgestellt. Danach haben vor allem die deutsch-jüdischen Emigranten in den USA zahlreiche Darstellungen über Heines Judentum geliefert. In Deutschland war das Thema bis ca. 1968 tabu. Die Studie von Prawer ist die bisher umfassendste zu diesem Thema.

Reitlinger, Gerald. Die *Endlösung. Hitlers Versuch der Ausrottung der Juden Europas 1939 bis 1945,* Berlin 1956.

Neben Hilberg der andere ›Klassiker‹ zu diesem Thema. Bemerkenswert ist, daß diese beiden grundlegenden Werke von Nichtdeutschen stammen.

Rosenberg, Edgar. *From Shylock to Svengali. Jewish Stereotypes in English Fiction*, Stanford 1960.

Schlägt den Bogen von Shylock zu seinen Nachfahren im 19. Jahrhundert bei Scott, Dickens, Trollope, Lewis, Godwin und du Maurier. Enthält auch ein Kapitel über die ›schöne Jüdin‹, in dem Rosenberg auf Sartres *Betrachtungen zur Judenfrage. Psychoanalyse des Antisemitismus* (Zürich 1948) zurückgreift.

Schoenbaum, Samuel. *Shakespeare's Lives*, New York 1991.

Eine der anerkannten Biographien Shakespeares bietet hier eine Übersicht über die verschiedenen Versuche zu beweisen, daß Shakespeares Werke nicht von einem biederen Bürgerlichen, sondern nur von einem höfischen Aristokraten wie Francis Bacon, Edward de Vere, dem Earl of Oxford oder gar von Königin Elisabeth selbst stammen müssen. Eine Dokumentation des Shylock-Syndroms.

Sherry, Norman. *Conrad's Western World*, Cambridge 1976.

Enthält den ausführlichsten Vergleich zwischen Conrads Reise zum Oberlauf des Kongo und ihrer literarischen Verarbeitung in *The Heart of Darkness*. Macht plausibel, warum man allgemein annimmt, daß diese Reise eine Wende in Conrads Leben markiert.

Sinsheimer, Hermann. *Shylock. Die Geschichte einer Figur*, München 1960. (Aber 1937 in Nazi-Deutschland vor dem Völkermord geschrieben.)

Zu diesem Buch bildet mein eigenes Buch über Shylock die Fortsetzung. Sie war nach 60 Jahren und nach dem Völkermord fällig.

Sombart, Werner. *Die Juden und das Wirtschaftsleben*, Berlin 1911.

Eine Antwort auf Max Webers berühmte Arbeit über *Die protestantische Ethik und der Geist des Kapitalismus* von 1904/06. Beide Bücher zusammen repräsentieren die Affinität zwischen dem radikalen Calvinismus (nicht dem Luthertum) und dem Judaismus. Auch die Arbeit von Nelson reagiert auf Max Weber.

Stierlin, Hehn. *Adolf Hitler*, Frankfurt a. M. 1975.
Der faszinierende Versuch, die Destruktivität Hitlers aus seinem inzestuösen und dumpfen Familienmilieu zu erklären, wobei man erfährt, daß Hitlers Vater eigentlich Schicklgruber hieß und Hitlers Mutter zugleich die Nichte seines Vaters war.

Tillyard, E. M. W. *The Elizabethan World Picture*, London 1943.
Die klassische Einführung in das Weltbild, das Shakespeare mit seinen Zeitgenossen teilte.

Trachtenberg, Joshua. *The Devil and the Jews. The Medieval Conception of the Jew and its Relation to Modern Antisemitism*, Philadelphia 1961.
Von allen Seiten gepriesenes Standardwerk über die Beziehung der Teufelsfigur und ihrer Tradition zum antisemitischen Stereotyp des schurkischen Juden.

Weigel, Sigrid. ›Shylocks Wiederkehr‹. In: *Zeitschrift für deutsche Philologie*. Sonderheft ›Vom Umgang mit der Schoah in der deutschen Nachkriegsliteratur‹, Bd. 114, 1995, S. 3–22.
Nimmt den Theaterskandal um das Faßbinderstück zum Anlaß, die ›Wiedergutmachung‹ als untauglichen Versuch zu diskutieren, Schuld in Schulden zu verwandeln.

Das literarische Programm

Doris Lessing
Das Leben meiner Mutter

Monika Fagerholm
Wunderbare Frauen am Wasser

Peter S. Beagle
Die Sonate des Einhorns

Klaus Modick
Das Grau der Karolinen

DIANA-TASCHENBÜCHER
Zeit zum Lesen..

Ein Sinto bricht sein Schweigen

Otto Rosenberg
Das Brennglas
Ein Sinto bricht sein Schweigen
Aufgezeichnet und mit Anmerkungen
versehen von Ulrich Enzensberger
144 S. • Geb. m. SU
DM 36,– • ISBN 3-8218-0649-4

Otto Rosenberg hat nie erzählt von seiner Kindheit und Jugend als Sinto im Berlin der dreißiger und vierziger Jahre, von seiner Odyssee durch die NS-Lager, die für den großen Teil seiner Familie in Auschwitz endete. Erst jetzt bricht Otto Rosenberg sein Schweigen.

»Es gibt eine Unmenge Literatur über den Holocaust, die sich aber beinah ausschließlich mit den Juden beschäftigt. Über die Vernichtung der Zigeuner ist fast nichts geschrieben worden. Um so interessanter ist das Buch von Otto Rosenberg. Otto Rosenberg ist deutscher Zigeuner, lies: Sinto. Er beschreibt die Vernichtung seines Volkes, die er am eigenen Leib erlebt hat, so schlicht und klar und überzeugend, daß ich ohne weiteres sagen kann: sein Buch schließt eine Bildungslücke. Ich wünsche seinem Buch viele Leser.«
Edgar Hilsenrath

Eichborn.**Berlin**

Kaiserstraße 66 • 60329 Frankfurt
Telefon: 069 / 25 60 03-0 • Fax: 069 / 25 60 03-30
http://www.eichborn.de

Wir schicken Ihnen gern ein Verlagsverzeichnis.